Die verfassungsgerichtliche Identitätskontrolle im Hinblick auf Freihandelsabkommen der Europäischen Union am Beispiel des Comprehensive Economic and Trade Agreement

Schriften zum Staats-, Verwaltungs- und Europarecht

Herausgegeben von Andreas Haratsch

Band 4

PETER LANG

Lukas Claasen

Die verfassungsgerichtliche Identitätskontrolle im Hinblick auf Freihandelsabkommen der Europäischen Union am Beispiel des Comprehensive Economic and Trade Agreement

PETER LANG

Bibliografische Information der Deutschen Nationalbibliothek
Die Deutsche Nationalbibliothek verzeichnet diese Publikation in der Deutschen Nationalbibliografie; detaillierte bibliografische Daten sind im Internet über http://dnb.d-nb.de abrufbar.

Zugl.: Siegen, Univ., Diss., 2020

D 467
ISSN 2193-1143
ISBN 978-3-631-83820-4 (Print)
E-ISBN 978-3-631-84382-6 (E-PDF)
E-ISBN 978-3-631-84383-3 (EPUB)
E-ISBN 978-3-631-84384-0 (MOBI)
DOI 10.3726/b17920

Peter Lang – Berlin · Bern · Bruxelles · New York ·
Oxford · Warszawa · Wien

Diese Publikation wurde begutachtet.

www.peterlang.com

Meinen Eltern

An dieser Stelle möchte ich allen Personen danken, die mir meine juristische Ausbildung ermöglicht, erleichtert und verschönert sowie mich auf vielfältige Weise bei der Vorbereitung, Erstellung und Veröffentlichung dieser Arbeit unterstützt haben:

Zuvorderst danke ich herzlichst Prof. Dr. iur. Jörn Griebel für die Möglichkeit, meine Promotionsarbeit unter seiner Aufsicht anfertigen zu dürfen sowie für die ausgezeichnete Betreuung über die letzten Jahre. Besonders dankbar bin ich für die vielen förderlichen Ratschläge sowie die stets offene Tür. Seine Geduld, konstruktive Kritik und die vielen zielführenden Diskussionen auf Augenhöhe haben mir die Erstellung dieser Arbeit außerordentlich erleichtert.

Ebenso danke ich Prof. Dr. Gerd Morgenthaler für die zügige Erstellung des Zweitgutachtens sowie die anspruchsvollen Fragen und herausfordernden Gespräche auf dem Weg zur Fertigstellung dieses Dissertationsprojekts. Ich bedanke mich herzlich für die Möglichkeit der Veröffentlichung in seiner Schriftrenreihe bei Prof. Dr. Andreas Haratsch.

Für die Durchsicht und inhaltliche wie textliche Korrektur dieser Arbeit möchte ich meinem Vater Ferdinand Claasen sowie meinem Studienfreund Carsten Bringmann meinen herzlichsten Dank aussprechen.

Mein ausdrücklicher Dank für viele kameradschaftliche (auch fachfremde) Gespräche und Anregungen sowie die mannigfaltige moralische Unterstützung gilt auch meinen Freunden, insbesondere denen aus Düsseldorfer Studienzeiten.

Ganz besonders danke ich natürlich meinen Eltern Irmgard und Ferdinand Claasen, die mir meine juristische Laufbahn erst ermöglicht und mich zu jedem Zeitpunkt meiner Ausbildung mit größter Hingabe unterstützt haben, sowie meiner Schwester Verena Claasen. Die Geduld, Rücksichtnahme und unaufhörliche Unterstützung meiner Familie war entscheidend für den Fortgang und Abschluss dieser Arbeit. Abschließend danke ich Annabelle Weck, die mir neben dem immerwährenden fachlichen Austausch während der gesamten Vorbereitung und Erstellung dieser Arbeit stets größtmögliches Verständnis und geduldiges Zuhören entgegenbrachte und mir zu jeder Zeit hingebungsvoll mit Rat und Tat sowie unzählbaren liebevollen Aufmunterungen zur Seite stand. Sie hat mir die notwendige Ruhe und Sicherheit zur erfolgreichen Erstellung dieser Arbeit gegeben.

Inhaltsverzeichnis

Abkürzungsverzeichnis

a. A.	=	andere Ansicht
Abs.	=	Absatz
AEUV	=	Vertrag über die Arbeitsweise der Europäischen Union
AfD	=	Alternative für Deutschland
AG	=	Aktiengesellschaft
AöR	=	Archiv des öffentlichen Rechts
Art.	=	Artikel
AVR	=	Archiv des Völkerrechts
Bd.	=	Band
BeckOK	=	Beck'scher Online-Kommentar
BGBl.	=	Bundesgesetzblatt
BRD	=	Bundesrepublik Deutschland
BVerfG	=	Bundesverfassungsgericht
BVerfGE	=	Entscheidungen des Bundesverfassungsgerichts
BVerfGG	=	Bundesverfassungsgerichtsgesetz
bzw.	=	Beziehungsweise
ca.	=	Circa
CETA	=	Comprehensive Economic and Trade Agreement, Freihandelsabkommen der EU mit Kanada
CETA-E	=	erster veröffentlichter Entwurf des Vertragstextes von CETA vom 26. September 2014
ders.	=	Derselbe
dies.	=	Dieselbe
Diss.	=	Dissertation
DÖV	=	Die Öffentliche Verwaltung
DVBl.	=	Deutsches Verwaltungsblatt
EFSF	=	European Financial Stability Facility, Europäische Finanzstabilisierungsfazilität
EG	=	Europäische Gemeinschaft
EGMR	=	Europäischer Gerichtshof für Menschenrechte
EMRK	=	Europäische Menschenrechtskonvention
EP	=	Europäisches Parlament
ERA Forum	=	Journal of the Academy of European Law
ESM	=	European Stability Mechanism, Europäischer Stabilitätsmechanismus
EU	=	Europäische Union
EuG	=	Gericht der Europäischen Union
EuGH	=	Europäischer Gerichtshof
EuGRZ	=	Europäische Grundrechte-Zeitschrift
EuR	=	Europarecht (Zeitschrift)

EuR-Bei	=	Europarecht (Zeitschrift) Beiheft
EUV	=	Vertrag über die Europäische Union
EuZW	=	Europäische Zeitschrift für Wirtschaftsrecht
EWS	=	Europäisches Wirtschafts- und Steuerrecht (Zeitschrift)
EZB	=	Europäischen Zentralbank
f.	=	die angegebene und die folgende Seite
FAZ	=	Frankfurter Allgemeine Zeitung
ff.	=	die angegebene und die folgenden Seiten
GG	=	Grundgesetz
GRCh	=	Charta der Grundrechte der Europäischen Union
Habil.	=	Habilitation
HRRS	=	Höchstrichterliche Rechtsprechung im Strafrecht (Zeitschrift)
Hrsg.	=	Herausgeber
i. E.	=	im Einzelnen/im Ergebnis
i. V. m.	=	in Verbindung mit
intra-EU-BIT	=	Investitionsschutzabkommen, welches zwischen zwei Mitgliedstaaten der EU abgeschlossen wurde
ISDS	=	Investor-State-Dispute-Settlement, Investor-Staat-Streitbeilegung
IWRZ	=	Zeitschrift für internationales Wirtschaftsrecht
JA	=	Juristische Arbeitsblätter
JEFTA	=	Japan-EU Free Trade Agreement/Economic Partnership Agreement, Freihandelsabkommen zwischen der EU und Japan
JöR	=	Jahrbuch des öffentlichen Rechts der Gegenwart
JURA	=	Juristische Ausbildung (Zeitschrift)
JuS	=	Juristische Schulung (Zeitschrift)
JZ	=	Juristenzeitung
KJ	=	Kritische Justiz (Zeitschrift)
KSzW	=	Kölner Schrift zum Wirtschaftsrecht
lit.	=	litera (Buchstabe)
LS.	=	Leitsatz
LTO	=	Legal Tribune Online
m. w. N.	=	mit weiteren Nachweisen
NGO	=	Nichtregierungsorganisation
NJOZ	=	Neue Juristische Online-Zeitschrift
NJW	=	Neue Juristische Wochenschrift
NStZ	=	Neue Zeitschrift für Strafrecht
NVwZ	=	Neue Zeitschrift für Verwaltungsrecht
o. V.	=	ohne Verfasser
OLG	=	Oberlandesgericht

OMT	=	Outright Monetary Transaction, OMT-Verfahren der EZB
PSPP	=	Public Sector Purchase Programme der EZB
RdA	=	Recht der Arbeit
Rn.	=	Randnummer
Rs.	=	Rechtssache
S.	=	Seite
s. o.	=	siehe oben
SchiedsVZ	=	Zeitschrift für Schiedsverfahren
Slg.	=	Sammlung der Rechtsprechung des Gerichtshofes und des Gerichts Erster Instanz
sublit.	=	sublitera (Unterbuchstabe)
SZ	=	Süddeutsche Zeitung
TTIP	=	Transatlantic Trade and Investment Partnership, geplante Handels- und Investitionspartnerschaft der EU mit den USA
u. a.	=	unter anderem
UAbs.	=	Unterabsatz
USA	=	Vereinigte Staaten von Amerika
Var.	=	Variante
vgl.	=	Vergleiche
WVK	=	Wiener Übereinkommen über das Recht der Verträge
WVK-IO	=	Wiener Übereinkommen über das Recht der Verträge zwischen Staaten und internationalen Organisationen oder zwischen internationalen Organisationen
z. B.	=	zum Beispiel
ZaöRV	=	Zeitschrift für ausländisches öffentliches Recht und Völkerrecht
ZEuS	=	Zeitschrift für Europarechtliche Studien
Ziff.	=	Ziffer
ZJS	=	Zeitschrift für das Juristische Studium
ZÖR	=	Zeitschrift für öffentliches Recht
ZRP	=	Zeitschrift für Rechtspolitik

A. Einleitung

Fragestellungen des europäischen und internationalen Wirtschafts- und Handelsrechts sind in den letzten Jahren verstärkt in den Fokus des medialen Interesses gerückt und waren zudem Gegenstand einer intensiven zivilgesellschaftlichen Befassung. Sie sind Inhalt eines weitreichenden gesellschaftlichen und politischen Diskurses geworden. Insbesondere der Abschluss von Wirtschafts- und Handelsabkommen der Europäischen Union (im Folgenden auch EU oder Union) wurde kontrovers diskutiert. Dies gilt insbesondere für die beiden weitreichenden Freihandelsabkommen mit den USA und Kanada. Auf die Institutionen der EU wurde erheblicher öffentlicher Druck ausgeübt, wodurch diese sich zur Herstellung erhöhter Transparenz gezwungen sahen. Gleichzeitig wurde beispielsweise durch Bürgerinitiativen versucht, den Abschluss von Handelsabkommen zu vereiteln.[1] Parallel konnte eine zunehmende Aktivität mitgliedstaatlicher politischer und juristischer Akteure wie etwa des Bundesverfassungsgerichts (im Folgenden auch BVerfG) im Bereich des Außenhandelsrechts beobachtet werden.

I. Anlass der Untersuchung

Die Diskussion um den Vorrang des Unionsrechts vor mitgliedstaatlichem Recht inklusive des Verfassungsrechts begleitete den Prozess der europäischen Integration dagegen bereits von Beginn an. Zentrale Akteure in den damit zusammenhängenden Streitfragen waren seit jeher der Europäische Gerichtshof (im Folgenden auch EuGH) sowie das BVerfG. Der EuGH positionierte sich diesbezüglich früh in deutlicher Form. Er entwickelte das Prinzip des absoluten Anwendungsvorrangs des Unionsrechts vor nationalem (Verfassungs-)Recht.[2] Das BVerfG wiederum reagierte darauf durch die wechselvolle Formulierung verschiedener Kontrollvorbehalte, um dem deutschen Grundgesetz in Kollisionsfragen zur Geltung und möglichst zur Durchsetzung zu verhelfen.[3]

In den letzten Jahren ist innerhalb der EU eine Tendenz zu beobachten, vermehrt weitreichende bzw. „umfassende" oder „tiefe"[4] Freihandelsabkommen mit Drittstaaten abzuschließen, die – anders als klassische Freihandelsabkommen – nicht nur die Beseitigung außenwirtschaftsrechtlicher Marktzugangshindernisse zum Gegenstand haben, sondern viel weiter in den innerstaatlichen Bereich eingreifen und beispielsweise durch die Regelung verschiedenster handelsrelevanter Aspekte

1 Vgl. z. B. EuG, Rs. T-754/14 (Efler).
2 EuGH, Rs. 6/64 (Costa/ENEL), Slg. 1964, 1253 (1269 f.).
3 BVerfGE 37, 271; BVerfGE 89, 155; BVerfGE 123, 267; BVerfGE 140, 317.
4 Begriffe nach *Nettesheim*, Umfassende Freihandelsabkommen und Grundgesetz, S. 17 f.

wie Investitionen und Wettbewerbsfragen eine umfassende Liberalisierung und Neuordnung der Handelsverhältnisse mit sich bringen. Solch weitreichende Freihandelsabkommen, die regelmäßig als gemischte Abkommen mit den Mitgliedstaaten und der EU auf der einen und dem jeweiligen Drittstaat auf der anderen Seite abgeschlossen werden, haben verglichen mit klassischen Freihandelsabkommen eine besondere Regelungstiefe und setzen beispielsweise eigene Vertragsgremien ein, die mit der Durchführung des Vertrages betraut sind (in der Regel aber ohne unmittelbare Wirkung für die Vertragsstaaten). Verhandlung, Abschluss und Durchführung solch neuartiger und weitreichender Freihandelsabkommen werfen daher eine Vielzahl von Fragen auf. Von besonderem Interesse für die vorliegende Untersuchung ist die verfassungsrechtliche Überprüfbarkeit europäischer Freihandelsabkommen. Diese Themenstellung wirft eine Fülle von Fragen auf, die im Ergebnis alle auf die seit Jahrzehnten diskutierten Fragen hinauslaufen, wie das deutsche Recht – und insbesondere das Grundgesetz – zum internationalen und europäischen Recht steht und welche Rolle in dieser Gemengelage das Bundesverfassungsgericht einnehmen kann, soll und darf.[5]

Diskutiert und rechtlich wie politisch bewertet werden müssen zudem auch die zu erzielenden Effizienzgewinne eines weitreichenden Freihandelsabkommens, die zu erwartenden Kompetenzverschiebungen, die Folgen der Liberalisierung für die Vertragspartner und Dritte, mögliche Folgen der angestrebten Harmonisierungen und die Angemessenheit des zu erzielenden Schutzniveaus regulatorischer Regime. Unter anderem um diese Themenbereiche rankten sich auch die öffentlichen Debatten über das *Transatlantic Trade and Investment Partnership (TTIP)*[6] mit den USA sowie das *Comprehensive Economic and Trade Agreement (CETA)* mit Kanada. Aus verfassungsrechtlicher Sicht ist gerade das CETA-Abkommen mehrheitlich kritisch beurteilt worden. Die Diskussionen haben gezeigt, dass das europäische und internationale Wirtschafts- und Handelsrecht nicht länger stiefmütterlich behandelte Rechtsmaterien sind, sondern solche, an denen wegen ihrer grundsätzlichen Bedeutung für die Wirtschaftsordnung moderner Staaten ein erhebliches öffentliches Interesse besteht und denen zugleich politische Relevanz zukommt. So drohte die europäische Zustimmung zum CETA-Abkommen am Veto des wallonischen Regionalparlaments zu scheitern, bevor sprichwörtlich in letzter Minute doch noch eine Einigung erzielt werden konnte.[7] Die in diesem

---

5 Vgl. als Überblick nur *Huber*, in: Streinz, EUV/AEUV, Art. 19 EUV, Rn. 64 ff.

6 Hierbei handelt es sich um eine geplante transatlantische Handels- und Investitionspartnerschaft der EU mit den USA. Die EU nahm im Jahr 2013 Verhandlungen hierüber mit den USA auf. Neben Handelsfragen sollte auch die regulatorische Kooperation geregelt werden, um unterschiedliche Produkt- und Produktionsstandards zu vermeiden. Unter anderem wegen dieses weitgehenden Eingriffs in die nationale Regulierungsautonomie waren die Verhandlungen politisch höchst umstritten. Derzeit finden keine Verhandlungen mehr statt, da die USA sich vorläufig zurückgezogen haben.

7 Siehe hierzu näher unter Gliederungspunkt D.III.1.

Zusammenhang stattfindenden Diskussionen sind für eine demokratische Gesellschaft grundsätzlich unverzichtbar, auch in der Sache meist sinnvoll und daher ausdrücklich zu begrüßen. Gerade vor dem Hintergrund zunehmender nationalistischer und protektionistischer Tendenzen ist eine Auseinandersetzung mit dem traditionell liberalen Wirtschaftsvölkerrecht und seinen aktuellen Herausforderungen von besonderem Interesse.

Das BVerfG hat sich wiederholt mit dem Konflikt zwischen überstaatlicher Integration und staatlicher Integrität befasst. Vor allem seit dem viel diskutierten Lissabon-Urteil[8] und den nachfolgenden Entscheidungen des Gerichts im Zusammenhang mit der Übertragung ursprünglich staatseigener Kompetenzen auf eine supranationale Organisation[9] wird die sogenannte Verfassungsidentität intensiv diskutiert, obwohl sie im Grundgesetz an keiner Stelle ausdrücklich erwähnt (oder auch nur angedeutet) wird. Das Bundesverfassungsgericht hat das Konzept der Verfassungsidentität in den vergangenen Jahren vielmehr als eigenen Kontrollmechanismus herangezogen, insbesondere um zu überprüfen, ob eine Maßnahme der Europäischen Union die Grundgedanken des Grundgesetzes verletzt.

1. Fragestellung

Die vorliegende Untersuchung geht der Frage nach, inwieweit es sich bei dem Konzept der Verfassungsidentität sowie der hieraus entwickelten Verfassungsidentitätskontrolle des Bundesverfassungsgerichts um ein verfassungsrechtlich belastbares Konzept handelt und ob sich dieses insbesondere zur Überprüfung weitreichender Freihandelsabkommen eignet.

Gegenstand und Ziel dieser Arbeit ist zunächst die kritische Auseinandersetzung und verfassungsdogmatische Analyse des Konzepts der Verfassungsidentität und der zu ihrer Sicherung herangezogenen Identitätskontrolle. Sodann wird die allgemeine Auswertung dieser Konzepte in einem zweiten Schritt auf den speziellen Fall der Möglichkeit der Prüfung umfassender Freihandelsabkommen durch das BVerfG übertragen. Hierzu wird exemplarisch auf die beiden bereits ergangenen vorläufigen Entscheidungen des BVerfG zum CETA-Abkommen[10], welches dem neuen Typus der weitreichenden Freihandelsabkommen zugeordnet werden kann, zurückgegriffen.

Die vorliegende Bearbeitung stellt weder ein Plädoyer gegen die Rechtsprechung des Bundesverfassungsgerichts noch eines für den Freihandel dar. Sie soll dazu beitragen, die intensiv geführte Debatte über internationalen Handel und globale Investitionen sowie deren verfassungsrechtliche Ermöglichung und

---

8 BVerfGE 123, 267.

9 Siehe z. B. BVerfGE 125, 260; BVerfGE 126, 286; BVerfGE 128, 326; BVerfGE 129, 124; BVerfGE 129, 78; BVerfGE 132, 366; BVerfGE 135, 317; BVerfGE 140, 317; BVerfGE 143, 65; BVerfGE 144, 1; BVerfGE 146, 216.

10 BVerfGE 143, 65; BVerfGE 144, 1.

Überprüfung zu versachlichen und ihr eine rechtstheoretische Struktur zu geben. Hierbei steht zum einen die verfassungsgerichtliche Anwendung der Verfassungsidentitätskontrolle als Anwendung innerstaatlichen Rechts im Mittelpunkt. Zum anderen sollen die hieraus resultierenden institutionellen Konfliktfelder, insbesondere der Jurisdiktionskonflikt zwischen den höchsten Gerichten der beiden involvierten Ebenen, dem BVerfG und dem EuGH, in den Blick genommen werden. Wenngleich die oben genannten Themen in den letzten Jahren Objekt umfassender Diskussionen waren, ist das dogmatische Wissen über das Zusammenspiel zwischen Verfassungsidentität und Freihandel bislang als nicht hinreichend ausgebildet zu bezeichnen. Des Weiteren soll im Rahmen dieser Betrachtung nicht in Frage gestellt werden, dass es ein rechtspolitisches Bedürfnis nach der Existenz und Effektivität einer Letztkontrolle durch das BVerfG in Kollisionsfällen gibt. Ebenso wird als unabdingbar vorausgesetzt, dass bei der Übertragung von Hoheitsrechten auf eine überstaatliche Organisation wie die EU gewisse grundgesetzliche Mindestgrenzen wie die Rechtsstaatlichkeit und die Funktionsfähigkeit des nationalen Parlaments eingehalten werden müssen und das BVerfG nach Möglichkeit einen effektiven Zugriff auf diese Fragen haben sollte.

2. Aktueller Forschungsstand

Die Sichtweise des BVerfG auf die Identitätskontrolle und die damit einhergehende, teils nur fragmentarische dogmatische Herleitung stößt in der juristischen Fachliteratur nur vereinzelt auf Widerspruch. Oftmals wird ohne weiteren Begründungsaufwand festgestellt, dass irgendeine spezielle Maßnahme die Verfassungsidentität jedenfalls verletzen könnte.[11] Weitergehende Versuche, den Begriff der Verfassungsidentität, seine Herleitung oder Reichweite abseits solch pauschaler Feststellungen näher einzugrenzen, sind nicht sehr häufig anzutreffen.[12]

Rode untersuchte bereits im Jahr 2011 die vom Bundesverfassungsgericht im Lissabon-Urteil erneut aufgeworfene Frage nach dem Wesen der sogenannten Ewigkeitsklausel im Grundgesetz und gelangte zu dem umstrittenen Ergebnis, dass Art. 79 Abs. 3 GG seinerseits jederzeit entsprechend den verfassungsmäßigen Regeln der Grundgesetzänderung aufhebbar und abänderbar sein könnte.[13] *Nettesheim* behandelte im Jahr 2017 insbesondere die institutionellen Fragen, welche sich beim Abschluss und der Ausgestaltung operationeller Regime weitreichender Freihandelsabkommen stellen, aus der verfassungsrechtlichen Sicht eines Mitgliedstaates, legte dabei jedoch kein besonderes Augenmerk auf die dogmatische Einordnung des Konzepts der Verfassungsidentität.[14] Ähnliches gilt für die ebenfalls 2017 erschienene Untersuchung von *Stoll, Holterhus* und *Gött*, die sich mehr

11 *Rademacher*, EuR 2018, 140, 151 m. w. N.
12 Vgl. z. B. *Polzin*, Verfassungsidentität.
13 *Rode*, Verfassungsidentität und Ewigkeitsgarantie.
14 *Nettesheim*, Umfassende Freihandelsabkommen und Grundgesetz.

mit dem Inhalt internationaler investitionsschutzrechtlicher Bestimmungen und ihren verfassungsrechtlichen Implikationen für Deutschland und die EU beschäftigten, als im Detail auf die Kontrollmöglichkeiten des Bundesverfassungsgerichts in diesem Kontext einzugehen.[15] Kürzlich befasste sich *Polzin* dagegen ausführlich mit dem neuen Konzept der Verfassungsidentität und hinterfragte vor allem dessen verfassungsrechtliche Belastbarkeit.[16] Die Themen des Freihandels und der bereits ergangenen CETA-Entscheidungen wurden indes auch hier nur am Rande behandelt. Insgesamt ist die überschaubare Anzahl der rechtswissenschaftlichen Beiträge zu den beiden vorläufigen Karlsruher Entscheidungen im CETA-Verfahren[17] trotz der beachtlichen diesbezüglichen Diskussionen in Politik und Gesellschaft bemerkenswert. Die vorliegende Arbeit soll die übergeordneten Themenbereiche der Verfassungsidentität und weitreichender Freihandelsabkommen miteinander verknüpfen und der Frage nachgehen, inwieweit es sich beim neuen Kontrollmechanismus des BVerfG nicht nur im Allgemeinen, sondern insbesondere im Bereich des Freihandels um ein aus methodischer Sicht nutz- und belastbares Konzept handelt.

II. Gang der Untersuchung

Methodisch geht die vorliegende Untersuchung von der einschlägigen Rechtsprechung insbesondere des BVerfG und des EuGH und deren Analyse in der juristischen Fachliteratur aus. Dabei ist zu beachten, dass umfangreiche rechtswissenschaftliche Abhandlungen zu den relevanten Themenfeldern bislang teilweise nur begrenzt vorhanden sind und sich die verfügbare Fachliteratur wegen der Aktualität der Fragestellungen auch auf kürzere Aufsätze und Internetbeiträge erstreckt.

Die Analyse folgt dabei der nachfolgend skizzierten Struktur:

Der erste Teil der Arbeit (unter Gliederungspunkt B.) ist den Grundlagen gewidmet. Es wird zunächst thematisiert, welche Bestimmungen das Grundgesetz in Bezug auf das auswärtige Handeln Deutschlands und der EU vorsieht. Nach dieser Analyse wird insbesondere den zentralen Fragen nachgegangen, ob diesem Handeln im Grundgesetz explizit Grenzen gesetzt werden und welche Integrationsbeschränkungen das Bundesverfassungsgericht in seiner bisherigen Rechtsprechungsgeschichte aufgestellt hat.

Anhand der im ersten Teil gewonnenen Aussagen werden im zweiten Teil (unter Gliederungspunkt C.) das Konzept der Verfassungsidentität sowie das mit ihr verknüpfte verfassungsgerichtliche Instrument der Verfassungsidentitätskontrolle

---

15 *Stoll/Holterhus/Gött*, Investitionsschutz und Verfassung.

16 *Polzin*, Verfassungsidentität.

17 Vgl. *Grzeszick*, NVwZ 2016, 1753 ff.; *Holterhus*, EuZW 2016, 896; *Nettesheim*, NJW 2016, 3567; *Ruffert*, JuS 2016, 1141; *Nowrot/Tietje*, EuR 2017, 137; *Hoffmann*, ZEuS 2016, 459; *Proelß*, ZEuS 2016, 401.

rechtsdogmatisch und rechtstheoretisch untersucht. Hierbei stellen sich mit Blick auf die verfassungsgerichtlichen Rechtsprechung seit dem Vertrag von Lissabon unter anderem folgende Fragen: Hat das BVerfG die Verfassungsidentitätskontrolle dogmatisch hinreichend hergeleitet? Was genau ist ihr Maßstab, und wie ist ihre Reichweite? Wie sehen die prozessualen Voraussetzungen für ihre Aktivierung aus?

Bei dieser Analyse werden sich die weitreichenden Konsequenzen der bisherigen bundesverfassungsgerichtlichen Rechtsprechung zeigen: Durch eine oftmals auf das grundgesetzlich geschützte Wahlrecht gestützte Verfassungsbeschwerde kann das Recht der EU von jedermann durch den Rückgriff auf die neu geschaffene Integrationsschranke der Verfassungsidentität überprüft werden. Weitere Folge der Rechtsprechung des BVerfG ist, dass die Identitätskontrolle wegen ihrer drohenden Unvereinbarkeit mit dem Prinzip des Anwendungsvorrangs des Unionsrechts sowie dem Grundsatz der loyalen Zusammenarbeit wesentliche Gefahren für den Zusammenhalt und die Einheitlichkeit der europäischen Rechtsgemeinschaft birgt. Letztlich wird die Untersuchung auch zeigen, dass es der Identitätskontrolle bislang so grundlegend an grundgesetzlicher Rückbindung und Konsistenz fehlt, dass sie in ihrer heutigen Form als systematisches Konzept noch nicht überzeugen kann.

Nach der eingehenden theoretischen Betrachtung der Verfassungsidentitätskontrolle in ihrer bisher vom BVerfG ausgeübten Form steht im dritten Teil (unter Gliederungspunkt D.) der Freihandel im Zentrum der Betrachtung. Hier widmet sich die Untersuchung vor allem der Frage, welche Probleme sich bei der Verhandlung und dem Abschluss weitreichender Freihandelsabkommen aus verfassungsrechtlicher Sicht stellen können und wie sich diese im Falle von CETA womöglich realisiert haben. Ausgehend von den beiden vorläufigen Entscheidungen des BVerfG zum CETA-Abkommen wird der Frage nachgegangen, ob es dem BVerfG hier gelungen ist, die Konturen der Verfassungsidentität zu schärfen und damit zur Konstituierung der Identitätskontrolle als belastbares dogmatisches Konzept beizutragen. In diesem Zusammenhang wird sodann herausgearbeitet, welche Konsequenzen sich aus der neuen Rechtsprechung für die mögliche Überprüfung weitreichender Freihandelsabkommen anhand der Verfassungsidentitätskontrolle generell ergeben.

Im vierten Teil (unter Gliederungspunkt E.) werden die Ergebnisse zusammengetragen und es wird auf Grundlage der bisherigen Befunde der perspektivische Versuch unternommen, anhand einiger Schlussfolgerungen Vorschläge für den weiteren Umgang mit der Identitätskontrolle sowie das Verständnis des BVerfG von Fragen mit europäischem und internationalem Bezug zu entwickeln. Insbesondere sollen im Anschluss an die Analyse von Rechtsprechung und juristischer Reflexion Anhaltspunkte für die mögliche Weiterentwicklung des Konzepts der Verfassungsidentität aufgezeigt werden, soweit sich dieses auch im Bereich des Freihandels zur Weiterentwicklung eignet.

Der fünfte und letzte Teil (Gliederungspunkt F.) schließt diese Arbeit durch eine zusammenfassende Schlussbetrachtung in Thesenform ab.

B. Erster Teil – Grundgesetz, Bundesverfassungsgericht und das Mehrebenensystem

Das folgende Kapitel widmet sich dem Fragenkomplex, welche Bestimmungen das Grundgesetz in Bezug auf das auswärtige Handeln Deutschlands und der EU vorsieht, ob diesem Handeln explizit Grenzen gesetzt werden und welche Beschränkungen das Bundesverfassungsgericht aufgestellt hat. Hier gilt es, die zu besprechenden Entscheidungen des BVerfG, dessen Verhältnis zum EuGH traditionell als schwierig einzustufen ist,[18] nicht etwa vollumfänglich zu behandeln und zu bewerten, sondern darauf zu fokussieren, welches Verständnis der Verfassungsrichter vom Zusammenspiel deutschen und europäischen (Verfassungs-)Rechts sichtbar wird, um in der Folge die neueren Entscheidungen des BVerfG, welche die spezielle Thematik der Verfassungsidentität behandeln, einordnen zu können.

I. Völker- und europarechtliche Vorgaben des Grundgesetzes

Zunächst ist der Frage nachzugehen, welche Bestimmungen des Grundgesetzes für die Überprüfung europäischer und internationaler Rechtsakte allgemein von Bedeutung und daher im Falle einer Kontrolle durch die Verfassungsrichter heranzuziehen sind.

Im Grundgesetz findet sich eine Reihe von Bestimmungen, die für das Zusammenspiel zwischen Völker-, Europa- und deutschem (Verfassungs-)Recht relevant sind. Zu nennen sind hier vor allem die Präambel, Art. 1 Abs. 2 GG, Art. 23–26 GG sowie Art. 59 Abs. 1 und Abs. 2 GG. Diese Rechtsnormen sind erforderlich, da in einer sich fortschreitend auch rechtlich vernetzenden Welt vermehrt internationale Organisationen und überstaatliche Einrichtungen Rechtsnormen erlassen oder individuelle Entscheidungen treffen, die in den innerstaatlichen Rechtsbereich hineinwirken. Die entsprechenden supranationalen Kompetenzen müssen aus staatlicher Sicht zuvor geschaffen bzw. abgegeben werden, damit das supranationale Recht sodann anstelle der insoweit reduzierten deutschen öffentlichen Staatsgewalt wirken kann. Aus deutscher verfassungsrechtlicher Sicht ist eine solche Hoheitsrechts- oder Kompetenzübertragung nur dann zulässig, wenn sie eine Ermächtigung im Grundgesetz selbst findet.[19] Ist dies der Fall und wird die Kompetenz sodann durch einen übertragenen Hoheitsakt etwa einer internationalen

---

18 *Sauer*, ZRP 2009, 195, 195; siehe hierzu unter Gliederungspunkt B.II.
19 Vgl. z. B. BVerfGE 123, 267 (347 ff.).

Organisation ausgeübt, stellt dieser keinen deutschen Hoheitsakt mehr dar und ist demnach auch nicht am Grundgesetz zu messen.[20] Eine solche Übertragung von Hoheitsrechten ist nach Ansicht des BVerfG jedoch nicht uneingeschränkt möglich.

Zu beachten sind in diesem Zusammenhang insbesondere die sogenannten „Integrationshebel"[21] des Grundgesetzes, auf deren Grundlage sich die Einordnung der Bundesrepublik Deutschland (im Folgenden auch BRD) in das internationale und europäische Staaten- und Organisationsgefüge vollzieht. Nach Art. 24 Abs. 1 GG kann Deutschland durch Gesetz Hoheitsrechte auf zwischenstaatliche Einrichtungen (bzw. internationale Organisationen) übertragen, so dass ursprünglich staatliche Handlungsbefugnisse extern ausgeübt werden und die Organe der internationalen Organisation anstelle deutscher Staatsorgane rechtsverbindlich handeln können. An dieser Stelle ermöglichte der Verfassungsgeber also schon früh die Übertragung von Hoheitsrechten auf zwischenstaatliche Einrichtungen.[22] Bis zum Vertrag von Maastricht im Jahre 1992 galt Art. 24 Abs. 1 GG auch für den Prozess der europäischen Integration im Grundgesetz. Er wurde sodann – nach Umsetzung des zuvor in Art. 23 GG enthaltenen Wiedervereinigungsartikels – für den Bereich der EU durch einen neu gefassten und auf die EU zugeschnittenen Art. 23 Abs. 1 GG ersetzt. Dieser enthält nun einen speziellen Verfassungsauftrag zur europäischen Integration und nennt mit den demokratischen, rechtsstaatlichen, sozialen und föderativen Grundsätzen sowie einem im Wesentlichen vergleichbaren Grundrechtsschutz einige grundlegende materielle Voraussetzungen, denen die EU aus Sicht des Grundgesetzes entsprechen muss. Art. 23 GG soll die europäische Integration dabei aus nationaler Sicht steuern und ihr gleichzeitig verfassungsrechtliche Grenzen setzen, die indes der konkretisierenden Auslegung bedürfen. Art. 23 GG enthält in Abs. 1 Satz 1 die sogenannte Struktursicherungsklausel, die einen im Wesentlichen vergleichbaren Grundrechtsschutz durch die EU verlangt. Art. 23 Abs. 1 Satz 3 GG enthält darüber hinaus eine ausschließlich auf das deutsche Verfassungsrecht bezogene Bestandssicherungsklausel.[23] Neben der Ermächtigung zur Übertragung von Hoheitsrechten auf die EU in Art. 23 Abs. 1 Satz 2 GG verweist Art. 23 Abs. 1 Satz 3 GG unter anderem auf die sogenannte Ewigkeitsgarantie in Art. 79 Abs. 3 GG, welche eine Bestandsgarantie für verfassungspolitische Grundsatzentscheidungen statuiert.

Neben den vorstehend genannten Integrationshebeln enthält das Grundgesetz weitere inhaltliche Vorgaben für das auswärtige Handeln deutscher Staatsorgane,

---

20 *Herdegen*, Europarecht, § 10, Rn. 20, schließt daraus, dass die Zustimmungsgesetze zu den Gründungsverträgen der EU und ihre Änderungen eine „Durchbrechung der Verfassung" bewirkt haben.

21 *Arndt/Fischer/Fetzer*, Europarecht, Rn. 330; *Streinz*, Europarecht, Rn. 125; *Sauer*, Staatsrecht III, § 3, Rn. 7.

22 *Calliess*, in: Maunz/Dürig, GG, Art. 24, Rn. 2.

23 *Michael/Morlok*, Grundrechte, Rn. 70.

denen mögliche Schranken zu entnehmen sein könnten. So erklärt bereits die Präambel des Grundgesetzes die Beteiligung Deutschlands an der Einigung Europas für notwendig und legt damit den Grundstein für eine europarechtsoffene Verfassung[24] sowie die inzwischen anerkannte europarechtsfreundliche Auslegung von Gesetzen. Diese Regelung in der Präambel kann im Zusammenhang mit Art. 23 Abs. 1 Satz 1 GG so verstanden werden, dass die Beteiligung Deutschlands an der EU wenigstens Staatszielbestimmung[25], wohl aber auch Verfassungsauftrag- und Grundsatz ist.[26] Jedenfalls führt Art. 23 GG dazu, dass Unionsorgane, etwa in Gestalt von Verordnungen, rechtliche Regelungen erlassen können, die ohne Transformationsakt in die nationale Rechtsordnung einwirken und den Bürger daher rechtlich unmittelbar berechtigen und verpflichten können. Das ebenfalls in der Präambel enthaltene Friedensgebot sowie seine speziellen Ausprägungen, wie das in Art. 26 Abs. 1 GG niedergelegte Verbot des Angriffskrieges, machen das Grundgesetz zudem in seiner Gesamtheit zu einer völkerrechtsoffenen Verfassung.[27] Ferner verpflichtet Art. 1 Abs. 2 GG zur Einhaltung der Menschenrechte.

Zu der Frage der tatsächlichen innerstaatlichen Wirkungen des Völker- und Europarechts im verschachtelten Normgefüge mehrerer europäischer und internationaler Ebenen ist dem Grundgesetz demgegenüber wenig zu entnehmen. Die allgemeinen Regeln des Völkerrechts werden durch Art. 25 GG in die deutsche Rechtsordnung übernommen,[28] wohingegen völkerrechtliche Verträge nach Art. 59 Abs. 2 GG von einem Zustimmungsgesetz abhängig sein sollen. Für das Europarecht existiert eine vergleichbare Regelung nicht.

Der europäischen Integration werden daher durch das Grundgesetz ausdrücklich letztlich nur durch Art. 23 Abs. 1 Satz 1 und 3 GG i. V. m. Art. 79 Abs. 3 GG Grenzen gesetzt. Die in Art. 23 Abs. 1 Satz 1 GG für die Verwirklichung der EU niedergelegten Mindeststandards sind nach ihrem Wortlaut jedoch eher allgemein gehalten. Art. 79 Abs. 3 GG schützt seinerseits die Grundsätze der Art. 1 GG und 20 GG als Kernbestand der Verfassung vor jeglichen Veränderungen. Insbesondere werden also Grundsätze wie Demokratie, Rechtsstaatlichkeit und ein dem Grundgesetz im Wesentlichen entsprechender Grundrechtsschutz durch Art. 23 Abs. 1 Satz 1 GG zur Voraussetzung für die Einbindung Deutschlands in die EU erklärt.[29] Über ein Zusammenspiel zwischen Art. 23 Abs. 1 Satz 3 GG und Art. 79 Abs. 3 GG sollen zudem die verfassungsrechtlichen Grundentscheidungen unveränderbar

---

24 *Sauer*, Staatsrecht III, § 3, Rn. 9.

25 So beispielsweise *Streinz*, in: Sachs, GG, Art. 23, Rn. 8 ff.; *Classen*, in: Mangold/Klein/Starck, GG, Art. 23 Abs. 1, Rn. 6 ff.; *Wolff*, in: Hömig/Wolff, GG, Art. 23, Rn. 2; *Herdegen*, Europarecht, § 10, Rn. 21; *Schwerdtfeger*, EuR 2015, 290, 291; *Ludwigs/Sikora*, EWS 2016, 121, 122 m. w. N.; *Dietz*, AöR 2017, 78, 102.

26 Hierzu ausführlich unter Gliederungspunkt E.II.2.b.

27 *Sauer*, Staatsrecht III, § 3, Rn. 10.

28 *Herdegen*, in: Maunz/Dürig, GG, Art. 25, Rn. 71 ff.

29 *Scholz*, in: Maunz/Dürig, GG, Art. 23, Rn. 70 ff.

geschützt werden, wobei im Einzelnen unklar ist, welche dieser Wertentscheidungen erhöhten Schutz genießen sollen und welche nicht.

Festzuhalten bleibt daher zunächst, dass im Grundgesetz sowohl quantitativ als auch qualitativ eindeutig diejenigen Regelungen überwiegen, die die Ermöglichung europäischer und internationaler Integration zum Inhalt haben anstatt diese inhaltlich zu begrenzen. Die weitreichende Integrationsermächtigung des Grundgesetzes ist zwar an gewisse Schranken gebunden (insbesondere Art. 23 Abs. 1 Satz 1 GG), nichtsdestotrotz gilt der ebenso weitreichende Vorrang des Unionsrechts. Aus dem Verweis von Art. 23 Abs. 1 Satz 3 GG auf Art. 79 Abs. 3 GG folgt zudem, dass die Bundesrepublik Deutschland nur insoweit Mitglied der Europäischen Union sein kann, wie die demokratischen, rechtsstaatlichen, sozialen und föderativen Grundsätze gewahrt bleiben, Deutschland eine Republik bleibt und ein hinlänglicher Grundrechtsschutz gewährleistet ist.[30] Explizite Schranken enthalten die genannten Grundrechtsnormen für den Bereich des Unions- und Völkerrechts über den Wortlaut des Art. 23 Abs. 1 GG hinaus allerdings nicht. Insbesondere lässt sich dem Wortlaut des Grundgesetzes kein irgendwie gearteter Identitätsvorbehalt entnehmen.[31]

II. Die Rolle des Bundesverfassungsgerichts

Das Bundesverfassungsgericht hat in seiner Geschichte stets versucht, das im vorigen Abschnitt festgestellte weitgehende Schweigen des Grundgesetzes zu den Grenzen europäischer und internationaler Integration durch seine Judikatur und die dort enthaltenen Aussagen zu möglichen Beschränkungen des auswärtigen Handelns Deutschlands zu kompensieren. Um die Argumentationsstruktur des Bundesverfassungsgerichts im Zusammenhang mit europäischen und internationalen Rechtsakten nachvollziehen zu können, ist es daher unerlässlich, einen kurzen Blick auf die Rechtsprechungsgeschichte des BVerfG zu werfen. Generell ist die diesbezügliche deutsche Verfassungsgerichtsrechtsprechung von der Frage nach dem Verhältnis von europäischem und deutschem Recht im Falle einer Kollision beider Rechtsordnungen geprägt.

Die Europäische Union hat aufgrund der Übertragung weitreichender Hoheitsrechte und Rechtssetzungsbefugnisse durch ihre Mitgliedstaaten sowie ihre eigene Rechtsfähigkeit in den letzten Jahrzehnten eine Sonderstellung innerhalb der internationalen Organisationen eingenommen. Ihr kommt inzwischen eine überragend wichtige Rolle für die politische und wirtschaftliche Entwicklung Europas und der Welt zu. Nach dem Grundsatz der begrenzten Einzelermächtigung, der in Art. 4 Abs. 1 und Art. 5 Abs. 1 und 2 EUV niedergelegt ist, bleibt jedoch eine Rechtssetzung durch die EU nur in den Bereichen möglich, in denen das europäische Primärrecht

30 *Scholz*, in: Maunz/Dürig, GG, Art. 23, Rn. 122.

31 A. A. wohl *Ludwigs/Sikora*, EWS 2016, 121, 128, wonach sie einen „explizite[n] Anknüpfungspunkt in der Verfassung" finde.

eine ausschließliche oder geteilte Rechtssetzungsbefugnis ausdrücklich vorsieht. Im Übrigen verbleibt es bei der mitgliedstaatlichen Rechtssetzungskompetenz.[32] In diesem Sinne darf die EU auch im Bereich der geteilten Zuständigkeiten nach Art. 4 AEUV nur subsidiär tätig werden (Art. 5 Abs. 3 EUV), wenn ein Vorhaben auf der mitgliedstaatlichen Ebene nicht hinreichend verwirklicht werden kann und daher ein Tätigwerden der EU zweckmäßiger ist. Vor diesem Hintergrund kommt es immer wieder zu Konflikten zwischen der EU und ihren Mitgliedstaaten, wenn einer der involvierten Akteure befürchtet, die EU könne sich nicht an die durch die Verträge eingeräumte Kompetenzordnung halten.

Hinsichtlich der innerstaatlichen Wirkung des Unionsrechts ist zwischen primärem und sekundärem Unionsrecht zu unterscheiden. Für den Erlass und die Änderung des Primärrechts sind die Mitgliedstaaten zuständig, vgl. Art. 48 EUV. Demgegenüber wird das Sekundärrecht von den Unionsorganen selbst ohne direkte Mitwirkung der Mitgliedstaaten geschaffen, vgl. Art. 288 AEUV. Das Sekundärrecht entsteht insbesondere in Form von Verordnungen, Richtlinien und Beschlüssen. Auch europäisches Sekundärrecht kann unmittelbare Wirkung im deutschen Recht erlangen, wobei dies nicht stets der Fall ist und maßgeblich von der rechtlichen Gestalt des jeweiligen Sekundärrechtsakts abhängt.[33]

Im Hinblick auf ihren Rang stehen die europäischen Verträge (primäres Unionsrecht) formal im Rang von Bundesgesetzen – also unterhalb des deutschen Verfassungsrechts. Um zu vermeiden, dass der nationale Gesetzgeber durch spätere Gesetze von bereits erlassenem EU-Recht abweicht und sich nationale (Grund-) Rechte auf diese Weise stets gegen jegliches Unionsrecht durchsetzen könnten (*lex posterior derogat legi priori*), hat der EuGH bereits im Jahr 1964 den sogenannten Anwendungsvorrang des heutigen Unionsrechts entwickelt.[34] In der zugrundeliegenden Entscheidung Costa/ENEL führte der EuGH aus, die Mitgliedstaaten seien durch die europäischen Verträge in ihren Souveränitätsrechten beschränkt und gebunden.[35] Durch die neu geschaffene (europäische) Rechtsordnung können zudem keine nachträglich abweichenden einseitigen Maßnahmen ins Feld geführt werden.[36] Dies habe zur Konsequenz, dass dem aus einer autonomen Rechtsquelle fließenden (Europa-)Recht keine wie immer gearteten innerstaatlichen Rechtsvorschriften vorgehen können.[37] Prinzipiell setzt sich also im Regelfall das gesamte Unionsrecht gegenüber kollidierendem innerstaatlichen Recht durch, also auch gegenüber dem nationalen Verfassungsrecht.[38] Folglich räumt der EuGH dem

32 *Calliess/Kahl/Puttler*, in: Calliess/Ruffert, Art. 4 EUV, Rn. 1 ff.
33 Vgl. hierzu i. E. weiterführend *Sauer*, Staatsrecht III, § 8, Rn. 14 ff.
34 EuGH, Rs. 6/64 (Costa/ENEL), Slg. 1964, 1253 (1269 f.).
35 EuGH, Rs. 6/64 (Costa/ENEL), Slg. 1964, 1253 (1269 f.).
36 EuGH, Rs. 6/64 (Costa/ENEL), Slg. 1964, 1253 (1269 f.).
37 EuGH, Rs. 6/64 (Costa/ENEL), Slg. 1964, 1253 (1269 f.).
38 Diese Konkretisierung erfolgte durch das spätere Urteil EuGH, Rs. 11/70 (Internationale Handelsgesellschaft), Slg. 1970, 1125 (1135).

Unionsrecht im Ergebnis absoluten Anwendungsvorrang vor jeglichem nationalen Recht ein und begründet dies insbesondere mit der Eigenständigkeit der Unionsrechtsordnung.[39]

Über diese Grundsätze hinaus ist für diese Arbeit von besonderer Bedeutung, wie weit der grundsätzlich unbestrittene Vorranganspruch des Europarechts in der tatsächlichen innerstaatlichen Rechtsausübung reicht und ob das Grundgesetz überhaupt eine Grenze für die Übertragung von Hoheitsrechten enthält. Spätestens seit dem sogenannten Solange I-Beschluss des Bundesverfassungsgerichts aus dem Jahr 1974[40] sind der EuGH und das BVerfG uneins, ob mitgliedstaatliches Verfassungsrecht den Vorrang des europäischen Rechts in Einzelfällen durchbrechen kann. Dieser auf einem unterschiedlichen Verständnis der Unionsrechtsordnung beruhende Streit setzt sich bis heute fort, sodass das Bundesverfassungsgericht in bemerkenswerter Regelmäßigkeit Entscheidungen trifft, die Aussagen darüber enthalten, wer im komplizierten Normgefüge zwischen Unionsrecht und deutschem (Verfassungs-)Recht sprichwörtlich „das letzte Wort" haben soll. Wie erwähnt, sind die Positionen von EuGH und BVerfG zuvorderst auf unterschiedliche Ansichten über das Wesen der Unionsrechtsordnung zurückzuführen. Während der EuGH die Autonomie dieser Rechtsordnung als verselbstständigte, aus sich heraus geltende und nicht (mehr) von den Mitgliedstaaten abgeleitete eigene Rechtsordnung betont und den Vorrang des Unionsrechts daher als unbegrenzt und von mitgliedstaatlicher Seite unbegrenzbar ansieht[41], lehnt das BVerfG eine autonome Geltung des Europarechts aufgrund des Prinzips der begrenzten Einzelermächtigung grundsätzlich ab.[42] Der Vorrang kann nach Ansicht des Bundesverfassungsgerichts nur so weit gehen, wie die jeweilige verfassungsrechtliche Ermächtigung reicht.[43] Er könne seinerseits durch verfassungsrechtliche Schranken der Integration begrenzt werden. Im Lissabon-Urteil[44] aus dem Jahr 2009 hat das BVerfG dieser Tradition folgend betont, die Mitgliedstaaten seien und blieben dauerhaft die Herren der Verträge.[45] Der Grund und die Grenze für die Geltung des Rechts der Europäischen Union in der Bundesrepublik Deutschland sei der im Zustimmungsgesetz enthaltene Rechtsanwendungsbefehl, welcher stets nur im Rahmen der geltenden Verfassungsordnung erteilt werden könne.[46] Daher reiche

---

39 *Ruffert*, in: Calliess/Ruffert, Art. 1 EUV, Rn. 17.
40 BVerfGE 37, 271.
41 Vgl. bereits den in EuGH, Rs. 11/70 (Internationale Handelsgesellschaft), Slg. 1970, 1125 (1135) ausgesprochenen uneingeschränkten Anwendungsvorrang vor nationalem Recht.
42 BVerfGE 123, 267 (353 f.); BVerfGE 126, 286 (303 ff.).
43 BVerfGE 123, 267 (354).
44 BVerfGE 123, 267.
45 Siehe zur Kritikwürdigkeit der Annahme einer solchen Herrschaft *Nicolaysen*, EuR-Bei 1/2010, 9, 23 f., der zudem betont, wie sehr sich das BVerfG in neuerer Zeit von den Anfängen seiner supranationalen europarechtlichen Judikatur entfernt hat.
46 BVerfGE 123, 267 (402).

der Anwendungsvorrang für in Deutschland ausgeübte Hoheitsgewalt nur so weit, wie die Bundesrepublik Deutschland dieser Kollisionsregel zugestimmt habe und habe zustimmen dürfen.[47] Das BVerfG plädiert daher anders als der EuGH für einen lediglich relativen Anwendungsvorrang in Form eines Geltungsvorrangs des Unionsrechts kraft und im Rahmen der fortbestehenden verfassungsrechtlichen Ermächtigung des Art. 23 Abs. 1 GG in Verbindung mit dem nationalen Zustimmungsgesetz. Kollidierendes mitgliedstaatliches Recht soll zudem nur unanwendbar werden, nicht aber seine Gültigkeit verlieren.[48]

Virulent wird schon hier, dass der EuGH und das BVerfG hinsichtlich der Rangfrage mit unterschiedlichen Begründungen zu teilweise konträren Ergebnissen kommen. Verstärkt wird dieser Dissens durch die Tatsache, dass weder die europäische noch die deutsche Rechtsordnung eine explizite Kollisionsregel enthalten,[49] sodass die Beantwortung der Rangfrage regelmäßig durch die Gerichte erfolgen muss. Eine Stellungnahme dazu, welche der beiden hier nur angedeuteten Sichtweisen von EuGH und BVerfG die rechtlich und rechtspolitisch richtige sein dürfte, würde den Rahmen dieser Arbeit sprengen und soll daher nicht weiter erfolgen.[50]

Es bleibt jedoch zunächst festzuhalten, dass die konkurrierenden Ansichten seit Jahrzehnten existieren und vor dem Hintergrund, dass eine kurz- oder mittelfristige endgültige Klärung nicht zu erwarten ist, vielmehr von Bedeutung sein dürfte, wie mit dem zweifelsfrei existierenden Dissens der beiden Rechtsprechungsorgane in zweckmäßiger Weise umzugehen ist. Hierzu lohnt ein genauerer Blick in die Rechtsprechungsgeschichte des Bundesverfassungsgerichts.

Kurz nachdem das Konzept der europäischen Integration bemerkbar und die damit einhergehenden und sonstigen internationalen Verflechtungen größer wurden, wurde in Karlsruhe die Frage aufgeworfen, ob hierdurch nicht eventuell grundgesetzliche Werte verletzt werden könnten.

1. Solange I

Im Gegensatz zu seiner vorher grundsätzlich offenen Einstellung gegenüber der dynamischen Interpretation des Gemeinschaftsrechts entschied das BVerfG 1974 in der Rechtssache Solange I[51], dass in Fällen eines hypothetischen Konflikts

---

47 BVerfGE 123, 267 (402).

48 *Ruffert*, in: Calliess/Ruffert, Art. 1 EUV, Rn. 18.

49 *Michels*, JA 2012, 515, 515; denn auch die hierzu eine Aussage treffende Erklärung Nr. 17 zur Schlußakte von Lissabon, welche den Anwendungsvorrang bestätigt und auf die ständige Rechtsprechung des EuGH Bezug nimmt, hat nicht den Rang verbindlichen (Primär-)Rechts.

50 Vgl. exemplarisch *Hirsch*, NJW 1996, 2457; *Ludwigs/Sikora*, EWS 2016, 121; *Thiele*, EuR 2017, 367, 369 f. betont, „richtig“ und „falsch“ seien im kooperativen Verfassungsgerichtsverbund zwischen EuGH und BVerfG „von vorneherein unpassende Kategorien“.

51 BVerfGE 37, 271 (280 ff.).

zwischen Gemeinschaftsrecht und der Grundrechtsgarantie des Grundgesetzes grundsätzlich das deutsche Verfassungsrecht vorgehe. Die Karlsruher Richter legten Kriterien für die Überprüfung des Widerspruchs fest und behielten sich vor, die Vereinbarkeit des Gemeinschaftsrechts mit deutschem Recht in jedem Einzelfall selbst zu prüfen.[52] Der oben beschriebene Vorrang sekundären Gemeinschaftsrechts fand damit nach Ansicht des BVerfG seine Grenzen in den grundgesetzlich garantierten Grundrechten. Demzufolge zählten nach Ansicht des BVerfG vor allem die deutschen Grundrechte zu den ungeschriebenen Schranken des ursprünglichen Art. 24 Abs. 1 GG. Obwohl die Karlsruher Richter also grundsätzlich den Vorrang des Unionsrechts anerkannten, sahen sie hier erstmals die Notwendigkeit, diesen im Einzelfall zu durchbrechen und allgemein den Fortschritt des europäischen Integrationsprozesses zu überwachen. Das BVerfG schuf und aktivierte daher aufgrund des aus seiner Sicht unter anderem mangels eines geschriebenen Grundrechtskataloges unzulänglichen Grundrechtsschutzes seitens der EU die Grundrechtskontrolle, anhand derer es europäisches Recht im Konfliktfall auf seine Vereinbarkeit mit den deutschen Grundrechten überprüfen konnte. Zugleich definierte das BVerfG hier ausdrücklich einen Anspruch auf Letztentscheidungskompetenz im Grundrechtsbereich.

2. Solange II

In der Folge relativierte das BVerfG seine Entscheidung bezüglich einer generellen Überprüfbarkeit von EG-Rechtsakten in der Rechtssache Solange II aus dem Jahre 1986.[53] Es erkannte an, dass die EG und ihre Organe (insbesondere der EuGH durch seine ständige Rechtsprechung[54]) zwischenzeitlich für ein ausreichendes Menschen- bzw. Grundrechtsregime gesorgt hatten, obwohl immer noch kein geschriebener Grundrechtskatalog existierte.[55] Das BVerfG wollte vor diesem Hintergrund bis auf weiteres von einer eigenen Überprüfung von EG-Rechtsakten anhand des Grundgesetzes absehen.[56] Zu beachten bleiben aber die im Beschluss deutlich gemachten Einschränkungen: Das BVerfG verzichtete aufgrund einer eigenen Entscheidung auf die Ausübung seiner Rechtsprechungsgewalt nur insoweit und nur so lange, wie auf Gemeinschaftsebene ein ausreichender Grundrechtsschutz generell gewährleistet werde und dieser Schutz den Wesensgehalt der Grundrechte und damit den vom Grundgesetz gebotenen Mindeststandard generell verbürge.[57]

---

52 BVerfGE 37, 271 (280 ff.).

53 BVerfGE 73, 339.

54 Vgl. hierzu beispielhaft die ausführliche Grundrechtsprüfung in EuGH, Rs. 44/79 (Hauer/Land Rheinland-Pfalz), Slg. 1979, 3729 (3744 ff.).

55 BVerfGE 73, 339 (387).

56 BVerfGE 73, 339 (387).

57 BVerfGE 73, 339 (387).

Die Solange II-Judikatur des BVerfG wurde in der Folgezeit mehrfach bestätigt[58], und ihre Grundsätze wurden auch auf das nationale Umsetzungs- und Vollzugsrecht ausgedehnt.[59] Dies hatte zur Folge, dass auch deutsche Umsetzungsvorschriften nicht an deutschen Grundrechten gemessen werden konnten, wenn das Unionsrecht zwingende Vorgaben machte.[60]

Gewissermaßen als Reaktion auf Solange I und die Vorbehalte in Solange II betonte der EuGH in der Foto-Frost-Entscheidung[61] aus dem Jahre 1987 sein uneingeschränktes Verwerfungsmonopol für Unionsrechtsakte und forderte eine dahingehende Akzeptanz durch die Mitgliedstaaten mit Nachdruck ein.[62]

3. Maastricht

Durch die fortschreitende europäische Integration verblieben dem deutschen Gesetzgeber in den Folgejahren immer weniger Möglichkeiten, eigenständig und unabhängig auf staatlicher Ebene gesetzgeberisch tätig zu werden. Dieser als Teil eines umfänglichen Demokratieproblems empfundenen Entwicklung begegnete das BVerfG erstmals deutlich im Maastricht-Urteil[63], in dem die Karlsruher Richter statuierten, dass dem Deutschen Bundestag stets Befugnisse von substanziellem Gewicht verbleiben müssten.[64] Hieraus folge konkret das Verbot der sogenannten Kompetenzentleerung.[65] Dem Verfahren lag eine Verfassungsbeschwerde zugrunde, mit der die Beschwerdeführer geltend machten, durch den Vertrag von Maastricht in ihren demokratischen Grundrechten verletzt zu sein.[66] Letztlich wurde die Verfassungsbeschwerde zwar als unbegründet abgewiesen, die ausführliche Urteilsbegründung enthielt jedoch einige bemerkenswerte verfassungsrechtliche sowie verfassungspolitische Aussagen. So definierte das BVerfG die Europäische Union als „Staatenverbund" und grenzte diese Organisationsform von dem herkömmlichen Nationalstaat ab.[67] Der Neologismus Staatenverbund beschreibt ein Mehrebenensystem, in welchem die involvierten Nationalstaaten enger zusammenarbeiten als in einem Staatenbund, jedoch im Gegensatz zu einem Bundesstaat ihre vollständige staatliche Souveränität behalten.[68] Der Gebrauch dieses Begriffs beschränkt sich auf den deutschen Rechtsraum, es existiert keine Entsprechung des Begriffs in

---

58 Vgl. beispielsweise BVerfGE 102, 147 (164).
59 BVerfGE 118, 79 (95).
60 Von diesem Grundsatz ist das BVerfG in BVerfGE 125, 260 (324) abgewichen und hat doch wieder eine Grundrechtskontrolle vorgenommen.
61 EuGH, Rs. 314/85 (Foto-Frost), Slg. 1987, 4226.
62 EuGH, Rs. 314/85 (Foto-Frost), Slg. 1987, 4226.
63 BVerfGE 89, 155.
64 BVerfGE 89, 155 (172).
65 BVerfGE 89, 155 (172).
66 BVerfGE 89, 155 (165 ff.).
67 BVerfGE 89, 155 (188).
68 Vgl. z. B. BVerfGE 123, 267 (348).

einer anderen Sprache, sodass davon auszugehen ist, dass das BVerfG ihn vor allem prägte, um zu verdeutlichen, dass die Union die Grenze zu einem eigenen Staatswesen noch nicht überschritten hatte.[69] Anzumerken ist dabei, dass der Begriff des Staatenverbundes dem Grundgesetz, dem Europarecht und der Verfassungslehre bis zum Gebrauch durch das BVerfG generell fremd war.[70] Des Weiteren beschrieb das BVerfG das Rechtsprechungsgefüge zwischen EuGH und sich selbst in Bezug auf den Grundrechtsschutz hier als „Kooperationsverhältnis"[71], wollte sich aber eine eigene Kompetenzkontrolle vorbehalten, da sich nur so der Grundsatz der begrenzten Einzelermächtigung wirksam absichern lasse.[72] Daher prüfte „das Bundesverfassungsgericht, ob sich Rechtsakte der europäischen Einrichtungen und Organe in den Grenzen der ihnen eingeräumten Hoheitsrechte halten oder aus ihnen ausbrechen"[73]. Die Kompetenzkontrolle sollte aber nicht etwa, wie man die vorstehende Aussage des BVerfG durchaus verstehen könnte, am Maßstab des europäischen Primärrechts erfolgen, sondern am Maßstab des Grundgesetzes, das jedoch hinsichtlich der Reichweite der tatsächlich übertragenen Kompetenzen gegenüber den europäischen Verträgen selbst keinerlei Aussage trifft. Näher liegen dürfte demgegenüber in den meisten Fällen eine Kompetenzkontrolle anhand der zugrundeliegenden Normen des EUV und des AEUV, die – wie heute von Art. 19 Abs. 1 UAbs. 1 Satz 2 EUV und Art. 263 Abs. 2 AEUV ausdrücklich vorgesehen – durch den EuGH erfolgen müsste. Jedenfalls aber kann diese Kompetenzkontrolle des BVerfG nach dessen Ansicht in der Maastricht-Entscheidung zur Folge haben, dass ein ausbrechender Rechtsakt der EU in Deutschland nicht verbindlich sein soll.[74] Damit drohte das BVerfG in dieser Entscheidung also an, dasjenige EU-Recht, das seiner Ansicht nach *ultra vires* – also infolge einer Überschreitung der von den Mitgliedstaaten eingeräumten Kompetenz – verabschiedet wurde, nicht anzuwenden. Dies kann durchaus als eine weitere Weigerung der Verfassungsrichter verstanden werden, den Vorrang des EU-Rechts vollständig und uneingeschränkt anzuerkennen.[75] Mit dem unmissverständlichen Hinweis auf die einzelnen Mitgliedstaaten als ausschließliche Legitimationsquelle europäischer Politik sollten der europäischen Integration durch diese Entscheidung deutliche Grenzen aufgezeigt werden. Indem das BVerfG die klassische Nationalstaatlichkeit zur Voraussetzung für die Verwirklichung von Demokratie machte und sich eine Kompetenzkontrolle aus rein nationaler Sicht vorbehielt, brachte es in dieser Entscheidung ein Integrations- und Demokratieverständnis zum Ausdruck, das mit einer auf die fortschreitende europäische Integration und deren Vorteile

---

69 *Nettesheim*, in: Grabitz/Hilf/Nettesheim, Art. 1 AEUV, Rn. 55 ff.
70 *Nicolaysen*, EuR-Bei 1/2010, 9, 19.
71 BVerfGE 89, 155 (175).
72 BVerfGE 89, 155 (188).
73 BVerfGE 89, 155 (188).
74 BVerfGE 89, 155 (188).
75 *Stein*, ERA Forum 2011, 219, 223.

gerichteten europa- und völkerrechtsoffenen Denkweise schon damals teilweise kaum in Einklang zu bringen war.

Im Maastricht-Urteil des BVerfG wurde die ultra vires-Kontrolle noch unter dem Begriff des „ausbrechenden Rechtsakts" geführt.[76] Im Lissabon-Urteil wurde sie vom BVerfG sodann als echter Kontrollvorbehalt verwendet, mit dem das Gericht die Zuständigkeit zur Kontrolle europäischer Kompetenzausübung für sich in Anspruch nimmt. Die Verfassungsrichter prüfen demzufolge inzwischen, ob Rechtsakte der europäischen Organe und Einrichtungen sich unter Wahrung des unionsrechtlichen Subsidiaritätsprinzips in den Grenzen der ihnen im Wege der begrenzten Einzelermächtigung eingeräumten Hoheitsrechte halten.[77] Unionsrechtsakte, die außerhalb der der EU zugewiesenen Kompetenzen zustande kommen, sollen nicht nur Unionsrecht, sondern auch deutsches Verfassungsrecht verletzen und werden vom BVerfG daher für in Deutschland unanwendbar erklärt, obwohl eine Kompetenzkontrolle im Rahmen von Nichtigkeitsklage (Art. 263 AEUV) und Vorabentscheidungsverfahren (Art. 267 AEUV) in erster Linie dem Gerichtshof der EU obliegt.

Für die ultra vires-Kontrolle existiert bereits ein relativ ausdifferenziertes Prüfprogramm, da sich das Bundesverfassungsgericht bereits in einigen Entscheidungen ausführlich mit ihr befasst und dabei ihre Konturen deutlich geschärft hat. Den bedeutsamen Maßstab einer „ersichtlichen Kompetenzüberschreitung" hat das BVerfG insbesondere in seinem Beschluss vom 6. Juli 2010 in der Rechtssache Honeywell entwickelt.[78] Die durch die Maastricht-Entscheidung geschaffene Kompetenz- oder ultra vires-Kontrolle sollte nach diesem Honeywell-Beschluss aus dem Jahr 2010 nämlich nur dann ausgeführt werden können, wenn ein ausbrechender Rechtsakt unzweifelhaft vorliege.[79] Dies wiederum sei lediglich dann der Fall, wenn der EuGH zuvor mit der Frage befasst wurde und eine Kompetenzüberschreitung verneint habe, die Kompetenzüberschreitung offensichtlich sei und erheblich ins Gewicht falle, was wiederum eine Wertungsfrage darstelle.[80] Dies soll voraussetzen, dass der angegriffene Akt „zu einer strukturell bedeutsamen Verschiebung zulasten der Mitgliedstaaten" führt.[81] Nachfolgend soll, um den Umfang dieser Arbeit zu beschränken, die ultra vires-Kontrolle nicht detailliert behandelt werden.

---

76 BVerfGE 89, 155 (188).
77 BVerfGE 123, 267 (353 f.).
78 BVerfGE 126, 286 (303 ff.); vgl. hierzu unter anderem *Mayer/Walter*, JURA 2011, 532.
79 BVerfGE 126, 286 (304 ff.).
80 BVerfGE 126, 286 (303 f., 307).
81 BVerfGE 126, 286 (307).

III. Zwischenfazit

Im ersten Abschnitt des Kapitels wurden die Gründe für den zutage tretenden Jurisdiktionskonflikt herausgearbeitet: Das Grundgesetz enthält außer den in Art. 23 Abs. 1 Satz 1 und 3 GG ausdrücklich genannten und über den Umweg des Art. 79 Abs. 3 GG i. V. m. Art. 1 und 20 GG zu erahnenden Grenzen keine Aussage über die Reichweite der im Rahmen des Grundgesetz möglichen europäischen und internationalen Integration. Es mangelt dem Grundgesetz zudem insbesondere an einer verfassungstextlichen Grundlage einer eigenständigen Identitätsklausel.[82] Eine nationale Identität oder Verfassungsidentität ist in Art. 23 Abs. 1 Satz 3 GG und Art. 79 Abs. 3 GG zumindest nicht explizit genannt. Vielmehr enthält das Grundgesetz in der Gesamtschau ein klares Bekenntnis zur europäischen Integration und formuliert diese nicht nur als vages Ziel, sondern formt sie als konkrete Verpflichtung aus. Ob das Bundesverfassungsgericht dieser Verpflichtung vollumfänglich nachkommt, wird noch zu besprechen sein.[83] Das Schweigen des Grundgesetzes zu Einschränkungsmöglichkeiten in Bezug auf den Prozess der europäischen und internationalen Integration hat das Bundesverfassungsgericht bereits seit den Siebzigerjahren mit Leben zu füllen versucht. Leitgedanke der Karlsruher Verfassungsrichter war in diesem Zusammenhang stets die Wahrung der Letztentscheidungskompetenz in grundrechtsrelevanten Fragen. Infolge des Maastricht-Urteils soll das Grundgesetz nun zum Beispiel auch vor einer Entwertung des innerdeutschen Wahlaktes durch die Übertragung staatlicher Kompetenzen auf die EU schützen.[84] Es ist fraglich, ob das BVerfG den vom EuGH seit Jahrzehnten eingeforderten Anwendungsvorrang des europäischen Rechts inzwischen nicht in einer Weise zu durchbrechen versucht, die einen Angriff auf die Rechtseinheit in der EU darstellen könnte. Denn das Institut des Vorrangs sichert im Zusammenspiel mit dem EuGH gemäß Art. 19 Abs. 1 EUV die einheitliche Auslegung und Anwendung des gemeinsamen europäischen Rechts in allen Mitgliedstaaten. Wenn alle mitgliedstaatlichen Verfassungsgerichte nun dem Beispiel des BVerfG folgten, könnte das Unionsrecht zu einer fragmentierten Rechtsordnung werden.[85]

Die angesprochenen älteren Bundesverfassungsgerichtsentscheidungen haben zudem gezeigt, dass der Dissens zwischen BVerfG und EuGH über die Reichweite der Grundrechte und die gerichtliche Letztentscheidungskompetenz im Bereich dieser bereits seit Jahrzehnten besteht. Er beruht auf unterschiedlichen rechtlichen Ansichten hinsichtlich der Selbstständigkeit der Unionsrechtsordnung. Das BVerfG hat stets den Anspruch erhoben, die Geltung nationaler Grundrechte auch gegenüber Rechtsakten der EU zu sichern.[86] Die deutschen Verfassungsrichter

82 *Schönberger*, JöR 2015, 41, 43.
83 Z. B. unter Gliederungspunkt E.I.
84 BVerfGE 89, 155 (172).
85 *Calliess*, in: Böttger/Jopp, Handbuch zur deutschen Europapolitik, 148, 153.
86 *Nettesheim*, JZ 2016, 424, 428.

gehen daher seit Solange I grundsätzlich davon aus, Gemeinschafts- bzw. Unionsrecht am Maßstab deutschen Rechts überprüfen zu können. Unter bestimmten Bedingungen nahmen die Karlsruher Richter diesen Kontrollanspruch dann im Jahre 1986 in der Solange II-Entscheidung zurück. In der Folge sollte sich – wie im Maastricht-Urteil von 1993 festgehalten – ein Kooperationsverhältnis zwischen EuGH und BVerfG entwickeln, welches aber immer wieder durch Kompetenzstreitigkeiten belastet wurde. Über Jahrzehnte hinweg ist das BVerfG trotz dieses ausgerufenen Kooperationsverhältnisses davon ausgegangen, zumindest in Extremfällen die deutschen Grundrechtsstandards als Begrenzungen des Vorrangs des Europarechts heranziehen zu können. Der EuGH geht dagegen weiterhin konsequent davon aus, EU-Rechtsakte müssten lediglich den EU-Verträgen sowie den europäischen Grundrechten entsprechen, und beansprucht die Entscheidung hierüber ausschließlich für sich selbst.

Zur Sicherung des durch das BVerfG selbst formulierten Anspruchs der Kontrolle weiterer Integrationsschritte haben die Verfassungsrichter bereits früh die Grundrechtskontrolle als ersten Überprüfungsmechanismus europäischen Rechts anhand des Grundgesetzes geschaffen. Im Wesentlichen verlässt sich das BVerfG aber inzwischen mit Ausnahme der neu geschaffenen Kontrollinstrumente unter anderem wegen der Geltung der Charta der Grundrechte der Europäischen Union (GRCh), die seit dem Inkrafttreten des Vertrages von Lissabon im Jahr 2009 rechtsverbindlich ist, sowie den Grundrechten der Europäischen Menschenrechtskonvention (EMRK) und den Grundrechten der gemeinsamen Verfassungsüberlieferungen der Mitgliedstaaten auf einen ausreichenden Grundrechtsschutz auf unionaler Ebene.[87] Dieser dürfte seit dem Vertrag von Lissabon und dem damit einhergehenden Inkrafttreten der Grundrechte-Charta der EU auch nicht mehr ernsthaft zu bestreiten sein, sodass in der Praxis eine Kontrolle von EU-Recht am Maßstab deutscher Grundrechte irgendwann an ihr Ende gelangen dürfte.[88] Die heutige tatsächliche Relevanz der Grundrechtskontrolle könnte sich folglich als gering herausstellen.

Abschließend bleibt daher Folgendes festzuhalten: Die in Solange I eingeforderte Grundrechtskontrolle des Gemeinschaftsrechts durch das BVerfG ist seit Solange II faktisch außer Kraft gesetzt. Auch die Kompetenz- bzw. ultra vires-Kontrolle wurde mit dem Honeywell-Beschluss im Jahr 2010 erheblich eingeschränkt.

87 *Nettesheim*, JZ 2016, 424, 428.
88 *Nettesheim*, JZ 2016, 424, 428.

C. Zweiter Teil – Verfassungsidentität und Identitätskontrolle

Vor dem Hintergrund der aufgegebenen Grundrechtskontrolle sah sich das Bundesverfassungsgericht offenbar gezwungen, neue Kontrollvorbehalte für die Fälle einer möglichen Verletzung deutscher Grundrechte durch europäische Rechtsakte zu schaffen. In Fortführung seiner Aussagen zu einem „ausbrechenden Rechtsakt" im Maastricht-Urteil[89] beanspruchte das BVerfG in seiner Lissabon-Entscheidung zunächst eine sogenannte ultra vires-Kontrolle.[90] Zusätzlich sollte es den Verfassungsrichtern infolge dieser Entscheidung möglich sein, die Wahrung des unantastbaren Kerngehalts des Grundgesetzes anhand einer sogenannten Identitätskontrolle zu überprüfen.[91] Das Bundesverfassungsgericht führt diese beiden neuen Kontrollvorbehalte und die daraus erwachsende Letztentscheidungskompetenz auf die sogenannte „Integrationsverantwortung" zurück, die es aus Art. 23 Abs. 1 GG herleitet. Hierbei handele es sich um eine „besondere Verantwortung im Rahmen der Mitwirkung, die in Deutschland innerstaatlich den Anforderungen des Art. 23 Abs. 1 GG genügen muss (Integrationsverantwortung)"[92]. Dieser Verantwortung kommen die Karlsruher Richter unter anderem dadurch nach, dass sie festgelegt haben, der Anwendungsvorrang könne nicht zu einem „Verzicht auf souveräne Staatlichkeit oder auf Verfassungsidentität"[93] führen. Dieses in der Literatur umstrittene[94] Konzept der Verfassungsidentität sowie das mit ihr verknüpfte Instrument der Verfassungsidentitätskontrolle werden nachfolgend eingehend beleuchtet.

Die Verfassungsidentitätskontrolle ist die jüngste vom Bundesverfassungsgericht geschaffene Kontrollbefugnis auf dem Gebiet der europäischen Integration. Nachfolgend werden zunächst die Entscheidungen des BVerfG, die die Identitätskontrolle zum Inhalt hatten, kurz beschrieben und ausgewertet (Gliederungspunkt C.I.). Hierauf folgt sodann eine ausführliche Diskussion der Stärken und Schwächen des Konzepts, die die verfassungsgerichtliche Rechtsprechung zum Vorschein gebracht hat (C.II.-IX.). Der Abschnitt schließt mit einigen kritischen

89 BVerfGE 89, 155 (188).
90 BVerfGE 123, 267 (353 f.).
91 BVerfGE 123, 267 (353 f.).
92 BVerfGE 123, 267 (LS. 2a, 356 ff., 391 f., 344 ff.).
93 BVerfGE 123, 267 (402).
94 Aus verschiedenen Gründen kritisch z. B. *Polzin*, Verfassungsidentität; *Rode*, Verfassungsidentität und Ewigkeitsgarantie; *Nettesheim*, EuR-Bei 1/2010, 101; *Ingold*, AöR 2015, 1; *Schönberger*, JöR 2015, 41; eher zustimmend aber z. B. *Rozek*, in: Mangold/Klein/Starck, GG, Art. 70 Abs. 1., Rn. 5; *Wollenschläger*, in: Dreier, GG, Art. 23, Rn. 87 ff.; *Wischmeyer*, AöR 2015, 415; zuvor bereits *Di Fabio*, Der Staat 1991, 191 ff.

Anmerkungen zu den Folgen der Verfassungsidentitätskontrolle (C.X.). In einem späteren Kapitel (D.III.7.a.) werden sodann im Kontext dieser vorangegangenen Rechtsprechung die beiden vorläufigen CETA-Verfahren vor dem BVerfG besprochen.

I. Entwicklung der Judikatur

Die Geschichte der Verfassungsidentität als verfassungsrechtliches Konzept (auch) im Kontext europäischer Integration geht nicht lange zurück.[95] Erstmalig zog das BVerfG im Solange I-Beschluss von 1974[96] die Identität des Grundgesetzes als immanente Schranke des früheren Art. 24 Abs. 1 GG und damit als Grenze für den Anwendungsvorrang des Unionsrechts heran.[97] Auch in der Solange II-Entscheidung führte das BVerfG aus, die grundgesetzliche Integrationsermächtigung dürfe nicht dazu führen, „im Wege der Einräumung von Hoheitsrechten für zwischenstaatliche Einrichtungen die Identität der geltenden Verfassungsordnung der Bundesrepublik Deutschland durch Einbruch in ihr Grundgefüge, in die sie konstituierenden Strukturen aufzugeben“[98].

Mit Inkrafttreten des Vertrages von Maastricht im Jahr 1993 intensivierte sich die Diskussion um eine (womöglich sogar unionsrechtlich anerkannte) Verfassungsidentität, in deren Folge ein verwandter Begriff in das europäische Primärrecht eingeführt wurde: die nationale Identität (heute Art. 4 Abs. 2 Satz 1 EUV). Diesen Terminus griff das BVerfG in seiner Entscheidung zum Maastricht-Vertrag auf und schuf in diesem Zuge das bereits erwähnte Konzept des Staatenverbundes (in Abgrenzung zum Nationalstaat).[99] Seit der Einführung der heute geltenden Regelung in Art. 4 Abs. 2 Satz 1 EUV im Vertrag von Lissabon stellt der europäische Begriff der nationalen Identität zumindest einen ausdrücklichen Bezug zu den Verfassungen der Mitgliedstaaten her und bietet mitgliedstaatlichen Verfassungsgerichten daher Raum zur Interpretation.[100] Diesen nutzte das BVerfG insbesondere seit dem Lissabon-Urteil[101] aus dem Jahr 2009, in dem es die Verfassungsidentität zu einem der Schlüsselbegriffe erhob[102] und zu deren Absicherung das Konzept der Identitätskontrolle schuf. Die Lissabon-Entscheidung gilt heute zu Recht als Leitentscheidung im Rahmen der Verfassungsidentität, in der die Verfassungsrichter

95 *Schönberger*, JöR 2015, 41, 44.
96 BVerfGE 37, 271 (280).
97 BVerfGE 37, 271 (280).
98 BVerfGE 73, 339 (375 f.); hier erfolgte jedoch noch keine Definition der Verfassungsidentität und auch Art. 79 Abs. 3 GG wurde nicht in Bezug genommen.
99 BVerfGE 89, 155 (181/188).
100 *Schönberger*, JöR 2015, 41, 45.
101 BVerfGE 123, 267.
102 *Schönberger*, JöR 2015, 41, 46 m. w. N.

diese als abstraktes und absolutes Konzept etablierten, das die Übertragung von Hoheitsrechten sowie den Anwendungsvorrang begrenzen können soll.[103]

Bis ins Jahr 2015 handelte es sich bei der Identitätskontrolle aber gewissermaßen um eine bloße Drohung des Bundesverfassungsgerichts in Richtung der EU-Organe und Einrichtungen. Dies hat sich inzwischen geändert, indem die Verfassungsrichter die bis dahin nur zu ausgewählten Anlässen erwähnte Identitätskontrolle zum wohl wichtigsten Kontrollmechanismus gegenüber EU-Rechtsakten erhoben haben. Um die Relevanz der Identitätskontrolle einordnen und sie in der Folge kritisch beleuchten zu können, soll nachfolgend zunächst eine pointierte Besprechung derjenigen verfassungsgerichtlichen Entscheidungen erfolgen, die sich bislang mit der Identitätskontrolle befasst haben. Der Schwerpunkt der Ausführungen soll dabei auf den für die Identitätskontrolle entscheidenden Aspekten und nicht auf den dahinterstehenden materiell-rechtlichen und sonstigen Fragestellungen liegen.

1. Neuer Kontrollvorbehalt nach dem Vertrag von Lissabon

In der Tradition der Maastricht-Entscheidung folgte im Jahr 2009 das Lissabon-Urteil[104] des BVerfG, in dem dessen eher national geprägtes Verständnis des Prinzips der europäischen Integration noch stärker zum Ausdruck gebracht wurde als zuvor. Selten hat das BVerfG seine eigene Position so deutlich artikuliert wie in dieser Entscheidung. Letztlich entschied das Gericht zwar abermals, dass der neuerliche EU-Reformvertrag mit dem Grundgesetz vereinbar sei,[105] jedoch verstoße das in der Folge überarbeitete deutsche Umsetzungsgesetz teilweise gegen Art. 38 GG i. V. m. Art. 23 GG, da die Beteiligungsrechte des Bundestags und des Bundesrates nicht ausreichend ausgestaltet worden seien.[106] Zudem wurde das Erfordernis einer ultra vires- bzw. Kompetenzkontrolle durch das Bundesverfassungsgericht im Falle eines kompetenzüberschreitenden/ausbrechenden Rechtsaktes der EU wiederholt und konkretisiert.[107] Die Feststellung eines ausbrechenden Rechtsaktes sei allein dem BVerfG vorbehalten und komme nur bei ersichtlichen Kompetenzüberschreitungen in Betracht.[108] Gleichzeitig erweiterte das Gericht seine Kontrollvorbehalte gegenüber dem EU-Recht. Anstatt der Grundrechts- sollten nun vor allem eine ultra vires- bzw. Kompetenzkontrolle und zudem eine sogenannte Identitätskontrolle am Maßstab von Art. 79 Abs. 3 GG möglich sein.[109] Dieses Institut sollte folgenden Inhalt haben: Die Verfassungsrichter

103 BVerfGE 123, 267 (353 f.).
104 BVerfGE 123, 267.
105 BVerfGE 123, 267 (370).
106 BVerfGE 123, 267 (339).
107 BVerfGE 123, 267 (LS. 4).
108 BVerfGE 123, 267 (354).
109 BVerfGE 123, 267 (353 f.).

halten sich die Prüfung von Rechtsakten anhand des nationalen (Verfassungs-) Rechts für den Fall offen, dass der unantastbare Kerngehalt der Art. 1 und 20 GG verletzt wird (vgl. Art. 23 Abs. 1 Satz 3 GG, 79 Abs. 3 GG). Erforderlich sei dieses neu geschaffene Institut, da die Übertragung von Kompetenzen auf die Union nicht über die unantastbaren Ewigkeitsnormen der Art. 1 und 20 GG hinausgehen dürfe.[110] Praktisch relevant sei hierbei vor allem das Demokratieprinzip, nach dem – wie bereits in der Maastricht-Entscheidung festgestellt – substanzielle Kompetenzen beim deutschen Parlament verbleiben müssen.[111]

Dem Verbot der Kompetenzentleerung hat das BVerfG zudem im Lissabon-Urteil zusätzlich das Verbot der Entstaatlichung als Schranke der Integration zur Seite gestellt.[112] Für die vorliegende Betrachtung von besonderer Relevanz ist in diesem Zusammenhang, wie nachdrücklich das BVerfG im Lissabon-Urteil seine Kontrollbefugnisse im Zusammenhang mit europäischen Rechtsakten einforderte und hierdurch versuchte, der europäischen Integration verfassungsrechtliche Schranken aufzuzeigen. Ferner verschmolz das BVerfG schon durch diese Leitentscheidung das Konzept der Verfassungsidentität mit Art. 79 Abs. 3 GG mit der aus dem Demokratieprinzip abgeleiteten Unterscheidung zwischen verfassungsändernder und verfassungsgebender Gewalt.[113] Nach der Vorstellung des BVerfG können die verfassten Gewalten über die Verfassungsidentität überhaupt nicht verfügen, sondern nur eine „rechtlich relevante extrakonstitutionelle verfassungsgebende Gewalt“[114] des Volkes, die wohl durch eine neue Verfassungsgebung nach Art. 146 GG ausgeübt werden müsste. Nur die verfassungsgebende Gewalt soll das Recht haben, über die Identität der Verfassung bzw. Art. 79 Abs. 3 GG zu verfügen.

Das Lissabon-Urteil konstituierte das Konzept der Verfassungsidentität als absolute Grenze für die Übertragung von Hoheitsrechten auf die europäische Union sowie den Anwendungsvorrang und legte den Grundstein für die prozessuale Identitätskontrolle. Dennoch (oder gerade deswegen) ist es in der juristischen Literatur umfassend behandelt und vielerorts – teils auch heftig – kritisiert worden.[115]

Beispielsweise kann neben dem gelegentlich kritisierten Umfang des Urteils[116] sowie den teils fehlenden Anknüpfungspunkten für die ausführlichen staatstheoretischen Ausführungen[117] berechtigterweise die Frage gestellt werden, wie das BVerfG den Reformvertrag, der seinerseits dem EuGH ein Rechtsprechungsmonopol über das Europarecht zuweist, letztlich als vorbehaltlos verfassungsgemäß[118]

110 BVerfGE 123, 267 (353 f.).
111 BVerfGE 123, 267 (353 f.).
112 BVerfGE 123, 267 (352, 381 ff.).
113 *Polzin*, Verfassungsidentität, S. 42 m. w. N.
114 *Polzin*, Verfassungsidentität, S. 49 m. w. N.
115 Vgl. z. B. die Beiträge in German Law Journal, Volume 10, No. 8.
116 *Schönberger*, Der Staat 2009, 535, 535.
117 *Schönberger*, Der Staat 2009, 535, 551 ff.
118 BVerfGE 123, 267 (369).

einstufen konnte, obwohl das Grundgesetz seiner Ansicht nach ebenfalls die Letztkontrolle über das Europarecht einfordert.[119] Zudem vernachlässigte das BVerfG in seiner Entscheidung Art. 23 Abs. 1 Satz 1 GG als zentrale verfassungsrechtliche Maxime[120] und überdehnte demgegenüber Art. 23 Abs. 1 Satz 3 GG[121] und vor allem 79 Abs. 3 GG[122], welcher sich an sich nur auf das Handeln des verfassungsändernden Gesetzgebers bezieht. Insbesondere wurden die von Art. 23 Abs. 1 Satz 1 GG geforderten „demokratischen Grundsätze" nicht näher definiert, sondern es erfolgte lediglich eine paradoxe negative Abgrenzung.[123] Die EU entspreche den für sie geltenden demokratischen Grundsätzen nämlich gerade nur deswegen, weil sie noch kein Staat sei.[124] Das BVerfG nutzte hier einen Standard, der auch nach seiner eigenen Ansicht für die EU dem Grunde nach überhaupt nicht gilt. Dies konkret zu Ende gedacht, erfüllte die EU nach Ansicht der Karlsruher Richter also die vagen von Art. 23 Abs. 1 GG aufgestellten und speziell auf die EU gerichteten Demokratieanforderungen, da sie dem staatlichen Demokratieverständnis eben nicht entsprach.[125] Das vom BVerfG selbst behauptete und kritisierte Demokratiedefizit der EU stellte hiernach also seinerseits die Erfüllung der Anforderungen von Art. 23 Abs. 1 Satz 1 GG sicher.[126] Das Gericht beantwortete in der Entscheidung im übrigen Fragen, die der Fall gar nicht aufwarf, und nannte als Gründe Verfassungsgrundsätze, die das Grundgesetz nicht oder zumindest nicht ausdrücklich enthält. Erst dadurch, dass das BVerfG beispielsweise dem innerdeutschen Wahlakt in den Fällen seine Sinnhaftigkeit entzog, in denen dem Bundestag keine substanziellen Befugnisse verblieben,[127] kam Art. 79 Abs. 3 GG überhaupt ins Spiel und es entstand eine mögliche Schranke für weitere Hoheitsrechtsübertragungen. Dies entspricht nicht dem Sinn und Zweck des Art. 79 Abs. 3 GG, der lediglich die engste Sphäre der menschlichen Person und die elementaren demokratischen Kernanforderungen vor Verletzungen schützen soll.[128] Materiell betrachtet fürchtete das BVerfG bei einer Aufgaben- und Kompetenzübertragung auf supranationale Organisationen insbesondere eine „Entleerung der Aufgaben des Deutschen Bundestages", die es

119 *Sauer*, ZRP 2009, 195, 197.

120 Diesen Vorwurf wiederholte *Sauer*, NJW 2016, 1134, 1136, später für den Fall der Entscheidung über den europäischen Haftbefehl.

121 Art. 23 Abs. 1 Satz 3 GG ist eine rein auf das nationale Verfassungsrecht bezogene Bestandssicherungsklausel und nicht zu verwechseln mit der auf das Wirken der EU gerichteten Struktursicherungsklausel des Art. 23 Abs. 1 Satz 1 GG. Art. 23 Abs. 1 Satz 3 GG ist beschränkt auf den konstitutiven Übertragungsakt von Hoheitsrechten auf die EU, vgl. *Michael/Morlok*, Grundrechte, Rn. 69 f.

122 *Schönberger*, Der Staat 2009, 535, 551 ff.

123 BVerfGE 123, 267 (363 ff.).

124 BVerfGE 123, 267 (363 ff.).

125 BVerfGE 123, 267 (364 f.).

126 *Schönberger*, Der Staat 2009, 535, 552.

127 BVerfGE 123, 267 (330).

128 *Schönberger*, Der Staat 2009, 535, 554.

aus seiner Sicht zu vermeiden gelte.[129] Aus diesen Gründen erscheinen die staatstheoretischen Erwägungen des Urteils sowie seine verfassungsrechtlichen Argumente und Beobachtungen zumindest angreifbar.

Das Bundesverfassungsgericht begegnete der hier nur angedeuteten, teils scharfen Kritik am Lissabon-Urteil bereits ein Jahr später in seinem Honeywell-Beschluss[130], indem es partiell einlenkte und ein betont europafreundliches Verständnis zeigte. Die Voraussetzungen für eine ultra vires-Kontrolle wurden also in dieser Entscheidung erheblich verschärft, weshalb diese gegenüber der Verfassungsidentitätskontrolle inzwischen als deutlich ausdifferenzierter und etablierter Mechanismus einzuschätzen ist. Im Hinblick auf die Identitätskontrolle wies das BVerfG im Honeywell-Beschluss lediglich auf den neu geschaffenen Kontrollmechanismus hin.[131]

2. Bisherige Umsetzung durch das BVerfG

Auch nach dem Vertrag von Lissabon sah sich das Bundesverfassungsgericht wiederholt Situationen ausgesetzt, in denen es zur europäischen Integration und ihren möglichen Schranken im Grundgesetz mittels der Verfassungsidentitätskontrolle Stellung nehmen konnte. Die Entscheidungen standen teilweise im Zusammenhang mit der europäischen Wirtschafts- und Finanzkrise und hatten mehrfach zur Lösung der Staatsschuldenkrise getroffene Maßnahmen zum Inhalt.[132] Weitere Entscheidungen betrafen insbesondere Fälle des Auslieferungs- und Haftrechts.[133] Einige der zu diesem Themenkomplex ergangenen verfassungsgerichtlichen Entscheidungen werden nachfolgend kurz besprochen. Es ist jedoch zu betonen, dass der nachfolgende Abschnitt nicht abschließend ist, sondern sich auf die Auswertung der Entscheidungen beschränkt, die als für die Identitätskontrolle besonders bedeutsam einzustufen sind. Zudem werden die Entscheidungen auch nur im Hinblick auf die darin enthaltenen Aussagen zur Verfassungsidentität beleuchtet.

a. Grundrechtsberechtigung

Die Identitätskontrolle war zunächst in einer Entscheidung zur Erstreckung der Grundrechtsberechtigung auf juristische Personen aus Mitgliedstaaten der Union Prüfungsmaßstab, obwohl der Begriff der „Identität" in diesem Beschluss lediglich zweimal genannt wird.[134] Hier machte die Beschwerdeführerin geltend, ein deutsches Gericht habe bei der Auslegung deutschen Umsetzungsrechts auf der Grundlage eines europäischen Sekundärrechtsaktes einen den Mitgliedstaaten

129 BVerfGE 123, 267 (406).
130 BVerfGE 126, 286.
131 BVerfGE 126, 286 (302).
132 *Eßlinger/Herzmann*, JA 2016, 852, 857.
133 BVerfGE 140, 317; BVerfGE 147,364.
134 BVerfGE 129, 78 (100).

verbleibenden Umsetzungsspielraum verkannt.[135] Das BVerfG sah sich im Einklang mit der Solange-Rechtsprechung in der Lage, die Verfassungsbeschwerde zu prüfen, da sich die Beschwerdeführerin auf eine Verletzung deutscher Grundrechte im Bereich des unionsrechtlich nicht vollständig determinierten Rechts berief und geltend machte, das Gericht habe sich zu Unrecht durch Unionsrecht gebunden gesehen.[136] Die (deutschen) Grundrechte seien zudem aufgrund von Art. 18 AEUV, des grundfreiheitlichen Diskriminierungsverbots sowie des Anwendungsvorrangs des Unionsrechts auf die Beschwerdeführerin anwendbar, obwohl es sich um eine juristische Person mit Sitz in Italien handelte.[137] Art. 23 Abs. 1 Satz 2, Satz 3 GG erlaube es unter Wahrung von Art. 79 Abs. 2, Abs. 3 GG, auch solche Hoheitsgewalt auf die EU zu übertragen, durch die die Reichweite der Gewährleistungen des Grundgesetzes – im vorliegenden Fall des Art. 19 Abs. 3 GG – geändert oder ergänzt werde.[138] Jedoch werde durch diese Erweiterung des Art. 19 Abs. 3 GG auch auf juristische Personen des EU-Auslands die Verfassungsidentität offensichtlich nicht berührt.[139] Prüfungsgegenstand der hier durchgeführten Identitätskontrolle war also augenscheinlich europäisches Primärrecht und dessen Anwendungsvorrang.[140] Allerdings lässt sich dieser Entscheidung zur strukturellen Durchführung der Identitätskontrolle durch das BVerfG im Allgemeinen nichts entnehmen, da ein Verstoß gegen die Verfassungsidentität nicht näher geprüft, sondern nur angedeutet und im Ergebnis ohne weitergehende Begründung abgelehnt wurde.

b. European Financial Stability Facility (EFSF)

Wie bereits im Lissabon-Urteil überprüfte das BVerfG auch im Verfahren EFSF[141] aus dem Jahr 2011 die parlamentarische Budgethoheit als identitätsrelevanten Teil des Demokratieprinzips aus Art. 20 Abs. 2 GG.[142] Im EFSF-Urteil diente das deutsche Wahlrecht aus Art. 38 GG als Hebel, um einen möglichen Verstoß gegen die Verfassungsidentität prüfen zu können.[143] Schließlich, so das BVerfG, beinhalte das Verbot einer Aushöhlung der Kompetenzen des Bundestages letztlich auch dessen dauerhafte Budgethoheit sowie die dauerhafte Haushaltsautonomie.[144] Dem Verfahren lag das zur Griechenland-Hilfe ermächtigende Währungsunion-Finanzstabilitätsgesetz zugrunde. Das Gericht lehnte im Ergebnis einen Eingriff in die Haushaltsautonomie des Bundestages im Rahmen einer verfassungsgemäßen

135 BVerfGE 129, 78 (94 ff.).
136 BVerfGE 129, 78 (100).
137 BVerfGE 129, 78 (94 ff.).
138 BVerfGE 129, 78 (100).
139 BVerfGE 129, 78 (100).
140 *Dietz*, AöR 2017, 78, 85.
141 BVerfGE 129, 124.
142 BVerfGE 129, 124 (177 f.).
143 BVerfGE 129, 124 (177).
144 BVerfGE 129, 124 (170 f., 177 f.).

Auslegung der Rechtsakte ab, sodass weder das Demokratieprinzip noch das Wahlrecht verletzt wurde und somit letztlich auch keine Identitätsverletzung gegeben sein konnte.[145] Das BVerfG begründete dies insbesondere damit, dass die Haushaltsautonomie des Bundestages im Falle der Griechenland-Hilfen weder für einen nennenswerten Zeitraum eingeschränkt noch vollständig leerlaufen würde.[146]

c. *European Stability Mechanism (ESM)*

Wenig später prüfte das BVerfG abermals das Haushaltsrecht als Teil der Verfassungsidentität gemäß Art. 79 Abs. 3 GG in Verbindung mit Art. 20 Abs. 1, Abs. 2 GG. Diesmal ging es um das deutsche Zustimmungsgesetz zur Änderung des Art. 136 AEUV, der zur Errichtung des Europäischen Stabilitätsmechanismus (ESM) und des Fiskalpakts diente. Zunächst erfolgte 2012 eine Entscheidung im einstweiligen Anordnungsverfahren[147] und im Jahr 2014 dann in der Hauptsache[148]. Hier und im EFSF-Verfahren wurden erstmals Zustimmungsgesetze zu völkerrechtlichen Verträgen gemäß Art. 59 Abs. 2 Satz 1 GG anhand des Konzepts der Verfassungsidentität geprüft und die Identitätskontrolle dadurch um eine völkerrechtliche Komponente[149] erweitert. Abermals wurde eine Verletzung der haushaltspolitischen Gesamtverantwortung des Bundestages abgelehnt.[150]

d. *Europäischer Haftbefehl II*

Nicht die jüngste, wohl aber die wichtigste bisherige Entscheidung des Bundesverfassungsgerichts zur Identitätskontrolle war zumindest bis zu den vorläufigen CETA-Entscheidungen die zweite Entscheidung zum Europäischen Haftbefehl vom 15. Dezember 2015[151]. Diese dient wegen ihrer im Vergleich zu den vorherigen Entscheidungen tieferen Auseinandersetzung mit der Verfassungsidentitätskontrolle als deren Grundsatzentscheidung.

aa. *Zugrundeliegender Sachverhalt*

Hier gaben die Karlsruher Richter einer Verfassungsbeschwerde gegen eine Auslieferung aufgrund eines europäischen Haftbefehls statt und richteten in diesem

---

145 BVerfGE 129, 124 (183 f.).
146 BVerfGE 129, 124 (183).
147 BVerfGE 132, 195.
148 BVerfGE 135, 317.
149 Siehe hierzu *Polzin*, Verfassungsidentität, S. 67 ff., 199 ff.
150 BVerfGE 135, 317 (408 ff.).
151 BVerfGE 140, 317; vgl. auch *Müller*, FAZ 26. Januar 2016, http://www.faz.net/aktuell/politik/staat-und-recht/entscheidung-bundesverfassungsgericht-unterstreicht-seinen-anspruch-im-europaeischen-recht-14034935.html und *Janisch*, SZ 26. Januar 2016, http://www.sueddeutsche.de/politik/bundesverfassungsgericht-karlsruhe-fordert-europagericht-heraus-1.2835180.

Zuge auch ihr System der Überprüfung von Unionsrechtsakten am deutschen Verfassungsrecht gänzlich neu aus.[152] Die Identitätskontrolle wurde erstmals aktiviert und in diesem Zuge auch unmittelbar geltendes Unionsrecht am Maßstab des Grundgesetzes geprüft. Bis dahin konnte man durchaus den Eindruck gewinnen, das Bundesverfassungsgericht setze die Identitätskontrolle in der Tradition der Solange-Rechtsprechung zuvorderst als Drohung ein, um sich für einen besonderen Konfliktfall gegebenenfalls ein Einfallstor für die Überprüfung europäischer Rechtsakte vorzubehalten. Eine tatsächliche Umsetzung des neuen Kontrollinstruments samt Schärfung seiner verfahrens- und materiell-rechtlichen Konturen erfolgte zuvor indes nicht. Dies hat sich durch diese Grundsatzentscheidung zur Identitätskontrolle grundlegend geändert. Das Gericht führte hier eine auf den Schutz der Menschenwürde bezogene Relativierung der Solange-Rechtsprechung ein und hob endgültig die bereits seit der Lissabon-Entscheidung angekündigte Identitätskontrolle als vielleicht wichtigstes verfassungsrechtliches Kontrollinstrument in unionsrechtlichen Normenkollisionen hervor.

Der Entscheidung lag eine Verfassungsbeschwerde gegen einen Beschluss des OLG Düsseldorf[153] zugrunde, mit dem das Oberlandesgericht die Auslieferung eines US-amerikanischen Beschwerdeführers nach Italien für zulässig erklärte. Der Beschwerdeführer wurde 1992 durch den Corte di Appello in Florenz wegen Drogenkriminalität „in Abwesenheit“ zu einer dreißigjährigen Haftstraße verurteilt. Das Urteil wurde ihm auch nicht in sonstiger Weise bekanntgegeben. Auf Grundlage eines europäischen Haftbefehls wurde der Beschwerdeführer sodann im Jahr 2014 in Deutschland festgenommen. Von italienischer Seite wurden nur unzureichende Auskünfte zum Zustandekommen der Verurteilung sowie zur Wahrung des rechtlichen Gehörs erteilt. Der Beschwerdeführer machte daraufhin vor dem OLG Düsseldorf insbesondere geltend, in Italien im Berufungsverfahren keine weitere Beweisaufnahme erwirken zu können. Letztendlich hielt das OLG eine solche jedoch zumindest nicht für ausgeschlossen und erklärte die Auslieferung demzufolge für zulässig. Gegen diesen Beschluss erhob der Beschwerdeführer sodann Verfassungsbeschwerde und rügte dabei insbesondere eine angebliche Verletzung seiner Menschenwürde nach Art. 1 Abs. 1 GG.[154]

bb. Vorgehen des Gerichts

Das Prüfprogramm des BVerfG hatte in Bezug auf die Verfassungsbeschwerde zwei Stoßrichtungen: Es wurde zunächst die Vereinbarkeit des Rahmenbeschlusses zum

152 BVerfGE 140, 317.

153 OLG Düsseldorf, Beschluss vom 7. November 2014 – III-3 Ausl 108/14.

154 Ebenfalls gerügt wurden Verstöße gegen Art. 2 Abs. 1, Abs. 2, Art. 3 und Art. 103 Abs. 2 GG sowie gegen das Grundrecht auf ein faires Verfahren. Diese Vorwürfe sollen hier jedoch nur eine untergeordnete Rolle spielen.

Europäischen Haftbefehl[155] – also eines Sekundärrechtsaktes – und dann die Vereinbarkeit des OLG-Urteils mit der Verfassungsidentität überprüft.

Eine Überprüfung des Rahmenbeschlusses hielt das Verfassungsgericht für notwendig, da dieser das Schuldprinzip betreffe, das seinerseits in der Menschenwürde verankert sei und daher einen Teil des unantastbaren Verfassungsidentitätsgehalts des Grundgesetzes darstelle.[156] Obwohl den Karlsruher Richtern dabei bewusst war, dass der Vollzug eines europäischen Haftbefehls unionsrechtlich determiniert ist,[157] gingen sie davon aus, dass auch im Falle des Vollzuges eines solchen das (deutsche) Schuldprinzip eingehalten werden müsse.[158] Daraus folgerte das Gericht, dass der Rahmenbeschluss einer verfassungsgerichtlichen Kontrolle am Maßstab des Art. 1 Abs. 1 GG unterliege.[159] Von der Annahme eines Identitätsverstoßes und damit einer Begrenzung des Anwendungsvorrangs des Rahmenbeschlusses sah das BVerfG dann jedoch ab, da letztendlich sowohl dieser als auch das nationale Umsetzungsgesetz die von Art. 1 Abs. 1 GG geforderten Mindestgarantien bei einer Auslieferung sicherstellten.[160]

Sodann prüfte das BVerfG in einem zweiten Schritt, ob aufgrund des die Auslieferung ermöglichenden OLG-Urteils ein Verstoß gegen die Verfassungsidentität vorlag, und nahm einen solchen vor dem Hintergrund einer festgestellten Verletzung der Grundrechte aus Art. 1 Abs. 1 GG i. V. m. Art. 23 Abs. 1 Satz 3 GG und Art. 79 Abs. 3 GG im Ergebnis auch an. Grund hierfür sei, dass das OLG weitere Sachverhaltsnachforschungen hätte vornehmen müssen und durch dieses Unterlassen die Bedeutung des Art. 1 Abs. 1 GG verkannt habe.[161] Erstmalig in der Geschichte des Bundesverfassungsgerichts wurde also eine Verfassungsidentitätsverletzung angenommen. Das Bundesverfassungsgericht hat jedoch die Möglichkeit, im Rahmen dieses Verfahrens die Voraussetzungen, die Reichweite und das genaue Prüfprogramm der Identitätskontrolle zu konkretisieren, verstreichen lassen. Diesbezügliche Klarstellungen erfolgten trotz des erstmaligen Bejahens eines Identitätsverstoßes nur sehr begrenzt.

---

155 Rahmenbeschluss 2002/584/JI des Rates vom 13. Juni 2002 über den Europäischen Haftbefehl und die Übergabeverfahren zwischen den Mitgliedstaaten (ABl EU Nr. L 190 vom 18. Juli 2002).

156 BVerfGE 140, 317 (352).

157 Seit dem Emissionshandel-Beschluss BVerfGE 118, 79 (97 ff.) führt die zwingende Umsetzung von Vorgaben des Unionsrechts zur Nichtanwendung der deutschen Grundrechte bei alleiniger Anwendung der Unionsgrundrechte. Nur bei Umsetzungsspielräumen ist nach der Rechtsprechung des BVerfG noch von einer Bindung an deutsche Grundrechte auszugehen.

158 *Sauer*, NJW 2016, 1134, 1135.

159 BVerfGE 140, 317 (352).

160 BVerfGE 140, 317 (374 f.).

161 BVerfGE 140, 317 (352).

cc. *Auswertung*

Somit stellt diese Entscheidung aus verschiedenen Gründen eine Besonderheit dar.[162] Insbesondere diente diesmal nicht das Wahlrecht aus Art. 38 Abs. 1 GG und mittelbar die souveräne Staatlichkeit der BRD, sondern unmittelbar die Menschenwürde aus Art. 1 Abs. 1 GG als Prüfungsmaßstab und damit als Hebel für Art. 79 Abs. 3 GG.[163] Obwohl nach Ansicht des BVerfG letztendlich überhaupt keine Maßnahme der EU, sondern die Entscheidung des OLG die Verfassungsidentität verletzte, wiederholten die Richter zudem ihren Anspruch, im Rahmen der Identitätskontrolle sei auch zu prüfen, ob die durch Art. 79 Abs. 3 GG für unantastbar erklärten Grundsätze eben durch eine Maßnahme der Europäischen Union berührt werden. Konsequent könnte damit also in Zukunft auch die unrichtige Umsetzung unbedenklichen Unionsrechts durch eine deutsche Stelle die Identitätskontrolle auslösen.[164] Das BVerfG hat der Identitätskontrolle durch diese Entscheidung also eine weitere Dimension hinzugefügt. Darüber hinaus wurde die Verfassungsidentität von den Verfassungsrichtern erstmals ausdrücklich als absolute Grenze des Vorrangs des Unionsrechts bezeichnet.[165] Gleichzeitig sank jedoch im vorliegenden Fall die Relevanz des eigentlich entscheidenden Art. 23 Abs. 1 Satz 1, Satz 3 GG, da es hier nicht mehr um die Grenze des auf die EU Übertragbaren, sondern schlicht um eine generelle Überprüfung des Fortschritts der europäischen Integration selbst in Fällen der europarechtlichen Determinierung ging. Es erfolgte letztlich nur eine Kontrolle der Handlungen deutscher Institutionen (hier des Oberlandesgerichts) im Kontext der europäischen Integration. Hierfür war die Heranziehung des Art. 23 GG letztlich weder erforderlich noch zweckmäßig.[166]

Zusätzlich stellt diese Entscheidung wohl auch deshalb eine Abkehr von der bisherigen Systematik dar, weil bei unionsrechtlich determinierten Sachverhalten bisher eine grundrechtsbasierte Kontrollbefugnis aufgrund der Solange II-Formel in der Regel abgelehnt wurde.[167] Nun soll die Identitätskontrolle aber uneingeschränkt und im Einzelfall Anwendung finden, was letztlich als ein Rückschritt hinter die Solange II-Dogmatik zu werten ist. Ein Rückgriff auf die Identitätskontrolle war im vorliegenden Fall zudem wohl kaum notwendig.[168] Denn zum einen

---

162 Außerordentlich kritisch resümiert *Meyer*, HRRS 2016, 332, 334, „Das BVerfG nimmt sich des Falles anfänglich als Superrevisionsinstanz in Rechtshilfesachen und Adhoc-Menschenrechtsgerichtshof an, mutiert dann zum verfassungspolitischen Akteur und krönt sich schließlich selbst zum (unbedingten, d. h. unionsrechtlich nicht gebundenen und vorrangigen) Letztentscheider und Treuhänder in Sachen höchster nationaler, identitätsprägender Verfassungsgarantien."

163 *Eßlinger/Herzmann*, JA 2016, 852, 859.

164 *Eßlinger/Herzmann*, JA 2016, 852, 859.

165 *Hwang*, Der Staat 2017, 107, 108 m. w. N.

166 In diese Richtung auch *Eßlinger/Herzmann*, JA 2016, 852, 860.

167 *Finke*, HRRS 2016, 327, 328.

168 So auch *Schönberger*, JZ 2016, 422, 423; *Meyer*, HRRS 2016, 332, 333; *Burchardt*, ZaöRV 2016, 527, 541; *Classen*, EuR 2016, 304, 312.

hatte auch der EuGH bereits zuvor entschieden, dass eine parallele Anwendung europäischer und nationaler Grundrechte zumindest im Grundsatz möglich sei.[169] Mangels Kollision der beiden Grundrechtsregime – das BVerfG hatte betont, beide kämen zum gleichen Ergebnis – hätte das BVerfG also selbst nach der Rechtsprechung des EuGH womöglich eine klassische Grundrechtsprüfung ohne Heranziehung der Identitätskontrolle durchführen können.[170] Jedenfalls aber mangelte es vorliegend (unter Zugrundelegung der Aussagen des BVerfG) an einem für die Identitätskontrolle eigentlich notwendigen Kollisionssachverhalt. Zudem ist auch nicht ersichtlich, weshalb die Verfassungsrichter die richtige Anwendung des Unionsrechts im hiesigen Fall für so offensichtlich[171] hielten, dass sie auf eine Vorlage an den EuGH verzichteten und diesem damit die Möglichkeit nahmen, sich zum Thema des traditionell konfliktträchtigen Auslieferungsrechts zu äußern.[172]

In der juristischen Fachliteratur wurde zudem die Frage aufgeworfen, wie sich die in der Entscheidung neu geschaffene, auf die Menschenwürde bezogene einzelfallorientierte Grundrechtskontrolle zum bisherigen Solange II-Vorbehalt verhält.[173] Fest steht in diesem Zusammenhang bislang einzig, dass es für die Aktivierung der Identitätskontrolle im Unterschied zur Solange II-Systematik[174] keines Nachweises eines strukturell defizitären Grundrechtsstandards auf Unionsebene mehr bedarf.[175] Es ist also davon auszugehen, dass Art. 1 Abs. 1 GG in Zukunft über den Hebel der Identitätskontrolle unabhängig vom generellen Grundrechtsstandard immer Vorrang vor kollidierenden unionsrechtlichen Verpflichtungen haben soll.

Hierzu enthält das Urteil folgende deutliche Aussage:

> „Vor diesem Hintergrund gewährleistet das Bundesverfassungsgericht im Wege der Identitätskontrolle den gemäß Art. 23 Abs. 1 Satz 3 GG in Verbindung mit Art. 79 Abs. 3 und Art. 1 Abs. 1 GG unabdingbar gebotenen Grundrechtsschutz uneingeschränkt und im Einzelfall."[176]

Infolge der erstmaligen Aktivierung der Identitätskontrolle ist nun also am ehesten zu erwarten, dass diese in Zukunft als eigene Kategorie selbstständig neben die bisherigen Kontrollmechanismen des BVerfG treten und womöglich sogar

169 EuGH, Rs. C-399/11 (Melloni), Rn. 60.
170 *Schönberger*, JZ 2016, 422, 423; *Meyer*, HRRS 2016, 332, 333 f.; *Sauer*, NJW 2016, 1134, 1134 ff.
171 BVerfGE 140, 317 (376).
172 A. A. *Sauer*, NJW 2016, 1134, 1135, der die Anwendung des *acte clair*- Grundsatzes hier aufgrund der Melloni-Rechtsprechung für „gut nachvollziehbar" hält.
173 Vgl. *Ludwigs/Sikora*, EWS 2016, 121 ff.; *Sauer*, NJW 2016, 1134 ff.; *Burchardt*, ZaöRV 2016, 527 ff.
174 BVerfGE 37, 271 (285); BVerfGE 73, 339 (387).
175 *Finke*, HRRS 2016, 327, 330; *Burchardt*, ZaöRV 2016, 527, 543 f.
176 BVerfGE 140, 317 (341).

zum relevantesten der drei Kontrollmechanismen aufsteigen wird, da das Gericht sie zumindest partiell gewissermaßen mit der Grundrechtskontrolle verschmolzen hat und eine eindeutige Unterscheidung kaum noch vornimmt.[177] Hierzu heißt es im Urteil, das BVerfG prüfe die Identitätskontrolle „ungeachtet der bisherigen Rechtsprechung zur Unzulässigkeit von Verfassungsbeschwerden und Vorlagen, mit denen die Verletzung in Grundrechten des Grundgesetzes durch sekundäres Gemeinschafts- beziehungsweise Unionsrecht gerügt wurde“[178]. Eine klare Abgrenzung zu den anderen Kontrollmechanismen konnte also zumindest aufgrund dieses Urteils zunächst kaum vorgenommen werden. Hierzu galt es, die weitere Rechtsprechung des BVerfG abzuwarten.[179]

Die Reaktion des EuGH auf die Entscheidung des BVerfG im Fall des europäischen Haftbefehls ließ, obwohl die Verfassungsrichter von einer Vorlage an das europäische Gericht absahen, nicht lange auf sich warten.[180] Die eigenständig ausgeweiteten Kontrollbefugnisse des BVerfG veranlassten den EuGH in einem ähnlich gelagerten Fall einer Vorlage des OLG Bremens, die ebenfalls eine Auslieferung aufgrund eines europäischen Haftbefehls zum Gegenstand hatte, dazu, sich zur vom BVerfG beanspruchten Letztentscheidungskompetenz im europäischen Grundrechtsschutz zu äußern. In seiner Entscheidung betonte der EuGH insbesondere die Bindungswirkung des Rahmenbeschlusses, den absoluten Charakter der Menschenwürdegarantie und – gleich zu Beginn der Entscheidung – die zentrale Bedeutung des auch im Bereich des Auslieferungsrechts geltenden gegenseitigen Vertrauens zwischen den Mitgliedstaaten.[181] Zur Frage, ob auch deutsche Grundrechte eine Rolle spielten, nahm der EuGH konsequenterweise nicht Stellung, da er nicht den strikten Trennungsgrundsatz des BVerfG verfolgt und die Anwendung nationaler Grundrechte für ihn keine Rolle spielt, solange der Vorrang des Unionsrechts gewahrt bleibt. Allerdings könne alleine das Unionsrecht Gründe für die Verweigerung einer Auslieferung enthalten.[182] Somit betonte der EuGH insgesamt den Schutz der Menschenwürde durch das Unionsrecht selbst. Zudem legte er für Auslieferungsfälle, in denen ein Verstoß gegen Unionsgrundrechte vorliegen könnte, ein genaues Verfahren fest: Danach muss zunächst genau aufgeklärt werden, welche Grundrechtsprobleme sich im ersuchenden Staat stellen[183], dann bestehen unionsrechtliche Informationspflichten[184] und im Kollisionsfall müssen zunächst Eurojust und womöglich auch der Rat mit dem Problem befasst werden[185].

---

177 *Finke*, HRRS 2016, 327, 329 f.; *Sauer*, NJW 2016, 1134, 1135; *Classen*, EuR 2016, 304, 307 f.; vgl. weiterführend Gliederungspunkt C.V.

178 BVerfGE 140, 317 (333); BVerfGE 73, 339 (378 ff.); BVerfGE 102, 147 (161 ff.).

179 Vgl. weiterführend Gliederungspunkt C.V.

180 EuGH, Rs. C-404/15 und C-659/15 PPU (Aranyosi & Căldăraru).

181 EuGH, Rs. C-404/15 und C-659/15 PPU (Aranyosi & Căldăraru), Rn. 76 ff.

182 EuGH, Rs. C-404/15 und C-659/15 PPU (Aranyosi & Căldăraru), Rn. 88.

183 EuGH, Rs. C-404/15 und C-659/15 PPU (Aranyosi & Căldăraru), Rn. 89 ff.

184 EuGH, Rs. C-404/15 und C-659/15 PPU (Aranyosi & Căldăraru), Rn. 97.

185 EuGH, Rs. C-404/15 und C-659/15 PPU (Aranyosi & Căldăraru), Rn. 99 f.

Der EuGH gab den involvierten Stellen also ein enges Prüfprogramm an die Hand, mit dem er den Vorrang der Unionsgrundrechte absichert. An dieses können sich nationale Gerichte ohne weiteres halten, ohne den teils konfrontativen Weg über die Identitätskontrolle und das BVerfG zu wählen.[186] Der Weg des EuGH über den Schutz der europäischen Menschenwürde sowie der anderen europäischen Grundrechte durch das Unionsrecht erscheint juristisch nachvollziehbar und folgerichtig. Im Gegensatz zum BVerfG ging der EuGH hier einem weiteren Konflikt zwischen den Gerichten aus dem Weg und löste den Fall schlicht mit den ihm zur Verfügung stehenden Mitteln.

e. Outright Monetary Transaction (OMT)

aa. Vorlagebeschluss

Beachtenswert ist darüber hinaus der OMT-Vorlagebeschluss[187] aus dem Jahre 2014, in dem das BVerfG die Rechtmäßigkeit des Staatsanleihen-Ankaufprogramms Outright Monetary Transaction (OMT-Verfahren) der Europäischen Zentralbank (EZB) überprüfte und diesbezüglich einen ausbrechenden Rechtsakt in Betracht zog. Das streitgegenständliche OMT-Verfahren sollte es der EZB ermöglichen, Staatsanleihen ausgewählter Mitgliedstaaten unbegrenzt ankaufen zu können, sofern die Staaten Mitglieder des Europäischen Rettungsschirms (ESM) waren und sich in einer finanziellen Notlage befanden. Grundlage des Verfahrens in Karlsruhe war ein Organstreitverfahren der Fraktion Die LINKE sowie mehrere Verfassungsbeschwerden von Bürgern, die gegen das Unterlassen der Bundesregierung und des Bundestages, dem Beschluss der EZB entgegenzuwirken, gerichtet waren. Das Hauptargument der Beschwerdeführer war, dass das Programm in die deutsche Kompetenz für Wirtschaftspolitik eingreife und daher die haushaltspolitische Gesamtverantwortung des Bundestages gefährde. In seiner ersten Entscheidung zur Sache im Januar 2014[188] betonte das BVerfG zunächst abermals, seine Prüfungskompetenz erstrecke sich auch auf die Frage, ob „Handlungen europäischer Organe und Einrichtungen […] den nicht übertragbaren Bereich der Verfassungsidentität betreffen“[189]. Es fragte daraufhin, ob der OMT-Beschluss tatsächlich über das geld- und währungspolitische Mandat der EZB hinausgehe und demzufolge die eigentlich gegebene Zuständigkeit der Mitgliedstaaten beeinträchtige.[190] Zudem könne der Ankauf von Staatsanleihen am Sekundärmarkt gegen das Verbot der monetären Haushaltsfinanzierung nach Art. 123 Abs. 2 AEUV verstoßen, sodass

---

186 *Sauer*, Verfassungsblog 7. April 2016, https://verfassungsblog.de/mit-den-eigenen-waffen-geschlagen-die-reaktion-des-eugh-auf-den-unbedingten-vorrang-der-menschenwuerde-vor-dem-unionsrecht-nach-dem-bverfg/.

187 BVerfGE 134, 366.

188 BVerfGE 134, 366; hierzu etwa *Heun*, JZ 2014, 331; *Ruffert* JuS 2014, 373.

189 BVerfGE 134, 366 (382).

190 BVerfGE 134, 366 (398 ff.).

das OMT-Programm insgesamt unter Umständen als ausbrechender bzw. ultra vires-Rechtsakt einzustufen sei.[191] In Folge dieser kritischen Betrachtung hat das BVerfG das Verfahren ausgesetzt und erstmalig in seiner Geschichte im Wege des Vorabentscheidungsverfahrens nach Art. 267 AEUV dem EuGH Fragen zur Vereinbarkeit des OMT-Verfahrens mit EU-Recht vorgelegt.

bb. Entscheidung des EuGH

Der EuGH[192] entschied daraufhin, das OMT-Programm sei EU-rechtmäßig, wies die Bedenken des BVerfG weitgehend zurück und entkräftete sie. Aufgrund des mit dem Programm verfolgten Ziels, die Einheitlichkeit der Geldpolitik sicherzustellen, sei zu erkennen, dass es sich bei dem OMT-Programm um eine in die EZB-Kompetenz fallende währungspolitische Maßnahme handele, die lediglich mittelbare Auswirkungen auf die Stabilität des Euro-Währungsgebiets und damit die Wirtschaftspolitik der Mitgliedstaaten habe. Auch ein vom BVerfG angedeuteter Verstoß gegen das Verbot der Staatenfinanzierung liege nicht vor, soweit die EZB die ihr gesetzten und ausreichend restriktiven Kriterien einhalte. Damit widersprach der EuGH allen Bedenken des BVerfG und gab die Rechtssache zurück nach Karlsruhe. Die Beurteilung des EuGH im Vorabentscheidungsverfahren war für das BVerfG grundsätzlich bindend.

cc. Reaktion des BVerfG

Konsequenterweise und in dieser Situation womöglich alternativlos urteilte das BVerfG daher im Juni 2016[193], dass das Unterlassen von Bundesregierung und Bundestag, geeignete Maßnahmen zur Aufhebung oder Begrenzung des OMT-Programms zu ergreifen, in Ansehung des Grundsatzbeschlusses der EZB aus dem Jahr 2012 die Beschwerdeführer nicht, wie vorgebracht, in ihrem Recht aus Art. 38 Abs. 1 Satz 1 GG, Art. 20 Abs. 1 und Abs. 2 GG in Verbindung mit Art. 79 Abs. 3 GG verletzt habe.[194] Wie schon zuvor im Lissabon-Urteil betonte das BVerfG auch hier seine Letztentscheidungskompetenz zum Schutz der deutschen Verfassungsidentität,[195] konnte jedoch unter anderem aufgrund der fehlenden Evidenz eines möglichen Kompetenzverstoßes keinen ultra vires-Akt feststellen.[196]

dd. Auswertung

Dieses Urteil belegt nochmals, dass sich das BVerfG vorbehält, EU-Recht zu überprüfen, wenn aus seiner Sicht entweder die sogenannte Verfassungsidentität

---

191 BVerfGE 134, 366 (411 ff.).
192 EuGH, Rs. C-62/14 (OMT); dazu eingehend etwa *Classen*, EuR 2015, 477.
193 BVerfGE 142, 123; hierzu etwa zu Recht kritisch *Hatje*, IWRZ 2016, 195.
194 BVerfGE 142, 123 (185 ff.).
195 BVerfGE 142, 123 (195 ff.).
196 BVerfGE 142, 123 (198 ff.).

betroffen ist[197] oder ein ultra vires-Akt zu befürchten ist, also eine qualifizierte offensichtliche Kompetenzüberschreitung eines EU-Organs. Hierbei handelt es sich augenscheinlich um einen eher restriktiven Maßstab. Zudem stellten die Verfassungsrichter hier zur Legitimation der beiden Kontrollmechanismen auf das Wesen der Europäischen Union als einer solchen ab, deren Mitgliedstaaten immer noch die Herren der Verträge seien.[198] Diese Herren der Verträge seien auch jeweils eigenständig für die Frage verantwortlich, „ob und inwieweit das Unionsrecht im jeweiligen Mitgliedstaat Geltung und Vorrang beanspruchen"[199] könne. Zum Beleg dieser Behauptung wurden zahlreiche ausländische Urteile zitiert, die diese Rechtsauffassung bestätigen sollten, deren Zusammenstellung aber bereits deswegen nicht überzeugt, weil zwischen den zitierten Urteilen kaum Parallen bestehen.[200] Unerwähnt lässt das BVerfG jedoch den mit der eingeforderten Kompetenz der Mitgliedstaaten zur Bestimmung der Reichweite von Geltung und Vorrang des Unionsrechts einhergehenden potentiellen Bruch desselben.[201]

Insgesamt hat das BVerfG die Gelegenheit des OMT-Verfahrens also zumindest teilweise genutzt, um die Maßstäbe der ultra vires- und Identitätskontrolle zu schärfen.[202] Es blieben jedoch insbesondere Zweifel im Hinblick auf die Vereinbarkeit des neuen Kontrollmechanismus mit dem Unionsrecht.

f. Public Sector Purchase Programme (PSPP)

Mit Beschluss vom 18. Juli 2017[203] hat das Bundesverfassungsgericht auch die Verfahren betreffend die Frage, ob das Public Sector Purchase Programme (PSPP) der EZB zum Ankauf von Wertpapieren des öffentlichen Sektors mit dem Grundgesetz vereinbar ist, ausgesetzt und dem EuGH zum zweiten Mal in seiner Geschichte mehrere Fragen zur Vorabentscheidung vorgelegt. Nach Auffassung des Zweiten Senats sprachen auch hier – ähnlich wie im OMT-Fall – gewichtige Gründe dafür, dass die dem neuerlichen EZB-Anleihenkaufprogramm zugrundeliegenden Beschlüsse gegen das Verbot monetärer Haushaltsfinanzierung verstießen sowie über das Mandat der EZB für die Währungspolitik hinausgingen und damit in unzulässiger Weise in die Zuständigkeit der Mitgliedstaaten übergriffen.[204] Dieses Verfahren vor dem BVerfG war dem OMT-Verfahren thematisch sehr ähnlich. Vor diesem Hintergrund konnte man durchaus die Frage stellen, weshalb das BVerfG

---

197 Ein Verstoß läge aus Sicht des BVerfG insbesondere vor, wenn der BRD bzw. ihren Verfassungsorganen infolge der Teilnahme am europäischen Integrationsprozess keine Befugnisse von substanziellem politischem Gewicht verblieben.

198 BVerfGE 142, 123 (196).

199 BVerfGE 142, 123 (196); zuvor bereits ähnlich BVerfGE 140, 317 (337).

200 *Classen*, EuR 2016, 529, 533 f.

201 *Classen*, EuR 2016, 529, 534.

202 *Hatje*, IWRZ 2016, 195, 195; *Classen*, EuR 2016, 529, 533 f.

203 BVerfGE 146, 216.

204 *Butzer*, in: BeckOK GG, Art. 38, Rn. 36.3.

nun einen anderen Ausgang erwartete. Eine ersichtliche Kompetenzüberschreitung oder ein Eingriff in den nicht übertragbaren Bereich der Verfassungsidentität erschienen hier kaum wahrscheinlicher als zuvor. Auch beim PSPP-Beschluss der EZB[205] dürfte es sich um keine überwiegend wirtschaftspolitische, sondern nach wie vor eine währungspolitische Maßnahme gehandelt haben. Schließlich hatte er eine rein währungspolitische Zielsetzung und bediente sich zur Verfolgung dieses Ziels klassischer geldpolitischer Mittel. Entscheidender scheint in diesem Fall abermals die Denkweise des Senats: Das BVerfG selbst kann der EZB keine Grenzen für ihr Handeln aufzeigen. Da deren Unabhängigkeit und ihr Ermessensspielraum, die vom EuGH nachdrücklich betont werden, den Karlsruher Richtern offenbar dennoch zu weit gingen, versuchte man nun ein weiteres Mal, über den Umweg Luxemburg straffere Vorgaben für ein Handeln der EZB zu erreichen. Wieder wurde unter anderem eine Einstufung des Handelns der EZB als ultra vires angedroht – ganz ähnlich wie im OMT-Verfahren. Gleichwohl enthielt die Entscheidung wenig Neues in Bezug auf die Identitätskontrolle. In Fortführung der bereits ergangenen Rechtsprechung wurde betont, dass Art. 38 Abs. 1 Satz 1 GG allen Deutschen ein wegen Art. 79 Abs. 3 GG mit der Verfassungsbeschwerde durchsetzbares Recht auf demokratische Selbstbestimmung zur Verfügung stelle. Zudem dürften deutsche Staatsorgane im Falle einer Maßnahme, die eine Kompetenzüberschreitung der EU oder einen Identitätsverstoß darstelle, an deren Zustandekommen oder Umsetzung nicht mitwirken.[206] Der Zweite Senat betonte auch hier, dass ein Verfassungsidentitätsverstoß durchaus in Betracht kam[207], da der Bundestag sein Budgetrecht durch eine zu weit gehende Haftungsübernahme mit schwer kalkulierbaren Folgen womöglich nicht mehr eigenständig habe ausüben können.[208]

Das hier zum Ausdruck kommende weite Verständnis des Wahlrechts deckte sich weitgehend mit demjenigen aus vorangegangenen Entscheidungen. Auch diese Entscheidung ist in der juristischen Fachliteratur auf Kritik gestoßen.[209] So wurde insbesondere die Unmöglichkeit einer strikten Trennung zwischen Geld- und Wirtschaftspolitik betont und das weite Ermessen der EZB hervorgehoben.[210]

---

205 Beschluss (EU) 2015/774 der EZB vom 4. März 2015 über ein Programm zum Ankauf von Wertpapieren des öffentlichen Sektors an den Sekundärmärkten, Abl. 2015 L 121, 20 (EZB/2015/10).

206 BVerfGE 146, 216 (252).

207 BVerfGE 146, 216 (292).

208 BVerfGE 146, 216 (291).

209 Vgl. beispielhaft *Ludwigs*, NJW 2017, 3563; *Wieland*, LTO 15. August 2017, https://www.lto.de/recht/hintergruende/h/bverfg-beschluesse-2bvr85915-2bvr98016-uw-eugh-vorlage-ezb-anleihenkauf-verfassungswidrig-banken/; *Goldmann*, Verfassungsblog 16. August 2017, https://verfassungsblog.de/summer-of-love-karlsruhe-refers-the-qe-case-to-luxembourg/.

210 Vgl. beispielhaft *Ludwigs*, NJW 2017, 3563; *Wieland*, LTO 15. August 2017, https://www.lto.de/recht/hintergruende/h/bverfg-beschluesse-2bvr85915-2bvr98016-uw-eugh-vorlage-ezb-anleihenkauf-verfassungswidrig-banken/.

Gleichzeitig konnte der im Vergleich zum OMT-Vorlagebeschluss, in dem selbst der Generalanwalt in seinen Schlussanträgen[211] kritisierte, dass das BVerfG bereits zu erkennen gegeben habe, dem Urteil des EuGH unter Umständen nicht Folge leisten zu wollen, gemäßigte und auf einen juristischen Dialog gerichtete Ton des BVerfG in der PSPP-Entscheidung gelobt werden.[212]

Wie erwartet, entschied der EuGH sodann, dass das PSPP-Verfahren zum Ankauf von Staatsanleihen an den Sekundärmärkten nicht gegen das Unionsrecht verstößt.[213] Der EuGH stellte fest, dass die Prüfung der vom Bundesverfassungsgericht vorgelegten Fragen nichts ergeben habe, was die Gültigkeit des PSPP beeinträchtigen könne. Zum einen gehe das PSPP nicht über das Mandat der EZB hinaus und falle in den Bereich der Währungspolitik, in dem die Union für die Mitgliedstaaten, deren Währung der Euro ist, eine ausschließliche Zuständigkeit habe, und achte den Grundsatz der Verhältnismäßigkeit. Zum anderen verstoße das PSPP nicht gegen das Verbot der monetären Finanzierung. Die Durchführung dieses Programms habe auch nicht die gleiche Wirkung wie der Ankauf von Anleihen an den Primärmärkten und nehme den Mitgliedstaaten nicht den Anreiz, eine gesunde Haushaltspolitik zu verfolgen. Auch hier wurden also alle rechtlichen Bedenken des BVerfG umfassend entkräftet. Weitergehende Klarstellungen des BVerfG zum Instrument der Verfassungsidentitätskontrolle gingen auch aus diesem Verfahren nicht hervor.

Sodann folgte jedoch eine in seiner Bedeutung kaum zu überschätzende Überraschung. In seinem Urteil zum PSPP vom 5. Mai 2020[214] stellte der zweite Senat einen ultra-vires-Akt fest und warf Bundesregierung und Bundestag vor, es unterlassen zu haben, gegen die PSPP-Entscheidung der EZB aus dem Jahr 2015 wirksam vorzugehen. Besonders pikant an diesem Urteil war, dass das BVerfG hier die Meinung vertrat, dieser Einschätzung stünde auch das vorgenannte Urteil des EuGH nicht entgegen, da es im Hinblick auf die Kontrolle der Verhältnismäßigkeit des EZB-Beschlusses „schlechterdings nicht mehr nachvollziehbar“[215], „methodisch nicht mehr vertretbar“[216] und damit ebenfalls ultra vires ergangen sei. Begründet wurde dies mit der Einschätzung, das Urteil habe die tatsächlichen Auswirkungen des PSPP vollständig ausgeklammert. Nun seien vor allem die Bundesregierung und der Bundestag aufgrund ihrer Integrationsverantwortung verpflichtet, der bisherigen Handhabung des PSPP entgegenzutreten.[217] Der Bundesbank sei es zudem

211 EuGH, Schlussanträge des Generalanwalts Pedro Cruz vom 14. Januar 2015, Rs. C-62/14, Rn. 36.

212 *Ludwigs*, NJW 2017, 3563, 3567; *Goldmann*, Verfassungsblog 16. August 2017, https://verfassungsblog.de/summer-of-love-karlsruhe-refers-the-qe-case-to-luxembourg/.

213 EuGH, Rs. C-493/17 (Heinrich Weiss u. a.).

214 BVerfG, Urteil vom 5. Mai 2020, 2 BvR 859/15.

215 BVerfG, Urteil vom 5. Mai 2020, 2 BvR 859/15, Rn. 117 f.

216 BVerfG, Urteil vom 5. Mai 2020, 2 BvR 859/15, Rn. 119.

217 BVerfG, Urteil vom 5. Mai 2020, 2 BvR 859/15, Rn. 229 ff.

mit einer Übergangsfrist von drei Monaten untersagt, an dem Vollzug des PSPP weiter mitzuwirken, sofern der EZB-Rat nicht nachvollziehbar darlege, dass das Programm tatsächlich verhältnismäßig sei. Erstmals hat das BVerfG mit diesem Urteil eine Maßnahme einer europäischen Institution als von der Kompetenzordnung nicht mehr gedeckt deklariert und daher für in Deutschland unanwendbar erklärt, sofern die nachträglichen Begründungsanforderungen nicht erfüllt werden. Entsprechend groß fiel daher der erste wissenschaftliche Aufschrei[218] nach der Urteilsverkündung aus.

Die umfassende wissenschaftliche Analyse[219] dieses einschneidenden Urteils des BVerfG und seiner kurz- wie langfristigen juristischen und politischen Auswirkungen wird noch einige Zeit in Anspruch nehmen. Die Aussagen der Verfassungsrichter über die Verfassungsidentitätskontrolle beschränkten sich hier jedoch auf ein Minimum, da der EuGH[220] die dahingehende fünfte Vorlagefrage als hypothetisch eingestuft und folglich unbeantwortet gelassen hatte.[221] Das BVerfG beschränkte sich sodann auf die Feststellung, die Mandatsüberschreitung des EuGH[222] verletze gleichzeitig den Grundsatz der Volkssouveränität und damit die Verfassungsidentität.[223] Daher wird für die Zwecke dieser Arbeit von einer umfassenden Besprechung abgesehen. Es ist zu erwarten, dass sich das neueste

---

218 Kritisch vor allem *Mayer*, Verfassungsblog 7. Mai 2020, https://verfassungsblog.de/auf-dem-weg-zum-richterfaustrecht/; *Brade/Gentzsch*, Verfassungsblog 7. Mai 2020, https://verfassungsblog.de/pspp-mit-pepp/; *Lang*, Verfassungsblog 6. Mai 2020, https://verfassungsblog.de/keine-leichte-kost/; *Kottmann/Sangi*, Verfassungsblog 6. Mai 2020, https://verfassungsblog.de/gut-gemeint-nicht-gut-gemacht/; *Thiele*, Verfassungsblog 5. Mai 2020, https://verfassungsblog.de/vb-vom-blatt-das-bverfg-und-die-buechse-der-ultra-vires-pandora/; *Wegener*, Verfassungsblog 5. Mai 2020, https://verfassungsblog.de/verschroben-verhoben/; *Rath*, LTO 5. Mai 2020, https://www.lto.de/recht/hintergruende/h/bverfg-ezb-eugh-pspp-entscheidung-kommentar-konflikt-polen-ungarn/; eher positiv z. B. *Fisahn*, Makroskop vom 8. Mai 2020, https://makroskop.eu/2020/05/karsruhe-und-die-anleihekaeufe-der-ezb/; *Steinbach*, Verfassungsblog 6. Mai 2020, https://verfassungsblog.de/ultra-schwierig/; *Ruffert*, JuS 2020, 1631.

219 Siehe bislang kritisch vor allem *Schnichels/Dietze/Kellerbauer/Klamert/Malferrari//Scharf*, EuZW 2020, 525; *Calliess*, NVwZ 2020, 897; *Kainer*, EuZW 2020, 533; *Mayer*, JZ 2020, 725; *Meier-Beck*, EuZW 2020, 519; *Pernice*, EuZW 2020, 508; *Ruffert*, JuS 2020, 574; eher zustimmend *Siekmann*, EuZW 2020, 491; *Simon/Rathke*, EuZW 2020, 500; *Kahl*, NVwZ 2020, 824; *Kirchhof*, NJW 2020, 2057; *Krings*, ZRP 2020, 160; *Ludwigs*, EuZW 2020, 530; differenzierend z. B. *Gärditz*, EuZW 2020, 505; *Haltern*, NVwZ 2020, 817; *Nettesheim*, NJW 2020, 1631.

220 EuGH, Rs. C-493/17 (Heinrich Weiss u. a.), Rn. 159.

221 Dieser Einschätzung stimmten die Verfassungsrichter letztlich sogar aufgrund zwischenzeitlicher Entwicklungen und Klarstellungen zu, vgl. BVerfG, Urteil vom 5. Mai 2020, 2 BvR 859/15, Rn. 224 ff.

222 BVerfG, Urteil vom 5. Mai 2020, 2 BvR 859/15, Rn. 119, 155.

223 BVerfG, Urteil vom 5. Mai 2020, 2 BvR 859/15, Rn. 99, 101, 160.

Karlsruher Urteil insbesondere auf die weitere Handhabung der ultra vires-Kontrolle sowie das allgemeine Verständnis des Verhältnisses zwischen EuGH und BVerfG auswirken wird. Es wird im Rahmen des anstehenden wissenschaftlichen Diskurses unter anderem zu besprechen sein, inwieweit die Feststellung eines ultra vires-Aktes opportun ist, wenn dem EZB-Rat durch das BVerfG letztlich nur die Verletzung einer Begründungspflicht und damit ein prozeduraler Rechtsverstoß vorgeworfen wird, der sogar nachgeholt werden kann, ohne dass eine subjektive Grundrechtsverletzung Einzelner ersichtlich ist. Das BVerfG hat im vorliegenden Urteil nämlich nicht erläutert, wie ein schlichter Abwägungs- und Darlegungsausfall eine strukturell relevante Befugnisverlagerung auf die EU bewirken soll.[224] Rechtfertigungsbedürftig erscheint insbesondere auch die Tauglichkeit des vom BVerfG nachdrücklich eingeforderten Verhältnismäßigkeitsgrundsatzes als Kompetenzabgrenzungskriterium. Auch sind weitreichende Folgen des Urteils für die europäische Wirtschafts- und Währungsunion und den anhaltenden europäischen Desintegrationsprozess zumindest nicht auszuschließen. In der öffentlichen Diskussion war nach dem Urteil teilweise von einem „offenen Konflikt"[225] zwischen BVerfG und EuGH sowie einer „Revolution"[226] des BVerfG zu lesen. In jedem Fall dürfte das Urteil eine erhebliche negative Ausstrahlungswirkung für die (Verfassungs-)Gerichte anderer EU-Mitgliedstaaten haben. Nicht zuletzt dürfte sich das neueste Urteil des BVerfG auch auf die weitere rechtliche Beurteilung des im Rahmen der Corona-Pandemie von der EZB eingeführten[227] Pandemic Emergency Purchase Programme (PEPP) auswirken, obwohl das BVerfG in seiner Entscheidung zutreffend betonte, dass diese und vergleichbare Maßnahmen nicht Gegenstand der Entscheidung gewesen seien. Eine Besprechung des Urteils erfolgt hier nur punktuell an der jeweils passenden Stelle.

g. *Verstoß gegen EuGH-Vorlagepflicht*

Weitere Aussagen zur Identitätskontrolle enthält ein Beschluss des Bundesverfassungsgerichts vom 19. Dezember 2017[228]. Die dem Verfahren zugrundeliegende Verfassungsbeschwerde betraf einen rumänischen Staatsangehörigen, der sich aufgrund der seiner Ansicht nach gegen die Menschenwürde verstoßenden Haftbedingungen in Rumänien gegen seine Auslieferung aufgrund eines europäischen Haftbefehls wehrte. Das OLG Hamburg[229] hatte seine Auslieferung zuvor für

224 *Nettesheim*, NJW 2020, 1631, 1632.
225 *Budras*, FAZ vom 5. Mai 2020, https://www.faz.net/aktuell/wirtschaft/ezb-anleihen-kaeufe-verstossen-gegen-grundrechte-16754885.html?service=printPreview.
226 *Gammelin*, SZ vom 5. Mai 2020, https://www.sueddeutsche.de/wirtschaft/bundesverfassungsgericht-ezb-anleihekaeufe-1.4897824.
227 Beschluss (EU) 2020/440 der Europäischen Zentralbank vom 24. März 2020 zu einem zeitlich befristeten Pandemie-Notfallankaufprogramm (EZB/2020/17).
228 BVerfGE 147, 364.
229 OLG Hamburg, Beschluss vom 19. Januar 2017 – Ausl 81/16.

zulässig erklärt. Das BVerfG entschied daraufhin, dass die Beschlüsse des OLG den Beschwerdeführer in seinem grundrechtsgleichen Recht auf den gesetzlichen Richter aus Art. 101 Abs. 1 Satz 2 GG verletzten, gab der Verfassungsbeschwerde statt und verwies die Sache an das OLG Hamburg zurück.[230] Das OLG hatte zuvor keine echte Gefahr unmenschlicher oder erniedrigender Behandlung in rumänischem Strafvollzug gesehen.[231] Zudem verwiesen die Hamburger Richter darauf, dass die Mitgliedstaaten zur Vollstreckung eines Europäischen Haftbefehls grundsätzlich verpflichtet seien und eine Ausnahme hiervon nicht anzunehmen sei, da die bemängelte geringe Haftraumgröße durch weitere hafterleichternde Faktoren kompensiert würde.[232] Der Beschwerdeführer legte gegen die OLG-Entscheidung Verfassungsbeschwerde ein und rügte eine Verletzung der Menschenwürdegarantie. In seinem stattgebenden Beschluss betonte der Zweite Senat, das OLG habe das Recht des Rumänen auf den gesetzlichen Richter verletzt, da es zuvor den EuGH zu den Anforderungen an die Haftbedingungen gemäß Art. 4 GRCh hätte anrufen müssen, statt das europäische Recht in unzulässiger Weise eigenständig fortzubilden. Daher habe das OLG angesichts einer unvollständigen EuGH-Rechtsprechung zum Themenkomplex der Anforderungen an Haftbedingungen bei der Umsetzung eines europäischen Haftbefehls mit der Nichtvorlage seinen Beurteilungsspielraum bei der Auslegung der Vorlagepflicht in Art. 267 Abs. 3 AEUV in unvertretbarer Weise überschritten.[233] Wie das BVerfG erläuterte, habe der EuGH zwar in den Rechtssachen Aranyosi und Căldăraru[234] klargestellt, dass die Vollstreckung eines Europäischen Haftbefehls nicht zu einer unmenschlichen oder erniedrigenden Behandlung der betroffenen Person im Zielstaat führen dürfe.[235] Dies habe das OLG auch beachtet. Allerdings sei von den Hamburger Richtern übersehen worden, dass der EuGH die hier entscheidungserhebliche Frage, welche Mindestanforderungen an Haftbedingungen aus Art. 4 GRCh konkret abzuleiten und nach welchen Maßstäben Haftbedingungen unionsgrundrechtlich zu bewerten seien, bisher nicht abschließend geklärt habe.[236] Demgegenüber nehme das OLG aber ohne ausreichende Begründung eine eindeutig oder zweifelsfrei geklärte Rechtslage an und habe dabei die EGMR-Rechtsprechung für die Beurteilung der ausländischen Haftbedingungen nur selektiv herangezogen. Darüber hinaus betonten die Karlsruher Richter, das OLG habe nicht auf hafterleichternde Umstände abstellen dürfen, die in der EGMR-Rechtsprechung für das Entkräften der Vermutung einer Verletzung von Art. 3 EMRK aufgrund zu beengter räumlicher Verhältnisse bisher nicht explizit herangezogen worden seien.[237] Auch die Frage, ob diese Belange

---

230 BVerfGE 147, 364 (378).
231 OLG Hamburg, Beschluss vom 19. Januar 2017 – Ausl 81/16, Rn. 20 ff.
232 OLG Hamburg, Beschluss vom 19. Januar 2017 – Ausl 81/16, Rn. 36 f.
233 BVerfGE 147, 364 (382).
234 EuGH, Rs. C-404/15 und C-659/15 PPU (Aranyosi & Căldăraru).
235 EuGH, Rs. C-404/15 und C-659/15 PPU (Aranyosi & Căldăraru), Rn. 88.
236 BVerfGE 147, 364 (384).
237 BVerfGE 147, 364 (385 ff.).

für die Bestimmung des Gewährleistungsumfangs von Art. 4 GRCh beziehungsweise Art. 3 EMRK eine Rolle spielen könnten, sei bisher weder in der Rechtsprechung des EuGH noch des EGMR beantwortet worden.[238]

Neben diesen Fragen des konkreten Falls nahm das BVerfG in der Entscheidung auch an einigen Stellen grundsätzlich zur Identitätskontrolle Stellung. Die Verfassungsbeschwerde sei nämlich unter anderem deshalb zulässig, da sie auch unter den erhöhten Zulässigkeitsvoraussetzungen einer Identitätskontrolle den aus § 23 Abs. 1 Satz 2 Hs. 1 und § 92 BVerfGG folgenden Begründungsanforderungen genüge.[239] Für die hier also zu erfüllenden „erhöhten Anforderungen" verwies das BVerfG auf seine Entscheidung zum europäischen Haftbefehl[240] und forderte eine substanzielle Darlegung, „inwieweit im konkreten Fall die durch Art. 1 Abs. 1 GG geschützte Garantie der Menschenwürde verletzt ist"[241]. Dieser Darlegungslast sei der Beschwerdeführer im vorliegenden Fall nachgekommen.[242]

Interessant an dem zugrundeliegenden Beschluss des BVerfG ist insbesondere, dass der Beschwerdeführer eine direkte Verletzung der Menschenwürde aus Art. 1 Abs. 1 GG durch die Beschlüsse des Oberlandesgerichts geltend gemacht hat. Es lag daher letztlich eine übliche Urteilsverfassungsbeschwerde aufgrund der möglichen Verletzung eines ausdrücklich verankerten Grundrechts vor. Fraglich ist daher, ob es der Erwähnung der Identitätskontrolle in diesem Verfahren überhaupt bedurft hätte. Besonders vor dem Hintergrund, dass der Beschwerdeführer ursprünglich ausschließlich nach einer Klärung der Frage der unmittelbaren Verletzung seiner Menschenwürde ersucht hatte, ist es bemerkenswert, dass das BVerfG in seinem Beschluss einen solchen Verstoß überhaupt nicht behandelt, sondern gänzlich dahingestellt lässt.[243] Weiterhin fällt bei eingehender Betrachtung der Entscheidung auf, dass das BVerfG zwar die Position des EuGH gestärkt hat, indem es betonte, diesem hätte die Rechtsfrage zunächst vorgelegt werden müssen. Gleichzeitig aber kam in dem Beschluss unzweideutig zum Ausdruck, für wie unzureichend der Zweite Senat die bisherige Rechtsprechung des EuGH zu Haftbedingungen im Zusammenhang mit einem europäischen Haftbefehl hielt. Mangels einer genauen Maßstabs-, Reichweiten- und Verfahrensbestimmung der Identitätskontrolle hat das BVerfG hier jedoch eine weitere sich ihm bietende Gelegenheit zu deren Schärfung weitgehend verstreichen lassen. Das Bundesverfassungsgericht kritisierte gleichzeitig offen, dass der EuGH seinem Auslegungsauftrag im in Rede stehenden Auslieferungsrecht bislang nicht ausreichend nachgekommen sei.[244]

---

238 BVerfGE 147, 364 (385).
239 BVerfGE 147, 364 (378).
240 BVerfGE 140, 317 (341 f.).
241 BVerfGE 147, 364 (378).
242 BVerfGE 147, 364 (378).
243 BVerfGE 147, 364 (388).
244 BVerfGE 147, 364 (384 f.).

h. Europäische Bankenunion

Im Urteil des BVerfG zur Europäischen Bankenunion stellten die Verfassungsrichter fest, die Europäische Bankenunion sei bei strikter Auslegung der zugrundeliegenden Kompetenzvorschriften nicht kompetenzwidrig.[245] Durch ihre Maßnahmen werde weder die deutsche Verfassungsidentität verletzt, noch handle die EZB ultra vires.[246] Die Beschwerdeführer verfolgten überwiegend eine auf die ultra vires-Kontrolle ausgerichtete Argumentation, sodass die Verfassungsidentität nur am Rande behandelt wurde. Sie machten geltend, die EU handle ultra vires, indem sie durch die Bankenunion nationale Aufsichtsrechte ohne ausreichende Grundlagen in den EU-Verträgen beschränke, wogegen die Haftungsrisiken für die nationalen Steuerzahler steigen würden.[247] Das gefährde am Ende vor allem die deutsche Finanzstabilität und sei daher ein ungerechtfertigter Eingriff. Diese Finanzstabilität sei nämlich eine originär nationale Pflichtaufgabe, die nicht an die EU abgegeben werden könne, woraus sich letztlich auch eine Verfassungsidentitätsverletzung ergebe.[248] Die Beschwerdeführer rügten letztlich eine Verletzung ihrer Grundrechte und grundrechtsgleichen Rechte aus Art. 14 Abs. 1 GG in Verbindung mit Art. 88 S. 2 GG und verlangten insbesondere eine Feststellung des ultra vires-Handelns der EZB über die Konstruktion über Art. 38 Abs. 1 Satz 1 in Verbindung mit Art. 20 Abs. 1 und Abs. 2 GG.[249]

Die Ausführungen des BVerfG zur Verfassungsidentität überzeugen allerdings auch in diesem neuesten Urteil zu der Thematik nicht. Zwar betonten die Verfassungsrichter auch hier pauschal, die Verfassungsidentität könne nicht auf die EU übertragen werden.[250] Über diese Feststellung hinaus lassen sich den Ausführungen des BVerfG zur Identitätskontrolle aber keine nennenswerten neuen Erkenntnisse entnehmen. Ihr Maßstab im Vergleich zum Anwendungsbereich des Art. 79 Abs. 3 GG oder die sonstige Reichweite der Identitätskontrolle wurden nicht präzisiert.

3. Zusammenfassung

In der Judikatur des BVerfG zeigt sich bis heute, dass die Verfassungsrichter damit hadern, Rechtsprechungsgewalt an den EuGH abzugeben und damit selbst in den Hintergrund zu treten – auch wenn dies „nur" einige wenige Fragen mit europäischem Bezug betrifft. Demgegenüber haben die Richter des EuGH naturgemäß ein Interesse daran, möglichst stark und mit umfassenden Kompetenzen ausgestattet zu sein, um eine verlässliche und für die Mitgliedstaaten möglichst einheitliche

245 Az. 2 BvR 1685/14, 2 BvR 2631/14.
246 Az. 2 BvR 1685/14, 2 BvR 2631/14.
247 Az. 2 BvR 1685/14, 2 BvR 2631/14, Rn. 41 ff.
248 Az. 2 BvR 1685/14, 2 BvR 2631/14, Rn. 41 ff.
249 Az. 2 BvR 1685/14, 2 BvR 2631/14, Rn. 41.
250 Az. 2 BvR 1685/14, 2 BvR 2631/14, u. a. Rn. 119.

Rechtsprechung zu schaffen. Hierfür ist die Existenz eines uneingeschränkten und absoluten Anwendungsvorrangs des Unionsrechts unverzichtbar. Das BVerfG erkennt diesen Vorrang dem Grundsatz nach an, interpretiert ihn jedoch nur als relativ und daher als für Ausnahmen aufgrund grundgesetzlicher Wertungen zugänglich. Dieser Umstand führte in der Vergangenheit, wie auch in der Gegenwart, zu einem nicht übersehbaren juristischen Konflikt zwischen Karlsruhe und Luxemburg.

a. Die Kontrollmechanismen des BVerfG

Durch die fortschreitende Anhebung der Voraussetzungen für eine Grundrechtskontrolle vor dem BVerfG sank deren Relevanz. Vor diesem Hintergrund entwickelte das BVerfG seit dem Lissabon-Urteil aus dem Jahr 2009 die sogenannte Identitätskontrolle und aktivierte diese erstmals im Haftbefehlsbeschluss aus dem Jahr 2015. Im Lissabon-Urteil, das die Leitentscheidung im Rahmen der Verfassungsidentitätsrechtsprechung des BVerfG darstellt, war die Verfassungsidentität über das Wahlrecht als grundrechtsgleiches Recht Prüfungsmaßstab für das deutsche Zustimmungsgesetz und seine Begleitgesetze. Erst die deutsche verfassungsgerichtliche Rechtsprechung führte also dazu, dass durch eine oftmals auf Art. 38 Abs. 1 Satz 1 GG gestützte Verfassungsbeschwerde das europäische Recht von jedermann durch den Rückgriff auf die neu geschaffene Integrationsschranke überprüft werden kann. Entgegen dem vom EuGH eingeforderten unbegrenzten Vorrang des Unionsrechts beanspruchte das BVerfG daher in seiner Geschichte bislang zunächst die Grundrechtskontrolle und neuerdings die ultra vires- und Identitätskontrolle für sich.

Karlsruhe behält sich also durch die Erschaffung der Identitätskontrolle die Prüfung von Rechtsakten anhand des nationalen Rechts für den Fall vor, dass der unantastbare Kerngehalt der Art. 1 und 20 GG verletzt wird. Das neue Institut wird dadurch gerechtfertigt, dass die Übertragung von Kompetenzen auf die Union nicht über die unantastbaren Ewigkeitsnormen der Art. 1 und 20 GG hinausgehen dürfe. Zudem etablierte die dem Lissabon-Urteil nachfolgende Rechtsprechung das Konzept der Verfassungsidentität als absolut, da eine Abwägungsmöglichkeit nicht bestehen soll. Praktisch relevant sei hierbei vor allem das Demokratieprinzip, nach dem substanzielle Kompetenzen beim deutschen Parlament verbleiben müssten, sowie die Garantie der Menschenwürde in Art. 1 Abs. 1 GG. Das BVerfG selbst grenzt die Identitätskontrolle recht deutlich von seiner bisherigen Grundrechtskontrolle ab und schreibt ihr eine besondere Rolle zu.[251] Unterdessen verdeutlichen die besprochenen Entscheidungen auch, wie sich das Bundesverfassungsgericht, womöglich auch aus Kompetenzgründen, darum bemüht, im Bereich der Grundrechte jegliche Art von Kontrolle – sei es durch Anwendung der Grundrechts-, ultra vires- oder Identitätskontrolle – zu bewahren.

251 BVerfGE 140, 317 (333).

b. Restriktiver Maßstab

Insgesamt folgt aber auch aus den neueren Entscheidungen des BVerfG zur Identitätskontrolle im Grunde ein recht restriktiver Maßstab. Unmittelbare Integrationsschranken folgen daher nach wie vor in der Regel nur aus der unübersichtlichen und wechselhaften Rechtsprechung des BVerfG und kaum aus dem Grundgesetz selbst. Die oben besprochenen neueren Entscheidungen spiegeln gleichzeitig folgende Sichtweise des BVerfG wider: Die Karlsruher Richter gehen davon aus, dass – da Art. 38 GG ein grundrechtsgleiches Recht im Sinne von Art. 93 Abs. 1 Nr. 4a GG darstellt – grundsätzlich jeder wahlberechtigte Bürger der BRD gegenüber einer potentiell legitimationsentwertenden Verlagerung von Befugnissen des Bundestages auf supranationale Organisationen Verfassungsbeschwerde erheben können muss.[252] Mit dieser kann jeder Bürger selbstständig rügen, dass das ihm zustehende Recht auf gleiche Teilhabe an der demokratischen Selbstbestimmung aus Art. 38 Abs. 1 Satz 1 GG in Verbindung mit Art. 20 Abs. 1, Abs. 2 GG verletzt sei. Eine Verletzung ergebe sich etwa bereits daraus, dass die Rechte des Bundestages wesentlich geschmälert worden seien und damit ein Substanzverlust demokratischer Gestaltungsmacht für dasjenige Verfassungsorgan eingetreten sei, das unmittelbar nach den Grundsätzen freier und gleicher Wahl gebildet werde.[253] Gleichzeitig hat sich das BVerfG mit der Entscheidung zum europäischen Haftbefehl wieder die Möglichkeit geschaffen, eine auf die Menschenwürdegarantie in Art. 1 Abs. 1 GG beschränkte Grundrechtskontrolle europäischer Rechtsakte vorzunehmen, wobei nach dem Wortlaut der Entscheidung sogar denkbar ist, dass in Zukunft nur der Menschenwürdekern anderer Grundrechte zum Prüfungsgegenstand einer Identitätskontrolle werden kann. Der Darlegung eines strukturellen Grundrechtsdefizits nach der Solange-Rechtsprechung bedarf es dabei nicht mehr.

c. Ausprägungen der Identitätskontrolle

Nach den oben dargestellten bisherigen Entscheidungen im Zusammenhang mit der Verfassungsidentität sind zwei grundsätzliche Ausprägungen dieser denkbar. Zum einen bezeichnet die Identität des Grundgesetzes nach Ansicht der Verfassungsrichter den für die verfassten Gewalten unverfügbaren Teil des Grundgesetzes.[254] Zum anderen scheint die zweite und wichtigste Ausprägung der Verfassungsidentität bisher aber ihre sogenannte „unionsgerichtete“[255] Dimension zu sein, mit der das BVerfG Grenzen für die Übertragung von Hoheitsrechten auf die Europäische Union und den Anwendungsvorrang des Unionsrechts definiert.

---

252 *Pache*, EuGRZ 2009, 285, 287, spricht zutreffend von einer „Einladung“ zur Verfassungsbeschwerde; vgl. weiterführend auch die Ausführungen unter Gliederungspunkt C.IX.1.

253 BVerfGE 123, 267 (340 f.); BVerfGE 129, 124 ff.; BVerfGE 134, 366 (396).

254 Vgl. BVerfGE 129, 124 und BVerfGE 132, 195.

255 *Schönberger*, JöR 2015, 41, 43.

Die Identitätskontrolle soll in diesem Zusammenhang insbesondere zwei Stoßrichtungen haben: Sie dient sowohl der Begrenzung der Tätigkeit des Integrationsgesetzgebers als auch der innerstaatlichen Anwendbarkeit von Unionsrecht.[256] Als Einfallstor für die vom BVerfG beanspruchte weitreichende Begrenzbarkeit dient die Aussage der Verfassungsrichter, die im Grundgesetz verfassten Gewalten dürften über die integrations- und verfassungsänderungsfeste Verfassungsidentität des Grundgesetzes[257] nicht verfügen. Der einzig denkbare Anhaltspunkt für diese Aussage im Grundgesetz selbst findet sich in Art. 79 Abs. 3 GG, den das BVerfG im Rahmen der Erschaffung und Anwendung der Identitätskontrolle auch stets anführt.

d. Offene Fragen

Zu der gerade im Zusammenhang mit der neu geschaffenen Identitätskontrolle entscheidenden Beantwortung der Frage des vom Grundgesetz geforderten und auf die Europäische Union angepassten adäquaten Demokratieverständnisses hat die deutsche verfassungsgerichtliche Rechtsprechung bislang aber wenig beigetragen. Es bleibt bei einem rein nationalen Verständnis der Demokratie, das sich vor dem Hintergrund der stetig wachsenden Bedeutung der EU und anderer internationaler Organisationen, welche sich auch durch deren vermehrte Rechtssetzung zeigt, zunehmend als veraltet herausstellen könnte.[258] Zudem bleibt das BVerfG weiterhin eine Beantwortung der Frage schuldig, warum vor dem Hintergrund, dass eigentlich nur die deutsche öffentliche Gewalt gemäß Art. 93 Abs. 1 Nr. 4a GG, § 90 Abs. 1 BVerfGG und nicht die Unionsgewalt grundrechtsgebunden ist,[259] überhaupt eine Überprüfung europäischer Hoheitsakte am Grundgesetz erfolgen sollte. Nach hier vertretener Ansicht hat das BVerfG die Erstarkung der Schranken aus Art. 79 Abs. 3 GG zu echten Grenzen des Vorrangs des Unionsrechts aufgrund einer möglichen Verletzung der deutschen Verfassungsidentität bislang nicht ausreichend erläutert. Wie Art. 79 Abs. 3 GG rechtstechnisch zum Maßstab für das Unionsrecht werden soll, bleibt unklar. Es mag zwar sein, dass auch bei Akten der europäischen öffentlichen Gewalt die deutschen Grundrechte und sonstigen

---

256 *Polzin*, Verfassungsidentität, S. 2 f.

257 BVerfGE 140, 317 (336).

258 Siehe hierzu auch Gliederungspunkt E.II.1.

259 Auch Art. 23 Abs. 1 GG und Art. 79 Abs. 3 GG richten sich deutlich nur an deutsche Verfassungsorgane. Bei Erlass von Sekundärrechtsakten sind Unionsorgane lediglich an Unionsrecht gebunden. Vor dem BVerfG können daher im Grunde nur fehlerhafte Durchführungs- oder Umsetzungsakte nationaler Behörden oder Gerichte überprüft werden; so auch *Classen*, in: Mangold/Klein/Starck, GG, Art. 23 Abs. 1, Rn. 8, 18; *Streinz*, in: Sachs, GG, Art. 23, Rn. 17; *Ingold*, AöR 2015, 1, 11; a. A. *Scholz*, in: Maunz/Dürig, GG, Art. 23, Rn. 71, der mittelbar auch die Unionsorgane als Adressaten des Art. 23 GG identifiziert.

grundgesetzlichen Normen eine gewisse Relevanz haben.[260] Eine Grundrechtsbindung muss damit jedoch keinesfalls automatisch einhergehen. Hierüber kann auch der regelmäßig getätigte Kunstgriff des Zweiten Senats, lediglich den deutschen Umsetzungsakt bzw. die Mitwirkung eines deutschen Verfassungsorgans an der streitgegenständlichen Maßnahme unmittelbar zu überprüfen, nicht hinwegtäuschen. Im Ergebnis zeigt die Argumentation in den Entscheidungen deutlich, dass de facto eine Maßnahme der EU (beispielsweise der EZB) überprüft wird. Es kann jedoch nicht ernstlich bezweifelt werden, dass allein dem EuGH die Auslegung des europäischen Rechts obliegen sollte. Bislang hat das Bundesverfassungsgericht daher die an sich selbst gestellte und durchaus herausfordernde Aufgabe, inhaltliche verfassungsrechtliche Anforderungen an die Kontrolle von Rechtsakten zu entwickeln, die in nunmehr 27 souveränen Staaten gelten sollen, noch nicht zum Abschluss gebracht.

Die verfassungsgerichtliche Rechtsprechung lässt sich im Hinblick auf die Identitätskontrolle noch zu keinem stimmigen Gesamtbild zusammensetzen. Eine rechtsdogmatisch einwandfreie und strukturell zweifelsfreie Durchführung des neuen Kontrollmechanismus fällt bislang schwer, da die bis zum jetzigen Zeitpunkt ergangenen Entscheidungen hierzu nur fragmentarische Aussagen enthalten. Ihnen lässt sich jedoch entnehmen, dass das BVerfG die Identitätskontrolle heranzieht, um sowohl europäisches Primär- wie Sekundärrecht als auch deutsche Gerichtsurteile (wie in der Entscheidung zum europäischen Haftbefehl) auf ihre Vereinbarkeit mit der deutschen Verfassungsidentität zu überprüfen. Vor dem Hintergrund der grundgesetzlichen Systematik und der bisherigen verfassungsgerichtlichen Rechtsprechung weisen die neueren Entscheidungen, die sich mit der Identitätskontrolle befassen, stellenweise einen bemerkenswerten und recht weitreichenden Umgang mit grundgesetzlichen Normen wie Art. 23 Abs. 1 GG, Art. 38 Abs. 1 GG und Art 79 Abs. 3 GG auf. Zum Teil hätte es einer Heranziehung der Identitätskontrolle wohl auch nicht zwingend bedurft. Zudem betonten die Verfassungsrichter mehrfach die erhöhten Zulässigkeitsanforderungen für die Aktivierung des neuen Kontrollmechanismus, wobei sie bislang jedoch nicht definiert haben, inwieweit die Voraussetzungen tatsächlich über die Anforderungen an sonstige Verfahren vor dem BVerfG hinausgehen sollen.

Insgesamt lässt die verfassungsgerichtliche Rechtsprechung zur Identitätskontrolle im Vorhinein der vorläufigen CETA-Entscheidungen kaum eine abschließende Bewertung zu. Ein belastbarer Maßstab des neu geschaffenen Instruments lässt sich ihr kaum entnehmen. Die verfassungsgerichtlichen Entscheidungen deuten jedoch darauf hin, dass sich die Verfassungsrichter hier ein Instrument erschaffen haben, mit dem verschiedenste rechtliche Vorgänge wie klassische formelle Verfassungsänderungen, faktische Verfassungsänderungen im Zusammenhang mit EU-Maßnahmen, völkerrechtliche Verpflichtungen sowie der Anwendungsvorrang des

260 So i. E. auch *Dörr*, Der europäisierte Rechtsschutzauftrag deutscher Gerichte, S. 178, 182.

Unionsrechts begrenzt werden können und sollen. Es bleibt abzuwarten, ob das Bundesverfassungsgericht hier in den nächsten Jahren zur Klarstellung beitragen wird. Zwar wird aus rechtshistorischer Sicht oftmals betont, dass eine so selbstbewusste Rechtsprechung wie die des BVerfG in der Vergangenheit oft zu einer positiven Fortentwicklung der europäischen Grundrechtsdogmatik beigetragen habe.[261] Wenn die erforderliche rechtsdogmatische Konkretisierung aber ausbleibt, drohen gleichzeitig willkürliche Entscheidungen.[262]

II. Dogmatische Herleitung und Anwendungsbereich

Dem Bundesverfassungsgericht ist es – wie bereits angedeutet – bislang noch nicht uneingeschränkt gelungen, die Identitätskontrolle dogmatisch klar und abschließend herzuleiten, sie auf ein verfassungsrechtlich tragbares Fundament zu stellen und ihr einen eindeutigen und begrenzbaren Maßstab und Anwendungsbereich zu verleihen.

Nachfolgend soll jedoch genauer untersucht werden, welche Aussagen das BVerfG bislang im Hinblick auf Herleitung, Maßstab und Anwendungsbereich der Identitätskontrolle getroffen hat und inwieweit diese Aussagen den neu geschaffenen Kontrollmechanismus als belastbares normatives Konzept konstituieren. Grundsätzlich betont das BVerfG regelmäßig, die Identitätskontrolle sei verfassungsrechtlich zwingend (hierzu C.II.1.) und gleichzeitig unionsrechtlich zulässig (hierzu C.II.2.). Dabei bleibt ihre Reichweite aber im Unklaren (hierzu C.II.3.).

1. Verfassungsrechtliche Argumentation

Zunächst soll untersucht werden, ob und inwieweit die verfassungsrechtliche Herleitung des BVerfG, mit der die Identitätskontrolle erschaffen wurde und fortlaufend gerechtfertigt wird, aus dogmatischer Sicht überzeugt.[263]

Positiv hervorzuheben am bisher betriebenen Begründungsaufwand des BVerfG sind zunächst seine Ausführlichkeit sowie die bloße Existenz einer Auseinandersetzung mit dem Grundsatz des Anwendungsvorrangs des Unionsrechts, wonach Hoheitsakte der Union und Akte deutscher öffentlicher Gewalt nicht am Maßstab der Grundrechte des Grundgesetzes zu messen sind, soweit sie durch Unionsrecht determiniert sind.[264]

261 *Schwerdtfeger*, EuR 2015, 290, 308.
262 *Finke*, HRRS 2016, 327, 331; in diese Richtung auch *Nettesheim*, EuR-Bei 1/2010, 101, 114, der befürchtet, dass ein „derartig überhöhtes Konzept auch gegen die Menschen gerichtet“ werden könnte.
263 Bejahend wohl *Dietz*, AöR 2017, 78, 88, die von einer „fast schon lehrbuchartigen Herleitung des verfassungsgerichtlichen Kontrollinstruments der Identitätskontrolle“ spricht.
264 BVerfGE 140, 317 (334 f.).

Normativer Anknüpfungspunkt für die Identitätskontrolle soll nichtsdestotrotz Art. 79 Abs. 3 GG sein, der nach Ansicht der Verfassungsrichter die Grenze des Anwendungsvorrangs darstellt. Wie bereits dargelegt verweist Art. 23 Abs. 1 Satz 3 GG als äußerste Integrationsschranke auf die sogenannte Ewigkeitsklausel des Grundgesetzes. Unklar ist in diesem Zusammenhang jedoch, welche Bedeutung dieser als eine der problematischsten Vorschriften des Grundgesetzes einzustufenden Norm als Schranke der europäischen Integration tatsächlich zukommen kann.[265] Nach Art. 79 Abs. 3 GG ist jede Änderung des Grundgesetzes, durch welche die Gliederung des Bundes in Länder, die grundsätzliche Mitwirkung der Länder bei der Gesetzgebung oder die in Art. 1 und 20 GG niedergelegten Grundsätze berührt werden, unzulässig.[266] Das BVerfG nennt Art. 79 Abs. 3 GG daher eine „unübersteigbare Grenze".[267] Eine Änderung der grundgesetzlichen Strukturprinzipien oder des Prinzips der absoluten Achtung der Menschenwürde ist damit dauerhaft ausgeschlossen.

Ob ein Mindestbestand von grundgesetzlichen Werten darüber hinaus aber von Art. 79 Abs. 3 GG geschützt sein soll und welche Werte hiervon womöglich umfasst sein sollen, ist in der juristischen Fachliteratur außerordentlich umstritten.[268] In Verbindung mit Art. 23 Abs. 1 Satz 3 GG sollen nach Ansicht des BVerfG nun jedenfalls auch die sonstigen Vorgaben des Art. 79 Abs. 3 GG integrationsfest und damit vom BVerfG überprüfbar sein,[269] sodass die Verfassungsrichter über den gesamten von ihnen zu bestimmenden „unantastbaren Kerngehalt der Verfassungsidentität des Grundgesetzes"[270] wachen.

Gegenstand einer Prüfung im Rahmen der Identitätskontrolle können nach bisheriger Dogmatik im Grunde jedoch nur Maßnahmen der deutschen öffentlichen Gewalt sein, also potentiell auch die nationale Zustimmungsgesetzgebung zu einer europäischen Maßnahme. Daneben soll nun nach Ansicht des BVerfG auch die Anwendung und Durchführung sekundären Unionsrechts im Rahmen der Kontrolle des „Übertragbaren"[271] überprüfbar sein. Hintergrund ist, dass gegen Grundrechte verstoßendes Unionsrecht nicht mehr vom Rechtsanwendungsbefehl, der nur innerhalb der Grenzen des Art. 23 Abs. 1 Satz 3 GG wirksam erteilt werden kann, umfasst sein soll.[272] Der Anwendungsvorrang kann also nach dieser Sichtweise nur so weit reichen, wie der Anwendungsbefehl reicht und reichen kann.

---

265 *Schönberger*, Der Staat 2009, 535, 553.
266 Siehe zur historischen und rechtsvergleichenden Einordnung verfassungsrechtlicher Ewigkeitsklauseln *Häberle*, in: Völkerrecht im Dienste der Menschen: Festschrift für Hans Haug, 81 ff.
267 BVerfGE 123, 267 (402).
268 *Dietz*, AöR 2017, 78, 99 m. w. N.
269 Vgl. zum Beispiel BVerfGE 140, 317 (336).
270 BVerfGE 123, 267 (353).
271 *Streinz*, Europarecht, Rn. 237.
272 BVerfGE 140, 317 (336) m. w. N.

Prüfungsgegenstand der Identitätskontrolle sollen nach Sichtweise des BVerfG somit auch Maßnahmen eines Organs oder einer sonstigen Stelle der EU sein.[273]

An dieser Stelle wird eine erste Schwäche der verfassungsgerichtlichen Logik deutlich: Denn Unionsorgane sind beim Erlass sekundärrechtlicher Maßnahmen nur an das europäische Primärrecht gebunden und nicht etwa an irgendwie geartete mitgliedstaatliche Verfassungsidentitätsvorbehalte. Schließlich können weder Art. 23 Abs. 1 Satz 3 GG noch Art. 79 Abs. 3 GG unmittelbar die Union oder ihre Organe adressieren. Dies ist nicht nur dogmatisch logisch und überzeugend, sondern in der täglichen Rechtsanwendung der EU-Institutionen auch nicht anders denkbar. Müssten diese bei der Anwendung jeglicher Maßnahmen die Verfassungsidentitäten von annähernd 30 Mitgliedstaaten bestimmen, auswerten und ihre Entscheidungen nur in Übereinstimmung hiermit treffen, so wäre ein zielführendes Tätigwerden der EU-Institutionen wohl nicht mehr möglich. An dieser Stelle wird bereits deutlich, wie das BVerfG im Rahmen der Identitätskontrolle die Grenzen des Anwendungsbereichs von Art. 79 Abs. 3 GG (über)dehnt.

Ursprünglich waren nämlich nicht sekundäre Rechtsakte der Union Bezugspunkt der Verfassungsidentität. Allenfalls war über Art. 79 Abs. 3 GG in Verbindung mit Art. 23 Abs. 1 Satz 3 GG nur der Integrationsgesetzgeber gebunden.[274] Im Lissabon-Urteil nahm das BVerfG auch ausdrücklich auf Art. 23 Abs. 1 Satz 3 GG Bezug. Dieser verweist seinerseits auf die Ewigkeitsgarantie in Art. 79 Abs. 3 GG. Es ist jedoch bereits fraglich, ob eine Verletzung der deutschen Verfassungsidentität durch die EU nach zuvor erfolgter Hoheitsrechtsübertragung überhaupt ein Äquivalent zu der von Art. 79 Abs. 3 GG eigentlich in Bezug genommenen Verfassungsänderung darstellen kann.[275] Dieser Einschätzung könnte nämlich die Systematik des Grundgesetzes entgegenstehen. Schließlich etabliert lediglich Art. 23 Abs. 1 Satz 1 GG spärliche und allgemein gehaltene Integrationsschranken in Form von groben Strukturanforderungen. Diese Strukturanforderungen lassen aber Modifikationen zu und zielen keinesfalls auf eine Einzelfallkontrolle ab, sondern wollen lediglich die „strukturelle Gesamtentwicklung der Union" absichern.[276] Zudem verweist Art. 23 Abs. 1 GG nur für die deutschen Staatsorgane, nicht aber für ein Handeln der Union unmittelbar auf Art. 79 Abs. 3 GG.[277] Generell wirkt die Ausdrucksweise des Grundgesetzes im Hinblick auf die wegen Art. 79 Abs. 3 GG unberührbaren Schutzgüter im Vergleich zur deutlicher angeordneten Rechtsfolge der Unzulässigkeit eher „schwach und interpretationsbedürftig"[278].

---

273 So zum Beispiel im Urteil zum Europäischen Haftbefehl (BVerfGE 140, 317) der EU-Rahmenbeschluss.

274 *Schönberger*, JöR 2015, 41, 58 betont zu Recht, dass der verfassungsändernde Gesetzgeber stets am traditionellen und nicht auf mögliche Integrationsgrenzen zugeschnittenen Wortlaut des Art. 79 Abs. 3 GG festgehalten hat; *Dietz*, AöR 2017, 78, 90.

275 Bejahend *Sannwald*, in: Schmidt-Bleibtreu/Hofmann/Henneke, GG, Art. 79, Rn. 8.

276 *Sauer*, EuR 2017, 186, 196 f.

277 *Sauer*, EuR 2017, 186, 197.

278 *Dietlein*, in: BeckOK GG, Art. 79, Rn. 22.

Verfassungshistorisch ist Art. 79 Abs. 3 GG jedenfalls in erster Linie dafür geschaffen worden, zu verhindern, dass die deutsche Verfassungsordnung in ihrer Substanz und ihren Grundlagen zur Legalisierung eines totalitären Regimes missbraucht werden kann.[279] Als mahnendes Beispiel hierfür in der deutschen Verfassungsgeschichte dient das nationalsozialistische Ermächtigungsgesetz vom 24. März 1933, durch das die Gewaltenteilung de facto aufgehoben und alle nachfolgenden Maßnahmen zur Festigung der NS-Diktatur ermöglicht wurden. Die Ewigkeitsgarantie soll daher in erster Linie Entwicklungen wie zur NS-Zeit und revolutionäre Bestrebungen sowie eine Totalbeseitigung oder Totalvernichtung des Grundgesetzes verhindern.[280] Auch das Bundesverfassungsgericht selbst hat in seiner Geschichte insbesondere das Merkmal des „Berührens" der von Art. 79 Abs. 3 GG geschützten Gehalte vor diesem Hintergrund durchaus restriktiv ausgelegt. Im sogenannten Abhörurteil haben die Verfassungsrichter beispielsweise betont, die geschützten Grundsätze seien als solche „von vornherein nicht ‚berührt', wenn ihnen im allgemeinen Rechnung getragen wird und sie nur für eine Sonderlage entsprechend deren Eigenart aus evident sachgerechten Gründen modifiziert werden"[281].

Zudem sei im Rahmen der Auslegung des Art. 79 Abs. 3 GG zu bedenken, dass es sich hierbei „um eine Ausnahmevorschrift handelt, die jedenfalls nicht dazu führen darf, daß der Gesetzgeber gehindert wird, durch verfassungsänderndes Gesetz auch elementare Verfassungsgrundsätze systemimmanent zu modifizieren"[282]. Mittlerweile ist in diesem Zusammenhang zumindest anerkannt, dass eine „normative Zementierung" des konkreten verfassungsrechtlichen Zustandes von Art. 79 Abs. 3 GG jedenfalls nicht gewollt ist.[283]

Außerdem gehört nach der Systematik des Grundgesetzes, das schon durch die Präambel von vorneherein auf die Einbindung in ein vereintes Europa angelegt ist, die Mitgliedschaft in einem übergreifenden bündischen Gemeinwesen und damit die Einbindung in die EU als integrierter Staat ihrerseits zur Verfassungsidentität des Grundgesetzes.[284] Demzufolge muss das Bekenntnis des Grundgesetzes in der Präambel und Art. 23 GG zur offenen Staatlichkeit ebenso als identitätsstiftendes Kriterium und damit als integraler Bestandteil der Verfassungsidentität angesehen werden.[285] Art. 79 Abs. 3 GG kann daher das in der Präambel und Art. 23 GG zum

---

279 Auf die umstrittene Frage des systematischen Verhältnisses zwischen Art. 79 Abs. 3 GG und Art. 146 GG soll an dieser Stelle nicht weiter eingegangen werden, vgl. aber *Herdegen*, in: Maunz/Dürig, GG, Art. 146, Rn. 88 ff.

280 *Schnapauff*, in: Hömig/Wolff, GG, Art. 79, Rn. 4; *Sannwald*, in: Schmidt-Bleibtreu/Hofmann/Henneke, GG, Art. 79, Rn. 3.

281 BVerfGE 30, 1 (24).

282 BVerfGE 30, 1 (25).

283 *Dreier*, in: Dreier, GG, Art. 79, Rn. 19.

284 *Calliess*, in: Maunz/Dürig, GG, Art. 24 Abs. 1, Rn. 212; *Schönberger*, JöR 2015, 41, 59.

285 Zustimmend *Mannefeld*, Verfassungsrechtliche Vorgaben für die Europäische Integration, S. 130 m. w. N.

Ausdruck kommende Integrationsgebot nicht verdrängen.[286] Dass Maßnahmen der europäischen Union von der in Art. 79 Abs. 3 GG ursprünglich zum Ausdruck kommenden Gefahr der Ablösung des Grundgesetzes durch ein totalitäres Regime regelmäßig deutlich entfernt sind, dürfte zudem auf der Hand liegen. Auch insofern ist eine teils extensive Auslegung des Art. 79 Abs. 3 GG durch das BVerfG zu konstatieren.

Nach Ansicht des BVerfG selbst bleibt jedoch in Bezug auf die Auslegung des Art. 79 Abs. 3 GG eine strengere Sichtweise zugrunde zu legen.[287] Die Verfassungsrichter betonen nämlich, dass Sekundärrecht, das die deutsche Verfassungsidentität verletze, seinerseits nicht mehr auf einer primärrechtlichen Grundlage beruhe. Problematisch ist jedoch vor allem die hierfür angeführte Begründung: Dem Primärrecht wird nach Ansicht des BVerfG nämlich die Grundlage entzogen, sobald ein Verfassungsidentitätsverstoß festgestellt wird. Dies soll möglich sein, da der deutsche Rechtsanwendungsbefehl nicht nur die Basis des Primärrechts, sondern auch dessen Reichweite und Grenzen bestimme.[288] Es ist nach Ansicht der Verfassungsrichter ausschließlich der deutsche Rechtsanwendungsbefehl, der sowohl dem europäischen Primär- als in dessen Folge auch dem Sekundärrecht die Geltungsberechtigung innerhalb der deutschen Rechtsordnung verschafft.[289] Diese Sichtweise ist vor dem Hintergrund der Rechtsprechung des EuGH zur Selbstständigkeit der Unionsrechtsordnung nicht unproblematisch. Konsequent überprüften die Verfassungsrichter mit Art. 79 Abs. 3 GG als Kontrollmaßstab im OMT-Beschluss erstmals explizit einen Akt ohne deutsches Zustimmungsgesetz, nämlich eine Pressemitteilung der EZB infolge eines Beschlusses des EZB-Rates.[290] Auch der Haftbefehlsbeschluss überprüft den EU-Rahmenbeschluss, also einen unmittelbaren Sekundärrechtsakt. Neuerdings ist somit zu beobachten, dass die Karlsruher Richter neben dem deutschen Rechtsanwendungsbefehl vermehrt auch die Normsetzung durch Unionsorgane auf sekundärer Ebene in den Blick nehmen.

Der Ansicht des BVerfG kann hier nicht gefolgt werden. Es ist nicht ersichtlich, wie Institutionen der EU bei der Schaffung oder Durchführung sekundärrechtlicher Maßnahmen gegen die deutsche Verfassungsidentität verstoßen sollten. Art. 23 Abs. 1 GG kann nur Anforderungen an die Beschaffenheit des deutschen Zustimmungsgesetzes stellen, nicht aber an das EU-Recht. EU-Organe können durch Art. 23 Abs. 1 GG bzw. Art. 79 Abs. 3 GG also in den oben dargestellten Konstellationen in keiner Weise gebunden werden. Zudem entspricht auch ein noch so identitätsverletzender Rechtsakt der Europäischen Union wohl kaum einer von

---

286 *Schönberger*, JöR 2015, 41, 59.

287 z. B. BVerfGE 123, 267 (343 ff.).

288 BVerfGE 123, 267 (402).

289 *Wendel*, ZaöRV 2014, 615, 629.

290 BVerfGE 134, 366 (372 f., 392); es kann bereits bezweifelt werden, ob dies überhaupt einen Akt öffentlicher Gewalt darstellt, der vom BVerfG überprüft werden kann. Hiervon soll aber nachfolgend ausgegangen werden.

Art. 79 Abs. 3 GG ausschließlich erfassten Verfassungsänderung. Eine entgegenstehende Annahme würde gegen die Systematik des Grundgesetzes verstoßen, das einzig in Art. 23 Abs. 1 GG ein begrenztes Schrankenregime für europäische Rechtsakte bereithält.[291] Die Identitätskontrolle kann sich nach der Systematik des Grundgesetzes demzufolge dem Grunde nach nicht unmittelbar auf europäische Sekundärrechtsakte beziehen.[292] Das Grundgesetz stellt eine Identitätskontrolle unter Heranziehung von Art. 79 Abs. 3 GG in Bezug auf europäische Sekundärrechtsakte, wie sie teilweise vom BVerfG durchgeführt wird, nicht zur Verfügung. Zwar hat das BVerfG gegenüber anderen Gerichten eine übergeordnete Stellung inne, dennoch ist es, wie die gesamte Staatsgewalt, an die Bestimmungen des Grundgesetzes gebunden, vgl. Art. 20 Abs. 3 GG, Art. 1 Abs. 3 GG. Ob das BVerfG die ihm in diesem Rahmen eingeräumte Möglichkeit, die konkretisierungsbedürftigen Normen der Verfassung auszuformen und weiterzuentwickeln, durch Erschaffung der tatsächlich weit von grundgesetzlichen Normen losgelösten und letztlich nur auf (Verfassungs-)Richterrecht[293] beruhenden Identitätskontrolle nicht überstrapaziert, ist zumindest fraglich.

2. Europarechtliche und rechtsvergleichende Argumentation

Auch mit Blick auf ihre Vereinbarkeit mit europäischem Recht ist die dogmatische Herleitung der Identitätskontrolle weitgehend unabgeschlossen. So wird das neu geschaffene Instrument zwar stets mit Blick auf das Unionsrecht legitimiert und die aus dem Lissabon-Urteil stammende Argumentation[294] regelmäßig wiederholt und stellenweise geringfügig vertieft.[295] Gleichzeitig verbindet das BVerfG seine diesbezügliche Argumentation mit einem rechtsvergleichenden Argument. Insbesondere verstoße die Identitätskontrolle danach eben nicht gegen den Grundsatz der loyalen Zusammenarbeit im Sinne von Art. 4 Abs. 3 EUV, sondern sei vielmehr in Art. 4 Abs. 2 Satz 1 EUV auch im europäischen Recht angelegt und entspreche auch den besonderen Gegebenheiten der EU.[296] Zudem verknüpfen die Verfassungsrichter die Achtung der die Identität prägenden Grundprinzipien des Art. 79 Abs. 3 GG mit dem Schutz der „souveränen Staatlichkeit der Bundesrepublik

---

291 *Sauer*, EuR 2017, 186, 196.

292 So auch *Sauer*, NJW 2016, 1134, 1136 m. w. N., der zu Recht auf die vom BVerfG nicht behandelte völkerrechtliche Geltung eines innerstaatlich nichtigen Übertragungsakts bzw. den Unterschied zwischen rechtmäßiger Übertragung und tatsächlicher völkerrechtlicher Geltung hinweist.

293 Das Grundgesetz bietet für die mögliche Bildung von Verfassungsgewohnheitsrecht wegen seiner hohen normativen Dichte nur wenig Raum, vgl. *Herdegen*, in: Maunz/Dürig, GG, Art. 79, Rn. 30 ff.

294 BVerfGE 123, 267 (353).

295 z. B. BVerfGE 142, 123.

296 BVerfGE 140, 317 (337 f.); vgl. zur unionsrechtlichen Auslegung von Art. 4 Abs. 2 Satz 1 EUV insbesondere *Haratsch*, EuR 2016, 131.

Deutschland“[297], die durch die „Identitätsverantwortung der Verfassungsorgane“[298] gewährleistet werden soll.[299]

Aus Sicht des BVerfG rechtfertigt also gerade der (klassisch) völkerrechtliche Charakter der Unionsrechtsordnung eine Ausnahme vom Vorrang des Unionsrechts. Die Verfassungsrichter gehen nämlich davon aus, dass die Mitgliedstaaten, da sie immer noch uneingeschränkt Herren der Verträge seien, jederzeit darüber entscheiden könnten und dürften, ob und inwieweit das Unionsrecht Geltung und Vorrang beanspruchen könne.[300] Hiernach ist also der Anwendungsvorrang von vornherein durch die Verfassungsidentität begrenzt.[301]

Zur Absicherung dieser Sichtweise nehmen die Verfassungsrichter sowohl auf die Rechtsprechung des EuGH als auch auf die Anerkennung der Verfassungsidentität und die Einschränkung des Anwendungsvorrangs in anderen Mitgliedstaaten[302] Bezug. Jedoch geht diese vom BVerfG anstelle einer fundierten Herleitung der Identitätskontrolle angestellte „rechtsvergleichende Absicherung“ fehl. Denn zunächst findet bis auf die bloße Behauptung, „die weitaus überwiegende Zahl der Verfassungs- und Obergerichte der anderen Mitgliedstaaten“[303] gehe ebenfalls von einem nur begrenzten Vorrang des Unionsrechts aus, keine tiefergehende Auseinandersetzung mit der zitierten mitgliedstaatlichen Rechtsprechung statt. Außerdem enthält die „wahllos“[304] erscheinende Aufzählung des BVerfG Urteile aus lediglich neun Mitgliedstaaten[305], sodass von einer „weitaus überwiegenden Zahl“ keinesfalls gesprochen werden kann. Zudem verwendet keines der aufgezählten Gerichte einen Mechanismus wie die Ewigkeitsklausel der nationalen Verfassung so nachdrücklich gegen den Anwendungsvorrang wie das deutsche Bundesverfassungsgericht.[306]

Gegen die Argumentation des BVerfG kann auch vorgebracht werden, dass rechtsvergleichende Erwägungen per se nur als Zusatzargumente für eine bestimmte bereits begründete Auslegung verwendet werden können.[307] Sie ersetzen jedoch nicht die Existenz einer solchen Begründung. Ferner verschweigt das BVerfG bei seiner Bezugnahme auf andere mitgliedstaatliche Gerichtsentscheidungen, dass diese sich teilweise nur mit einer möglichen Grenze der Übertragung von

297 BVerfGE 123, 267 (343, 346 f., 381 ff., 395 f., 400 ff., 406).
298 BVerfGE 123, 267 (351 ff.).
299 *Herdegen*, Europarecht, § 10, Rn. 25.
300 *Satzger*, NStZ 2016, 514, 517.
301 *Hwang*, Der Staat 2017, 107, 113.
302 Vgl. z. B. BVerfGE 140, 317 (339 ff.).
303 BVerfGE 140, 317 (339 ff.).
304 *Satzger*, NStZ 2016, 514, 517.
305 Dänemark, Estland, Frankreich, Irland, Lettland, Polen, Spanien, Tschechien und Vereinigtes Königreich.
306 *Wendel*, ZaöRV 2014, 615, 668.
307 *Polzin*, Verfassungsidentität, S. 191 f.

Hoheitsrechten durch den einfachen Gesetzgeber befassten, womit nicht zwangsläufig eine Grenze des Vorrangs des Unionsrechts einhergehen muss.[308]

Insbesondere weist die rechtsvergleichende Begründung für die beanspruchte Ausnahme vom Vorrang des Unionsrechts für den Fall der Identitätskontrolle aber auch systematische Schwächen auf. Denn die Entscheidungen anderer Verfassungsgerichte zum Verhältnis von Unions- und nationalem Verfassungsrecht sind nicht geeignet, konkret die Vereinbarkeit deutschen Verfassungsrechts im Allgemeinen und der deutschen Identitätskontrolle im Speziellen mit dem Unionsrecht zu rechtfertigen.[309]

Die Heranziehung der unionsrechtlichen Regelung nationaler Identität in Art. 4 Abs. 2 Satz 1 EUV als zusätzlichem Begründungsstrang[310] ist zudem selbst aus Sicht des BVerfG entbehrlich und demzufolge inkonsequent. Dieser Eindruck verstärkt sich, wenn man der vorzugswürdigen Meinung, der unionsrechtliche und der vom BVerfG entwickelte Begriff der Identität seien vor dem Hintergrund der Entstehungsgeschichte des Art. 4 Abs. 2 Satz 1 EUV keinesfalls deckungsgleich,[311] folgt. Der entscheidende Unterschied der beiden Normen liegt darin, dass die Verfassungsidentität als absoluter Grund für die Nichtbeachtung von Unionsrecht dienen soll, wohingegen der ebenfalls unbestimmte Begriff der nationalen Identität nach der Rechtsprechung des EuGH lediglich einen Abwägungsbelang insbesondere im Rahmen der Verletzung der Grundfreiheiten darstellt.[312] Letztlich handelt es sich bei der nationalen Identität im Sinne des Art. 4 Abs. 2 Satz 1 EUV um einen unionsrechtlichen Begriff,[313] der nach Unionsrecht und einheitlich für alle Mitgliedstaaten auszulegen ist, wobei den Mitgliedstaaten bei der Festlegung des konkreten Inhalts der Identität allenfalls ein begrenzter Ermessensspielraum zukommen kann.[314] Im Ergebnis dürften also die Begriffe der nationalen Identität in Art. 4 Abs. 2 Satz 1 EUV und die vom BVerfG geprüfte Verfassungsidentität inhaltlich nicht deckungsgleich sein, sodass die prozessuale Identitätskontrolle auch unionsrechtlich kaum zu erklären ist. Inwieweit sich daher die bisher von

308 *Classen*, EuR 2016, 304, 312.

309 *Polzin*, Verfassungsidentität, S. 192.

310 Vgl. BVerfGE 140, 317 (337 f.).

311 *Polzin*, Verfassungsidentität, S. 62 ff.; *Obwexer*, in: von der Groeben/Schwarze/Hatje, Art. 4 EUV, Rn. 27.; *Wendel*, ZaöRV 2014, 615, 644; *Schönberger*, JöR 2015, 41, 45 f., 50 ff., der den behaupteten Gleichlauf der beiden Konzepte „verfassungsgerichtliches Selbstmarketing“ nennt; *Cloots*, Netherlands Journal of Legal Philosophy 2016, 79; *Hwang*, Der Staat 2017, 107, 119 ff. m. w. N.; a. A. *Puttler*, in: Calliess/Ruffert, Art. 4 EUV, Rn. 17.

312 *Polzin*, Verfassungsidentität, S. 63 f., 191.

313 *Obwexer*, in: von der Groeben/Schwarze/Hatje, Art. 4 EUV, Rn. 27.; *Bogdandy/Schill*, in: Grabitz/Hilf/Nettesheim, Art. 4 EUV, Rn 13; siehe zum Unterschied zwischen Verfassungsidentität und nationaler Identität, von denen nur zweitere vom EU-Recht geschützt wird, *Cloots*, Netherlands Journal of Legal Philosophy 2016, 79.

314 *Obwexer*, in: von der Groeben/Schwarze/Hatje, Art. 4 EUV, Rn. 27.

den Verfassungsrichtern vollzogene Rechtfertigung der Identitätskontrolle unter anderem auf Grundlage des Art. 4 Abs. 2 EUV aufrecht erhalten lässt, ist fraglich.

Im Übrigen ist auch der sonstige Umgang des BVerfG mit Art. 4 Abs. 2 Satz 1 EUV fragwürdig. Denn eine Vorrangbegrenzung aufgrund eines behaupteten Verfassungsidentitätsverstoßes durch einen Mitgliedstaat bleibt europarechtlich trotz Nennung der nationalen Identität in Art. 4 Abs. 2 Satz 1 EUV unzulässig.[315] Ansonsten würde die Norm eine „Blanko-Ermächtigung für autonom von den Mitgliedstaaten zu bestimmende Vorranggrenzen“[316] darstellen. Eine solch progressive Auslegung des Art. 4 Abs. 2 Satz 1 EUV und des unionsrechtlichen Begriffs nationaler Identität, dem die Mitgliedstaaten im Übrigen normativ ganz unterschiedliche Bedeutungen beimessen,[317] kann daher zumindest nicht ohne Hinzuziehung des EuGH erfolgen, da sich das darin enthaltene Achtungsgebot nur an die EU richtet[318] und der Ermessensspielraum eines nationalen Gerichts bei der Auslegung keinesfalls so weit reichen kann. Die Letztentscheidungsbefugnis über die Auslegung des Begriffs der nationalen Identität muss daher stets beim EuGH verbleiben.[319] Aus europarechtlicher Sicht bietet zumindest Art. 4 Abs. 2 Satz 1 EUV keinen Raum für eine Ausnahme vom Vorrang des Unionsrechts.[320] Auch über Art. 4 Abs. 2 Satz 1 EUV hinaus ist fraglich, ob das Konzept der Verfassungsidentität überhaupt eine verfassungsrechtliche Begrenzung des Anwendungsvorrangs des Unionsrechts darstellen kann.[321] Dagegen spricht insbesondere, dass Art. 79 Abs. 3 GG keine Zuweisungsregelungen von Kompetenzen zwischen der EU und der BRD enthält, dass die EU und ihre Organe nicht an die nationale Bestimmung

---

315 So i. E. auch *Sauer*, NJW 2016, 1134, 1136 f.

316 *Sauer*, NJW 2016, 1134, 1137.

317 *Herdegen*, Europarecht, § 10, Rn. 25; a. A. wohl *Bogdandy/Schill*, in: Grabitz/Hilf/Nettesheim, Art. 4 EUV, Rn. 22 ff.

318 *Haratsch*, EuR 2016, 131, 134; *Sauer*, NJW 2016, 1134, 1137; *Meyer*, HRRS 2016, 332, 335.

319 *Obwexer*, in: von der Groeben/Schwarze/Hatje, Art. 4 EUV, Rn. 27; *Haratsch*, EuR 2016, 131, 135 weist in diesem Zusammenhang auch darauf hin, dass der Verweis auf die „verfassungsmäßigen Strukturen“ in Art. 4 Abs. 2 Satz 1 EUV deutlich macht, dass insbesondere geschriebenes Verfassungsrecht Teil der nationalen Identität sein könne. Zwar könne auch rein materielles Verfassungsrecht Elemente nationaler Identität enthalten. Der Nachweis, dass ein nicht einmal geschriebenes Prinzip jedoch so essentieller Bestandteil der Verfassungsordnung ist, dürfte dann schwerer fallen.

320 *Schönberger*, JöR 2015, 41, 52, der zu Recht betont, aus europäischer Sicht käme dem Verfassungsrecht der Mitgliedstaaten „ohnehin generell keine andere oder größere Bedeutung zu als deren einfachem Recht“, vgl. EuGH, Rs. 11/70 (Internationale Handelsgesellschaft), Slg. 1970, 1125 (1135). Art. 4 Abs. 2 Satz 1 EUV stelle den Mitgliedstaaten daher vielmehr „zunächst und vor allem einen vertragsrechtlichen Argumentationstopos zur Verfügung, den sie in den vielfältigen Aushandlungsprozessen auf Unionsebene rechtsgestaltend nutzen“ können.

321 Vgl. hierzu *Polzin*, Verfassungsidentität, S. 178 ff.

des Art. 79 Abs. 3 GG gebunden sind und dass die von Art. 79 Abs. 3 GG umfassten Grundsätze in der Regel durch das Unionsrecht gleichermaßen geschützt werden.[322]

Letztlich führt also auch die europarechtliche Argumentation des BVerfG weitgehend ins Leere. Denn EU-rechtlich ist keine Verpflichtung der Union denkbar, etwaigen Identitätsvorbehalten ihrer Mitgliedstaaten Folge zu leisten. Die Nichtbeachtung eines EU-Rechtsakts aufgrund eines von einem nationalen (Verfassungs-) Gericht festgestellten Identitätsverstoßes stellt auf europäischer Ebene schlicht eine Vertragsverletzung dar,[323] die die Einleitung eines Vertragsverletzungsverfahrens nach Art. 258 ff. AEUV nach sich ziehen müsste.[324]

3. Reichweite und Maßstab

Damit ist schon die Herleitung der Identitätskontrolle durch das BVerfG nach hier vertretener Ansicht sowohl aus verfassungsrechtlicher als auch aus unionsrechtlicher Sicht zurückzuweisen. Nachfolgend soll ergänzend überprüft werden, ob zumindest ihre Reichweite und ihr Maßstab klar bestimmbar sind oder ob sich auch diesbezüglich womöglich noch weitere Unklarheiten ergeben.

a. Unbestimmbarkeit des Art. 79 Abs. 3 GG

Nach dem Wortlaut des Art. 79 Abs. 3 GG zählen zum unveränderlichen Bestand des Grundgesetzes und damit zur vom BVerfG erschaffenen Verfassungsidentität wie oben bereits angesprochen[325] die Gliederung des Bundes in Länder, die grundsätzliche Mitwirkung der Länder bei der Gesetzgebung und die in den Art. 1 und 20 GG niedergelegten Grundsätze. Das BVerfG versteht Art. 79 Abs. 3 GG jedoch viel weiter, als es der Wortlaut vermuten lässt. Es handhabt die Ewigkeitsgarantie des Art. 79 Abs. 3 GG so extensiv, dass teilweise nur noch allgemein von der Gewährleistung „grundlegender Gerechtigkeitspostulate" die Rede ist.[326] Das BVerfG hat hierzu eine umfangreiche, aber schwer zu überblickende Kasuistik entwickelt, in der es versucht, festzulegen, welche Facetten der Identitätskern genau haben kann. Eine abschließende Aufzählung aller in Frage kommenden Bereiche ist jedoch

---

322 *Polzin*, Verfassungsidentität, S. 190, fordert aus diesem Grund die Rückkehr zum Maßstab der Solange II-Rechtsprechung bei der Prüfung der Frage, ob ein Unionsrechtsakt gegen die Grundrechte verstößt.

323 *Herdegen*, Europarecht, § 10, Rn. 25; *Mayer*, in: Grabitz/Hilf/Nettesheim, Art. 19 EUV, Rn. 91.

324 Die Einleitung eines solchen Verfahrens wurde vor dem Hintergrund der Feststellung eines ultra vires-Aktes der EZB bzw. des EuGH durch das BVerfG im PSPP-Urteil geprüft, vgl. Europäische Kommission, Erklärung von Präsidentin von der Leyen, https://ec.europa.eu/commission/presscorner/detail/de/statement_20_846.

325 Unter Gliederungspunkt C.II.1.

326 Vgl. BVerfGE 84, 90 (121).

bislang nicht erfolgt und wohl auch kaum zu erwarten. Im Lissabon-Urteil haben die Karlsruher Richter zwar einige nach ihrer Ansicht von der Verfassungsidentität umfassten Rechtsbereiche aufgezählt, ansonsten aber bloß pauschal betont, diejenigen Regelungsgegenstände, die als „besonders sensibel für die demokratische Selbstgestaltungsfähigkeit eines Verfassungsstaates" erachtet werden, seien als integrationsfest zu qualifizieren.[327] Es ist jedoch bereits fraglich, ob eine vom BVerfG vorgegebene starre Abgrenzung derjenigen Politikbereiche, die noch vom Staat auf die EU übertragen werden dürfen, überhaupt mit dem Demokratieprinzip vereinbar wäre. Schließlich hatten die Verfassungsrichter in der Vergangenheit selbst betont, das Demokratieprinzip gebiete eben nicht, „dass eine von vornherein bestimmbare Summe oder bestimmte Arten von Hoheitsrechten in der Hand des Staates bleiben müssten"[328].[329]

Die nachfolgende Abbildung stellt dennoch eine explizit nicht abschließende Auflistung einiger der Bereiche dar, die das BVerfG in den vergangenen Jahren als Teil der Verfassungsidentität identifiziert hat.

	Von Art. 79 Abs. 3 GG umfasster Bereich	**Wortlaut der Entscheidung**
Maastricht	Substanzielle Restkompetenz des deutschen Bundestags	Die „unverzichtbaren Mindestanforderungen demokratischer Legitimation"[330] müssen eingehalten werden; Dem Bundestag müssen „Aufgaben und Befugnisse von substanziellem Gewicht verbleiben"[331].
Haftbefehl I	Institut der Staatsbürgerschaft als Teil des Demokratieprinzips, Erhalt von Staatlichkeit	Schutz vor „Entstaatlichung der vom Grundgesetz verfassten Rechtsordnung, die wegen der unantastbaren Grundsätze der Art. 20 GG der Dispositionsfreiheit des verfassungsändernden Gesetzgebers entzogen wäre"[332].

327 BVerfGE 123, 267 (357 ff.).
328 BVerfGE 123, 267 (357).
329 *Rademacher*, EuR 2018, 140, 157.
330 BVerfGE 89, 155 (172).
331 BVerfGE 89, 155 (186).
332 BVerfGE 113, 273 (298).

	Von Art. 79 Abs. 3 GG umfasster Bereich	Wortlaut der Entscheidung
Vorratsdaten speicherung	Freiheitswahrnehmung der Bürger	„(D)ass die Freiheitswahrnehmung der Bürger nicht total erfasst und registriert werden darf, gehört zur verfassungsrechtlichen Identität"[333].
Lissabon	Wahlrecht als Teil des Demokratieprinzips, Sicherung von Volkssouveränität	Das Volk muss die „öffentliche Gewalt personell und sachlich"[334] bestimmen können.
	Souveräne Staatlichkeit Deutschlands	Art. 79 Abs. 3 GG „setzt damit die souveräne Staatlichkeit Deutschlands nicht nur voraus, sondern garantiert sie auch"[335].
	Verbot der Übertragung einer Kompetenz-Kompetenz auf die EU	„Das Grundgesetz ermächtigt die deutschen Staatsorgane nicht, Hoheitsrechte derart zu übertragen, dass aus ihrer Ausübung heraus eigenständig weitere Zuständigkeiten für die Europäische Union begründet werden können. Es untersagt die Übertragung der Kompetenz-Kompetenz"[336].
	Schuldprinzip	„Die Zuständigkeiten der Europäischen Union im Bereich der Strafrechtspflege müssen zudem in einer Weise ausgelegt werden, die den Anforderungen des Schuldprinzips genügt. Das Strafrecht beruht auf dem Schuldgrundsatz"[337].
	Gewaltmonopol, Strafrecht, Familienrecht, Medienordnung, Sozialrecht, Bildung	An verschiedenen Stellen im Urteil ausführlich angesprochen[338].

333 BVerfGE 125, 260 (324).
334 BVerfGE 123, 267 (341).
335 BVerfGE 123, 267 (402).
336 BVerfGE 123, 267 (349).
337 BVerfGE 123, 267 (413).
338 BVerfGE 123, 267 (357 ff.).

	Von Art. 79 Abs. 3 GG umfasster Bereich	Wortlaut der Entscheidung
EFSF	Budgethoheit als besondere Ausprägung des Demokratieprinzips, effektive Staatsgewalt	Erforderlich ist, „dass der Haushaltsgesetzgeber seine Entscheidungen über Einnahmen und Ausgaben frei von Fremdbestimmung seitens der Organe und anderer Mitgliedstaaten der Europäischen Union trifft und dauerhaft „Herr seiner Entschlüsse" bleibt"[339].
ESM	Verfahrensrechtliche Absicherung der haushaltspolitischen Gesamtverantwortung des Bundestags, z. B. Informationsrechte	Gewährleistet sein müssen „Verfahren und Strukturen, die den demokratischen Prozess offen halten und dabei auch die haushaltspolitische Gesamtverantwortung des Parlaments sichern"[340].

Die Auswertung zeigt zunächst, wie viele unterschiedliche Bereiche das BVerfG bislang als von der Verfassungsidentität umfasst angesehen hat. Dies belegt, wie schwer es dem Bundesverfassungsgericht fällt, die verfassungsrechtlichen Grenzen bzw. den Anwendungsbereich von Art. 79 Abs. 3 GG im Rahmen der Identitätskontrolle klar zu bestimmen. Es kommt eine gewisse Beliebigkeit der genannten Rechtsbereiche zum Ausdruck.[341] Die Gegner eines feststehenden Katalogs identitätsbildender und damit unübertragbarer Politikbereiche sehen sich hierdurch in ihrer Sorge bestätigt, kaum ein Themenfeld sei noch „davor sicher", als Teil der Identität des Grundgesetzes „entdeckt zu werden"[342]. Das Anliegen der Verfassungsrichter insbesondere im Lissabon-Urteil, die Grenze der möglichen Abgabe nationalstaatlicher Souveränität abschließend zu definieren, ist bislang nicht in die Tat umgesetzt worden. Insbesondere ist zudem fraglich, ob einige der im Lissabon-Urteil aufgestellten Grenzen inzwischen nicht ohnehin bereits überschritten wurden, da in so manchem Bereich – wie im Strafrecht – seither bereits weitreichende Kompetenzen an die EU abgegeben wurden.

339 BVerfGE 129, 124 (179 f.).

340 BVerfGE 132, 195 (244).

341 Vgl. *Thym*, Der Staat 2009, 559, 562 f., in Bezug auf die Aufzählung im Lissabon-Urteil; a. A. wohl *Schorkopf*, EuZW 2009, 718, 719.

342 *Schönberger*, JöR 2015, 41, 42.

Die vom BVerfG versuchte Aufzählung entbehrt zudem jeglicher normativer Verankerung und ist zu umfassend.[343] Der Grund für die augenscheinliche Unmöglichkeit einer abschließenden Aufzählung nicht übertragbarer Kernbereiche liegt auf der Hand: Weder das Völkerrecht noch das Grundgesetz formulieren eine Grenze des Übertragbaren ausdrücklich.[344] Auch im Unionsrecht ist eine solche Grenze nicht vorgesehen. Dies mag auch der Grund dafür sein, weshalb es dem BVerfG bislang nicht gelungen ist, zu erklären, weshalb die Grundentscheidungen des Grundgesetzes als Teil spezifisch deutscher Verfassungsidentität gelten sollten, obwohl sie in den meisten europäischen Verfassungen und teilweise selbst in völkerrechtlichen Verträgen zumindest in ganz ähnlicher Weise enthalten sind.[345] Letztlich verfehlt aber der Versuch, für die konkrete Festlegung der Ewigkeitsgarantie „allgemeingültige Formeln"[346] zu entwickeln, den von Art. 79 Abs. 3 GG gewollten Zweck. Geboten ist wegen ihres Ausnahmecharakters vielmehr eine an der Entstehungsgeschichte der Norm orientierte besonders restriktive Auslegung des Art. 79 Abs. 3 GG.[347] Dies kommt insbesondere durch den Wortlaut der Norm zum Ausdruck, der jedenfalls nur die „Grundsätze" einiger weniger verfassungsrechtlicher Grundentscheidungen schützen möchte[348] und nicht jedes in der Verfassung enthaltene Prinzip in seiner gesamten Breite. So bleibt beispielsweise bis heute ungeklärt, warum die bundesstaatliche Struktur Deutschlands, die zweifelsohne das historisch gewachsene Ergebnis deutscher Geschichte, aber wohl kaum „überpositiver" oder „universeller" Rechtsinhalt ist, es verdienen sollte, auf ewig für unantastbar erklärt zu werden.[349] Ähnliches gilt für die Organisation der BRD in republikanischer Staatsform, da es auch innerhalb der EU eine ganze Reihe demokratisch ausgewiesener und etablierter – wenn auch konstitutioneller

---

343 *Herdegen*, in: Maunz/Dürig, GG, Art. 79, Rn. 178; *Schönberger*, Der Staat 2009, 535, 554 f.; *Schönberger*, JöR 2015, 41, 59 ff. spricht gar von der „Sakralisierung beliebiger Inhalte"; *Ludwigs/Sikora*, EWS 2016, 121, 129; *Dietz*, AöR 2017, 78, 98; in diese Richtung argumentiert auch *Nettesheim*, EuR-Bei 1/2010, 101, 114 f., der die „strategische Erwägung" entlarvt, mit der das BVerfG versucht, juristisch zu argumentieren, wie alle bereits auf die EU übertragenen Kompetenzen nicht, alle beim Staat verbliebenen und für wichtig erachteten Kompetenzen aber in jedem Fall der Identität unterfallen müssen.

344 *Herdegen*, Europarecht, § 10, Rn. 26; Aus völkerrechtlicher Sicht käme das Erreichen einer solchen Grenze erst dann in Betracht, wenn ein Staat aufgrund des Verlusts seiner Kompetenzen keine effektive Staatsgewalt mehr ausüben würde und dadurch seinen Status als Staat im völkerrechtlichen Sinne verlöre.

345 *Rode*, Verfassungsidentität und Ewigkeitsgarantie, S. 44; vgl. weiterführend Gliederungspunkt E.II.3.c.

346 *Dreier*, in: Dreier, GG, Art. 79, Rn. 19 m. w. N.

347 BVerfGE 30, 1 (24); *Schönberger*, Der Staat 2009, 535, 553 ff.

348 So i. E. auch *Dreier*, in: Dreier, GG, Art. 79, Rn. 19 f.

349 *Rode*, Verfassungsidentität und Ewigkeitsgarantie, S. 38 f.

bzw. parlamentarischer – Monarchien gibt.[350] Abgesehen von dem in Art. 79 Abs. 3 GG vorgesehenen Schutz der Bundesstaatlichkeit und des Republikprinzips ist die deutsche Ewigkeitsklausel zudem inhaltlich deckungsgleich mit den europarechtlichen Vorgaben der Art. 2 EUV und Art. 3 EUV,[351] sodass der Rückgriff auf die Ewigkeitsnorm durch das BVerfG oftmals auch nicht zwingend notwendig erscheint.[352] Eine positive Bestimmung derjenigen Kompetenzverluste, die vom Grundgesetz nicht mehr zu tolerieren wären, dürfte daher nicht gelingen und ist von Art. 79 Abs. 3 GG, der schon anhand seines eigenen Wortlauts diverse Auslegungsschwierigkeiten hervorruft, auch nicht gewollt.

Das Bundesverfassungsgericht ist vor dem Hintergrund der Art. 23 Abs. 1 GG, Art. 20 Abs. 1 und Abs. 2 GG in Verbindung mit Art. 79 Abs. 3 GG der Ansicht, die Ausgestaltung der Europäischen Union müsse sowohl in Art und Umfang der Übertragung von Hoheitsrechten als auch in der organisatorischen und verfahrensrechtlichen Ausgestaltung der autonom handelnden Unionsgewalt demokratischen Grundsätzen entsprechen.[353] Hieran kann dem Grunde nach auch kein Zweifel bestehen. Fraglich ist indes, welche Voraussetzungen für die Einhaltung dieser demokratischen Grundsätze gelten sollen.[354] Das BVerfG sieht insbesondere zwei Anforderungen, die zur Erhaltung demokratischer Grundsätze erfüllt sein müssen. Weder darf die europäische Integration zu einer Aushöhlung des innerdeutschen demokratischen Herrschaftssystems führen, noch darf die EU ihrerseits grundlegende demokratische Anforderungen verfehlen.[355]

Die Problematik der Reichweite der Identitätskontrolle ergibt sich letztlich unter anderem aufgrund der verschiedenen und weitreichenden Auslegungsmöglichkeiten, die die allgemein gehaltenen Art. 23 Abs. 1 Satz 3 GG und Art. 79 Abs. 3 GG (in Verbindung mit den Art. 1 und 20 GG) bieten. Die hierzu in der juristischen Fachliteratur vertretenen Ansichten sind vielfältig.[356] Ein gutes Beispiel für die weitreichenden Auslegungsmöglichkeiten des Art. 79 Abs. 3 GG bietet auch das BVerfG selbst, indem es für die deutschen Verfassungsorgane eine Pflicht konstituiert hat, möglichen Identitätsverletzungen – beispielsweise durch eine EU-Maßnahme – aktiv

---

350 *Rode*, Verfassungsidentität und Ewigkeitsgarantie, S. 41 ff.

351 *Polzin*, Verfassungsidentität, S. 195.

352 Vgl. weiterführend Gliederungspunkt E.II.3.c.

353 *Sannwald*, in: Schmidt-Bleibtreu/Hofmann/Henneke, Art. 79 GG, Rn. 64.

354 Vgl. weiterführend Gliederungspunkt E.II.1.

355 *Sannwald*, in: Schmidt-Bleibtreu/Hofmann/Henneke, Art. 79 GG, Rn. 64.

356 Vgl. für einen Überblick *Karaosmanoglu*, Die Nichtanwendung deutscher unionsrechtswidriger Gesetze, S. 106 ff.; *Herdegen*, in: Maunz/Dürig, GG, Art. 79, Rn. 167 ff.; *Nettesheim*, EuR-Bei 1/2010, 10; *Ingold*, AöR 2015, 1; *Schönberger*, JöR 2015, 41; *Wischmeyer*, AöR 2015, 415; *Rademacher*, EuR 2018, 140, 157.

entgegenzuwirken.[357] Dem Bundestag und der Bundesregierung obliegen damit nach Ansicht des BVerfG sowohl eine Beobachtungs- als auch eine Überwachungs- und sogar eine Handlungspflicht[358] im Zusammenhang mit absehbaren Identitätsverletzungen. Wie sich diese Pflichten der Verfassungsorgane zum ebenfalls proklamierten Monopol des BVerfG in Fällen von Identitätsverletzungen[359] verhalten sollen, bleibt freilich ebenso unklar, wie die Frage, wie beispielsweise die Bundesregierung bei der dann erforderlichen Prüfung der Verfassungsidentität vorgehen soll, um die Anforderungen des BVerfG zu erfüllen. Jedenfalls scheint der politische Gestaltungsspielraum der involvierten Verfassungsorgane in dem Fall, dass ein Verfassungsidentitätsverstoß (wiederum nach Ansicht des BVerfG) im Raum steht, ganz erheblich verengt zu sein.

Zudem kann in vielen Fällen der Durchführung einer Identitätskontrolle durch das BVerfG selbst zumindest nach hier vertretener Ansicht die gesamte Weite des Demokratie- aber auch des Rechtsstaatsprinzips jedenfalls nicht als Maßstab heranzuziehen sein, da unter anderem wegen der Ausstrahlungswirkungen des Demokratieprinzips ansonsten annähernd die gesamte Verfassung unveränderbar wäre.[360] Diesbezüglich wird auch vertreten, dass über Art. 79 Abs. 3 GG lediglich der Kerngehalt der in Bezug genommenen Art. 1 und 20 GG und nicht deren gesamte Ausgestaltung geschützt sein kann.[361] Auf der anderen Seite ist ausweislich des Wortlauts nicht etwa eine Verletzung oder ein Verstoß gegen die in Art. 79 Abs. 3 GG genannten Grundsätze untersagt, sondern schon deren „Berührung", was den

357 „Aus der Integrationsverantwortung erwächst für den Deutschen Bundestag und die Bundesregierung die Pflicht, über die Einhaltung des Integrationsprogramms zu wachen und aktiv auf diese hinzuwirken", vgl. BVerfGE 146, 216 (251); ähnlich BVerfGE 134, 366 (395 f.).

358 So ausdrücklich in BVerfGE 142, 123 (207 f.).

359 BVerfG 123, 267 (354).

360 Vgl. weiterführend Gliederungspunkt E.II.2. Diese Fragen sind allesamt hoch umstritten. Selbst die Rechtsprechung hat hier bereits unterschiedliche Ansätze vertreten. Obwohl zuvor vertreten wurde, nicht das gesamte Rechtsstaatsprinzip in all seinen Ausprägungen sei von Art. 79 Abs. 3 GG erfasst, vgl. BVerfGE 30, 1 (24), wird nunmehr betont, dass die Rechtsstaatlichkeit als umfassendes Strukturprinzip ebenso wie die anderen in Art. 20 GG verbürgten Staatsstrukturprinzipien umfänglich geschützt sei, vgl. BVerfGE 123, 267 (344); vgl. zum Ganzen auch *Dietz*, AöR 2017, 78, 101 ff.

361 *Dreier*, in: Dreier, GG, Art. 79, Rn. 26; *Herdegen*, in: Maunz/Dürig, GG, Art. 79, Rn. 110; in diese Richtung auch *Dietlein*, in: BeckOK GG, Art. 79, Rn. 22; auch das BVerfG selbst hat in anderem Zusammenhang hinsichtlich der Grundsätze des Art. 20 GG für die Auslegung des Art. 79 Abs. 3 GG lediglich von einer Absicherung der „Systementscheidungen der Demokratie sowie des Rechts- und Bundesstaates" gesprochen und eben nicht von einem vollumfänglichen Schutz jeglicher Prinzipien des Art. 20 GG, vgl. BVerfGE 137, 108 (143).

gebotenen Schutz auch noch zusätzlich erhöhen könnte.[362] Hier kommt also ein dem Art. 79 Abs. 3 GG inhärentes Spannungsverhältnis zum Ausdruck.[363] Allerdings kann eine uneingeschränkte Bestandsgarantie für die derzeitige verfassungsrechtliche Ordnung vom Grundgesetz im Rahmen des Art. 79 Abs. 3 GG wohl nicht gewollt sein,[364] da durch die Ewigkeitsgarantie lediglich der unabänderliche Verfassungskern[365] und nicht die gesamte Weite der verfassungsrechtlichen Ordnung geschützt ist. Zudem schweigt auch Art. 23 Abs. 1 GG, über den das BVerfG ja erst zur Anwendung der Ewigkeitsgarantie gelangt, beispielsweise zu den tatsächlichen Anforderungen an ein adäquates Demokratieverständnis. Daher versuchen die Verfassungsrichter, die Demokratieverpflichtung der Art. 23 Abs. 1 Satz 3 GG, Art. 20 GG allein anhand bekannter innerstaatlicher Demokratieanforderungen zu bestimmen. Es ist jedoch fraglich, ob dies dem Willen des Grundgesetzes entspricht. Denn Art. 79 Abs. 3 GG spricht eben nur von „Grundsätzen", sodass die für die innerdeutsche Demokratie entwickelten Maßstäbe wohl nicht ohne weiteres unreflektiert auf die Unionsebene übertragen werden können.[366] Auch das BVerfG selbst erkennt in diesem Zusammenhang zumindest an, dass demokratische Grundsätze in der EU nicht in gleicher Weise wie in einem klassischen Nationalstaat verwirklicht werden können.[367] In Bezug auf die im Rahmen des Art. 79 Abs. 3 GG zu fordernden (Demokratie-)Anforderungen helfen ausschließlich staatsbezogene Vorstellungen also nicht weiter.

Es spricht vielmehr einiges dafür, dass über die Verfassungsidentitätskontrolle nicht jegliche Prinzipien des Art. 20 GG in ihrer gesamten Weite geschützt sein können. Weder der verfassungsgerichtlichen Rechtsprechung noch der juristischen Fachliteratur lässt sich eine klar bestimmbare Reichweite des im Rahmen des Art. 79 Abs. 3 GG anzusetzenden Schutzstandards entnehmen. In Bezug auf die Identitätskontrolle folgt hieraus eine Unklarheit darüber, welche Aspekte der geschützten verfassungsrechtlichen Grundsätze tatsächlich unveränderlich und daher vom BVerfG überprüfbar sein sollen. Dass der derzeitige „europapolitische Status quo"[368] über Art. 79 Abs. 3 GG quasi eingefroren und für die deutsche Staatsgewalt unverfügbar gemacht werden soll, kann von Art. 79 Abs. 3 GG jedenfalls nicht umfasst sein. Darüber hinaus ist aus dogmatischer Sicht bereits zweifelhaft, ob das Grundgesetz über den Wortlaut des Art. 79 Abs. 3 GG hinaus überhaupt Grenzen für Verfassungsänderungen

362 *Dietz*, AöR 2017, 78, 96.
363 *Herdegen*, in: Maunz/Dürig, GG, Art. 79, Rn. 62.
364 *Dreier*, in: Dreier, GG, Art. 79, Rn. 19.
365 *Herdegen*, in: Maunz/Dürig, GG, Art. 79, Rn. 76.
366 A. A. wohl auch in Bezug auf die rechtsstaatlichen Grundsätze sowie die föderale Struktur *Dietz*, AöR 2017, 78, 104 f.
367 BVerfGE 123, 267 (344, 347, 365 f.).
368 *Schönberger*, JöR 2015, 41, 60.

bereithält, auf die sich das Konzept der Verfassungsidentität beziehen könnte. Ausdrückliche Hinweise auf materielle Grenzen für Verfassungsänderungen, die nicht ohnehin von Art. 79 Abs. 3 GG umfasst sind, enthält der Wortlaut des Grundgesetzes jedenfalls nicht.

b. Fehlende Konkretisierung der zentralen Bestandteile der Identitätskontrolle

Der folgende Unterabschnitt geht der Frage nach, aus welchen zentralen Bestandteilen sich die Verfassungsidentität zusammensetzen könnte. Schließlich kann die Frage, wann die verfassungsrechtliche Grenze der Identität erreicht ist, nur geklärt werden, wenn ihre einzelnen Kernelemente sowie das Ausmaß der Überschneidung mit dem Schutzbereich des Art. 79 Abs. 3 GG feststehen.

Anstatt einen konkreten Maßstab oder gar ein Prüfprogramm für die Aktivierung der Identitätskontrolle zu bilden, wodurch sodann auch seine zentralen Bestandteile klar würden, stützt das BVerfG seine diesbezüglichen Ausführungen seit der Lissabon-Entscheidung auf höchst abstrakte staats- und verfassungstheoretische Begriffe.[369] Hierbei fällt auf, dass die zentralen Bestandteile, die nach Ansicht der Verfassungsrichter zur Identität des Grundgesetzes gehören sollen, zwar immer wieder durchscheinen. Welche übergeordneten Prinzipien den neuen Mechanismus jedoch maßgeblich kennzeichnen sollen, ist auch vor dem Hintergrund der bereits im vorangegangenen Abschnitt dargestellten schwierigen Bestimmbarkeit des Art. 79 Abs. 3 GG nicht ohne weiteres festzustellen.

Seit der Maastricht-Entscheidung des BVerfG war es insbesondere das Demokratieprinzip, das den verfassungsrechtlichen Prüfungsmaßstab des BVerfG beeinflusste.[370] In den vorgenannten Karlsruher Entscheidungen wurde regelmäßig die Frage gestellt, ob auch in einer supranational organisierten Union wie der EU eine vom Volk ausgehende Legitimation und Einflussnahme ausreichend gesichert ist.[371] Ob diese Marschroute auch in Zukunft für die Identitätskontrolle gelten wird, bleibt abzuwarten. Auffällig ist jedenfalls, dass das BVerfG supranationale Kompetenzübertragungen schon seit dem Maastricht-Urteil aus dem Jahr 1993 regelmäßig mit „Großformeln" wie Staatlichkeit, Demokratie, Souveränität und Identität analysiert.[372]

Die meist ausführlichen staats- und verfassungstheoretischen Ausführungen der Karlsruher Richter sind jedoch nur selten in der Lage, die begrenzte Handhabbarkeit und den eingeschränkten Problemlösungswert solcher Großformeln zu kompensieren. Zudem erklärt das BVerfG beispielsweise auch im Lissabon-Urteil an keiner Stelle, was genau den „universellen Grund"[373] der deutschen Verfassung, der

369 *Lepsius*, JöR 2015, 63, 65.
370 *Lepsius*, JöR 2015, 63, 79.
371 Vgl. nur BVerfGE 89, 155 (182–186).
372 *Lepsius*, JöR 2015, 63, 84.
373 BVerfGE 123, 267 (344).

durch positives Recht nicht verändert werden „soll", ausmachen könnte oder wo es seine Argumentation hernimmt.[374] Zu bestreiten dürfte jedoch nicht sein, dass diese Argumentation der Karlsruher Richter ganz beträchtlich naturrechtlich geprägt anmutet, was insbesondere im Rahmen der Definition des Begriffs der Würde des Menschen durch das BVerfG in der Vergangenheit teils fragwürdige (weil ideologische) Ergebnisse hervorgerufen hat.[375] Zum Verständnis der staatstheoretischen Ausführungen des BVerfG wird demzufolge vorgeschlagen, zu akzeptieren, dass wegen der Verwendung der genannten Großformeln eine materiell-rechtlich stimmige Auslegung oder belastbare normative Leitlinien nicht zu erwarten seien.[376]

Treffend kann konstatiert werden: „Mit seinen Großformeln hat das Bundesverfassungsgericht, etwas zu selbstverliebt in die Vorzüge der Kompetenzausdehnung durch materielle Verfassungsinterpretation, ein juristisches Interpretationsproblem zum europäischen Institutionenproblem gemacht."[377] Allerdings sollte hierbei nicht in Vergessenheit geraten, dass es schlicht nicht die Aufgabe des Bundesverfassungsgerichts ist, den europapolitischen Diskurs in Deutschland und damit in der EU durch aktive Teilnahme zugunsten einer gewissen politischen Strömung zu beeinflussen. Seine Aufgabe ist die Entscheidung eines Einzelfalls anhand des zur Verfügung stehenden (Verfassungs-)Rechts frei von jeglicher politischer Positionierung. Diese Grenze droht die deutsche verfassungsgerichtliche Rechtsprechung jedoch teilweise zu überschreiten, weil es sich bei Begriffen wie Demokratie oder Identität nicht um ohne weiteres deutungsfähige und interpretierbare normative Konzepte handelt. Insoweit kann der Eindruck erweckt werden, dass die Interpretation (teilweise selbst entworfener) verfassungsgerichtlicher Maßstäbe die Interpretation der Verfassung aus Karlsruher Sicht abgelöst hat.[378]

Jedenfalls unternimmt das BVerfG auch in jüngerer Zeit nur wenige Versuche, auch und insbesondere neuere verfassungsrechtliche Begriffe wie die Verfassungsidentität umfassend dogmatisch herzuleiten, belastbar zu machen und von anderen verwandten Begriffen abzugrenzen. Vor diesem Hintergrund ließen sich die teils expansiv wirkenden europapolitischen Entscheidungen des BVerfG womöglich eher nachvollziehen, wenn offen damit umgegangen würde, dass diese zum Teil auch die eigene Positionierung in einem europäischen Institutionenkonflikt bewirken sollen. Problematisch ist jedoch, dass die Verfassungsrichter stets bestrebt sind, dem Operieren an verfassungstheoretischen Begrifflichkeiten und Maßstäben den Anschein dogmatischer Überzeugungskraft zu verleihen.[379] Dies ersetzt jedoch nicht die notwendige klare Bestimmung der zentralen Bestandteile des Prüfprogramms der Identitätskontrolle, welche nach wie vor kaum absehbar sind.

---

374 *Rode*, Verfassungsidentität und Ewigkeitsgarantie, S. 37.
375 *Rode*, Verfassungsidentität und Ewigkeitsgarantie, S. 45 ff.
376 *Lepsius*, JöR 2015, 63, 84.
377 *Lepsius*, JöR 2015, 63, 84.
378 *Lepsius*, JöR 2015, 63, 89.
379 Vgl. beispielsweise im OMT-Beschluss, BVerfGE 134, 366 (380–390).

Insofern kann letztlich nur darüber spekuliert werden, welche die zentralen Bestandteile der Verfassungsidentität sind. Eine Zusammenschau der ergangenen verfassungsgerichtlichen Entscheidungen zur Identitätskontrolle lässt jedoch vermuten, dass die souveräne Staatlichkeit der BRD, das Demokratieprinzip und die Grundrechte – insbesondere die Menschenwürde – die wohl größte Rolle bei der Anwendung der Identitätskontrolle spielen werden. Die zentralen und immer wieder zitierten grundgesetzlichen Normen, auf denen die Identitätskontrolle fußen soll, sind nach Ansicht des BVerfG jedenfalls Art. 79 Abs. 3 GG und Art. 23 Abs. 1 Satz 3 GG.[380] Über den in der Ewigkeitsgarantie des Art. 79 Abs. 3 GG enthaltenen Verweis auf Art. 1 und 20 GG gehören zum Prüfungsumfang der Identitätskontrolle wohl auch die Staatsstrukturprinzipien, die Achtung der Menschenwürde, die Rechtsstaatlichkeit, die Bundesstaatlichkeit, das Demokratie- und das Sozialstaatsprinzip, die republikanische Staatsform sowie womöglich sogar der für die Achtung der Menschenwürde unerlässliche Kerngehalt aller anderen Grundrechte.[381]

Fraglich ist jedoch, wie diese potentiellen Prüfungsinhalte zueinander stehen und welcher Stellenwert ihnen im Rahmen der Identitätskontrolle in Zukunft eingeräumt werden wird.

Das BVerfG ist zunächst der Ansicht, einzelne Hoheitsrechte könnten zwar auf die EU übertragen werden, eine Aufgabe der souveränen Staatlichkeit der Bundesrepublik Deutschland sei aber vom GG nicht vorgesehen.[382] Folgt man dieser Ansicht des BVerfG, müsste die souveräne Staatlichkeit Deutschlands auch zwangsläufig der Dispositionsfreiheit des verfassungsändernden Gesetzgebers entzogen und damit letztlich Teil der Verfassungsidentität sein.[383]

Der zweite integrale Bestandteil der Verfassungsidentität dürfte vor dem Hintergrund der bisher ergangenen verfassungsgerichtlichen Rechtsprechung das Demokratieprinzip sein.[384] Dieses ist unmittelbar über Art. 20 Abs. 1, Abs. 2 GG und Art. 79 Abs. 3 GG der Verfassungsänderung entzogen und stellt sicher, dass jedes staatliche Handeln an den Willen des Volkes gebunden sein muss.[385] Das BVerfG folgert aus

---

380 BVerfGE 123, 267 (397).

381 Im OMT-Urteil bestätigte das BVerfG, die Identitätskontrolle könne sich zumindest nicht nur auf die Wahrung der Grundrechte selbst, sondern auch auf „die Grundsätze, die das Demokratie-, Rechts-, Sozial- und Bundestaatsprinzip im Sinne des Art. 20 GG prägen“ beziehen, vgl. BVerfGE 142, 123 (195 f.).

382 BVerfGE 123, 267 (347 f.).

383 Dies ist alles andere als unumstritten; vgl. für a. A. z. B. *Polzin*, Verfassungsidentität, S. 159 ff.; *Pache*, DVBl. 2002, 1154, 1163.

384 *Bogdandy*, NJW 2010, 1, 2, identifiziert das Demokratieprinzip als den problematischsten Punkt der europäischen Integration.

385 Das Verfahren über die vorläufige Anwendbarkeit von CETA bot hier diesbezüglich einen Anwendungsfall, da die Verfassungsrichter in dieser ersten vorläufigen CETA-Entscheidung hinterfragten, ob das in CETA vorgesehene Ausschusssystem „die Grundsätze des Demokratieprinzips als Teil der Verfassungsidentität des Grundgesetzes“ berühre, vgl. BVerfGE 143, 65 (95); hierzu weiterführend D.III.7.a.aa.

dem Demokratieprinzip unter anderem, dass die Rechte des Bundestages durch die Übertragung von Hoheitsrechten auf eine supranationale Organisation wie die EU nicht derart eingeschränkt werden dürfen, dass ein Substanzverlust demokratischer Gestaltungsmacht eintritt.[386] Zudem müsse auch die organisatorische Ausgestaltung der EU selbst demokratischen Grundzügen genügen.[387]

Hierdurch kommt zum Ausdruck, dass das Demokratieverständnis des BVerfG auch in Bezug auf die EU bislang überwiegend nationalstaatlich geprägt ist. Nach Ansicht der Verfassungsrichter muss sich die Legitimation hoheitlichen Handelns zwingend auf nationaler Ebene ergeben, und nur ein souveräner Nationalstaat kann in der Lage sein, demokratisch uneingeschränkt legitimierte Entscheidungen zu treffen. Dass dieses Demokratieverständnis zum heutigen Zeitpunkt womöglich überholt sein könnte, wird noch an späterer Stelle[388] zu besprechen sein.

Zudem ist nicht ersichtlich, inwieweit sich die vom BVerfG eingeforderte Verfassungsidentität und das Demokratieprinzip inhaltlich decken oder überschneiden. Einiges spricht dafür, dass die Verfassungsidentität keinen über das Demokratieprinzip hinausgehenden Geltungsbereich beanspruchen kann, da ihr hierfür schlicht die dogmatische Grundlage fehlt.[389] Aus den Entscheidungen des BVerfG geht zumindest nicht hervor, inwieweit sich die beiden Begriffe überschneiden und ob eine Verletzung der Verfassungsidentität zwangsläufig eine solche des Demokratieprinzips mit sich bringen würde (oder umgekehrt).[390] Legt man zudem namentlich die Aussagen des BVerfG im Lissabon-Urteil zugrunde, so verschwimmt die Grenze zwischen Verfassungsidentität und Demokratieprinzip noch mehr. Denn die Verfassungsrichter betonten hier, aus dem Demokratieprinzip folge seinerseits nicht, „dass eine von vornherein bestimmbare Summe oder bestimmte Arten von Hoheitsrechten in der Hand des Staates bleiben müssten“[391]. Nach diesem Verständnis müsste also in einem Kollisionsfall einerseits wohl die absolute Grenze der Verfassungsidentität gewahrt bleiben, andererseits müsste aber auch unterhalb dieser Schwelle die relative Grenze eingehalten werden, die Demokratieprinzip und Subsidiaritätsprinzip an die Ausübung der bereits übertragenen Hoheitsrechte stellen.[392] Genauere Ausführungen dazu, wie in diesem offenbar komplizierten Geflecht von Identität und Demokratie eine Differenzierung stattfinden soll, bleibt das BVerfG bislang schuldig.

Der dritte, letzte und wohl weitreichendste zentrale Bestandteil der Verfassungsidentität dürfte nach dem Verständnis des BVerfG[393] der Grundrechtskatalog sein. Das BVerfG erklärte im Lissabon-Urteil, welches nach wie vor als die Leitentscheidung zur Identitätskontrolle einzustufen ist, allerdings nicht den gesamten

---

386 BVerfGE 123, 267 (341).
387 BVerfGE 123, 267 (364).
388 Unter Gliederungspunkt E.II.1.
389 *Rademacher*, EuR 2018, 140, 157.
390 *Rademacher*, EuR 2018, 140, 148.
391 BVerfGE 123, 267 (357).
392 *Rademacher*, EuR 2018, 140, 157.
393 BVerfGE 123, 267 (335).

Grundrechtskatalog, sondern nur die „unentbehrliche Substanz elementarer Grundrechte in ihrer prinzipiellen Qualität“[394] zum Bestandteil des Art. 79 Abs. 3 GG. Eine Aufklärung, was sich hinter dieser Formulierung verbergen könnte, erfolgt allerdings nicht.[395] Dadurch bleibt unklar, in welchem Umfang die einzelnen Grundrechte vom Schutz der Verfassungsidentität umfasst sein sollen. Einiges spricht dafür, dass zumindest die Menschenwürde aus Art. 1 Abs. 1 GG vollumfänglich umfasst sein soll. Demgegenüber verstieße eine umfassende Einbeziehung auch aller anderen Grundrechte gegen den Wortlaut des Art. 79 Abs. 3 GG, der nur auf die Art. 1 GG und 20 GG und eben nicht auf die Art. 1 GG bis 20 GG verweist.[396] Folgt man jedoch der verbreiteten Ansicht, nach der jedes Grundrecht letztlich auch einen Menschenwürdekern aufweist,[397] entsteht ein erhebliches Problem im Hinblick auf die Reichweite der Identitätskontrolle. Es bestünde sodann die Gefahr, dass in jedem Fall, in dem irgendein Grundrecht in seinem Menschenwürdekern betroffen wäre, doch wieder der Anwendungsbereich der Identitätskontrolle eröffnet wäre[398] und damit wohl ein Verstoß gegen Art. 79 Abs. 3 GG vorläge.[399] Insofern bleibt unklar, in welchem Umfang der Grundrechtskatalog über die Menschenwürde hinaus zentraler Bestandteil der Identitätskontrolle sein soll. Es bleibt abzuwarten, welche Bedeutung das BVerfG Art. 1 Abs. 1 GG in diesem Zusammenhang zukünftig zuschreiben wird.

Insgesamt lassen sich auch die zentralen Bestandteile der Verfassungsidentität nach wie vor nur erahnen.[400] Es ist davon auszugehen, dass die souveräne Staatlichkeit der BRD, das Demokratieprinzip sowie der Grundrechtskatalog des Grundgesetzes zumindest nach Ansicht des BVerfG den Kern der Verfassungsidentität bilden sollen. Mangels klarer Positionierung und Reichweitenbestimmung durch das BVerfG besteht jedoch weder völlige Klarheit über die Frage, welche verfassungsrechtlichen Güter den Kern der Verfassungsidentität bilden sollen, noch ist geklärt, wie diese womöglich voneinander abzugrenzen wären.

---

394 BVerfGE 123, 267 (402).

395 *Rode*, Verfassungsidentität und Ewigkeitsgarantie, S. 39.

396 *Mannefeld*, Verfassungsrechtliche Vorgaben für die Europäische Integration, S. 155 m. w. N.

397 Das ist nicht unumstritten, vgl. *Herdegen*, in: Maunz/Dürig, GG, Art. 1 Abs. 1, Rn. 26; *Huber*, in: Mangold/Klein/Starck, GG, Art. 19 Abs. 2, Rn. 117 ff.; *Dürig*, AöR 1956, 117, 121, 133 ff.

398 *Finke*, HRRS 2016, 327, 331; *Eßlinger/Herzmann*, JA 2016, 852, 863.

399 Wie sich die Gefahr der Weite des Art. 1 Abs. 1 GG bei Anwendung auf die Verfassungsidentität verwirklichen kann, zeigt beispielsweise 2 BvR 890/16, wo das BVerfG versucht hat, zwischen dem nachrangigen Teil des Schweigerechts und einem, der von der Menschenwürde gedeckt sein soll, zu unterscheiden; a. A. *Karaosmanoglu*, Die Nichtanwendung deutscher unionsrechtswidriger Gesetze, S. 132 f.; *Ludwigs/Sikora*, EWS 2016, 121, 124, erwarten eine solche Entwicklung eher nicht.

400 Zustimmend z. B. *Karaosmanoglu*, Die Nichtanwendung deutscher unionsrechtswidriger Gesetze, S. 106 f.; *Schöbener*, JA 2011, 885, 892; *Polzin*, Der Staat 2014, 61, 61 ff./91.; *Schönberger*, JöR 2015, 41, 42 ff.

c. *Grundgesetzänderungen und Verfassungsidentität*

Nachfolgend soll trotz der bislang dargelegten Unzulänglichkeiten der bisherigen Ausübung der Verfassungsidentitätskontrolle durch das BVerfG ein Versuch unternommen werden, einen Beitrag zur weiteren Bestimmung der Reichweite des Art. 79 Abs. 3 GG, insbesondere im Zusammenhang mit der Identitätskontrolle zu leisten. Zur Veranschaulichung der schwierigen Bestimmung des Ausmaßes des Art. 79 Abs. 3 GG ist zu prüfen, ob der durch die verfassungsrechtlichen Grundsätze geschützte und unveränderbare Identitätskern des Grundgesetzes aufgrund der bislang geschehenen Grundgesetzänderungen gewissermaßen negativ bestimmbar sein könnte, da Art. 79 Abs. 3 GG eine Verfassungsänderung dieses Identitätskerns ausschließt.

Fragen nach der zeitlichen Geltung des Grundgesetzes als deutscher Verfassung, seiner Abänderbarkeit und der möglichen Ablösung durch eine andere Verfassung sind seit jeher viel diskutierte Problemfelder.[401] Die Regelung des Art. 79 GG mit qualifizierten Zustimmungsmehrheiten soll hierbei eine gewisse Verfassungsstabilität gewährleisten. Über dessen genaue Einordnung und insbesondere die Auslegung des Art. 79 Abs. 3 GG besteht jedoch – wie oben[402] bereits ausführlich besprochen – große Uneinigkeit. In diesem Zusammenhang ist abermals zu bemängeln, dass das BVerfG das Verhältnis zwischen Art. 79 Abs. 3 GG und dem Konzept der Verfassungsidentität nie präzise geklärt hat. Es ist unklar, ob die beiden Anwendungsbereiche gänzlich deckungsgleich sein sollen. Dies wird deutlich, wenn man berücksichtigt, dass die Verfassungsrichter etwa im Verfahren zur Sicherungsverwahrung von einer „absoluten Grenze des Kerngehalts der Verfassungsidentität des Grundgesetzes gemäß Art. 79 Abs. 3 GG“[403] sprachen. Diese Formulierung suggeriert, nur der Kerngehalt der Verfassungsidentität sei überhaupt von Art. 79 Abs. 3 GG umfasst. Es könnte daher auch durchaus Bereiche der Verfassungsidentität geben, die nicht vom Schutz der Ewigkeitsgarantie umfasst wären. Daher ist – zumindest nach diesem Verständnis – auch denkbar, dass das BVerfG in Zukunft in den Schutzbereich der Verfassungsidentität auch Bereiche einbezieht, die von Art. 79 Abs. 3 GG keinesfalls umfasst sind. Gleichzeitig existieren zahlreiche Hinweise darauf, dass das BVerfG die Verfassungsidentität den im Rahmen von Art. 79 Abs. 3 GG geschützten Bereichen vollständig angleichen will.[404] Es spricht vieles für eine Gleichstellung von Art. 79 Abs. 3 GG und dem Konzept der Verfassungsidentität. Leider hat sich das BVerfG auch in dieser Frage bislang nicht eindeutig positioniert. Nachfolgend soll zunächst dem zweitgenannten Ansatz gefolgt werden und die Anwendungsbereiche des Art. 79 Abs. 3 GG und der Verfassungsidentität sollen als gleichgesetzt gelten.

---

401 Siehe nur *Häberle*, in: Völkerrecht im Dienste der Menschen: Festschrift für Hans Haug, 81 ff.; *Dreier*, Gilt das Grundgesetz ewig?.

402 Unter Gliederungspunkt C.II.3.a.

403 BVerfGE 128, 326 (371).

404 Vgl. z. B. BVerfGE 131, 195 (233) sowie BVerfGE 143, 65 (93).

Nun soll eine Kontrollüberlegung angestellt werden: Art. 79 Abs. 3 GG erklärt bekanntlich eine die verfassungsrechtlichen Grundsätze berührende Grundgesetzänderung für unzulässig. Demzufolge können im Grunde alle in der Geschichte des Grundgesetzes erfolgten Grundgesetzänderungen nicht von Art. 79 Abs. 3 GG und damit – zumindest wenn man wie oben dargestellt von dessen Gleichlauf mit der Verfassungsidentität ausgeht – nicht von diesem Konzept der Verfassungsidentität umfasst gewesen sein.[405]

Nach der hier zugrunde gelegten Hypothese ließe sich damit jeder bisher stattgefundenen Grundgesetzänderung der empirische Indikator entnehmen, dass der geregelte Rechtsbereich eben nicht der nach Ansicht des BVerfG in Art. 79 Abs. 3 GG enthaltenen Verfassungsidentität unterfällt.[406] Hierbei soll keinesfalls übersehen werden, dass die bereits stattgefundenen Grundgesetzänderungen im Rahmen des Art. 79 GG von der Legislative, also Bundestag und Bundesrat, beschlossen wurden, wohingegen die Identitätskontrolle nur vom BVerfG, mithin einem Teil der Judikative, durchgeführt werden soll.[407] Nichtsdestotrotz dürften sich der folgenden Betrachtung einige aufschlussreiche Erkenntnisse für das Verständnis des Art. 79 Abs. 3 GG entnehmen lassen.

Der ursprüngliche Text des Grundgesetzes hat in seiner Geschichte vielfach teils erhebliche Änderungen erfahren. Das Grundgesetz wurde bis heute schon über sechzig Mal geändert.[408] Der verfassungsändernde Gesetzgeber ist demnach immer wieder tätig geworden, um den formellen Bestand des Verfassungsrechts weiterzuentwickeln, Unvollkommenheiten des ursprünglichen Textes zu korrigieren und das Verfassungsrecht den aktuellen gesellschaftlichen Bedürfnissen und Gegebenheiten anzupassen.[409] Hierbei wurden die zahlreichen Grundgesetzänderungen insbesondere durch die Stärke der großen „Volksparteien“, die programmatisch stets viele Überschneidungen aufwiesen, sowie durch die teils offenkundige Korrekturnotwendigkeit erleichtert.[410] Bisherige Änderungen des Grundgesetzes unter den Voraussetzungen des Art. 79 GG umfassten beispielsweise die Einführung der Wehrpflicht, die Privatisierung bisheriger Staatsbetriebe, das Verhältnis von Bund und Ländern sowie die Finanzverfassung. Oftmals wurden die (Gesetzgebungs-)Kompetenzen des Bundes gegenüber den Ländern erweitert.[411] Selbst im Hinblick auf die Staatszielbestimmungen ist das Grundgesetz keinesfalls unveränderbar. Hier wurde beispielsweise im Jahr

---

405 Ansonsten hätte der Gesetzgeber sogenanntes verfassungswidriges Verfassungsrecht geschaffen.

406 Eine ähnliche Überlegung tätigt *Nettesheim*, EuR-Bei 1/2010, 101, 114, der davon ausgeht, bereits auf die EU übertragene Hoheitsrechte könnten in Bezug auf die deutsche Verfassungsidentität nicht mehr identitätsstiftend wirken.

407 Auch dies ist jedoch wegen der oben dargestellten Handlungspflicht der anderen Verfassungsorgane nicht ganz eindeutig, vgl. Gliederungspunkt C.II.3.a.

408 Zuletzt durch das Gesetz zur Änderung des Grundgesetzes (Artikel 72, 105, 125b) vom 15. November 2019 (BGBl. I, S. 1546).

409 *Sannwald*, in: Schmidt-Bleibtreu/Hofmann/Henneke, GG, Art. 79, Rn. 4 m. w. N.

410 *Herdegen*, in: Maunz/Dürig, GG, Art. 79, Rn. 3.

411 *Sachs*, in: Sachs, GG, Einführung, Rn. 23.

2002 der Tierschutz in Art. 20a GG aufgenommen.[412] Auch Art. 23 GG, über den das BVerfG ja überhaupt erst zur Anwendung des Art. 79 Abs. 3 GG gelangt, ist schon geändert worden. Zudem ist es auch im Grundrechtsbereich zu einigen Änderungen gekommen. Das Asylgrundrecht in Art. 16a GG wurde im Jahr 1993 neu gestaltet,[413] im Jahr 1998 wurde die Unverletzlichkeit der Wohnung zur Ermöglichung des sogenannten großen Lauschangriffs mit Art. 13 Abs. 3 bis Abs. 6 GG erheblich eingeschränkt,[414] und im Jahr 2000 wurde ein qualifizierter Gesetzesvorbehalt in das Auslieferungsverbot nach Art. 16 Abs. 2 GG eingefügt.[415] Generell gehen gerade von der fortschreitenden Europäisierung des Rechts stets erhebliche Impulse für die Fortentwicklung des Grundgesetzes aus.[416] Die nachfolgende Grafik zeigt alle bisherigen Grundgesetzänderungen und die von ihnen betroffenen Artikel des Grundgesetzes:

Änderndes Gesetz, Datum, Fundstelle	**Geänderte Artikel des GG**
Strafrechtsänderungsgesetz (30. 8. 1951, BGBl. I 739)	143
Gesetz zur Einfügung eines Art. 120a in das Grundgesetz (14. 8. 1952, BGBl. I 445)	120a
Gesetz zur Änderung des Art. 107 des Grundgesetzes (20.4.1953, BGBl. I 130)	107
Gesetz zur Ergänzung des Grundgesetzes (26. 3. 1954, BGBl. I 45)	73 Nr. 1, 79 Abs. 1 Satz 2, 142a
Zweites Gesetz zur Änderung des Art. 107 des Grundgesetzes (25. 12. 1954, BGBl. I 517)	107
Finanzverfassungsgesetz (23. 12. 1955, BGBl. I 817)	106, 107
Gesetz zur Ergänzung des Grundgesetzes (19. 3. 1956, BGBl. I 111)	1 Abs. 3, 12, 36, 49, 60 Abs. 1, 96 Abs. 3, 137 Abs. 1, 17a, 45a, 45b, 59a, 65a, 87a, 87b, 96a, 143
Gesetz zur Änderung und Ergänzung des Art. 106 des Grundgesetzes (24. 12. 1956, BGBl. I 1077)	106 Abs. 2, 6–8

412 Gesetz zur Änderung des GG (Staatsziel Tierschutz) (26. 7. 2002, BGBl. I 2862).
413 Gesetz zur Änderung des Grundgesetzes (Art. 16 und 18) (28. 6. 1993, BGBl. I 1002).
414 Gesetz zur Änderung des GG (Art. 13) (26. 3. 1998, BGBl. I 610).
415 *Hoof*, in: Fadeev/Schulze, Verfassungsentwicklung in Russland und Deutschland, 37, 39 ff.
416 *Hoof*, in: Fadeev/Schulze, Verfassungsentwicklung in Russland und Deutschland, 37, 40.

Änderndes Gesetz, Datum, Fundstelle	Geänderte Artikel des GG
Gesetz zur Einfügung eines Artikels 135a in das Grundgesetz (22. 10. 1957, BGBl. I 1745)	135a
Gesetz zur Ergänzung des Grundgesetzes (23. 12. 1959, BGBl. I 813)	74 Nr. 11a, 87c
Gesetz zur Einfügung eines Artikels über die Luftverkehrsverwaltung in das Grundgesetz (11. Änderung des GG) (6. 2. 1961, BGBl. I 65)	87d
Zwölftes Gesetz zur Änderung des Grundgesetzes (6. 3. 1961, BGBl. I 141)	96 Abs. 3, 96a
Dreizehntes Gesetz zur Änderung des Grundgesetzes (16. 6. 1965, BGBl. I 513)	74 Nr. 10, 74 Nr. 10a
Vierzehntes Gesetz zur Änderung des Grundgesetzes (30. 7. 1965, BGBl. I 649)	120 Abs. 1
Fünfzehntes Gesetz zur Änderung des Grundgesetzes (8. 6. 1967, BGBl. I 581)	109
Sechzehntes Gesetz zur Änderung des Grundgesetzes (18. 6. 1968, BGBl. I 657)	92, 95, 96a Abs. 3, 99, 100 Abs. 3, 96, Art. 96a wurde zu Art. 96
Siebzehntes Gesetz zur Ergänzung des Grundgesetzes (24. 6. 1968, BGBl. I 709)	10, 11 Abs. 2, 12, 35, 73 Nr. 1, 87a, 91, 9 Abs. 3 Satz 3, 12a, 19 Abs. 4 Satz 3, 20 Abs. 4, 53a, 80a, 115a bis 115l, 59a, 65a Abs. 2, 142a, 143
Achtzehntes Gesetz zur Änderung des Grundgesetzes (Art. 76 und 77) (15. 11. 1968, BGBl. I 1177)	76 Abs. 2, 77 Abs. 2 Satz 1 und Abs. 3
Neunzehntes Gesetz zur Änderung des Grundgesetzes (29. 1. 1969, BGBl. I 97)	93 Abs. 1 Nr. 4a und 4b, 94 Abs. 2 Satz 2
Zwanzigstes Gesetz zur Änderung des Grundgesetzes (12. 5. 1969, BGBl. I 357)	109 Abs. 3, 110, 112, 113, 114, 115
Einundzwanzigstes Gesetz zur Änderung des Grundgesetzes (Finanzreformgesetz) (12. 5. 1969, BGBl. I 359)	91a, 91b, 104a, 105 Abs. 2a, 105 Abs. 2, 106, 107, 108, 115c Abs. 3, 115k Abs. 3
Zweiundzwanzigstes Gesetz zur Änderung des Grundgesetzes (12. 5. 1969, BGBl. I 363)	74 Nr. 19a, 75 Abs. 1 Nr. 1a, Abs. 2 u. 3, 74 Nr. 13 u. 22, 96 Abs. 4

Änderndes Gesetz, Datum, Fundstelle	Geänderte Artikel des GG
Dreiundzwanzigstes Gesetz zur Änderung des Grundgesetzes (17. 7. 1969, BGBl. I 817)	76 Abs. 3 Satz 1
Vierundzwanzigstes Gesetz zur Änderung des Grundgesetzes (28. 7. 1969, BGBl. I 985)	120 Abs. 1 Satz 2
Fünfundzwanzigstes Gesetz zur Änderung des Grundgesetzes (19. 8. 1969, BGBl. I 1241)	29
Sechsundzwanzigstes Gesetz zur Änderung des Grundgesetzes (Art. 96) (26. 8. 1969, BGBl. I 1357)	96 Abs. 5
Siebenundzwanzigstes Gesetz zur Änderung des Grundgesetzes (31. 7. 1970, BGBl. I 1161)	38 Abs. 2, 91a Abs. 1 Nr. 1
Achtundzwanzigstes Gesetz zur Änderung des Grundgesetzes (Art. 74a GG) (18. 3. 1971, BGBl. I 206)	74a, 75, 98 Abs. 3
Neunundzwanzigstes Gesetz zur Änderung des Grundgesetzes (18. 3. 1971, BGBl. I 207)	74 Nr. 20
Dreißigstes Gesetz zur Änderung des Grundgesetzes (Artikel 74 GG – Umweltschutz) (12. 4. 1972, BGBl. I 593)	74 Nr. 24
Einunddreißigstes Gesetz zur Änderung des Grundgesetzes (28. 7. 1972, BGBl. I 1305)	35 Abs. 2, 73 Nr. 10, 87 Abs. 1 Satz 2, 74 Nr. 4a
Zweiunddreißigstes Gesetz zur Änderung des Grundgesetzes (Art. 45c) (15. 7. 1975, BGBl. I 1901)	45c
Dreiunddreißigstes Gesetz zur Änderung des Grundgesetzes (Art. 29 und 39) (23. 8. 1976, BGBl. I 2381)	29, 39 Abs. 1 und 2, 45, 45a Abs. 1 Satz 2, 49
Vierunddreißigstes Gesetz zur Änderung des Grundgesetzes (Art. 74 Nr. 4a) (23. 8. 1976, BGBl. I 2383)	74 Nr. 4a
Fünfunddreißigstes Gesetz zur Änderung des Grundgesetzes (Art. 21 Abs. 1) (21. 12. 1983, BGBl. I 1481)	21 Abs. 1 Satz 4
Einigungsvertrag (31. 8. 1990, BGBl. II 889)	Präambel, 51 Abs. 2, 146, 135a Abs. 2, 143, 23

Änderndes Gesetz, Datum, Fundstelle	Geänderte Artikel des GG
Gesetz zur Änderung des Grundgesetzes (14. 7. 1992, BGBl. I 1254)	87d Abs. 1
Gesetz zur Änderung des Grundgesetzes (21. 12. 1992, BGBl. I 2086)	23, 24 Abs. 1a, 28 Abs. 1 Satz 3, 45, 52 Abs. 3a, 50, 115e Abs. 2 Satz 2, 88 Satz 2
Gesetz zur Änderung des Grundgesetzes (Art. 16 und 18) (28. 6. 1993, BGBl. I 1002)	16 Abs. 2 Satz 2, 16a, 18 Satz 1
Gesetz zur Änderung des Grundgesetzes (20. 12. 1993, BGBl. I 2089)	73 Nr. 6, 80 Abs. 2, 87 Abs. 1 Satz 1, 73 Nr. 6a, 87e, 106a, 143a, 74 Nr. 23
Gesetz zur Änderung des Grundgesetzes (30. 8. 1994, BGBl. 2245)	73 Nr. 7, 80 Abs. 2, 87 Abs. 1 Satz 1, 87f, 143b
Gesetz zur Änderung des Grundgesetzes (Art. 3, 20a, 28, 29, 72, 74, 75, 76, 77, 80, 87, 93, 118a und 125a) (27. 10. 1994, BGBl. I 3146)	3 Abs. 2 Satz 2, Abs. 3 Satz 2, 28 Abs. 2 Satz 3, 29 Abs. 8, 74 Abs. 1 Nrn. 25 u. 26 u. Abs. 2, 75 Abs. 1 Nr. 6 u. Satz 2 u. Abs. 2 u. 3, 80 Abs. 3 u. 4, 87 Abs. 2 Satz 2, 20a, 77 Abs. 2a, 93 Abs. 1 Nr. 2a, 118a, 125a, 29 Abs. 7 Satz 1, 74 Abs. 1 Nrn. 18 u. 24, 75 Abs. 1 Satz 1 u. Nrn. 2 u. 5m 72, 76 Abs. 2 u. 3, 74 Abs. 1 Nrn. 5 u. 8
Gesetz zur Änderung des Grundgesetzes (3. 11. 1995, BGBl. I 1492)	106 Abs. 3 Sätze 5 u. 6, Abs. 4 Satz 1 zweiter Halbsatz
G zur Änd. d. GG (20. 10. 1997, BGBl. I 2470)	28 Abs. 2 Satz 3, 106 Abs. 3 Satz 1, Abs. 6 Sätze 1 bis 3 u. Satz 6, 106 Abs. 5a
G zur Änd. d. GG (Art. 13) (26. 3. 1998, BGBl. I 610)	13 Abs. 3 bis 6
G zur Änd. d. GG (Art. 39) (16. 7. 1998, BGBl. I 1822)	39 Abs. 1 Satz 1 u. 3
G zur Änd. d. GG (Art. 16) (29. 11. 2000, BGBl. I 1633)	16 Abs. 2 Satz 2
G zur Änd. d. GG (Art. 12a) (19. 12. 2000, BGBl. I 1755)	12a Abs. 4 Satz 2
G zur Änd. d. GG (Art. 108) (26. 11. 2001, BGBl. I 3219)	108 Abs. 1 Satz 3, Abs. 2 Satz 3

Änderndes Gesetz, Datum, Fundstelle	Geänderte Artikel des GG
G zur Änd. d. GG (Staatsziel Tierschutz) (26. 7. 2002, BGBl. I 2862)	20a
G zur Änd. d. GG (Art. 96) (26. 7. 2002, BGBl. I 2863)	96 Abs. 5
G zur Änd. d. GG (Art. 22, 23, 33, 52, 72, 73, 74, 74a, 75, 84, 85, 87c, 91a, 91b, 93, 98, 104a, 104b, 105, 107, 109, 125a, 125b, 125c, 143c) (28. 8. 2006, BGBl. I 2034)	22 Abs. 1, 72 Abs. 3, 73 Abs. 1, Nrn. 5a, 9a, 93 Abs. 2, 104b, 125b, 125c, 143c, 23 Abs. 6 Satz 1, 74 Abs. 1 Nrn. 3, 7, 18–20, 24, 84 Abs. 1, 91a Abs. 2, 91b, 98 Abs. 3, 104a Abs. 4, 107 Abs. 1 Satz 4, 125a, 33 Abs. 5, 52 Abs. 3a, 72 Abs. 2, 73 Abs. 1 Nr. 3 u. 11, 74 Abs. 1 Nrn. 1, 11, 17, 22, 26 u. Abs. 2, 87c, 91a Abs. 3, 73 Abs. 1 Nrn. 12–14, Abs. 2, 74 Abs. 1 Nrn. 27–33, 85 Abs. 1 Satz 2, 104a Abs. 6, 105 Abs. 2a Satz 2, 109 Abs. 5, 74 Abs. 1 Nrn. 4a, 10, 11a, 74a, 75, 91a Abs. 1 Nr. 1, Abs. 3 u. 5, 104a Abs. 3 Satz 3
ÄndG (Artikel 23, 45 und 93) mWv 1.12.2009 (8.10.2008, BGBl. I 1926)	93 Abs. 1 Nr. 2, 23 Abs. 1a, 45 Satz 3
ÄndG (Art. 106, 106b, 107, 108) (19.3.2009, BGBl. I 606)	106 Abs. 1 Nr. 3, 108 Abs. 1 Satz 1, 107 Abs. 1 Satz 4, 106b, 106 Abs. 2 Nr. 3
ÄndG (Art. 45d) (17.7.2009, BGBl. I 1977)	45d
ÄndG (Art. 87d) (29.7.2009, BGBl. I 2247)	87d Abs. 1
ÄndG (Art. 91c, 91d, 104b, 109, 109a, 115, 143d) (29.7.2009, BGBl. I 2248)	Abschnitt VIII a, Überschr., 109 Abs. 2, Abs. 5 Satz 2, 115 Abs. 2, 91c, 91d, 109 Abs. 3, 109a, 143d, 104b Abs. 1 Satz 2, 109 Abs. 4, Abs. 5 Satz 1
ÄndG (Art. 91e) (21.7.2010, BGBl. I 944)	91e
ÄndG (Art. 93) (11.7.2012, BGBl. I 1478)	93 Abs. 1 Nr. 4c
ÄndG (Art. 91b) (23.12.2014, BGBl. I 2438)	91b Abs. 1
ÄndG (Art. 21) (13.7.2017, BGBl. I 2346)	21

Änderndes Gesetz, Datum, Fundstelle	Geänderte Artikel des GG
ÄndG (Art. 90, 91c, 104b, 104c, 107, 108, 109a, 114, 125c, 143d, 143e, 143f, 143g) (13.7.2017, BGBl. I 2347)	90 Abs. 1, 107 Abs. 1 S. 4, Abs. 2, 90 Abs. 2, 91c Abs. 5, 104b Abs. 2 S. 2–4, 108 Abs. 4 S. 3, Abs. 4a, 109a Abs. 2, 3, 143d Abs. 4, 90 Abs. 3, 4, 114 Abs. 2, 125c Abs. 2, 109a Abs. 1 S. 2, 104c, 143e, 143f, 143g
ÄndG (Art. 104b, 104c, 104d, 125c, 143e) (28.3.2019, BGBl. I 404)	104b, 125c, 143e
ÄndG (Art. 72, 105, 125b) (15.11.2019, BGBl. I 1546)	72, 105, 125b

Insbesondere ein Blick auf die rechte Spalte der Abbildung veranschaulicht, dass in annähernd allen Bereichen des Grundgesetzes teils weitreichende Änderungen vorgenommen worden sind. Über die Hälfte der Artikel des Grundgesetzes sind bislang teils mehrfach durch Inanspruchnahme der in Art. 79 Abs. 1 und 2 GG vorgesehenen Verfahren geändert worden.[417] Zu diesen Bereichen gehört auch Art. 79 GG selbst sowie ausweislich des 27. Gesetzes zur Änderung des Grundgesetzes (vom 31. Juli 1970, BGBl. I 1161) sogar Art. 38 GG, der vom BVerfG bekanntermaßen regelmäßig als Einfallstor für die Identitätskontrolle herangezogen wird. Das Grundgesetz stellt aufgrund der beachtlichen Zahl der bisherigen Änderungen daher eine Verfassung mit hoher Änderungsbereitschaft dar. Zwar bestehen keine offensichtlichen Widersprüche zwischen der Position des BVerfG und den vollzogenen Grundgesetzreformen. Das BVerfG hat also bislang noch keinen grundgesetzlichen Belang für identitätsrelevant erklärt, der bereits einer Grundgesetzänderung unterlag. Dennoch ist zu beachten, dass beispielsweise Art. 23 GG, der dem BVerfG ja überhaupt erst als Anknüpfungspunkt für die Identitätskontrolle dient, seinerseits schon geändert wurde.

Nach hier vertretener Ansicht lässt sich den zahlreichen und umfassenden Grundgesetzänderungen folgender Schluss entnehmen: Da sich die Verfahren zur Änderung des Grundgesetzes nach Art. 79 Abs. 1 sowie Abs. 2 GG und Art. 79 Abs. 3 GG gegenseitig ausschließen, ist davon auszugehen, dass alle Regelungsgegenstände, die Inhalt der bisherigen Grundgesetzänderungen waren, nicht dem Art. 79 Abs. 3 GG unterliegen. Damit gehören alle von diesen Änderungen betroffenen Rechtsbereiche nach der Logik des BVerfG auch nicht zur Verfassungsidentität. Aufgrund der in der rechten Spalte obiger Abbildung ersichtlichen Vielzahl der von den bisherigen Änderungen betroffenen Grundrechtsartikeln und Rechtsbereiche verbleibt also per se nur noch ein ganz erheblich verengter Anwendungsbereich für die Identitätskontrolle. Alle oben aufgelisteten Grundrechtsänderungen dürften diesem Anwendungsbereich

417 *Wolff*, in: Hömig/Wolff, GG, Einführung, Rn. 8.

zumindest bei einem wohl vom BVerfG favorisierten Gleichlauf der Anwendungsbereiche des Art. 79 Abs. 3 GG und der Verfassungsidentität jedenfalls nicht unterliegen.

4. Zusammenfassung

Die Herleitung der Identitätskontrolle durch das BVerfG überzeugt aus dogmatischer Sicht weder verfassungsrechtlich noch unionsrechtlich und ist daher bislang nicht in der Lage, den neu geschaffenen Kontrollmechanismus als belastbares normatives Konzept zu konstituieren.[418]

Im Hinblick auf die verfassungsrechtlichen Vorgaben kann sich die Identitätskontrolle eigentlich nur auf Akte deutscher öffentlicher Gewalt beziehen, da weder Art. 23 Abs. 1 Satz 3 GG noch Art. 79 Abs. 3 GG die Union oder ihre Organe unmittelbar binden können.

Außerdem dürfte sich die Identitätskontrolle eigentlich auch nicht auf sekundäres Unionsrecht beziehen, da Art. 23 Abs. 1 GG nur Anforderungen an die Beschaffenheit des deutschen Zustimmungsgesetzes, nicht aber an das EU-Recht, stellen kann.

Darüber hinaus ist von Art. 79 Abs. 3 GG im Grunde nur der Schutz vor „echten" Verfassungsänderungen umfasst. In diesem Zusammenhang kann durchaus bereits hinterfragt werden, ob durch die Übertragungen von Hoheitsrechten auf überstaatliche Einrichtungen nach Art. 23 GG und Art. 24 GG überhaupt materielle Verfassungsänderungen ermöglicht werden, die in ihrer Wirkung den eigentlich von Art. 79 GG erfassten Textänderungen gleichstehen.[419] Ob die teilweise vom BVerfG überprüften Maßnahmen jedoch tatsächlich faktische Verfassungsänderungen darstellen, ist höchst fraglich, sodass die Erweiterung des Art. 79 Abs. 3 GG auf die gesamte europäische Integration durch das BVerfG zumindest verwundert.

Art. 79 Abs. 3 GG kann das Integrationsgebot des Grundgesetzes zudem in der Regel nicht verdrängen.[420] Das Spannungsverhältnis zwischen der im Grundgesetz explizit angelegten und genannten Offenheit der Verfassung für die europäische Integration gemäß Art. 23 Abs. 1 Satz 1 GG und der vom Bundesverfassungsgericht erschaffenen Integrationsfestigkeit der Verfassungsidentität nach Art. 79 Abs. 3 GG in Verbindung mit Art. 23 Abs. 1 Satz 3 GG muss also in vielen Fällen zugunsten der europäischen Integration gelöst werden.

Darüber hinaus kann auch mit guten Gründen angezweifelt werden, ob Art. 79 Abs. 3 GG zumindest den Schutz der souveränen Staatlichkeit überhaupt vorsieht.[421] Insbesondere bestehen nach der bisherigen verfassungsgerichtlichen Rechtsprechung zudem ganz erhebliche Unsicherheiten in Bezug auf die Reichweite der

418 Auch *Rademacher*, EuR 2018, 140, 147, spricht davon, dass die Herleitung des Begriffs der Verfassungsidentität erhebliche Schwierigkeiten bereite, da „er den Grenzbereich der Verfassung und damit den zur Rechtspolitik berührt".

419 *Hain*, in: Mangold/Klein/Starck, GG, Art. 79 Abs. 1, Rn. 11 ff.

420 A. A. wohl *Karaosmanoglu*, Die Nichtanwendung deutscher unionsrechtswidriger Gesetze, S. 109 f. m. w. N.

421 *Polzin*, Verfassungsidentität, S. 159 ff.

Identitätskontrolle im Rahmen des Art. 79 Abs. 3 GG, dem ein klar bestimmbarer Maßstab für das neue Konzept nicht zu entnehmen ist. Die vom BVerfG vereinzelt versuchte Aufstellung eines abschließenden Katalogs der im Rahmen des Art. 79 Abs. 3 GG unübertragbaren Kompetenzen ist bislang gescheitert. Der Versuch der Bestimmung einer klaren Reichweite des Art. 79 Abs. 3 GG dürfte auch zukünftig nicht gelingen und entspräche auch nicht dem Sinn der grundgesetzlichen Regelung des Art. 79 Abs. 3 GG. Hieraus ergeben sich große Unsicherheiten in Bezug auf die Maßstäbe einer Identitätskontrolle, deren zentrale Bestandteile sogar teilweise unklar bleiben.

Den zahlreichen Grundgesetzänderungen lässt sich zudem der empirische Indikator entnehmen, dass der Anwendungsbereich und die Reichweite der Identitätskontrolle eigentlich sehr eng sein müssten.

Europarechtlich überzeugt insbesondere der Umgang des BVerfG mit Art. 4 Abs. 2 Satz 1 EUV nicht. Der von den Verfassungsrichtern zu Unrecht herangezogene Begriff der nationalen Identität und die als schützenswert erachtete Verfassungsidentität sind jedenfalls nicht deckungsgleich und die Figur der Identitätskontrolle daher europarechtlich nicht zu rechtfertigen. Die vom BVerfG vorgenommene extensive Auslegung des Art. 4 Abs. 2 Satz 1 EUV kann so zumindest nicht ohne Einschaltung des EuGH erfolgen.

Die beschriebene unzureichende dogmatische Herleitung der Identitätskontrolle sowie ihre unklare konzeptionelle Ausrichtung führen letztendlich dazu, dass ihre Reichweite und die Voraussetzungen an ihre tatsächliche Durchführung im Einzelfall bislang kaum bestimmbar sind. Eine vollständige dogmatische Erschließung des Begriffs würde zumindest die Zuweisung eines eindeutigen Schutzgehaltes, die Ermittlung einer eindeutigen Rechtsfolge und die Existenz spezifischer Mechanismen zur Durchsetzung des Rechts erfordern.[422] Bei genauer Betrachtung erscheint das neue Konzept oftmals wie ein generalklauselartiges Muster, das herangezogen wird, wenn die Verfassungsrichter Bedenken aufgrund eines drohenden Kompetenzverlustes haben. Es ist jedoch fraglich, ob der Begriff sowie die Theorie der Verfassungsidentität sich überhaupt sinnvoll aus rein juristischer Perspektive erschließen lassen oder ob es sich nicht vielmehr um ein eher politisch geprägtes und eingesetztes Konzept handelt. Jedenfalls ist der „dogmatische Mehrwert“ des Konzeptes gegenüber bereits etablierten Kontrollmaßstäben zumindest ungewiss.[423] Bisher scheint es, als umfasse die nationale Verfassungsidentität schlicht genau das, was das Verfassungsgericht zu irgendeinem Zeitpunkt als identitätsrelevant erklärt.[424] Diese Beliebigkeit ist jedoch kritikwürdig und birgt „prozessuales und materiell-rechtliches Potential“[425], welches durchaus Anlass zur Besorgnis gibt.

---

422 *Rademacher*, EuR 2018, 140, 147 m. w. N.
423 *Ingold*, AöR 2015, 1, 20 f.
424 *Walter*, ZaöRV 2012, 177, 192.
425 *Nowrot/Tietje*, EuR 2017, 137, 142.

III. Prozessuale Voraussetzungen und Durchführung

Im folgenden Abschnitt wird geprüft, ob trotz des im Einzelnen unklaren materiellen Maßstabs der Identitätskontrolle ihre prozessualen Voraussetzungen und ihre verfahrensrechtliche Durchführung geklärt sind. Grundsätzlich kommen für die Identitätskontrolle (wie früher schon für die Grundrechtskontrolle) als taugliche Verfahrensarten das Organstreitverfahren, der Bund-Länder-Streit, die Verfassungsbeschwerde sowie die abstrakte und konkrete Normenkontrolle in Betracht.[426] Die genauen prozessualen Voraussetzungen für die Geltendmachung einer Verfassungsidentitätsverletzung vor dem BVerfG waren nach dem Lissabon-Urteil aber dennoch lange Zeit unklar. Hierfür hat unter anderem auch das BVerfG selbst gesorgt, indem es in der Lissabon-Entscheidung zunächst angedacht und dem Gesetzgeber empfohlen hatte, für die ultra vires- sowie die Identitätskontrolle unter Umständen ein eigenes Verfahren zu schaffen.[427] Zwar ist die Schaffung eines solchen Verfahrens in der juristischen Literatur aufgrund einer drohenden negativen Signalwirkung sowie der durchaus bestehenden Eskalationsgefahr oftmals kritisch beurteilt worden.[428] Dennoch wäre ein eigenes Verfahren im Vergleich zum heutigen Stand wohl zumindest transparenter gewesen.[429] Gleichzeitig spricht gegen die rechtliche Festschreibung eines solchen selbstständigen Verfahrens, dass dieses das Letztentscheidungsrecht des EuGH ausdrücklich in Frage stellen und damit womöglich einen Verstoß gegen geltendes Europarecht darstellen würde[430], der auch noch ausdrücklich in der Verfassung normiert wäre.

Als tauglicher Beschwerdegegenstand kommen aus Sicht des BVerfG insbesondere Akte deutscher öffentlicher Gewalt, also zuvorderst die deutsche Zustimmungsgesetzgebung zu europäischen Rechtsakten, in Betracht. Obwohl die Verfassungsrichter dahingehend im OMT-Beschluss eingeräumt haben, ihre Rechtsprechungsgewalt erstrecke sich nicht auf Maßnahmen europäischer Stellen,[431] gehen sie davon aus, diese unter Umständen dennoch mittelbar prüfen zu können, wenn sie die „Gewährleistungen des Grundgesetzes und die Aufgaben des Bundesverfassungsgerichts, die den Grundrechtsschutz in Deutschland und nicht nur gegenüber deutschen Staatsorganen zum Gegenstand haben“

426 BVerfGE 123, 267 (355).

427 BVerfGE 123, 267 (355): „Denkbar ist aber auch die Schaffung eines zusätzlichen, speziell auf die Ultra-vires- und die Identitätskontrolle zugeschnittenen verfassungsgerichtlichen Verfahrens durch den Gesetzgeber zur Absicherung der Verpflichtung deutscher Organe, kompetenzüberschreitende oder identitätsverletzende Unionsrechtsakte im Einzelfall in Deutschland unangewendet zu lassen.“

428 *Sauer*, ZRP 2009, 195, 197; *Terhechte*, EuZW 2009, 724, 731.

429 So i. E. auch *Gärditz/Hillgruber*, JZ 2009, 872, 874; a. A. *Streinz*, in: Sachs, GG, Art. 23, Rn. 100; *Bethge*, in: Maunz/Schmidt-Bleibtreu/Klein/Bethge, Bundesverfassungsgerichtsgesetz, § 90, Rn. 334a, der ein eigenes Verfahren für entbehrlich hält.

430 *Classen*, JZ 2009, 881, 888; *Lenz*, ZRP 2010, 22, 23.

431 BVerfGE 142, 123 (179 f.).

berühren.[432] Diese Ausweitung des möglichen Prüfungsstoffes vor dem BVerfG ist kritikwürdig.[433]

Für die Beschwerdebefugnis nach § 90 Abs. 1 BVerfGG lassen die Verfassungsrichter oftmals eine systematisch-teleologische Gesamtschau[434] der Art. 38 Abs. 1 Satz 1 GG, Art. 20 Abs. 1 und 2 GG und Art. 79 Abs. 3 GG genügen. Die Belastbarkeit des Art. 79 Abs. 3 GG in diesem Zusammenhang ist bereits oben kritisch beleuchtet worden.[435] Die mögliche Überdehnung des Art. 38 GG im Rahmen der Identitätskontrolle soll unten noch genauer thematisiert werden.[436] Insofern könnte auch hinsichtlich der vom BVerfG geforderten Beschwerdebefugnis für die Aktivierung der Identitätskontrolle Kritik durchaus angebracht sein.

Als Ausfluss der stets betonten europarechtsfreundlichen Ausübung der Identitätskontrolle[437] hat das Bundesverfassungsgericht diese in den letzten Jahren zudem mit einigen Elementen versehen, die den grundsätzlichen Vorrang sowie die einheitliche Anwendung des Unionsrechts sichern sollen.[438] Zu diesen Elementen gehören neben der Tatsache, dass nach dem Rechtsgedanken des Art. 100 GG ausschließlich das BVerfG über die etwaige Unanwendbarkeit von Unionsrecht entscheiden dürfe,[439] unter anderem auch die Erforderlichkeit der Erfüllung angeblich erhöhter Zulässigkeitsanforderungen im Falle einer Identitätskontrolle als Ausdruck ihres Ausnahmecharakters. Im Falle des europäischen Haftbefehls musste vom Beschwerdeführer beispielsweise „im Einzelnen substanziiert dargelegt werden, inwieweit im konkreten Fall die durch Art. 1 Abs. 1 GG geschützte Garantie der Menschenwürde verletzt ist".[440] Eine Beantwortung der Frage, worin die erhöhten Voraussetzungen genau bestehen sollen, blieb das BVerfG bislang aber schuldig.[441] Sollte sich das Merkmal der „erhöhten" Anforderungen beispielsweise auf die Abgrenzung zwischen einzelfallbezogener Verletzung der Schutzgüter des Art. 79 Abs. 3 GG und strukturellem Defizit nach der Solange-Formel

---

432 BVerfGE 142, 123 (180).

433 Siehe bereits oben unter C.II.1.

434 *Hatje*, IWRZ 2016, 195, 196.

435 Siehe bereits oben unter C.II.1. und C.II.3.

436 Siehe unter C.IX.1.; vgl. insbesondere auch die Kritik bei *Schönberger*, JZ 2010, 1160 ff.

437 Vgl. schon BVerfGE 123, 267 (355); zuletzt auch BVerfG, Urteil vom 5. Mai 2020, 2 BvR 859/15, Rn. 112.

438 *Burchardt*, ZaöRV 2016, 527, 533.

439 BVerfGE 123, 267 (354 f.); kritisch zum behaupteten Verwerfungsmonopol des BVerfG zum Beispiel *Sauer*, ZRP 2009, 195, 197; in diesem Zusammenhang stellt sich auch die Frage, wie Mitgliedstaaten, die die institutionelle Voraussetzung der Existenz einer selbstständigen Verfassungsgerichtsbarkeit nicht erfüllen, das Konzept der (Verfassungs-)Identität überhaupt umsetzen sollen, vgl. *Schönberger*, JöR 2015, 41, 56 f.; *Burchardt*, ZaöRV 2016, 527, 540 f.; *Sauer*, EuR 2017, 186, 199 f.

440 BVerfGE 140, 317 (342).

441 A. A. *Dietz*, AöR 2017, 78, 109 f.; ähnlich wohl auch *Bethge*, in: Maunz/Schmidt-Bleibtreu/Klein/Bethge, Bundesverfassungsgerichtsgesetz, § 90, Rn. 334b.

beziehen, so würde es sich tatsächlich nicht um eine Erhöhung der Anforderungen, sondern um eine Verringerung handeln, da eine Verletzung im Einzelfall gewiss leichter nachzuweisen sein dürfte als ein strukturell defizitärer Grundrechtsstandard.[442] Die durch die Verfassungsrichter angekündigte Erhöhung der Darlegungsverpflichtungen eines Beschwerdeführers im Falle einer Identitätskontrolle dürfte sich also eher auf einen Vergleich zur klassischen Grundrechtskontrolle beziehen. Jedoch ist auch hier eine Erhöhung der Zulässigkeitsanforderungen bislang nicht ersichtlich. In jedem Fall fordert bereits der Wortlaut des § 92 BVerfGG eine Benennung des als verletzt gerügten (Grund-)Rechts sowie des verletzenden Akts hoheitlicher Gewalt. Es gelten also für jede Verfassungsbeschwerde unabhängig von einer etwaigen Identitätskontrolle bereits detaillierte Begründungsanforderungen nach § 92 BVerfGG i. V. m. § 23 Abs. 1 Satz 2 BVerfGG. Hieraus ergibt sich auch eine Pflicht zur detaillierten Auseinandersetzung mit der verfassungsrechtlichen Situation.[443] Wenn nun ein potenzieller Beschwerdeführer im Rahmen der Identitätskontrolle im Einzelnen substanziiert darlegen soll, inwieweit im konkreten Fall die durch Art. 1 Abs. 1 GG geschützte Menschenwürde verletzt ist, ergibt sich keine Abweichung zu den ohnehin schon im Rahmen des BVerfGG geltenden Begründungsanforderungen einer jeden Verfassungsbeschwerde.[444] Zudem obläge es dem Bundesverfassungsgericht auch für alle anderen Fälle außer der Verfassungsbeschwerde festzulegen, welche Anforderungen im Rahmen der Zulässigkeit gestellt werden. Das BVerfG hatte also bereits wiederholt Gelegenheit, die behaupteten erhöhten Zulässigkeitsvoraussetzungen auch tatsächlich zu benennen. Dies ist jedoch nicht erfolgt. In der Entscheidung zum europäischen Haftbefehl wurde etwa lediglich knapp festgestellt, dass die erhöhten Zulässigkeitsanforderungen erfüllt seien, ohne diese aber zu präzisieren. Tatsächlich enthalten die ergangenen Entscheidungen zu dieser Thematik, wenn überhaupt, nur wenige Anhaltspunkte und haben zu einer auf zukünftige Fälle ausgerichteten Maßstabsbildung kaum beigetragen, sodass die Frage gestellt werden muss, ob tatsächlich erhöhte Zulässigkeitsvoraussetzungen bestehen oder das BVerfG diese Formulierung eher wählt, um rhetorisch eine vermeintliche Europarechtsfreundlichkeit seiner Identitätskontrolle zu suggerieren. Insgesamt bleiben also auch die prozessualen Voraussetzungen der Identitätskontrolle und ihre korrekte verfahrensrechtliche Durchführung weitgehend unklar.

IV. Notwendigkeit der Heranziehung der Identitätskontrolle

Vor dem Hintergrund der verfassungsgerichtlichen Rechtsprechung zur Identitätskontrolle ist auch zu untersuchen, ob es im jeweiligen Fall der Heranziehung der

---

442 So auch *Burchardt*, ZaöRV 2016, 527, 534 f.

443 *Hömig*, in: Maunz/Schmidt-Bleibtreu/Klein/Bethge, Bundesverfassungsgerichtsgesetz, § 92, Rn. 33, 46.

444 A. A. *Dietz* AöR 2017, 78, 110 f., die zwar behauptet, eine pauschale Behauptung einer Verletzung reiche nicht aus, aber nicht darlegt weshalb hieraus eine „qualifizierte" Darlegungslast im Vergleich zu anderen Verfassungsbeschwerden folgen soll.

Identitätskontrolle überhaupt bedarf. Hierfür bildet die Entscheidung zum europäischen Haftbefehl ein anschauliches Beispiel.

Hier bestand – wie oben[445] bereits betont – beispielsweise kein Kollisionsproblem zwischen europäischen Recht und nationalem Verfassungsrecht, welches die Aktivierung der Identitätskontrolle überhaupt erst ermöglicht hätte.[446] Schließlich hatte das BVerfG angenommen, die richtige Anwendung des Unionsrechts sei hier offenkundig (*acte clair*) und auch unionsrechtlich bestehe keine Auslieferungspflicht. Somit konnte die aufgehobene Entscheidung des OLG nach Ansicht des BVerfG gar nicht in Konflikt mit dem Unionsrecht geraten, da beide Rechtsregime zum gleichen Ergebnis gekommen wären.[447] Die uneingeschränkte Anwendung deutscher Grundrechte hätte also überhaupt keinen Konflikt mit dem Unionsrecht hervorgerufen – eine Notwendigkeit des Rückgriffs auf die Identitätskontrolle bestand nicht. Das BVerfG hat also in dieser Entscheidung versucht, ein Zurücktreten der deutschen Grundrechte zu verhindern, obwohl überhaupt keine Verdrängung dieser vom Vorrang des Unionsrechts zu befürchten war.[448] Hieraus kann man durchaus ein fehlendes Vertrauen des BVerfG in die bisherige Ausdifferenzierung des Grundrechtsschutzsystems des Grundgesetzes folgern. Schließlich versuchten die Karlsruher Richter die deutschen Grundrechte hier durch die Zuhilfenahme eines „Supergrundrechts"[449] aufzuwerten, obwohl man sie schlicht im Rahmen einer normalen Verfassungsbeschwerde gegen eine deutsche Gerichtsentscheidung hätte anwenden können.[450]

In der Tat dürfte auch in Zukunft kaum ein Fall denkbar sein, in dem die unionsrechtlichen Vorgaben, die beispielsweise aus Art. 6 EUV, der Grundrechtecharta und der Rechtsprechung des EuGH folgen, dem Schutzgehalt des Art. 1 Abs. 1 GG oder den sonstigen grundrechtlichen Grundentscheidungen des Grundgesetzes widersprechen würden.[451] Demzufolge dürfte in vielen Fällen eine Anwendung der Identitätskontrolle schon vor dem Hintergrund eines fehlenden Kollisionsproblems entbehrlich sein. Jedenfalls ist daher in jedem Einzelfall genauer als bisher

445 Unter Gliederungspunkt C.I.2.d.

446 So auch *Sauer*, NJW 2016, 1134, 1134 f.; *Meyer*, HRRS 2016, 332, 334; *Schönberger*, JZ 2016, 422; *Schönberger*, JZ 2016, 422, 422; *Classen*, EuR 2016, 304, 308 f.; *Ludwigs/Sikora*, EWS 2016, 121, 129.

447 Zwar ist diese Einschätzung des BVerfG durchaus diskutabel, da einiges gegen einen acte clair spricht; nach wohl zutreffender Ansicht von *Burchardt*, ZaöRV 2016, 527, 536 f., ist die Heranziehung der acte clair-Doktrin des EuGH zumindest unzureichend, da lediglich auf eine von zwei Voraussetzungen eingegangen wird; ähnlich auch *Classen*, EuR 2016, 304, 307; ein Widerspruch liegt aber jedenfalls vor, wenn trotz angeblich gleicher Rechtslage ein Kollisionsproblem angenommen wird.

448 So wohl auch *Sauer*, NJW 2016, 1134, 1136; *Burchardt*, ZaöRV 2016, 527, 546 ff.

449 *Schönberger*, JZ 2016, 422, 423.

450 *Schönberger*, JZ 2016, 422, 424.

451 Dies gesteht letztlich auch das BVerfG selbst ein, nimmt dies jedoch nur zum Anlass für eine zurückhaltende und europarechtsfreundliche Ausübung der Identitätskontrolle, vgl. BVerfGE 140, 317 (339); so wohl auch *Hwang*, Der Staat 2017, 107, 115.

durch das BVerfG geschehen zu überprüfen, ob die Heranziehung der Identitätskontrolle aufgrund des Vorliegens eines tatsächlichen Kollisionssachverhalts im Einzelfall überhaupt notwendig ist.

V. Auswirkungen auf die Grundrechts- und ultra vires-Kontrolle

Wie sich die wandelnde Rechtsprechung des BVerfG in Sachen Identitätskontrolle im Einzelnen auf die Grundrechts- und ultra vires-Kontrolle auswirken wird, ist nach wie vor weitgehend ungeklärt. Einiges spricht dafür, dass der neueste Kontrollmechanismus selbstständig neben die anderen beiden etablierten Mechanismen treten wird.

1. Grundrechtskontrolle

In der Entscheidung zum Europäischen Haftbefehl hat das BVerfG im Zuge der Identitätskontrolle auch gleichzeitig eine auf die Menschenwürde bezogene Grundrechtskontrolle im Einzelfall vorgenommen. Den Nachweis eines über den Einzelfall hinausgehenden generellen Defizits in der Grundrechtsgewährleistung durch die EU nach der bis dahin geltenden Solange-Formel verlangte das BVerfG hier nicht mehr.[452] Hieraus resultiert im Ergebnis eine partielle Absenkung der Voraussetzungen für die Geltendmachung eines Grundrechtsverstoßes vor dem BVerfG. Während zuvor – zusätzlich zum eigentlichen Verstoß im Einzelfall – noch dargelegt werden musste, ob und inwieweit der Grundrechtsschutz in der EU generell abgesunken ist, hat das BVerfG diese Rücknahme seiner Prüfungskompetenz nun nämlich augenscheinlich revidiert. Insofern genügt neuerdings die Darlegung, inwieweit die Menschenwürde isoliert im streitgegenständlichen Fall verletzt ist. Ein zumindest teilweiser Bruch mit der bisherigen Solange-Systematik ist daher nicht zu leugnen.[453] Vor diesem Hintergrund schien lange Zeit nicht abschließend geklärt, welche Relevanz dem Solange-Vorbehalt und damit letztlich auch der klassischen Grundrechtskontrolle in Zukunft in Kollisionssachverhalten noch zukommen würde. Die vom BVerfG geschaffene Möglichkeit zur teilweisen Umgehung des Solange-Vorbehalts bietet durchaus Raum für die Besorgnis, dass über eine „inflationäre Heranziehung der Menschenwürde der Kontrollumfang des Grundrechtsschutzes im Rahmen der Identitätskontrolle maßgeblich erweitert wird“[454], ohne dass dieser Kurswechsel vom BVerfG jemals ausdrücklich thematisiert wurde. Während einige die Identitätskontrolle nach der Entscheidung zum Europäischen Haftbefehl aufgrund der zumindest teilweisen Relativierung von der Solange-Dogmatik als übergeordnetes Gesamtkonzept verstanden, dem von da an sowohl Grundrechts- als auch ultra vires- Kontrolle partiell unterfallen sollten,[455]

---

452 *Ludwigs/Sikora*, EWS 2016, 121, 124.
453 so i. E. auch *Finke*, HRRS 2016, 327, 330.
454 *Burchardt*, ZaöRV 2016, 527, 543.
455 So z. B. *Sauer*, NJW 2016, 1134, 1136 f.

fassten andere nur die Identitäts- und die Grundrechtskontrolle zusammen[456] oder beurteilten die Konzepte nach wie vor als gänzlich eigenständig[457].

Das BVerfG hat bezugnehmend auf das Verhältnis zwischen Identitäts- und Grundrechtskontrolle betont, erstere „ungeachtet der bisherigen Rechtsprechung zur Unzulässigkeit von Verfassungsbeschwerden und Vorlagen, mit denen die Verletzung in Grundrechten des Grundgesetzes durch sekundäres Gemeinschafts- beziehungsweise Unionsrecht gerügt wurde“[458] anzuwenden. Zumindest formal dürfte der Solange-Vorbehalt demnach weiter gelten,[459] was auch für ein weiteres eigenständiges Bestehen der Grundrechtskontrolle spricht. Zudem sind gegen eine vollständige Ablösung der Grundrechtskontrolle auch dogmatische Bedenken ins Feld zu führen, da der „im wesentlichen vergleichbare Grundrechtsschutz“ nach der Solange-Formel, der zudem in Art. 23 Abs. 1 Satz 1 GG wörtlich ins Grundgesetz aufgenommen wurde, nicht deckungsgleich mit der von der Verfassungsidentität geforderten Grundrechtsgewährleistung sein dürfte.[460] Nichtsdestotrotz spricht vieles für eine faktische Verdrängung der Grundrechtskontrolle zumindest in der Praxis.[461] Denn der Grundrechtsschutz innerhalb der Union ist inzwischen ohnehin so vollkommen und vergleichbar mit demjenigen der Mitgliedstaaten (bzw. zumindest mit dem des GG), dass der Nachweis eines strukturellen Defizits, das über eine mögliche Grundrechtsverletzung im Einzelfall hinausgeht, außerordentlich schwer fallen dürfte.[462]

Somit ist aus dogmatischer Sicht zwar zu betonen, dass die klassische Grundrechtskontrolle nach wie vor eine Daseinsberechtigung hat und ein eigenständiges Kontrollinstrument darstellt, für das das BVerfG lediglich im Hinblick auf eine Identitätskontrolle zum Schutz der Menschenwürde eine Ausnahme geschaffen hat. Faktisch wird die Grundrechtskontrolle jedoch aufgrund ihrer starken Einschränkungen durch den Solange II-Vorbehalt und die nun geschaffene Umgehungsmöglichkeit über die Identitätskontrolle zum Schutz der Menschenwürde in der verfassungsgerichtlichen Praxis keine entscheidende Rolle mehr spielen, sondern weitgehend von ebendieser Identitätskontrolle verdrängt werden. Um der entstandenen Diskussion Einhalt zu gebieten, in Bezug auf die weitere Relevanz der Grundrechtskontrolle Klarheit zu schaffen und dem Wortlaut des

---

456 So z. B. *Finke*, HRRS 2016, 327, 328.

457 So z. B. *Burchardt*, ZaöRV 2016, 527, 544 f.

458 BVerfGE 140, 317 (333).

459 *Dietz*, AöR 2017, 78, 119.

460 So auch *Dietz*, AöR 2017, 78, 119.

461 *Wollenschläger*, in: Dreier, GG, Art. 23, Rn. 86; *Streinz*, in: Sachs, GG, Art. 23, Rn. 101; *Schwerdtfeger*, EuR 2015, 290, 298; *Nettesheim*, JZ 2016, 424, 428; *Classen*, EuR 2016, 529, 534; *Dietz*, AöR 2017, 78, 119; a. A. *Bender*, ZJS 2016, 260, der vielmehr davon ausgeht, dass die bisherige Position des BVerfG beibehalten und bekräftigt wird; auch *Satzger*, NStZ 2016, 514, 518, lehnt eine Abkehr von der Solange-Rechtsprechung im Ergebnis ab.

462 So auch *Sauer*, NJW 2016, 1134, 1135 ff.

Art. 23 Abs. 1 Satz 1 GG gerecht zu werden, wäre eine eindeutige Positionierung des BVerfG zu dieser Thematik dennoch wünschenswert.

2. Ultra vires-Kontrolle

Im Übrigen blieb nach der polysemantischen verfassungsgerichtlichen Rechtsprechung neben dem nicht eindeutig geklärten Verhältnis zur Grundrechtskontrolle auch dasjenige gegenüber der ultra vires-Kontrolle vorläufig offen,[463] da sich beide zumindest aus Art. 79 Abs. 3 GG ableiten sollen. Während das BVerfG zu Anfang beispielsweise angesichts einer Formulierung im Lissabon-Urteil, die ein gleichberechtigtes Nebeneinander der beiden Instrumente suggerierte,[464] ein dualistisches Verständnis zu favorisieren schien, waren in der Folgezeit auch verschiedene Rangverhältnisse denkbar. Die Tatsache, dass für die Identitätskontrolle die strengeren Honeywell-Kriterien wohl nicht gelten, sprach aber ebenso für eine Spezialität der ultra vires-Kontrolle, wie die Tatsache, dass bei dieser in jedem Fall auch Unionssekundärrecht überprüft werden kann, dessen Beurteilung eigentlich ausschließlich dem EuGH obliege.[465] Insofern war hinsichtlich der Beurteilung des dogmatischen Verhältnisses zwischen ultra vires- und Identitätskontrolle zunächst gleichsam jede Konstellation denkbar.

Diese Frage hat das BVerfG im OMT-Urteil nun aber recht deutlich beantwortet.[466] Während die ultra vires-Kontrolle die Frage betreffe, ob eine „Maßnahme aus dem vom parlamentarischen Gesetzgeber vorgegebenen Rahmen ausbricht“[467], sei bei der Identitätskontrolle zu prüfen, ob eine Maßnahme der Union in materieller Hinsicht die absoluten Grenzen der Art. 1 und 20 GG verletze.[468] Allerdings sei zu beachten, dass mit einer Kompetenzüberschreitung zugleich stets ein Identitätsverstoß einhergehe, sodass die „ultra vires-Kontrolle einen besonderen Anwendungsfall des allgemeinen Schutzes der Verfassungsidentität durch das Bundesverfassungsgericht“ darstelle.[469] Für den Fall, dass ein Unionsrechtsorgan einen Rechtsakt außerhalb der ihm zugestanden Kompetenz erlässt, wären die deutschen Staatsangehörigen nach Ansicht des BVerfG also von einer Hoheitsgewalt betroffen, an deren Legitimation sie nicht mitgewirkt hätten. Dies hätte zur Folge, dass die Volkssouveränität ausgehebelt und der von Art. 79 Abs. 3 GG

---

463 Vgl. hierzu *Schwerdtfeger*, EuR 2015, 290, 294 ff.; *Burchardt*, ZaöRV 2016, 527, 546 m. w. N.; in diesem Zusammenhang schlägt *Thiele*, EuR 2017, 367 ff., vor, sämtliche Kontrollvorbehalte unter dem einheitlichen Begriff der „Integrationsidentität“ zusammen zu fassen und über ein neu zu erschaffendes „Integrationsgrundrecht“ überprüfbar zu machen.

464 BVerfGE 123, 267 (353 f.).

465 *Dietz*, AöR 2017, 78, 122.

466 A. A. *Burchardt*, ZaöRV 2016, 527, 545.

467 BVerfGE 142, 123 (203).

468 BVerfGE 142, 123 (203).

469 BVerfGE 142, 123 (203).

geschützte Kernbereich des Demokratieprinzips verletzt wäre.[470] Nach diesem Verständnis dürfte die ultra vires-Kontrolle also einen Spezialfall der Identitätskontrolle darstellen. Dennoch gehen gegenteilige Stimmen auch nach der OMT-Entscheidung noch von einer vollständigen Eigenständigkeit beider Instrumente aus.[471]

Eine verlässliche und abschließende Aussage zum Verhältnis zwischen Grundrechts-, ultra vires- und Identitätskontrolle kann vor dem Hintergrund der diesbezüglich mehrdeutigen und wechselvollen Rechtsprechung bislang nicht getroffen werden. Insofern bleibt der Gang der Rechtsprechung abzuwarten, um eine abschließende Aussage hierzu treffen zu können.

VI. Vorherige Vorlage an den EuGH

Fraglich ist weiterhin, ob das BVerfG im Falle der Durchführung der Identitätskontrolle vorab nicht regelmäßig das Vorabentscheidungsverfahren nach Art. 267 AEUV anstrengen und die (Kollisions-)Frage dem EuGH vorlegen müsste. Nach Erschaffung der Identitätskontrolle in der Lissabon-Entscheidung bestand zunächst Uneinigkeit[472] darüber, ob auch für diesen neuen Kontrollmechanismus die für die ultra vires-Kontrolle etablierten Honeywell-Kriterien[473], nach denen in der Regel eine Pflicht zur Vorlage an den EuGH im Rahmen des Vorabentscheidungsverfahrens besteht, gelten sollten. Gemäß Art. 19 Abs. 1 Satz 2 EUV fällt die Auslegung des Europarechts schließlich aus europarechtlicher Sicht in die ausschließliche Zuständigkeit des EuGH. Der Frage einer möglichen Vorlagepflicht widmete sich das BVerfG erstmals ausführlich im OMT-Vorlagebeschluss aus dem Jahr 2014. Wegen der bereits in der Lissabon-Entscheidung angesprochenen und stets gebotenen europarechtsfreundlichen Ausübung der Identitätskontrolle lege das Gericht hiernach „seiner Prüfung die Auslegung der Maßnahme zugrunde, die in einem Vorabentscheidungsverfahren gemäß Art. 267 Abs. 2 und 3 AEUV durch den Gerichtshof vorgegeben“[474] wird. Augenscheinlich trägt diese Einschätzung der Karlsruher Richter zugunsten einer uneingeschränkten Vorlageverpflichtung an den EuGH der Rolle der Identitätskontrolle im europäischen Mehrebenensystem, der gebotenen Auslegungshoheit des EuGH und dem oft zitierten Kooperationsverhältnis der Gerichte Rechnung.[475] Das BVerfG ließ sich zur Vorlageverpflichtung in der Entscheidung zum europäischen Haftbefehl jedoch abermals ein und fügte eine Einschränkung hinzu:

---

470 *Sauer*, EuR 2017, 186, 191.
471 So z. B. *Burchardt*, ZaöRV 2016, 527, 544 f.
472 Vgl. hierzu *Bergmann/Karpenstein*, ZEuS 2009, 529; *Sauer*, ZRP 2009, 195.
473 BVerfGE 126, 286 (304).
474 BVerfGE 134, 366 (385).
475 *Dietz*, AöR 2017, 78, 86.

> „Soweit erforderlich, legt es seiner Prüfung dabei die Maßnahme in der Auslegung zugrunde, die ihr in einem Vorabentscheidungsverfahren gemäß Art. 267 Abs. 3 AEUV durch den Gerichtshof der Europäischen Union gegeben wurde. Dies gilt nicht nur im Rahmen der ultra vires-Kontrolle, sondern auch vor Feststellung der Unanwendbarkeit einer Maßnahme von Organen Einrichtungen oder sonstigen Stellen der Europäischen Union in Deutschland wegen einer Berührung der durch Art. 79 Abs. 3 in Verbindung mit Art. 1 und 20 GG geschützten Verfassungsidentität […]."[476]

Zwar räumten die Verfassungsrichter hier noch ein, dass sie in manchen Fällen eine Vorlageverpflichtung treffen könnte, legten jedoch gleichzeitig fest, eine Vorlage an den EuGH nur durchzuführen, soweit sie selbst sie für „erforderlich" hielten. Die Vorlagepflicht soll das Verfassungsgericht hiernach also weder umfassend noch absolut treffen.[477] Wann die Erforderlichkeit zu bejahen ist, wollen die Verfassungsrichter – soweit ersichtlich – wohl stets im eigenen Ermessen für jeden Einzelfall entscheiden. In der Entscheidung des BVerfG zum europäischen Haftbefehl geschah dies beispielsweise durch die begründungsarme Feststellung, aus Sicht des BVerfG sei die Auslegung des Unionsrechts im vorliegenden Fall unzweifelhaft.[478] Dieses Vorgehen legt die Besorgnis nahe, dass mangels Erforderlichkeit der Einhaltung der Honeywell-Kriterien bei der Anwendung der Identitätskontrolle eine Vorlage an den EuGH aufgrund des weiten Ermessens des BVerfG oftmals unterbleiben dürfte.[479]

Im Falle der Annahme eines Identitätsverstoßes durch das BVerfG sollte dem EuGH jedoch regelmäßig die Möglichkeit eingeräumt werden, sich mit den Zweifeln des BVerfG zu befassen.[480] Letztlich sollten eine Vorabkontrolle und das Einräumen einer Fehlerkorrektur durch den EuGH sogar immer dann geboten sein, wenn ein Identitätsverstoß auch nur im Raum steht und auch die Auslegung europäischen Rechts streitentscheidend ist.[481] Eine Umgehung der Vorlagepflicht durch das BVerfG dürfte mit dem Prinzip der Europarechtsfreundlichkeit des

---

476 BVerfGE 140, 317 (339); später bestätigt in BVerfGE 146, 216 (256).

477 *Burchardt*, ZaöRV 2016, 527, 536.

478 Nach wohl zutreffender Ansicht von *Burchardt*, ZaöRV 2016, 527, 536 f., ist die Heranziehung der acte clair-Doktrin des EuGH in der Entscheidung zum europäischen Haftbefehl unzureichend, da lediglich auf eine von zwei Voraussetzungen eingegangen wird.

479 *Burchardt*, ZaöRV 2016, 527, 537 f.

480 In diese Richtung wohl auch *Knop*, Völker- und Europarechtsfreundlichkeit als Verfassungsgrundsätze, S. 332; *Streinz*, in: Sachs, GG, Art. 23, Rn. 101; *Sauer*, ZRP 2009, 195, 196; *Sauer*, NJW 2016, 1134, 1135, lehnte eine Vorlagepflicht im Fall des europäischen Haftbefehls jedoch ab; *Burchardt*, ZaöRV 2016, 527, 535 ff.; *Satzger*, NStZ 2016, 514, 519; *Walter*, ZaöRV 2012, 177, 196 ff.

481 *Mayer*, EuR 2014, 473, 498; *Ludwigs/Sikora*, EWS 2016, 121, 129; so im Ergebnis wohl auch *Classen*, EuR 2016, 304 ff.; *Thiele*, EuR 2017, 367, 379; a. A. *Streinz*, Europarecht, Rn. 251 f., der von einer Vorlagepflicht nur im Falle einer Entscheidung zur Nichtanwendung ausgeht.

Grundgesetzes schwer vereinbar sein.[482] Für eine regelmäßige Vorlagepflicht in Fällen der Identitätskontrolle spricht insbesondere die dann nicht mehr bestehende Möglichkeit für das BVerfG, seine Vorlagepflicht durch die Annahme, die Auslegung des Unionsrechts sei unzweifelhaft, auszuhöhlen.[483] Schließlich kommt die Heranziehung der vom BVerfG genutzten acte clair-Doktrin des EuGH tatsächlich nur ganz ausnahmsweise dann in Betracht, wenn die richtige Interpretation des EU-Rechts so offenkundig ist, dass keinerlei Zweifel an der richtigen Auslegung bestehen und auch andere mitgliedstaatliche Gerichte stets zum gleichen Ergebnis gekommen wären.[484] Ferner käme es einem Dialog mit dem EuGH jedenfalls zugute, wenn das BVerfG die Definition der eigens entwickelten Verfassungsidentität und damit die schwierige Auslegung der Reichweite des Art. 79 Abs. 3 GG nicht nur seiner eigenen überwiegend national-verfassungsrechtlich orientierten Prüfung[485] unterziehen würde. Denn die Autonomie der nationalen Verfassung, also des Grundgesetzes, kann nicht durch eine Isolierung oder Kompetenzabgrenzung von der Unionsrechtsordnung und dem EuGH gewährleistet werden, sondern nur durch einen echten Dialog mit dem Unionsrecht und die tatsächliche Umsetzung des angestrebten Kooperationsverhältnisses zwischen dem EuGH und den nationalen Verfassungsgerichten.[486] Vor diesem Hintergrund ist es grundsätzlich zu begrüßen, dass das BVerfG in den letzten Jahren dazu neigt, dem EuGH vermehrt Fragen zur Vereinbarkeit eines Sachverhalts mit dem Europarecht zur Entscheidung vorzulegen.

Da die Identitätskontrolle nach allgemeiner Ansicht einen besonderen Ausnahmefall darstellt und zudem einiges dafür spricht, dass sie Gefahren für die Rechtseinheit innerhalb der EU mit sich bringt, sollte eine Ausnahme vom grundsätzlichen Erfordernis der Vorlage an den EuGH im Falle ihrer Anwendung nicht zugelassen werden. Dies gilt auch für Fälle, in denen die zutreffende Interpretation des Unionsrechts offenkundig erscheint und das BVerfG womöglich der Ansicht ist, dass keine Zweifel an der richtigen Auslegung bleiben. Wegen seiner Reservekompetenz[487] darf eine Identitätskontrolle des BVerfG bei der Durchführung weiterer Integrationsschritte stets nur ultima ratio sein. Nur eine grundsätzliche Vorlageverpflichtung in Fällen eines Identitätsverstoßes, für dessen Annahme auch die Auslegung europäischen Rechts streitentscheidend ist, kann diesem Ausnahmecharakter gerecht werden.

---

482 *Ludwigs/Sikora*, EWS 2016, 121, 129.

483 *Burchardt*, ZaöRV 2016, 527, 537 f.

484 *Satzger*, NStZ 2016, 514, 519; tatsächlich wird hier zu Recht in Zweifel gezogen, ob die Anwendung der acte clair-Doktrin vor dem Hintergrund der heutigen Komplexität der europäischen Rechtsordnung überhaupt noch möglich ist.

485 Siehe hierzu unter Gliederungspunkt E.II.1.

486 Siehe hierzu auch unter Gliederungspunkt E.I.2.

487 BVerfGE 123, 267 (401).

VII. Begriff der Verfassungsidentität

Nachfolgend wird der Versuch unternommen, den Begriff der Verfassungsidentität auch über die oben erfolgte rein rechtstheoretische Begriffsbestimmung hinaus genauer zu erfassen.

Schon sprachlich ist der Begriff der Verfassungsidentität schwer fassbar. Da das BVerfG nach diesem nun aber einen seiner wichtigsten Kontrollmechanismen ausrichtet, muss die Frage aufgeworfen werden, inwieweit es möglich ist, Art. 79 Abs. 3 GG und den darin nach Ansicht des BVerfG enthaltenen Identitätskern nicht nur aus rein verfassungsrechtlicher Sicht[488] sondern nach Möglichkeit auch unter Berücksichtigung gesellschaftlicher, politischer und kultureller Gegebenheiten zu bestimmen, um einen ganzheitlichen Eindruck der Reichweite des Begriffs der Verfassungsidentität zu erhalten.

Den Begriff der Verfassungsidentität sieht das Grundgesetz nicht vor. Er erfährt daher keine verfassungsrechtliche Legaldefinition. Vor dem Hintergrund der Zusammensetzung beider Wortteile lässt sich vermuten, dass die Verfassungsidentität deckungsgleich mit der Identität des Grundgesetzes ist.[489] Im allgemeinen Sprachgebrauch lässt sich der Begriff der Identität am ehesten als „Echtheit einer Person oder Sache" definieren.[490] Übertragen auf die Verfassung würde die deutsche Verfassungsidentität nach allgemeinem Sprachgebrauch also die Echtheit des Grundgesetzes darstellen. Diese Begrifflichkeit dürfte zur angestrebten Aufklärung des Begriffes der Verfassungsidentität kaum beitragen.

Die Bestimmung in Form einer Herleitung des Begriffes der Verfassungsidentität außerhalb rein rechtstheoretischer Überlegungen dürfte vor dem Hintergrund der mit dem Begriff der Identität im Allgemeinen verbundenen gesellschaftlichen und kulturellen Gegebenheiten sowie sonstiger terminologischer Schwierigkeiten außerordentlich schwer fallen, zumal das Verständnis des Begriffs der Verfassungsidentität auch keinesfalls auf seine etymologische Herkunft reduziert werden sollte.

1. Begriffliche Ursprünge

In der verfassungsgerichtlichen und verfassungspolitischen Geschichte Deutschlands spielte der Begriff der Verfassungsidentität lange Zeit eine – wenn überhaupt – untergeordnete Rolle. Während der Reichsverfassung von 1871 war das Konzept gänzlich unbekannt, wobei sich im Rahmen der Diskussion, ob die Reichsverfassung immanente Schranken bezüglich Änderungen des Bundesstaatsprinzips enthielt, teilweise vergleichbare Argumentationsstrukturen fanden.[491] Zu

---

488 Diesbezüglich wurde unter Gliederungspunkt C.II.3. bereits ein Versuch unternommen.

489 *Mannefeld*, Verfassungsrechtliche Vorgaben für die Europäische Integration, S. 123.

490 Duden, Identität, https://www.duden.de/rechtschreibung/Identitaet.

491 *Polzin*, Verfassungsidentität, S. 9–29; *Polzin*, Der Staat 2014, 61, 64 ff.

Zeiten der Weimarer Reichsverfassung war der Begriff der Verfassungsidentität geprägt durch Carl Schmitt und Carl Bilfinger und spielte im Rahmen ihrer Herleitungen verfassungsimmanenter Änderungsschranken eine Rolle.[492] Schmitt und Bilfinger entwickelten die auch heute noch populäre These, es gebe gewisse Kernbestimmungen einer Verfassung, die aufgrund ihrer exorbitanten Relevanz nicht im Rahmen einer normalen Verfassungsänderung durch die verfassten Gewalten geändert werden dürften.[493] Immanent war dieser Argumentation jedoch, dass es Schranken für formelle Verfassungsänderungen, also solche des Verfassungstexts selbst, geben musste. Keinerlei Relevanz hatte das Konzept dagegen bei der Entstehung des Grundgesetzes, wurde aber nach Inkrafttreten desselben wieder aufgegriffen.[494] Es ist daher zumindest nicht auszuschließen, dass die heutige verfassungsgerichtliche Nutzung solch ideologisch anmutender und naturrechtlich geprägter Begriffe wie der Verfassungsidentität oder der Integrationsverantwortung über die umstrittene Verfassungslehre Carl Schmitts letztendlich auch stark beeinflusst ist von den Lehren des Abbé Sieyès aus der Zeit der Französischen Revolution.[495]

Seinen terminologischen Ursprung im Rahmen jüngerer deutscher verfassungsgerichtlicher Rechtsprechung findet der Begriff der Verfassungsidentität jedenfalls in der Solange I-Entscheidung von 1974. Darin führte das BVerfG aus, eine Übertragung von Hoheitsrechten auf zwischenstaatliche Einrichtungen dürfe nicht dazu führen, „die Grundstruktur der Verfassung, auf der ihre Identität beruht, ohne Verfassungsänderung, nämlich durch die Gesetzgebung der zwischenstaatlichen Einrichtung zu ändern“.[496] Ziel der Formulierung war also (schon hier) die Begründung der Änderungsfestigkeit grundlegender Strukturen des Grundgesetzes.[497] Diese Lesart der Verfassungsidentität wurde im Solange II-Beschluss wiederholt.[498] Erst im Lissabon-Urteil aus dem Jahr 2009 rückte das Bundesverfassungsgericht den Begriff der Verfassungsidentität dann mit Nachdruck in den Fokus, erhob ihn zu einem eigenen Kontrollmaßstab[499] und legte dar, dieser würde in Art. 79 Abs. 3 GG wurzeln.[500] Zur Verwirklichung dieser Verfassungsidentität müsse dem deutschen Staat genügend „Raum zur politischen Gestaltung der wirtschaftlichen,

---

492 *Polzin*, Verfassungsidentität, S. 9–29; *Polzin*, Der Staat 2014, 61, 64 ff.

493 *Polzin*, Verfassungsidentität, S. 9–29; *Polzin*, Der Staat 2014, 61, 64 ff.

494 Siehe zum Ganzen *Polzin*, Verfassungsidentität, S. 9–29; *Polzin*, Der Staat 2014, 61, 64 ff.

495 So zumindest *Rode*, Verfassungsidentität und Ewigkeitsgarantie, S. 113 ff.; *Polzin*, Der Staat 2014, 61, 92 spricht von „langen Schatten“ Weimars bzw. Schmitts.

496 BVerfGE 37, 271 (279); siehe auch BVerfGE 73, 339 (375 f.); BVerfGE 58, 1 (40) sprach demgegenüber nur vom „Grundgefüge der Verfassung“.

497 *Polzin*, Der Staat 2014, 61, 87.

498 BVerfGE 73, 339 (375 f.).

499 *Bogdandy/Schill*, in: Grabitz/Hilf/Nettesheim, Art. 4 EUV, Rn. 25.

500 BVerfGE 123, 267 (344); konkret heißt es im Urteil, die Verfassungsidentität sei in Art. 79 Abs. 3 „festgelegt“; der Wortlaut enthält hierfür jedoch – ebenso wie

kulturellen und sozialen Lebensverhältnisse“[501] verbleiben. Das Bundesverfassungsgericht scheint also zu implizieren, dass bei der Unterschreitung dieses selbst aufgestellten Mindeststandards womöglich die Existenz der Bundesrepublik verloren gehen würde, woraus unter anderem die Verfassungswidrigkeit der ursächlichen Kompetenzverschiebung zu folgern wäre. Hierdurch, so könnte man es verstehen, hätte das BVerfG der europäischen Integration eine absolute Grenze gesetzt.[502] Die Relevanz des Begriffs der Verfassungsidentität stieg jedenfalls in den vergangenen Jahren gerade in einer Zeit, in der die fortschreitende europäische Integration der EU eine völlig neue und weitreichendere Struktur zu geben begann.[503] Das BVerfG selbst hat auch nach der Lissabon-Entscheidung begrifflich keine Klarstellung vorgenommen und dargelegt, was die zum Konzept der Verfassungsidentität erhöhte und als schutzwürdig erachtete Identität eigentlich darstellen soll. Schon über die Begriffsdeutung durch die Verfassungsrichter kann daher nur spekuliert werden. So ist beispielsweise vorgeschlagen worden, die Identität könne als die „das Gemeinwesen kennzeichnende Eigentümlichkeit – sein Wesen [...]“[504] gekennzeichnet werden. Ob und inwieweit das BVerfG mit solchen oder vergleichbaren Vorschlägen konform gehen würde, ist mangels Auseinandersetzung des Gerichts mit dem Wortsinn der Identität aber nur schwer abzuschätzen.

Schon in den Neunzigerjahren hatte jedoch womöglich das Unionsrecht selbst den Anlass für eine intensivere Auseinandersetzung des BVerfG mit dem Begriff der Verfassungsidentität geschaffen, indem durch den Vertrag von Maastricht 1992 der wohl verwandte Begriff der „nationalen Identität“, die die EU ihrerseits zu achten habe, ins Primärrecht gelangte.[505] Gleichzeitig verschwand die Verfassungsidentität für einige Jahre aus dem Vokabular der deutschen Verfassungsrichter.[506]

Heute lautet Art. 4 Abs. 2 Satz 1 EUV wie folgt:

> „Die Union achtet die Gleichheit der Mitgliedstaaten vor den Verträgen und ihre jeweilige nationale Identität, die in ihren grundlegenden politischen und verfassungsmäßigen Strukturen einschließlich der regionalen und lokalen Selbstverwaltung zum Ausdruck kommt.“

---

derjenige des ebenfalls stets angeführten Art. 23 Abs. 1 Satz 3 GG – keinerlei Anhaltspunkte; *Polzin*, Der Staat 2014, 61, 89.

501 BVerfGE 123, 267 (358).

502 *Rademacher*, EuR 2018, 140, 142 f.

503 *Rousseau*, JöR 2015, 91, 93; vgl. die Nennung in BVerfGE 123, 267 (268); BVerfGE 125, 260 (324); BVerfGE 126, 286 (302); BVerfGE 129, 124 (169 f.); BVerfGE 132, 195 (240 f.); BVerfGE 134, 366 (418 f.).

504 *Nettesheim*, EuR-Bei 1/2010,101, 113.

505 *Schönberger*, JöR 2015, 41, 44 f. m. w. N.; ob die vormalige Nennung der Identität durch das BVerfG den europäischen Gesetzgeber aber in irgendeiner Weise dazu bewogen hat, die Regelung ins Primärrecht aufzunehmen, wie es *Goldhammer*, JöR 2015, 105, 106, suggeriert, ist wohl kaum nachprüfbar.

506 *Polzin*, Der Staat 2014, 61, 88.

Dabei verharrt auch der europarechtliche Begriff der nationalen Identität der Mitgliedstaaten nach Art. 4 Abs. 2 Satz 1 EUV zumindest sprachlich ausschließlich in einem nationalstaatlich-geschlossenen Denken, das in erster Linie an souveräne und unabhängige Nationen anzuknüpfen scheint und pluralistisches Verfassungsdenken kaum zulässt. Primäres Bezugsobjekt jener nationalen Identität soll stets die vorherrschende soziale und gesellschaftliche Struktur ausschließlich des jeweiligen Nationalstaats (isoliert betrachtet) sein.[507]

Seit dem Vertrag von Lissabon sind die Begriffe der nationalen Identität und der Verfassungsidentität zwar immer noch längst nicht deckungsgleich.[508] Allerdings stellt die Norm des Art. 4 Abs. 2 Satz 1 EUV seitdem zumindest einen Bezug zu den nationalen Verfassungen der Mitgliedstaaten her und bietet daher wenigstens einen gewissen Raum für Interpretationen zugunsten einer schützenswerten (nationalen) Verfassungsidentität,[509] wodurch diese zu „einem in allen Varianten ausgeführten Leitthema der neuen Europarechtsjudikatur"[510] des BVerfG wurde. Feststellungen zur inhaltlichen Ausgestaltung der Verfassungsidentität der Mitgliedstaaten enthält Art. 4 Abs. 2 Satz 1 EUV allerdings nicht.[511] Die gestiegene Relevanz des Konzepts führte auch nicht zu einer begrifflichen Aufklärung. Vielmehr waren auch die Reaktionen auf das Engagement des BVerfG im Bereich des Begriffs der verfassungsrechtlichen Identität oftmals eher verhalten.[512] Im Gegensatz zum amerikanischen Rechtsraum, wo der Begriff insbesondere die Identität des Gemeinwesens oder der Bevölkerung erfasst, geht es bei der deutschen Verfassungsidentität offenbar überwiegend um den Schutz wesentlicher Bestimmungen der Verfassung, die für änderungsfest erklärt werden sollen.[513] Da dieselbe Funktion jedoch bereits von Art. 79 Abs. 3 GG erfüllt wird, ist unklar, welchen Mehrwert das BVerfG in der Erschaffung des Begriffes der Verfassungsidentität überhaupt sieht.

Insgesamt ist das Konzept der Verfassungsidentität also losgelöst vom geschriebenen Verfassungsrecht entwickelt worden. Es ist vielmehr Folge theoretischer Grundannahmen und (ideologischer) Vorstellungen. Das derzeitige Verständnis der Verfassungsidentität beruht daher im Kern auf vom BVerfG selbst vorgenommenen verfassungstheoretischen Erwägungen, die ihrerseits wieder auf über der Verfassung liegenden vagen und schwer fassbaren Vorstellungen beruhen. Aus dieser selbst zuerkannten Freiheit bei der Erschaffung des Begriffs der Verfassungsidentität folgt für die Verfassungsrichter selbst offenbar auch ein bemerkenswerter Auslegungsspielraum bei seiner Anwendung.[514]

---

507 *Wischmeyer*, AöR 2015, 415, 428 m. w. N.
508 Siehe hierzu bereits unter Gliederungspunkt C.II.2.
509 *Schönberger*, JöR 2015, 41, 45.
510 *Herdegen*, Europarecht, § 10, Rn. 25; vgl. hierzu auch *Wischmeyer*, AöR 2015, 415, 416 m. w. N.; *Ingold*, AöR 2015, 1, 2.
511 *Walter*, ZaöRV 2012, 177, 180.
512 *Ingold*, AöR 2015, 1, 2 m. w. N.
513 *Polzin*, Der Staat 2014, 61, 62.
514 Vgl. *Polzin*, Der Staat 2014, 61, 92.

Der Begriff der Verfassungsidentität in der deutschen Verfassungsgerichtsrechtsprechung bleibt diffus und lässt sich kaum durch die Nennung konkret angreifbarer Maßnahmen schärfen.[515] Ebenso ist nicht ersichtlich, wie sich der Begriff der Verfassungsidentität von weiteren im Zusammenhang mit der Begrenzung der Übertragung von Kompetenzen oftmals verwendeten Begriffen[516] unterscheiden soll.[517] Darüber hinaus ist auch fraglich, ob der Begriff der Verfassungsidentität überhaupt passend ist, um den Schutz der von Art. 79 Abs. 3 GG umfassten Grundsätze zu bezeichnen. Teilweise wird diesbezüglich vielmehr vertreten, die Verwendung des Begriffes führe zur Verzerrung des Inhalts von Art. 79 Abs. 3 GG, da die Gefahr einer Überwindung bzw. Loslösung von Art. 79 Abs. 3 GG bestehe und ein Widerspruch zur aufgrund des Demokratieprinzips gebotenen restriktiven Auslegung von Art. 79 Abs. 3 GG drohe.[518]

2. Abhängigkeit von gesellschaftlichem und sozialem Wandel

Ferner könnte das Verständnis des Begriffs der Verfassungsidentität womöglich auch von gesellschaftlichen und sozialen Veränderungen beeinflusst sein.

Der Begriff der Identität strahlt Zugehörigkeit, Orientierung und Zuversicht aus.[519] Zugleich ruft er oftmals jedoch ein gewisses Unbehagen hervor, da seine Zugriffspunkte oftmals dynamisch und relational sind und die Bestimmung der Identität insbesondere stark von vorherrschenden gesellschaftlichen und sozialen Strukturen abhängt. Eine exklusive, statische und abschließende Begriffsbestimmung fällt daher schwer. Dennoch ist die fortschreitende „Verrechtlichung“ des Begriffs der Identität kaum zu bestreiten.[520]

Zunächst umfasst der Begriff der Identität die sozialen Einstellungen eines Einzelnen oder einer Gruppe von Individuen zur geltenden Rechtsordnung sowie den jeweiligen Bezug zu kulturellen, religiösen oder linguistischen Eigenheiten.[521] Allerdings kann die Verfassung an einem so zu umschreibenden personalen Identitätskonzept mangels Persönlichkeitsfähigkeit nicht teilhaben. Sie ist lediglich in der Lage, den geltenden Gemeinschaftsvorstellungen einen gewissen verfassungsrechtlichen Identitätsgehalt zu vermitteln. Eine eigene personelle Identität kann eine Verfassung jedoch nicht haben.[522] Zudem sprechen die Fülle der bereits aufgezeigten Verfassungsänderungen in der grundgesetzlichen Historie[523] ebenso

515 So auch *Rademacher*, EuR 2018, 140, 147 m. w. N.

516 Wie Souveränität, Volkssouveränität, Staatlichkeit, souveräne Staatlichkeit, souveräne Verfassungsstaatlichkeit.

517 *Rademacher*, EuR 2018, 140, 148.

518 *Polzin*, Verfassungsidentität, S. 133 ff.

519 *Wischmeyer*, AöR 2015, 415, 420.

520 *Wischmeyer*, AöR 2015, 415, 422.

521 *Wischmeyer*, AöR 2015, 415, 423 f.

522 *Ingold*, AöR 2015, 1, 16 f.

523 Vgl. Gliederungspunkt C.II.3.c.

gegen ein zu starres Verständnis der Unabänderlichkeit der Verfassung wie die Tatsache, dass gerade die durch Art. 79 Abs. 3 GG in Bezug genommenen Begriffe wie Menschenwürde, Demokratie oder Rechtsstaatlichkeit in höchstem Maße Veränderungen in ihrer verfassungsrechtlichen Wahrnehmung unterliegen.[524] Die verfassungsrechtliche Wahrnehmung dieser Begriffe hängt nämlich stark von einem sich ständig wandelnden Werteverständnis der Gesellschaft ab. Wenn also auch ein Teil der Verfassung selbst als unveränderlich gilt, so sind zumindest die Sichtweisen auf die Verfassung und damit ihre mögliche Interpretation in hohem Maße wandelbar. Die dadurch zu konstatierende „erhebliche Dynamik in der Begriffsdeutung"[525] erschwert die Nutzbarkeit der Verfassungsidentität als normatives Konzept zusätzlich. Der jeweilige Inhalt nationaler (Verfassungs-)Identität kann sich daher insbesondere anhand der Veränderungen gesellschaftlicher, kultureller und politischer Gegebenheiten stetig wandeln.[526] Die damit einhergehende mögliche Diskontinuität der geltenden Verfassungsordnung gesteht das BVerfG an anderer Stelle auch selbst ein.[527] Hierzu passt jedoch nicht, dass der Auseinandersetzung des BVerfG mit dem Begriff augenscheinlich stets die Ansicht zugrunde liegt, dass die Verfassungsidentität ein statisches Konzept sei, das bereits der historische Verfassungsgeber im Zeitpunkt der Schaffung des Grundgesetzes vorgesehen und durch die Ewigkeitsklausel des Art. 79 Abs. 3 GG abgesichert habe.

Vor diesem Hintergrund ist nicht ersichtlich, wie sich die Rechtsbereiche, die aus Sicht des BVerfG noch auf die EU übertragbar sind, von denjenigen, bei denen eine Übertragung die Identität des Grundgesetzes verletzen würde, unterscheiden sollen. Die Komplexität des Begriffs der Identität scheint in diesem Zusammenhang schier unüberwindbar. Es ist daher zu bezweifeln, dass sich der Begriff der (Verfassungs-)Identität aufgrund seiner unüberschaubaren sozialwissenschaftlichen, politischen und kulturellen Implikationen überhaupt als Rechtsbegriff eignet.

3. Zusammenfassung

Der vorstehende Abschnitt hat gezeigt, dass das Konzept der Verfassungsidentität in seiner heutigen Form letztlich losgelöst vom geschriebenen Verfassungsrecht entwickelt wurde und schon deshalb nur schwer als verfassungsgerichtlicher Maßstab dienen kann. Der Begriff der Identität ist diffus, kaum abgrenzbar und insbesondere vor dem Hintergrund seiner wechselnden gesellschaftlichen, kulturellen und politischen Implikationen wandelbar und unbeständig. In gewisser Weise entzieht sich der zumeist überwiegend politisch-gesellschaftlich ausgefüllte Begriff der Identität jeglicher (juristischer) Interpretation.[528] Insbesondere

524 *Ingold*, AöR 2015, 1, 21.
525 *Ingold*, AöR 2015, 1, 21.
526 Ähnlich auch *Nettesheim*, EuR-Bei 1/2010, 101, 113 f.
527 BVerfGE 123, 267 (334).
528 So auch *Lepsius*, JöR 2015, 63, 66 f., 85.

ist die zu befürchtende Ausgestaltung des Konzepts als spezifisch unionsgerichtete Verfassungsidentität, mit der – ähnlich einem politischen Organ – auf die lauter werdenden Rufe der Gesellschaft nach Widerstand gegen Europäisierung und Globalisierung reagiert werden kann, zu kritisieren. Der Begriff der Verfassungsidentität suggeriert zudem zu Unrecht, aus ihm ergebe sich eine Aufzählung der unabänderlichen Kernelemente der Verfassung. Es widerspräche jedoch der Systematik des Grundgesetzes und würde eine ungerechtfertigte Kompetenzerweiterung darstellen, davon auszugehen, dass es Aufgabe des Bundesverfassungsgerichts sein soll, über Art. 79 Abs. 3 GG hinaus weitere Bestandteile des Grundgesetzes zu benennen, die unabänderlich sein sollen.

Zudem wird die Inkonsequenz des Ansatzes des BVerfG bei der Kreation der Verfassungsidentität offensichtlich, wenn man beachtet, wie sich die Verfassungsrichter zur Maßstabsgewinnung erst politische Entscheidungen zu Eigen gemacht haben, um diesen (unzureichend bestimmten) Maßstab dann zur Begrenzung ebensolcher politischer Entscheidungen zugunsten einer fortschreitenden Integration einzusetzen. Es kann sich insgesamt der Eindruck aufdrängen, dass die Besinnung mancher mitgliedstaatlicher Verfassungsrichter auf ein so abstraktes begriffliches Konzept allein rechtlichen Kontroll- und Einflussverlusten Vorschub leisten soll.[529] Insofern spricht vieles dafür, dass auch die hier versuchte Begriffsbestimmung außerhalb rechtstheoretischer Überlegungen anhand gesellschaftlicher und kultureller Gegebenheiten nicht zur juristischen Operationalisierung des Begriffs der (Verfassungs-)Identität beizutragen im Stande ist.

Schließlich haftet dem Identitätsbegriff grundsätzlich das Problem an, dass bei seiner Bestimmung rechtliche Argumente schnell hinter politische oder gesellschaftliche Erwägungen zurücktreten.[530] Ihm lassen sich also aufgrund der Tatsache, dass für seine Bestimmung insbesondere außerrechtliche Faktoren eine Rolle spielen, kaum taugliche Maßstäbe für eine Bestimmung der Reichweite des Art. 79 Abs. 3 GG im Zusammenhang mit der Identitätskontrolle entnehmen. Es bleibt demzufolge abzuwarten, ob es in Zukunft gelingen wird, den schillernden Begriff der Identität einer produktiven Verwendung im Recht zuzuführen. Da dies jedoch zu bezweifeln ist, bleibt die Frage, ob das BVerfG gut daran tut, sich lediglich einer eindimensionalen Identität – nämlich der nationalen – zu verschreiben oder ob es vielleicht an der Zeit wäre, auch im Rahmen der verfassungsgerichtlichen Rechtsprechung anzuerkennen, dass die deutsche (Verfassungs-)Identität längst durch eine vergleichbar ausgeprägte europäische Identität überlagert, ergänzt und stellenweise ersetzt wird.

Diese Schwierigkeiten bei der begrifflichen Bestimmung der Verfassungsidentität führen letztlich zu der vorliegenden Schlussfolgerung, dass die sogenannte Verfassungsidentität des Grundgesetzes allenfalls als eine solche denkbar ist, die die Mitgliedstaatlichkeit der BRD in der EU sowie eine tiefgreifende und

529 *Wischmeyer*, AöR 2015, 415, 418.
530 *Walter*, ZaöRV 2012, 177, 190.

fortschreitende europäische und internationale Integration zum Inhalt hat. Insgesamt bleibt also fraglich, wie auf den Begriff der Verfassungsidentität, wenn schon sein Inhalt so unklar und ständigen Schwankungen ausgesetzt ist, ein verfassungsgerichtlicher Kontrollvorbehalt gestützt werden soll.

VIII. Rechtsfolgen

Nun wird der Frage nachgegangen, welche Rechtsfolgen das BVerfG aus einem möglichen Verfassungsidentitätsverstoß ableitet.

Nach Ansicht des BVerfG wird Unionsrecht, das die Verfassungsidentität im Sinne des Art. 79 Abs. 3 GG verletzt, grundsätzlich nicht mehr vom Rechtsanwendungsbefehl des Art. 23 GG sowie des deutschen Zustimmungsgesetzes erfasst und findet deshalb in Deutschland keine Anwendung.[531] Freilich kann das BVerfG jedoch nur Stellung dazu nehmen, inwieweit eine europäische Maßnahme in Deutschland Anwendung findet oder nicht. Ein vom BVerfG festgestellter Identitätsverstoß hätte somit zumindest keinerlei Folgen für die Anwendbarkeit und Geltung des identitätsverletzenden Unionsrechts in anderen Mitgliedstaaten[532] und würde unionsrechtlich lediglich eine Vertragsverletzung darstellen.

Das BVerfG hat das zugrundeliegende Unionsrecht im Fall des europäischen Haftbefehls nur deshalb nicht für unanwendbar erklärt, weil es lediglich die den Identitätsverstoß in diesem speziellen Fall allein verursachende Entscheidung des OLG aufhob.[533] Das eigentliche Unionsrecht benötigte es daher nicht mehr als zusätzlichen Begründungsstrang. Gleichzeitig betonten die Verfassungsrichter jedoch die zumindest mögliche Rechtsfolge der Feststellung eines weitergehenden Identitätsverstoßes, der dazu führen würde, dass „Unionsrecht in Deutschland in eng begrenzten Einzelfällen für unanwendbar erklärt werden“[534] müsse. Auch vor dem Hintergrund, dass das Unionsrecht seinerseits überhaupt kein allgemeines Nichtigkeitsdogma kennt und Rechtsakte grundsätzlich bis zu ihrer Aufhebung durch den EuGH wirksam bleiben,[535] bleibt jedoch unklar, wie das BVerfG eine Unanwendbarkeit der Maßnahme ausschließlich auf der Grundlage seines eigenen Richterspruchs und ausschließlich im deutschen Rechtsraum erreichen will. Denn die unionsrechtliche oder völkerrechtliche Geltung eines identitätsverletzenden Rechtsakts kann durch das BVerfG ohnehin nicht direkt verhindert werden.[536] Schließlich bezieht sich Art. 79 Abs. 3 GG nur auf das Handeln des verfassungsändernden (deutschen) Gesetzgebers.

---

531 BVerfGE 123, 267 (354 f.); BVerfGE 140, 317 (337); *Voßkuhle*, RdA 2015, 336, 339.

532 *Wendel*, in: Marsch/Vilain/Wendel, Französisches und Deutsches Verfassungsrecht: Ein Rechtsvergleich, § 8, Rn. 90.

533 BVerfGE 140, 317 (342 ff.).

534 BVerfGE 140, 317 (337).

535 *Sauer*, EuR 2017, 186, 194.

536 *Sauer*, EuR 2017, 186, 194.

Ob das Verfassungsgericht bei der nächsten Gelegenheit tatsächlich Unionsrecht für in Deutschland unanwendbar erklären wird[537] und welche Rechts- und mittelbar auch politischen Folgen es hieraus genau ableiten wird, bleibt daher zunächst noch abzuwarten. Es wird jedoch interessant sein zu sehen, ob und wenn ja wie das BVerfG insbesondere die Wirkung seiner Nichtigkeitsentscheidung über die bundesdeutschen Grenzen hinaus erklären wird.

IX. Überdehnung des Art. 38 Abs. 1 Satz 1 GG und des Art. 1 Abs. 1 GG

Die verfassungssystematisch vielleicht stärksten Argumente gegen die Identitätskontrolle könnten jedoch in der durch diese bedingten Überdehnung des Art. 38 Abs. 1 GG und der zumindest zu befürchtenden Überdehnung des Art. 1 Abs. 1 GG durch das BVerfG liegen. Nachfolgend wird daher der Umgang des BVerfG mit diesen beiden Grundrechtsnormen im Rahmen der Identitätskontrolle überprüft.

1. Art. 38 Abs. 1 Satz 1 GG

Art. 38 Abs. 1 GG beschreibt die verfassungsrechtlichen Vorgaben für die Bundestagswahl (Satz 1) und die Rechtsstellung der Abgeordneten (Satz 2). Insgesamt sichert Art. 38 Abs. 1 GG zudem die Legitimation der Staatsgewalt und die Einflussnahme der Bürger auf deren Ausübung.[538] Inzwischen hat das BVerfG Art. 38 GG zudem zum rügefähigen Recht erhoben und mit Art. 20 Abs. 1, Abs. 2 GG und Art. 1 Abs. 1 GG verknüpft, um im Rahmen der Verfassungsidentität gemäß Art. 79 Abs. 3 GG Zugriff auf oftmals eher politisch zu verantwortende Rechtsfragen zu bekommen. Das Vakuum, welches Art. 23 Abs. 1 GG in Bezug auf – dort weitgehend nicht vorgesehene – Integrationsschranken enthält, wird also vom BVerfG durch die Konstruktion über Art. 38 GG gefüllt.

Nach Ansicht des Bundesverfassungsgerichts kann jeder wahlberechtigte Bürger der BRD gegenüber einer diese Legitimation möglicherweise entwertenden Verlagerung von Befugnissen des Bundestages auf supranationale Organisationen Verfassungsbeschwerde erheben.[539] Grund hierfür soll sein, dass Art. 38 GG nach Ansicht der Verfassungsrichter ein grundrechtsgleiches Recht im Sinne von Art. 93 Abs. 1 Nr. 4a darstellt.[540] Das BVerfG versteht Art. 38 GG daher seit dem

537 Im PSPP-Urteil (vgl. oben C.I.2.f.) erfolgte dies zunächst nur dem unter dem Vorbehalt einer nachträglichen Änderungsmöglichkeit bzw. mit Einräumung einer Heilungsfrist.

538 *Butzer*, in: BeckOK GG, Art. 38, Rn. 32.

539 *Pache*, EuGRZ 2009, 285, 287, spricht zutreffend von einer „Einladung" zur Verfassungsbeschwerde.

540 *Butzer*, in: BeckOK GG, Art. 38, Rn. 32.1.

Maastricht-Urteil[541] quasi als prozessuales Spiegelbild des Demokratieprinzips und entnimmt ihm einen materiellen Gewährleistungsgehalt. Hieraus folgt, dass eine Verlagerung von Aufgaben und Befugnissen beispielsweise auf den Staatenverbund der EU immer dann ausgeschlossen sein soll, wenn sie nach Ansicht des BVerfG die durch die Wahl des deutschen Bundestages bewirkte Legitimation und damit den nach Art. 79 Abs. 3 GG in Verbindung mit Art. 20 Abs. 1, Abs. 2 GG unantastbaren Gehalt des Demokratieprinzips verletzt.[542] Mit der durch diesen Kunstgriff möglich werdenden Verfassungsbeschwerde soll jeder Bürger rügen können, dass das ihm zustehende Recht auf gleiche Teilhabe an der demokratischen Selbstbestimmung nach Art. 38 Abs. 1 Satz 1 GG, Art. 20 Abs. 1, Abs. 2 GG dadurch verletzt sei, dass die Rechte des Bundestages wesentlich geschmälert worden seien und damit ein Substanzverlust demokratischer Gestaltungsmacht eingetreten sei.[543] Der Wahlakt verlöre also seinen Sinn, wenn der Bundestag zu viele Kompetenzen an die EU abgäbe und sich der Einfluss des demokratisch legitimierten Bundestages dadurch verringerte.[544]

In dieser Argumentation des BVerfG kommt zum Ausdruck, dass die Verfassungsrichter nach wie vor der Ansicht sind, die EU bleibe noch hinter dem vom Grundgesetz geforderten Niveau demokratischer Legitimation zurück, da ein politisches Entscheidungsorgan mit der Fähigkeit zur einheitlichen Repräsentation des Volkswillens fehle.[545] Neuerdings folgert das BVerfG aus dem materiellen Gewährleistungsgehalt des Wahlrechts zudem auch eine Handlungspflicht beispielsweise gegen Maßnahmen der EZB[546] oder – wie im Falle von CETA – den bevorstehenden Abschluss gemischter völkerrechtlicher Abkommen[547] obwohl nach bisheriger verfassungsgerichtlicher Rechtsprechung weder die Mitwirkung der Bundesregierung beim Abschluss völkerrechtlicher Verträge noch die Mitwirkungsakte deutscher Staatsorgane bei der Erzeugung sekundären EU-Rechts in den Gremien der EU einen „Akt öffentlicher Gewalt gegenüber den Antragstellern“ eines Verfassungsbeschwerdeverfahrens darstellten und daher nicht tauglicher Gegenstand einer Verfassungsbeschwerde sein konnten.[548] Nun aber folgert das BVerfG aus der Integrationsverantwortung sowie Art. 38 Abs. 1 Satz 1 GG die Pflicht von Bundestag und Bundesregierung, einen ultra vires-Akt oder eine Verfassungsidentitätsverletzung zu verhindern, und formuliert durch diese an

541 BVerfGE 89, 155 (171 f.).

542 BVerfGE 89, 155 (184); BVerfGE 123, 267 (330 f.); BVerfGE 129, 124; BVerfGE 132, 195 (240); BVerfGE 134, 366 (380 ff.).

543 BVerfGE 123, 267 (340 f.); BVerfGE 129, 124; BVerfGE 134, 366 (396).

544 BVerfGE 123, 267 (340 f.); BVerfGE 129, 124; BVerfGE 134, 366 (396).

545 BVerfGE 123, 267 (331); a. A. *Nass*, in: Recht, Ordnung und Wettbewerb: Festschrift zum 70. Geburtstag von Wernhard Möschel, 901, 902.

546 BVerfGE 142, 123; BVerfG, Urteil vom 5. Mai 2020, 2 BvR 859/15.

547 BVerfGE 143, 65; BVerfGE 144, 1.

548 *Korioth*, in: Schlaich/Korioth, Das Bundesverfassungsgericht, Rn. 214.

sich über Art. 38 GG kaum zu argumentierende Verengung politisch zu verantwortender Maßnahmen[549] eine politische Handlungspflicht.[550]

Nach Auffassung des BVerfG stellt das so entworfene Legitimationskonstrukt den Versuch dar, eine „Entleerung der Aufgaben des Deutschen Bundestages“[551] durch supranationale Einflüsse zu vermeiden.[552] Denn dem BVerfG sollten „für zentrale Regelungs- und Lebensbereiche substanzielle innerstaatliche Gestaltungsmöglichkeiten verbleiben“[553]. Zu einer solchen Entleerung kommt es nach Ansicht der Verfassungsrichter dann, wenn so viele „staatsbegründende Elemente“ in die Zuständigkeit einer supranationalen Organisation fallen, dass die „souveräne Staatlichkeit der Bundesrepublik Deutschland“ verletzt sei.[554] Erst nach diesem Schritt wird der Kunstgriff[555] des BVerfG nachvollziehbar, da in einer Verletzung der souveränen Staatlichkeit der BRD durch die Entwertung des Wahlaktes wohl gleichzeitig ein Identitätsverstoß liegen soll,[556] sodass über den Umweg des Art. 38 GG letztlich entgegen der ausdrücklichen grundgesetzlichen Konzeption die jederzeitige Überprüfung der Einhaltung des Demokratieprinzips für jedermann möglich wird.[557] Denn wenn dem Bundestag „kein ausreichender Raum zur politischen Gestaltung der wirtschaftlichen, kulturellen und sozialen Lebensverhältnisse mehr“[558] verbleibe, fehle die „demokratische Selbstgestaltungsfähigkeit eines Verfassungsstaates“[559]. Hiermit ginge nach Ansicht des Gerichts eine via Verfassungsbeschwerde rügefähige Verfassungsidentitätsverletzung einher. Diesem Ausbau des durch Art. 38 Abs. 1 Satz 1 GG geschützten Wahlrechts zum „Supergrundrecht auf Demokratie“[560] – also einem subjektiven Recht auf Bewahrung der

549 *Korioth*, in: Schlaich/Korioth, Das Bundesverfassungsgericht, Rn. 214.

550 „Aus der Integrationsverantwortung erwächst für den Deutschen Bundestag und die Bundesregierung die Pflicht, über die Einhaltung des Integrationsprogramms zu wachen und aktiv auf diese hinzuwirken“, vgl. BVerfGE 146, 216 (251); ähnlich BVerfGE 134, 366 (395 f.); vgl. bereits oben unter Gliederungspunkt C.II.3.a.

551 BVerfGE 123, 267 (406).

552 BVerfGE 123, 267 (406).

553 BVerfGE 123, 267 (406); ähnlich bereits BVerfGE 89, 155 (186).

554 BVerfGE 123, 267 (406); ähnlich BVerfGE 89, 155 (184); BVerfGE 97, 350 (369); BVerfGE 129, 124; BVerfGE 132, 195 (240); BVerfGE 134, 366 (380 ff.).

555 *Steinbeis*, Verfassungsblog 21. Juni 2016, https://verfassungsblog.de/staunenswertes-aus-karlsruhe-zum-omt-urteil-des-bverfg/, spricht von einem der „luftigsten und ambitioniertesten verfassungsjuristischen Gedankenkonstrukte, das je von Richterhand errichtet worden ist“.

556 Siehe hierzu bereits oben unter Gliederungspunkt C.II.3.b.

557 Kritisch u. a. *Schönberger*, Der Staat 2009, 535, 540.

558 BVerfGE 123, 267 (LS. 3).

559 BVerfGE 123, 267 (360).

560 *Bethge*, in: Maunz/Schmidt-Bleibtreu/Klein/Bethge, Bundesverfassungsgerichtsgesetz, § 90, Rn. 334b; das BVerfG selbst hatte zwischenzeitlich den Terminus „Grundrecht auf Mitwirkung an der demokratischen Selbstherrschaft“ verwendet, BVerfGE

(ausschließlich nationalstaatlich verstandenen) Demokratie – treten weite Teile der juristischen Fachliteratur[561] durchaus kritisch entgegen.[562]

Mit dieser extensiven Auslegung des Art. 38 GG geht unter anderem einher, dass nicht mehr nur der Wahlakt an sich gesichert ist, sondern auch seine hinreichende Einflussnahme auf die zukünftige Ausübung hoheitlicher Gewalt. Das BVerfG lässt die Konstruktion vermehrt entgegen seiner eigenen Absicht zu einem Anspruch auf umfassende inhaltliche (Rechts-)Kontrolle werden.[563] Dieser Inhalt ist jedoch im Grunde eher in Art. 20 Abs. 2 GG verbürgt und eben nicht in Art. 38 GG, sodass fraglich ist, ob die Rügefähigkeit des Demokratieprinzips über Art. 38 GG vom Verfassungsgeber gewollt war, obwohl Art. 93 Abs. 1 Nr. 4a GG auf dieses eben nicht Bezug nimmt.[564] Der Wortlaut des Art. 38 Abs. 1 Satz 1, Abs. 2 GG sieht ein solches Recht jedenfalls nicht vor. Auffällig ist zudem, dass das BVerfG im ersten PSPP-Beschluss sein selbst geschaffenes „Recht auf Demokratie" zumindest nicht ausdrücklich benennt, sondern lediglich implizit voraussetzt und als „Anspruch auf demokratische Selbstbestimmung" bezeichnet[565], was an der Kritikwürdigkeit seiner Konstruktion freilich nichts ändert. Im darauf folgenden PSPP-Urteil[566] stellte das BVerfG sodann einen ultra vires-Akt fest, obwohl es dem EZB-Rat letztlich nur die Verletzung einer Begründungspflicht und damit einen prozeduralen Rechtsverstoß vorwarf, der sogar nachgeholt werden konnte, ohne dass eine subjektive Grundrechtsverletzung Einzelner ersichtlich war. Es ist jedoch nicht erkennbar, wie eine nachgeschobene Begründung eine kompetenzwidrig ergangene Maßnahme einer unabhängigen EU-Institution im Nachhinein kompetenzgemäß werden lassen soll. Dies erhärtet den Verdacht, dass das sogenannte Grundrecht auf Demokratie durch das BVerfG in Zukunft weiter sukzessiv entschärft und vermehrt auch bei Fernliegen einer subjektiven Grundrechtsverletzung zur bloßen Kontrolleröffnung herangezogen werden könnte.

Vieles spricht jedenfalls dafür, dass das BVerfG durch die Erschaffung dieses neuen Weges zur Verfassungsbeschwerde anhand eines bisher nicht als

---

129, 124 (168), und spricht inzwischen von einem „Anspruch auf Demokratie", BVerfGE 135, 317 (386).

561 Auch in den beiden Sondervoten zur OMT-Vorlage des BVerfG wird die Konstruktion einer Verfassungsbeschwerde über Art. 38 GG insbesondere in der Verbindung mit Art. 79 Abs. 3, 20 Abs. 1 und 2 GG kritisiert, vgl. BVerfGE 134, 366 (419 ff., 430 ff.).

562 Vgl. für einen Überblick *Tomuschat*, EuGRZ 1993, 489, 493; *Jestaedt*, Der Staat 2009, 497, 504 ff.; *Nettesheim*, NJW 2009, 2867, 2869; *Schönberger*, JZ 2010, 1160 ff.; *Lehner*, Der Staat 2013, 535, 540 ff.; *Hatje*, IWRZ 2016, 195, 199; *Nettesheim*, NJW 2020, 1631, 1632; zustimmend aber z. B. *Murswiek*, JZ 2010, 702, sowie *Nettesheim*, Umfassende Freihandelsabkommen und Grundgesetz, S. 40, der sogar behauptet, jenes Recht stünde im „Zentrum" des Europaverfassungsrechts des Grundgesetzes.

563 *Nettesheim*, NJW 2020, 1631, 1632.

564 *Mannefeld*, Verfassungsrechtliche Vorgaben für die Europäische Integration, S. 245 f.

565 BVerfGE 146, 216 (249 f.); *Ludwigs*, NJW 2017, 3563, 3565.

566 BVerfG, Urteil vom 5. Mai 2020, 2 BvR 859/15.

Grundrecht anerkannten Rechts die Gefahr von Popularklagen gegen EU-Rechtsakte ganz erheblich erhöht hat.[567] Denn nun soll jeder die Möglichkeit haben, zu rügen, dass sein Recht auf gleiche Teilhabe an der demokratischen Selbstbestimmung aus Art. 38 Abs. 1 Satz 1, Art. 20 Abs. 1, Abs. 2 GG durch eine die Befugnisse des Bundestages einschränkende Maßnahme verletzt sei, woraus sich dann ein Verstoß gegen die Grundsätze freier und gleicher Wahl ergäbe.[568] Diese Handhabung von Art. 38 GG ist gerade im Hinblick auf den Gewaltenteilungsgrundsatz problematisch, da die Reaktionsmöglichkeiten auf EU-Maßnahmen klar im politischen Ermessen von Bundestag und Bundesregierung stehen[569] und Zustimmungsgesetze zu völkerrechtlichen Verträgen grundsätzlich nur im Rahmen einer abstrakten Normenkontrolle (Art. 93 Abs. 1 Nr. 2 GG) und nicht im Rahmen einer Verfassungsbeschwerde überprüft werden können.

Zudem bringt die Erweiterung des Art. 38 GG auf einen materiellen Gewährleistungsinhalt die Gefahr einer Umgehung des europäischen Klagesystems mit sich, da entsprechende individuelle Nichtigkeitsklagen nach Art. 263 Abs. 4 AEUV regelmäßig mangels unmittelbarer und individueller Betroffenheit nach Art. 263 Abs. 4 Var. 2 AEUV unzulässig wären.[570] Gleichwohl verabschiedet sich das BVerfG durch diese Rechtsprechung davon, entsprechend der eigentlichen verfassungsrechtlichen Konzeption nur in spezifischen Verfahren von berechtigten Organen oder Personen angerufen werden zu können.[571] Es wird für Integrationssachverhalte quasi allzuständig.

Ein weiterer entscheidender Kritikpunkt an der Konstruktion der Integrationsverfassungsbeschwerde[572] besteht darin, dass sie sich praktisch ausschließlich auf Maßnahmen im europäischen bzw. internationalen Kontext beziehen kann und vom BVerfG augenscheinlich auch allein dafür geschaffen wurde. Denn eine Rüge im Hinblick auf rein nationale Maßnahmen könnte zum einen dem Gedanken der repräsentativen Demokratie widersprechen[573] und ist zum anderen vom BVerfG bislang offenbar keinesfalls vorgesehen. Die Rechtsprechung des BVerfG zu Art. 38 GG scheint daher bis auf weiteres eine – als Zeichen von Europaskepsis

567 *Schönberger*, Der Staat 2009, 535, 539 f.; *Gärditz*, German Law Journal 2014, 183, 190 ff.; ferner *Heun*, JZ 2014, 331, 332; *Mayer*, EuR 2014, 473, 502 ff.; *Nettesheim*, JZ 2014, 585, 588; *Ruffert*, JuS 2014, 373, 374; *Ukrow*, ZEuS 2014, 119, 127 f.; *Ludwigs/Sikora*, EWS 2016, 121, 131; a. A. *Huber*, Verfassungsstaat und Finanzkrise, S. 42 ff., 46 ff.

568 BVerfGE 123, 267 (340 f.); BVerfGE 129, 124 ff.; BVerfGE 134, 366 (396).

569 *Mannefeld*, Verfassungsrechtliche Vorgaben für die Europäische Integration, S. 251; *Classen*, EuR 2015, 477, 485.

570 Vgl. die abweichende Meinung des Richters Gerhardt zum OMT-Beschluss, BVerfGE 134, 366 (432 f.); *Heun*, JZ 2014, 331, 332.

571 *Schönberger*, Der Staat 2009, 535, 540.

572 Begriff nach *Lehner*, Der Staat 2014, 535, 540.

573 *Mannefeld*, Verfassungsrechtliche Vorgaben für die Europäische Integration, S. 245.

einzuordnende – Besonderheit des Europaverfassungsrechts zu bleiben.[574] Trotz ihrer Ausgestaltung als subjektive Verfassungsbeschwerde wird die Überprüfung des „Integrationsgrundrechts“[575] in Art. 38 GG somit zum „objektiven Überprüfungsverfahren für zukünftige Integrationsschritte“, das es dem BVerfG aufgrund ausreichender europakritischer Stimmen aus dem Volk praktisch jederzeit ermöglicht, sich zu nahezu jedem anstehenden Integrationsschritt zu äußern.[576] Als damit potentiell überprüfbarer Integrationsschritt kommt jegliches rechtliche Handeln von mitgliedstaatlicher oder unionaler Seite in Frage, das den bisherigen Integrationsstand übersteigt.[577]

Der Hintergrund der diesbezüglich weiten Auslegung durch das BVerfG liegt auf der Hand: Um zu vermeiden, dass es im Rahmen der Zulässigkeit einer auf eine europäische Maßnahme gerichteten Verfassungsbeschwerde an der unmittelbaren Betroffenheit des Beschwerdeführers und damit an der Beschwerdebefugnis mangelt,[578] wird die Konstruktion über Art. 38 GG gewählt.

Art. 38 Abs. 1 GG erweist sich somit für die Überprüfung eines Verfassungsidentitätsverstoßes im Prinzip nicht als tauglicher Anknüpfungspunkt. Die systematische Einstufung des Wahlrechts als subjektiv im Rahmen einer Verfassungsbeschwerde geltend zu machendes grundrechtsgleiches Recht überzeugt nicht. Sie stellt vielmehr eine systemfremde Ausnahme dar, die dazu geführt hat, dass sich die verfassungsgerichtliche Rechtsprechung vom eigentlich geltenden Grundsatz der Verfassungsbeschwerde als Rechtsbehelf zur Abwehr individueller Grundrechtsbeeinträchtigungen bedenklich weit entfernt hat. Daher müsste der Überdehnung des Art. 38 GG durch das BVerfG in materieller Hinsicht zumindest eine außerordentliche Strenge bei der Bestimmung der erforderlichen Darlegungslast für die Bejahung der Beschwerdebefugnis im Rahmen einer auf einen Identitätsverstoß gerichteten Verfassungsbeschwerde gegenüberstehen. Nur so könnte man dem Ausnahmecharakter eines solchen Verfahrens gerecht werden. Auch in Bezug auf die prozessualen Voraussetzungen einer auf einen Verfassungsidentitätsverstoß gerichteten Verfassungsbeschwerde hält sich das BVerfG jedoch bedeckt.[579] Diese Kombination lässt eine uferlose Ausweitung der Rechtsprechungsgewalt des BVerfG in Integrationssachverhalten befürchten.

---

574 *Classen*, EuR 2016, 529, 531.

575 *Thiele*, EuR 2017, 367.

576 *Mannefeld*, Verfassungsrechtliche Vorgaben für die Europäische Integration, S. 246; *Hatje*, IWRZ 2016, 195, 199.

577 *Lehner*, Der Staat 2013, 535, 540 f.

578 *Jestaedt*, Der Staat 2009, 497, 504.

579 Siehe unter Gliederungspunkt C.III.

2. Art. 1 Abs. 1 GG

In engem Zusammenhang mit der Überdehnung des Art. 38 GG steht die zumindest zu befürchtende Überdehnung des Art. 1 Abs. 1 GG durch das BVerfG.[580] Zum Schutzumfang der in Art. 1 GG niedergelegten Grundsätze nach Art. 79 Abs. 3 GG, aus dem sich die Identitätskontrolle nach Ansicht des BVerfG ergibt, gehört zuvorderst der Schutz der gemäß Art. 1 Abs. 1 GG garantierten Menschenwürde als solcher.[581]

Wenn nun aber – wie es eine weit verbreitete Ansicht annimmt – jedes Grundrecht einen, wenn auch unterschiedlich stark ausgeprägten, Menschenwürdekern aufweist,[582] besteht die Gefahr, dass das BVerfG bei extensiver Auslegung seiner Identitätskontrolle in Zukunft in nahezu allen Fällen, in denen irgendein Grundrecht und dessen – wie auch immer zu bestimmender – Menschenwürdekern betroffen wäre, eine Identitätskontrolle vornehmen könnte.[583] Hierdurch würde die verfassungsrechtliche Menschenwürdegarantie nicht nur abgewertet[584] und womöglich „zum Objekt einer national-zentrierten, wenig europarechtsfreundlichen Verfassungspolitik"[585] herabgesetzt. Dies würde insbesondere auch der Konzeption des Grundgesetzes widersprechen, da trotz des Verweises von Art. 79 Abs. 3 GG auch auf Art. 1 Abs. 3 GG die „nachfolgenden Grundrechte" der Art. 2 ff. GG eben nicht vom weitgehenden Schutz der Ewigkeitsgarantie umfasst sein sollen.[586] Tatsächlich sollten am Schutz des Art. 79 Abs. 3 GG nur diejenigen Grundrechte teilhaben, die für eine demokratische und rechtsstaatliche Ordnung absolut unverzichtbar sind.[587] Alle anderen Grundrechte müssten aus dem Anwendungsbereich des Art. 79 Abs. 3 GG gänzlich herausfallen, da deren möglicher Menschenwürdegehalt über den Einzelfall hinaus kaum zu bestimmen sein dürfte.[588] Es ist kaum vorstellbar, wie ein deutsches Fachgericht in jedem Einzelfall in der Lage

580 *Nettesheim*, JZ 2016, 424, 425, befürchtet eine „Ausfransung" des Schutzgehalts von Art. 1 Abs. 1 GG; vor diesem Phänomen warnt auch *Thiele*, EuR 2017, 367, 379.

581 *Dreier*, in: Dreier, GG, Art. 79 Abs. 3, Rn. 27, der nachvollziehbar betont dass die vom BVerfG „kreierten Kombinationen mit anderen Grundrechten und Verfassungsgütern" eben nicht erfasst seien.

582 *Herdegen*, in: Maunz/Dürig, GG, Art. 1 Abs. 1, Rn. 26; *Dreier*, in: Dreier, GG, Art. 79, Rn. 28; *Hufen*, Staatsrecht II, §10, Rn. 46

583 *Voßkuhle*, JZ 2016, 161, 164 f., vertritt die weitreichende Meinung, alle Grundrechte, die „Ausfluss der Menschenwürde sind" seien potentiell in diesem Rahmen zu prüfen. Auf welche Grundrechte genau er sich hierbei jedoch bezieht, ist unklar.

584 Gegen ein zu weites Verständnis von Art. 79 Abs. 3 GG in diesem Zusammenhang etwa auch *Herdegen*, in: Maunz/Dürig, GG, Art. 79, Rn. 123, sowie *Nettesheim*, JZ 2016, 424, 427.

585 *Burchardt*, ZaöRV 2016, 527, 544.

586 *Dietlein*, in: BeckOK GG, Art. 79 GG, Rn. 30; *Dreier*, in: Dreier, GG, Art. 79 Abs. 3, Rn. 27; a. A. wohl *Huber*, in: Streinz, EUV/AEUV, Art. 19 EUV, Rn. 73.

587 So auch *Dietz*, AöR 2017, 78, 99.

588 A. A. wohl *Dietz*, AöR 2017, 78, 100/109, die den Menschenwürdegehalt aller Grundrechte im Rahmen des Art. 79 Abs. 3 GG berücksichtigen, über Art. 1 Abs. 1 GG an

sein sollte, zu beurteilen, ob nur der normale Gehalt des Grundrechts oder bereits dessen Menschenwürdegehalt betroffen ist. Das Erstrecken des Art. 79 Abs. 3 GG auf den Menschenwürdegehalt aller anderen Grundrechte wäre demnach impraktikabel.[589] Vor diesem Hintergrund erscheint die Sorge vor einer fortschreitenden Ausweitung der Identitätskontrolle durch die „inflationäre Heranziehung“ der Menschenwürde durchaus berechtigt.[590]

Insofern ist durchaus nachvollziehbar, wenn in der Fachliteratur argumentiert wird, Art. 1 Abs. 1 GG werde „in unionsrechtlichen Fragestellungen zu einem Supergrundrecht aufgeladen, das [...] letztlich bei sämtlichen integrationsrechtlichen Fragestellungen ins Feld geführt werden kann“[591]. Denn gerade durch ihre Verknüpfung mit Wahlrecht und Volkssouveränität erfährt die Menschenwürde eine keinesfalls gebotene staatsorganisationsrechtliche Aufladung, die ihren eigentlichen Bedeutungsgehalt eher gefährdet als ihm zugute zu kommen.[592]

X. Kritik

Nachfolgend wird zu den im vorangegangenen Kapitel erlangten Erkenntnissen abschließend Stellung genommen.

Die Erschaffung der Identitätskontrolle durch das BVerfG ist vor dem Hintergrund seiner europabezogenen Rechtsprechungsgeschichte seit den Solange-Entscheidungen und der gesunkenen Relevanz der Grundrechtskontrolle wenig überraschend. Auch thematisch befasst sich das Konzept der Verfassungsidentität weitgehend mit bereits seit Längerem bekannten und für föderale Systeme oftmals diskutierten Themen, insbesondere der Stellung der Mitgliedstaaten innerhalb der Union.[593] Die Identitätskontrolle des Bundesverfassungsgerichts sowie das mit ihr einhergehende Identitätsverständnis bergen jedoch erhebliche Gefahren und sind aus verschiedenen Gründen zumindest zu hinterfragen, da es sich bisher kaum um ein systematisches und belastbares Konzept handelt.

Dieses Kapitel hat gezeigt, dass die Verfassungsidentität und die zu ihrem Schutz entwickelte Identitätskontrolle in vielerlei Hinsicht kritisiert werden können:

- Die verfassungsrechtliche Argumentation im Hinblick auf Art. 79 Abs. 3 GG überzeugt nicht. Der Wortlaut des Grundgesetzes gibt eine Identitätskontrolle

---

der Ewigkeitsgarantie teilhaben lassen und daher auch das BVerfG im Rahmen einer Verfassungsbeschwerde hierüber entscheiden lassen möchte.

589 Dies gesteht letztlich auch *Dietz*, AöR 2017, 78, 100, ein, möchte aber dennoch eine Bestimmung anhand der Umstände des konkreten Einzelfalls vornehmen.

590 *Burchardt*, ZaöRV 2016, 527, 544.

591 *Mannefeld*, Verfassungsrechtliche Vorgaben für die Europäische Integration, S. 250 f.

592 Ähnlich auch *Schönberger*, Der Staat 2009, 535, 541.

593 *Schönberger*, JöR 2015, 41, 49, spricht passend von der Einheit in der Vielheit, also der Zusammenordnung zwischen der einheitlichen Union und der Vielheit ihrer Mitgliedstaaten.

nicht her; zumindest wäre ein ganz erheblicher Begründungsaufwand des BVerfG erforderlich, den es über bloße Behauptungen sowie knappe staats- und verfassungstheoretische Aussagen hinaus kaum betreibt (vgl. Gliederungspunkt C.II.1.).

- Aus europarechtlicher Sicht ist darüber hinaus der Umgang des BVerfG mit Art. 4 Abs. 2 Satz 1 EUV zumindest fragwürdig (vgl. C.II.2.).
- Systematisch wird auch für das BVerfG selbst regelmäßig zum Problem, dass die Reichweite des Art. 79 Abs. 3 GG kaum nachvollziehbar zu bestimmen ist (vgl. C.II.3.a.).
- Auch die zentralen Bestandteile, die die Verfassungsidentität des Grundgesetzes prägen sollen, bleiben teilweise unklar (vgl. C.II.3.b.)
- Ebenso unklar bleiben die prozessualen Voraussetzungen der Identitätskontrolle und ihre verfahrensrechtlich korrekte Durchführung (vgl. C.III.).
- In vielen Fällen erscheint die Anwendung der Identitätskontrolle schon vor dem Hintergrund eines fehlenden Kollisionsproblems entbehrlich (vgl. C.IV.).
- Das bislang nicht abschließend geklärte Verhältnis der Identitätskontrolle zur ultra vires- und Grundrechtskontrolle trägt nicht zu ihrer Handhabbarkeit bei (vgl. C.V.).
- Wegen des Ausnahmecharakters der Identitätskontrolle sollte eine Vorlage an den EuGH stets erfolgen, sobald ein Identitätsverstoß realistisch in Betracht gezogen wird und zumindest auch die Auslegung europäischen Rechts streitentscheidend ist (vgl. C.VI.).
- Auch der Begriff der Verfassungsidentität selbst bleibt diffus und schwer zu interpretieren, insbesondere da er stark von einem gesellschaftlich potentiell schwankenden Verständnis abhängt (vgl. C.VII.).
- Zudem scheinen selbst die vom BVerfG angestrebten Rechtsfolgen eines Identitätsverstoßes zumindest aus unionsrechtlicher Sicht schwer umsetzbar (vgl. C.VIII.).
- Die verfassungssystematisch vielleicht stärksten Argumente gegen die Identitätskontrolle liegen jedoch in der durch diese bedingten Überdehnung des Art. 38 Abs. 1 GG (vgl. C.IX.1.) und der zumindest zu befürchtenden Überdehnung des Art. 1 Abs. 1 GG (vgl. C.IX.2.) durch das BVerfG.

Die Europäische Union stellt eine Rechtsgemeinschaft dar. Diesen Umstand betont auch das Bundesverfassungsgericht.[594] Fraglich ist jedoch, warum die Verfassungsrichter hieraus nicht auch die logische Konsequenz ziehen und anerkennen, dass die gerichtliche Kontrolle der Handlungen der Europäischen Union aufgrund des diesbezüglich eindeutigen Primärrechts in aller Regel allein dem EuGH obliegt. Deutlichstes Indiz zugunsten dieser Sichtweise ist schließlich das Vorabentscheidungsverfahren nach Art. 267 AEUV. Eine irgendwie geartete Letztentscheidungskompetenz des BVerfG aufgrund evidenten Misstrauens

594 BVerfGE 142, 123 (186 f.).

gegenüber den EU-Institutionen in Grundrechtsfragen ist vor diesem Hintergrund systemfremd. Wäre es den Mitgliedstaaten (beispielsweise auf Grundlage des Art. 4 Abs. 2 Satz 1 EUV) überlassen, sich der Befolgung des Unionsrechts anhand verfassungsidentitärer Klauseln zu entziehen, würde eine einheitliche Anwendung des Unionsrechts schlechthin unmöglich.[595] Gleichzeitig könnten von der Einordnung einer unionsrechtlichen Maßnahme als Identitätsverstoß auch erhebliche politische Folgen ausgehen, die die Stabilität der europäischen Rechtsgemeinschaft, die sich innerhalb der letzten Jahre ohnehin in einer Krise befindet, ihrerseits gefährden könnten.[596]

Durch die Schaffung der Verfassungsidentitätskontrolle ist es dem BVerfG gelungen, seine eigene Position in europäisch geprägten Sachverhalten zumindest kurzfristig wieder zu stärken, nachdem die Grundrechtskontrolle weitgehend obsolet geworden war. Die Schaffung einer verfassungsrechtlichen Identitätskontrolle ist rechts- und verfassungspolitisch vielleicht wünschenswert, aber nicht im Grundgesetz angelegt. In diesem Zusammenhang erkennt auch das BVerfG selbst zumindest stellenweise an, dass rechtspolitische Bedürfnisse eigentlich nicht zu einer Verschiebung gerichtlicher Zuständigkeiten führen dürfen.[597] Es handelt sich bei dem Konzept der Verfassungsidentität sowie der mit diesem verbundenen Identitätskontrolle um kreative und womöglich auch rechtspolitisch gebotene Konstrukte, die aber zumindest in ihrer derzeitigen Ausgestaltung verfassungstheoretisch sowie verfassungsdogmatisch schwer haltbar sind.[598] Sie dienen in abstrakter Form (hierin liegt ihre Schwäche) der Erkenntnis, dass es in transnationalen Integrationsprozessen notwendig ist, auf verfassungsrechtliche Besonderheiten der Mitgliedstaaten Rücksicht zu nehmen. Dieselbe Funktion hat innerhalb der EU allerdings bereits die unionsrechtliche Bestimmung des Art. 4 Abs. 2 Satz 1 EUV. Unter anderem deshalb ist das Konzept der Verfassungsidentität in der juristischen Fachliteratur stark umstritten.[599]

Der zweite Teil dieser Arbeit hat zentrale verfassungsrechtliche Fragen aufgeworfen, auf die das BVerfG bislang teilweise noch keine oder nur unzureichende

---

595 *Schönberger*, JöR 2015, 41, 52 m. w. N.

596 *Hatje*, IWRZ 2016, 195, 199, geht davon aus, dass dem BVerfG die politischen Folgen der Feststellung eines etwaigen Verstoßes im OMT-Verfahren „sehr bewusst" waren.

597 So die abweichende Meinung zu Solange I, BVerfGE 37, 271: „Die Zuständigkeit des Bundesverfassungsgerichts würde auch durch ein noch so dringendes rechtspolitisches Bedürfnis nicht erweitert werden können; sie ist im Grundgesetz und im Gesetz über das Bundesverfassungsgericht abschließend geregelt."

598 Vgl. in dieser Deutlichkeit auch *Polzin*, Verfassungsidentität, S. 225; *Ingold*, AöR 2015, 1, 28.

599 Siehe zustimmend schon *Di Fabio*, Der Staat 1991, 191 ff.; *Rozek*, in: Mangold/Klein/Starck, GG, Art. 70 Abs. 1 GG, Rn. 5; *Wollenschläger*, in: Dreier, GG, Art. 23 GG, Rn. 87 ff.; eher kritisch hingegen *Nettesheim*, in: Grabitz/Hilf/Nettesheim, Art. 288 AEUV, Rn. 64; *Schönberger*, JöR 2015, 42, 58 ff.; *Ingold*, AöR 2015, 1, 21 ff.

Antworten gegeben hat. Es dürfte sich bei der Verfassungsidentität und der damit einhergehenden Identitätskontrolle daher um eine bis dato kaum klar definierte rechtliche Doktrin bzw. um rechtlich ausgereifte Konzepte handeln.[600] Insbesondere ihr Verhältnis zu Art. 79 Abs. 3 GG bzw. ihr Beruhen auf der Ewigkeitsklausel bleiben unklar.[601] Insoweit bleibt bisher zu konstatieren, dass sich das Konzept noch in der Entwicklung befindet.

Letztlich bleibt von der normativ nicht ableitbaren Identitätskontrolle außer einiger verfassungspolitischer und staatstheoretischer Erwägungen der Karlsruher Richter aus dogmatischer Sicht nicht viel übrig. Es ist daher teilweise durchaus nachvollziehbar, wenn argumentiert wird, ein über Art. 23 Abs. 1 Satz 3 GG und Art. 79 Abs. 3 GG hinausgehendes ungeschriebenes Konzept der Verfassungsidentität existiere schlicht nicht.[602] Durch das Konzept der Verfassungsidentität wird dem BVerfG aber ohne Zweifel die Möglichkeit gegeben, in den politisch zu verantwortenden Integrationsprozess in beliebiger Weise einzugreifen.[603] Sollte das BVerfG die Identitätskontrolle daher dazu nutzen, die EU-Organe oder den EuGH zu disziplinieren, ist dieser Versuch trotz seiner zumindest nicht gänzlich auszuschließenden Erfolgsaussichten aufgrund des Fehlens eines dahingehenden verfassungsrechtlichen Auftrags[604] ebenso zu missbilligen.

Es kann sich daher teilweise der Eindruck aufdrängen, dass sich das Bundesverfassungsgericht im institutionellen Konflikt mit dem EuGH einen Vorteil verschaffen wollte. Schließlich hatten sich die Karlsruher Richter den Zugriff auf grundrechtsrelevante Sachverhalte im europäischen Grundrechtssystem durch die Modifikationen der Grundrechts- und ultra vires-Kontrolle aus guten Gründen weitgehend versperrt. Die Identitätskontrolle samt der Reaktivierung einer einzelfallbezogenen Grundrechtskontrolle bezogen auf die Menschenwürde bietet dem Verfassungsgericht daher nun wieder die Gelegenheit, Kompetenzen zurückzugewinnen. Hierbei geht es den Verfassungsrichtern insbesondere um den Schutz einer verfassungsrechtlich gebotenen unionsgerichteten Verfassungsidentität, also einen solchen Schutz vor zu weitreichender europäischer Integration.[605] Für diese Einschätzung spricht, dass das BVerfG in rein national gelagerten Fällen den Menschenwürdekern einer Rechtsverletzung in der Regel nicht heranzieht, sondern sich regelmäßig auf die bloße Prüfung des tatsächlich einschlägigen Grundrechts beschränkt. Daher hat das BVerfG bislang auch davon abgesehen, in Fällen, die in keinem Zusammenhang mit der europäischen Integration oder irgendwelchen völkerrechtlichen Verpflichtungen stehen, den Terminus der Verfassungsidentität überhaupt heranzuziehen.[606] Aus

600 *Polzin*, Der Staat 2014, 61, 91.
601 *Polzin*, International Journal of Constitutional Law 2016, 411, 431.
602 *Polzin*, Verfassungsidentität, S. 85 ff., 143 f.
603 *Nettesheim*, in: Grabitz/Hilf/Nettesheim, Art. 288 AEUV, Rn. 64.
604 *Sauer*, ZRP 2009, 195, 197.
605 *Schönberger*, JöR 2015, 41, 43.
606 *Polzin*, Der Staat 2014, 61, 91.

dem „Joker“[607] der Identitätskontrolle, den das BVerfG nun aber jederzeit ziehen kann, wenn es um einen Konflikt zwischen Grundgesetz und Unionsrecht geht, könnten sich in Zukunft noch beachtenswerte Entscheidungen ergeben.

Die Identitätskontrolle birgt wegen ihrer drohenden Unvereinbarkeit mit dem Prinzip des Anwendungsvorrangs sowie dem Grundsatz der loyalen Zusammenarbeit gemäß Art. 4 Abs. 3 EUV[608] wesentliche Gefahren für den Zusammenhalt und die Einheitlichkeit der europäischen Rechtsgemeinschaft.[609] Denn bei genauerer Betrachtung der verfassungsgerichtlichen Rechtsprechung zur Identitätskontrolle offenbart sich auch ein scheinbar unauflöslicher Widerspruch zwischen dem Vorrang des Unionsrechts und dem vom BVerfG eingeforderten Vorrang der Identitätskontrolle. Obwohl die Entscheidung des BVerfG zum PSPP[610] vorwiegend die ultra vires-Kontrolle betraf, zeigt sich bei Betrachtung der anschließenden Diskussion bereits jetzt, welch erheblichen Einfluss das BVerfG auf die Rechtseinheit innerhalb der EU haben kann. Zumindest in Bezug auf die ultra vires-Kontrolle hat es das BVerfG anderen (Verfassungs-)Gerichten durch das PSPP-Urteil entscheidend erleichtert, missliebige Maßnahmen oder Urteile europäischer Institutionen für unanwendbar zu erklären.[611] Eine ähnliche Entwicklung in Bezug auf die Identitätskontrolle ist zumindest zu befürchten.

Schließlich führten die Karlsruher Richter infolge der Entscheidung zum europäischen Haftbefehl eine unausgesprochene Abkehr von der bislang akzeptierten Normenhierarchie innerhalb der Europäischen Union ein. Sie verstehen die Verfassungsidentität als vorrangigen Maßstab, der jederzeit dazu in der Lage ist, den Vorrang des Unionsrechts im Falle von Unionsrechtsakten oder unionsrechtlich determinierten Maßnahmen zu durchbrechen. Somit geht das BVerfG neuerdings scheinbar von einer Normenhierarchie aus, an deren Spitze gegenüber jeglichen

607 *Sauer*, NJW 2016, 1134, 1136; *Schönberger*, JöR 2015, 41, 48, spricht in ähnlicher Weise von einer „Allzweckwaffe“.

608 A. A. *Huber*, in: Streinz, EUV/AEUV, Art. 19 EUV, Rn. 77, der einen Verstoß gegen Art. 4 Abs. 3 EUV ebenso wie das BVerfG ablehnt.

609 Zustimmend wohl auch *Walter*, in Maunz/Dürig, GG, Art. 93, Rn. 169; a. A. *Huber*, in: Streinz, EUV/AEUV, Art. 19 EUV, Rn. 78; die Gefahr hat sich jedoch beispielsweise in Ungarn während der Flüchtlingskrise durch eine willkürlich definierte Verfassungsidentität bereits verwirklicht, vgl. Verfassungsgericht der Republik Ungarn, Entscheidung vom 30. November 2016 –22/2016 (XII. 5.).

610 BVerfG, Urteil vom 5. Mai 2020, 2 BvR 859/15.

611 Vgl. auch *Mayer*, Verfassungsblog 7. Mai 2020, https://verfassungsblog.de/auf-dem-weg-zum-richterfaustrecht/; *Brade/Gentzsch*, Verfassungsblog 7. Mai 2020, https://verfassungsblog.de/pspp-mit-pepp/; *Lang*, Verfassungsblog 6. Mai 2020, https://verfassungsblog.de/keine-leichte-kost/; *Thiele*, Verfassungsblog 5. Mai 2020, https://verfassungsblog.de/vb-vom-blatt-das-bverfg-und-die-buechse-der-ultra-vires-pandora/; *Gammelin*, SZ vom 5. Mai 2020, https://www.sueddeutsche.de/wirtschaft/bundesverfassungsgericht-ezb-anleihekaeufe-1.4897824.

unionsrechtlichen Vorgaben die Identitätskontrolle steht, sodass stets dem BVerfG die Letztentscheidungskompetenz obliegen soll.[612] Scheinbar gilt das Unionsrecht aus Sicht der Verfassungsrichter als „fremdes Recht"[613], also stets nur noch unter dem Vorbehalt der Vereinbarkeit mit der von ihnen selbst zu prüfenden Verfassungsidentität.

Noch besorgniserregender erscheint diese neue Herangehensweise vor dem Hintergrund, dass im Haftbefehlsfall nicht einmal ein tatsächlicher Normenkonflikt zwischen Unionsrecht und Grundgesetz bestand.[614] Auch wenn das BVerfG dies nicht explizit ausführt, stellt der neue Ansatz den Vorrang des Unionsrechts folglich nicht nur ausnahmsweise und in Extremfällen, sondern ganz generell in Frage.[615] Gleichwohl liegt es auf der Hand, dass ein unilateral ausgeführter Kontrollvorbehalt wie die Identitätskontrolle die Effektivität und Einheitlichkeit des Unionsrechts zu gefährden im Stande ist. Eine extensive Auslegung solcher Identitätsvorbehalte aller mitgliedstaatlicher (Verfassungs-) Gerichte würde die Unionsrechtsordnung praktisch lahmlegen, sodass es nachvollziehbar ist, dass der EuGH solch einseitige Kontrollansprüche grundsätzlich nicht anerkennt.[616] Bislang konnte stets zu Recht darauf vertraut werden, die Karlsruher Verfassungsrichter würden in ihrer Verantwortung immer wieder erkennen, „welche Konsequenzen ein Bruch mit der Rechtsgemeinschaft für die Existenz des vereinten Europas bedeuten würde"[617]. Die Zukunft wird zeigen, ob diese verlässlichen Zeiten nun mit Erschaffung der Identitätskontrolle vergangen sind.

Letztlich gibt die bisherige Rechtsprechung in Bezug auf die Identitätskontrolle mehr Fragen auf, als sie beantwortet. Das BVerfG versucht durch das neue Konzept seine Prüfungskompetenz im Grundrechtskontext zu sichern und das diesbezügliche bisherige System mitsamt der Solange-Rechtsprechung abzulösen oder zumindest völlig neu auszurichten. Es bleiben jedoch bislang so viele Fragen offen, dass noch keinesfalls von einem etablierten Kontrollmechanismus gesprochen werden kann. Die Identitätskontrolle besitzt bislang mangels eines zuverlässigen Prüfungsmaßstabs kein juristisch einwandfrei belastbares Prüfungskonzept. Daher drohen Rechtsunsicherheit im Hinblick auf den vom BVerfG gewährten Grundrechtsschutz sowie ausufernde und schlimmstenfalls willkürliche Entscheidungen.

---

612 *Hwang*, Der Staat 2017, 107, 117 m. w. N.; zwar argumentiert *Huber*, in: Streinz, EUV/AEUV, Art. 19 EUV, Rn. 78, eine Verfassungsidentitätsverletzung werde nur selten vorkommen, da das Europarecht in der Regel bereits einen ausreichenden Grundrechtsstandard gewährleiste; wozu die Figur der Identitätskontrolle dann aber überhaupt benötigt wird, bleibt unklar.

613 *Hwang*, Der Staat 2017, 107, 119.

614 S. o. unter C.I.2.d; *Hwang*, Der Staat 2017, 107, 118.

615 *Hwang*, Der Staat 2017, 107, 119.

616 EuGH, Rs. 11/70 (Internationale Handelsgesellschaft), Slg. 1970, 1125, Rn. 3.

617 *Nicolaysen*, EuR-Bei 1/2010, 9, 9.

Zur Lösung dieses Problems ist eine abschließende Maßstabsbildung durch das BVerfG unverzichtbar.

Abschließend bleibt daher festzuhalten, dass es der Identitätskontrolle bislang so erheblich an grundgesetzlicher Rückbindung und Konsistenz fehlt, dass ihre bisherige Anwendung durch das Bundesverfassungsgericht nicht uneingeschränkt zu überzeugen vermag.

D. Dritter Teil – Weitreichende Freihandelsabkommen und CETA

Seit Inkrafttreten des Vertrages von Lissabon im Jahr 2009 fällt die gemeinsame Handelspolitik (*Common Commercial Policy*, CCP) der EU nach Art. 3 Abs. 1 lit. e) AEUV ausdrücklich in die alleinige Zuständigkeit der Union. Damit unterliegen unter anderem auch Abkommen im Rahmen der gemeinsamen Handelspolitik der ausschließlichen Zuständigkeit der EU. Nationale Kompetenzen in diesem Bereich werden verdrängt,[618] um der Union zu einer Stärkung ihrer außenpolitischen Handlungsfähigkeit zu verhelfen. Schon zuvor gehörte die gemeinsame Handelspolitik aber zur supranational ausgerichteten ersten Säule der Europäischen Union und nicht zur intergouvernemental ausgerichteten gemeinsamen Außen- und Sicherheitspolitik. Die EU-Mitgliedstaaten haben sich im Vertrag von Lissabon unter anderem darauf geeinigt, das Mandat für den verbindlichen Abschluss von Handels- und Investitionsschutzverträgen mit Drittstaaten der EU zu übertragen. Gleichzeitig wurde gewährleistet, dass das Europäische Parlament (EP) stärker in die Außenhandelspolitik der EU eingebunden wird, wodurch unter anderem die demokratische Rückbindung bei der Verhandlung von Freihandelsabkommen gewährleistet werden soll. Die Verhandlung solcher Verträge übernimmt seither die Kommission, wohingegen der Rat, das Europäische Parlament und – soweit vereinbart – auch die Mitgliedstaaten die Verträge dann in der Regel beschließen. In diesem Rahmen ist die EU-Kommission zu größtmöglicher Transparenz verpflichtet.

Im nachfolgenden Kapitel wird nach einer grundlegenden Einführung in die Thematik (unter Gliederungspunkt D.I.) den Fragen nachgegangen, welche Probleme sich bei der Verhandlung und dem Abschluss weitreichender Freihandelsabkommen aus verfassungsrechtlicher Sicht stellen können (unter D.II.) und wie sich diese im Falle von CETA womöglich verwirklicht haben (unter D.III.). Abschließend wird sodann herausgestellt, welche Konsequenzen sich bei der möglichen Überprüfung weitreichender Freihandelsabkommen daher für die Verfassungsidentitätskontrolle ergeben, bevor ein Zwischenfazit diesen Abschnitt beschließt (unter D.IV.).

An dieser Stelle sei betont, dass es nicht Gegenstand dieser Arbeit ist, den potentiellen Abschluss völkerrechtlicher Verbindlichkeiten im Bereich des Freihandels bzw. des Investitionsschutzes politisch zu bewerten. Die Entscheidung für oder gegen die nachfolgend behandelte Kategorie völkerrechtlicher Verträge ist

---

618 *Weiß*, in: Grabitz/Hilf/Nettesheim, Art. 207 AEUV, Rn. 72 ff.; vgl. weiterführend *Bings*, Neuordnung der Außenhandelskompetenzen der Europäischen Union durch den Reformvertrag von Lissabon.

in höchstem Maße politischer Natur und daher unterschiedlicher Interpretation zugänglich. Sowohl für als auch gegen den Abschluss solcher Abkommen bestehen beachtenswerte rechtspolitische Argumente, die hier jedoch nicht näher behandelt werden sollen.[619] Für die vorliegende Arbeit wird ein unionales und staatliches Interesse am Abschluss weitreichender Freihandelsabkommen vielmehr vorausgesetzt. Es sollen lediglich die verfassungsrechtlichen Folgen eines solchen Abschlusses insbesondere für die Anwendung der Identitätskontrolle auf Freihandelssachverhalte in den Fokus gerückt werden. Eine politische Bewertung der aufgeworfenen rechtlichen Argumente soll und kann an dieser Stelle hingegen nicht erfolgen.

I. Gemeinsame Handelspolitik der EU

Die gemeinsame Handelspolitik ist ein bedeutsamer und traditionsreicher Politikbereich der EU,[620] der die Gesamtheit der Maßnahmen der Union zur Regelung und Steuerung des Außenhandels mit Drittstaaten umfasst. Die gemeinsame Handelspolitik bildet einen Teil der Außenpolitik und damit des auswärtigen Handelns der Union.[621] Geregelt ist die gemeinsame Handelspolitik in Kapitel 5, Titel 2 des AEUV (Art. 206 und Art. 207 AEUV) sowie im dazu ergangenen Sekundärrecht. Ihre Ziele umfassen nach Art. 206 AEUV unter anderem eine harmonische Entwicklung des Welthandels, eine schrittweise Beseitigung der Beschränkungen im internationalen Handelsverkehr sowie den Abbau von Zollschranken. Als Steuerungselemente für den Handelsverkehr mit Drittstaaten stehen der Europäischen Union grundsätzlich zunächst einseitige (autonome) Maßnahmen zur Verfügung.[622] Diese können sowohl die Ein- als auch die Ausfuhr von Gütern betreffen. Hierunter fallen beispielsweise tarifäre (Zölle) sowie nicht-tarifäre Maßnahmen (mengenmäßige Beschränkungen, Einhaltung gewisser Standards).[623] Die Alternative zu den einseitigen Maßnahmen bilden insbesondere völkervertragliche Regelungen, die sowohl bi- als auch multilateral ausgestaltet sein können. Diese vertraglichen Regelungen können unter dem Begriff der vertraglichen Handelspolitik der EU zusammengefasst werden,[624] in deren Zentrum die WTO-gesteuerte Harmonisierung des Welthandelssystems steht.[625] In diesem Bereich regelt die EU ihre Handelsbeziehungen zu Drittstaaten auch mit Hilfe von Handelsabkommen, welche der gegenseitigen Schaffung besserer Handelsmöglichkeiten und der Beseitigung

---

619 Kritisch gegenüber dem Abschluss des CETA-Abkommens äußern sich z. B. *Fischer-Lescano/Horst*, https://www.mehr-demokratie.de/fileadmin/pdf/CETA-Rechtsgutachten.pdf.
620 *Terhechte*, in: Grabitz/Hilf/Nettesheim, Art. 205 AEUV, Rn. 9.
621 *Cremer*, in: Calliess/Ruffert, Art. 21 EUV, Rn. 1.
622 *Nettesheim*, in: Streinz, EUV/AEUV, Art. 207 AEUV, Rn. 33 ff.
623 *Nettesheim*, in: Streinz, EUV/AEUV, Art. 207 AEUV, Rn. 34.
624 *Nettesheim*, in: Streinz, EUV/AEUV, Art. 207 AEUV, Rn. 10 ff.
625 *Hahn*, in: Calliess/Ruffert, Art. 207 AEUV, Rn. 145 ff.

entsprechender Handelshemmnisse dienen sollen. Unter diese Handelsabkommen fallen auch die zahlreich von der EU abgeschlossenen Freihandelsabkommen, welche in besonderem Maße eine gegenseitige Marktöffnung ermöglichen, indem ein bevorzugter Zugang zu den jeweiligen gegenseitigen Märkten gewährt wird. Freihandelsabkommen enthalten auch umfangreiche Regelungen zum Investitionsschutz, da die Rechtsposition ausländischer Investoren im Investitionsstaat aufgrund politischer Fragen stets fragil sein kann[626] und daher von entsprechenden Abkommen regelmäßig als schützenswert eingestuft wird. Um die materiell- und verfahrensrechtlichen Schwächen des allgemeinen Völkerrechts auszugleichen, wurden global seit der Mitte des letzten Jahrhunderts zahlreiche überwiegend bilaterale Investitionsschutzabkommen abgeschlossen, unter anderem um diesen ausländischen Investoren im Falle der Verwirklichung politischer Risiken Schutz zu gewährleisten.[627] Die Entwicklung der internationalen Wirtschaftsbeziehungen ist zuletzt also entgegen des eigentlichen WTO-Systems vermehrt durch den Abschluss bi- und multilateraler Freihandelsabkommen mit entsprechenden Investitionsschutzkapiteln gekennzeichnet. Anstatt der insbesondere vom WTO-Recht geprägten und darin vorgesehenen globalen Handelsliberalisierung hat in den letzten Jahren der Abschluss bilateraler, regionaler und interregionaler Handelsabkommen zur wirtschaftlichen Integration zugenommen.[628] Eine generelle Gefahr der bilateralen Handelsliberalisierung liegt jedoch insbesondere in der stets zu befürchtenden Kanalisierung der Handelsbeziehungen, aus der sich negative Auswirkungen für das Weltwirtschaftssystem ergeben können.[629] Denn der freie Handel wird bei solchen Abkommen stets nur der begrenzten Zahl involvierter Akteure ermöglicht.[630] Dies kann sich durchaus negativ auf den Handel mit Drittstaaten auswirken. Bilaterale Handelsliberalisierungen sind daher zumindest theoretisch stets auch geeignet, das globale Handelssystem zu schwächen.[631] Insbesondere seit dem Vertrag von Lissabon im Jahr 2009 hat sich eine neue Generation von Handels- und Investitionsschutzabkommen der EU entwickelt, die im Hinblick auf das komplizierte Mehrebenengeflecht zwischen Völkerrecht, Unionsrecht und nationalem Recht komplizierte Fragen aufwerfen kann. Das Vertragsschlussverfahren für internationale Übereinkünfte zwischen der EU, seinen Mitgliedstaaten und Drittstaaten erweist sich insgesamt als überaus komplex, da die Grenzen der Regelungsbefugnisse in Mehrebenensystemen stets schwierig zu bestimmen sind. Die völkerrechtliche Ebene wird insbesondere durch die Regelungen im jeweiligen Vertragstext sowie das Völkergewohnheitsrecht bestimmt, wohingegen die

626 *Griebel*, Internationales Investitionsrecht, S. 14 ff.; siehe hierzu überblicksartig *Herdegen*, Internationales Wirtschaftsrecht, § 23, Rn. 1 ff.; *Tietje*, ZEuS 2016, 421, 423 ff.
627 *Griebel/Hölken*, KSzW 2016, 79, 80.
628 Hierzu zählt auch CETA, vgl. *Herrmann/Müller-Ibold*, EuZW 2018, 749, 752 f.
629 *Germelmann*, EuZW 2016, 207, 209 ff.
630 *Germelmann*, EuZW 2016, 207, 209 ff.
631 *Germelmann*, EuZW 2016, 207, 209 ff.

Organisation innerhalb der EU insbesondere anhand der Art. 207, 218 AEUV und der Kompetenzverteilung mit den Mitgliedstaaten erfolgt. Die Verhandlung und Ratifikation solcher Freihandelsverträge stellt die Europäische Union daher regelmäßig vor beachtliche Schwierigkeiten und erschwert deren zügiges Inkrafttreten.

II. Neuartige Freihandelsabkommen

Seit einigen Jahren werden global vermehrt solche Freihandelsabkommen abgeschlossen, die auf eine besonders tiefe Integration abzielen und – entgegen klassischer Freihandelsabkommen – nicht nur die Beseitigung außenwirtschaftsrechtlicher Marktzugangshindernisse zum Inhalt haben, sondern viel weiter in den innerstaatlichen Bereich eingreifen und eine umfassende Liberalisierung und Neuordnung der Handelsverhältnisse innerhalb der involvierten Staaten („hinter der Grenze“[632]) mit sich bringen.

Neuere Freihandelsabkommen der EU nach Art. 207 AEUV werden nach der bisherigen Praxis von der Union und ihren Mitgliedstaaten gemeinsam als gemischte Abkommen („*mixed agreements*“) abgeschlossen. Bei solchen gemischten Abkommen stehen also die EU selbst und ihre Mitgliedstaaten als direkte Vertragsparteien dem Drittstaat (im Falle von CETA also Kanada) als weiterer Vertragspartei gegenüber. Denn die in den Abkommen geregelten Rechtsbereiche können womöglich auch in mitgliedstaatliche Kompetenzen hineinreichen und eine Binnensteuerung innerhalb der jeweiligen Vertragspartei nach sich ziehen. In Deutschland erfolgt die Ratifikation eines solchen gemischten Abkommens als völkerrechtlicher Vertrag nach Art. 59 Abs. 2 GG.[633] Zumindest sofern die alleinigen Kompetenzen der EU zum Abschluss des Vertrages also nicht ausreichen, sondern womöglich auch einige der vom Vertrag umfassten wesentlichen Regelungsgegenstände in mitgliedstaatliche Kompetenzen fallen, ist die Einbindung der Mitgliedstaaten beim Vertragsabschluss wohl zwingend[634] und daher beim Abschluss weitreichender

---

632 *Nettesheim*, Umfassende Freihandelsabkommen und Grundgesetz, S. 19 ff.; *Herrmann/Guilliard*, in: Krenzler/Herrmann/Niestedt, EU-Außenwirtschafts- und Zollrecht, Ziff. 130, Rn. 55; *Nettesheim*, in: Streinz, EUV/AEUV, Art. 207 AEUV, Rn. 34.

633 A. A. z. B. *Pautsch*, NVwZ 2016, 1294, der vielmehr den Anwendungsbereich des Art. 23 Abs. 1 Satz 2 GG für eröffnet hält; so auch *Nettesheim*, Umfassende Freihandelsabkommen und Grundgesetz, S. 95 ff.; vgl. auch *Stoll/Holterhus/Gött*, Investitionsschutz und Verfassung, S. 47 ff., 89 ff.

634 Allerdings vertritt der EUGH, Gutachten 2/15 (Singapur), Rn. 217, die Ansicht, die Kompetenz der EU könne auch Verpflichtungen von „äußerst begrenzter Tragweite“, die eigentlich in die mitgliedstaatliche Verantwortlichkeit fallen, umfassen; a. A. *Zornow*, Verfassungsblog 15. September 2017, https://verfassungsblog.de/kupierte-fre)ihandelsabkommen-verfassungsrechtliche-herausforderungen-einer-neuen-unionsstrategie/.

Freihandelsabkommen auch üblich.[635] Bezüglich der Frage nach der Reichweite der EU-Kompetenz beim Abschluss solcher Abkommen hat das Singapur-Gutachten des EuGH[636] für Aufklärung gesorgt. Lediglich für zwei Teilbereiche des mit CETA durchaus vergleichbaren Singapur-Abkommens – nämlich ausländische Portfolioinvestitionen[637] und die Investor-Staat-Streitbeilegung, welche in den geteilten Zuständigkeitsbereich zwischen der EU und den Mitgliedstaaten fallen sollen – wurde eine ausschließliche EU-Kompetenz verneint, sodass die EU das hier in Rede stehende Abkommen mit Singapur wegen dieser beiden Regelungsbereiche nicht allein abschließen konnte.

Dieser neuartige Typus jüngerer Freihandelsabkommen wird oftmals nicht nur in inhaltlicher Hinsicht, sondern auch und insbesondere im Hinblick auf seine fragliche demokratische Legitimation kontrovers diskutiert.[638]

1. Verhandlung und Abschluss

Vor allem seit Mitte des ersten Jahrzehnts nach der Jahrtausendwende ist die EU in ihren handelspolitischen Bemühungen vermehrt auch außerhalb der WTO tätig geworden[639] und hat zahlreiche Freihandelsverträge mit Drittstaaten abgeschlossen. So ist das trotz des darin fehlenden Investitionsschutzes mit CETA vergleichbare Freihandelsabkommen mit Südkorea beispielsweise bereits seit 2011 weitgehend unbeanstandet in Kraft.[640] Das bis zum vollständigen Inkrafttreten eines Freihandelsabkommens zu durchlaufende Verfahren vollzieht sich grundsätzlich in drei Schritten. Nach Abschluss der Verhandlungen über den Vertragstext wird durch

---

635 Vgl. hierzu zuletzt EuGH, Gutachten 2/15 (Singapur), Rn. 33 ff.; allerdings ist es vor dem Hintergrund des Art. 13 Abs. 2 Satz 1 EUV nicht gänzlich unproblematisch, die Mitgliedstaaten zu beteiligen, sofern nicht gesichert feststeht, dass eine mitgliedstaatliche Kompetenz betroffen ist.

636 EuGH, Gutachten 2/15 (Singapur).

637 Siehe hierzu auch *Stoll/Holterhus/Gött*, Investitionsschutz und Verfassung, S. 64 ff.

638 Kritisch z. B. *Fisahn/Ciftci*, KJ 2015, 251 ff.; a. A. z. B. *Grzeszick*, NVwZ 2016, 1753 ff.; differenzierend *Stoll/Holterhus/Gött*, Investitionsschutz und Verfassung, S. 106 ff.

639 vgl. die Aufzählung des Bundeministeriums für Wirtschaft und Energie, https://www.bmwi.de/Redaktion/DE/Artikel/Aussenwirtschaft/freihandelsabkommen-der-eu.html.

640 *Mayer*, Verfassungsblog 23. Oktober 2016, https://verfassungsblog.de/wallonien-ceta-und-die-tyrannei-der-minderheit/, bezeichnet es als „eines der vielen irrationalen Elemente" im Diskurs der letzten Jahre, dass dieses mit CETA eng verwandte Abkommen seit Jahren geräuschlos in Kraft ist und auch schon im Verhandlungs- und Ratifikationsprozess nicht annähernd mit CETA vergleichbare Schwierigkeiten hervorgerufen hat; auch die Abkommen mir Singapur und Vietnam, die unter anderem eine ähnliche Investitionsschutzschiedsgerichtsbarkeit vorsehen wie CETA, haben ebenso wenig öffentliche Aufmerksamkeit wie die ca. 1200 bilateralen Investitionsschutzverträge der EU-Mitgliedstaaten, welche überwiegend ebenfalls eine solche ermöglichen, erlangt, vgl. *Tietje*, ZEuS 2016, 421, 422.

die Unterzeichnung der Vertragsparteien zunächst dessen Annahme (Art. 9 WVK-IO) erklärt sowie die Festlegung des authentischen Textes (Art. 10 WVK-IO) vereinbart. Bereits ab dem Beschluss über die Unterzeichnung kann der Vertrag eine gewisse Vorwirkung entfalten, sodass die Vertragsparteien die völkerrechtliche Verpflichtung trifft, Sinn und Zweck des Vertrages nicht mehr zu vereiteln (Art. 14 Abs. 1 lit. c), 18 WVK). Eine Loslösung vom Vertrag bleibt den Vertragsparteien zu diesem Zeitpunkt aber dennoch jederzeit möglich. Sodann ist es in einem zweiten Schritt üblich, dass bereits vor dem endgültigen Inkrafttreten des vollständigen Abkommens zumindest gewisse Teile bereits vorläufig angewendet werden, um den Vertragspartnern bereits vor Abschluss des teilweise komplexen Ratifikationsverfahrens zu ermöglichen, von den im Vertrag vorgesehenen Regelungen zu profitieren. Um die neue internationale Übereinkunft möglichst rasch in Anwendung zu bringen, bedarf es daher eines Beschlusses über deren vorläufige Anwendung (Art. 25 WVK).[641] Innerhalb der Union ist hierfür ein Beschluss des Rates[642] nach Art. 218 Abs. 5 AEUV erforderlich, über den das EP zwar gemäß Art. 218 Abs. 10 AEUV unterrichtet wird, allerdings nicht seine Zustimmung erteilen muss.[643] Streng genommen müsste sodann auch im Rahmen des Beschlusses über die vorläufige Anwendung eine Klarstellung dahingehend erfolgen, dass diese nur für diejenigen Angelegenheiten gilt, die in den Zuständigkeitsbereich der EU fallen, da die vorläufige Anwendung sich, sofern die EU Vertragspartner ist, stets nur auf jene Bestandteile beschränken kann, die zweifelsfrei von der EU-Kompetenz gedeckt sind.[644] Als Letztes erfolgt nach der Rechtsförmlichkeitsprüfung die Zustimmung aller Vertragsparteien (in der Regel durch Ratifikation) nach den jeweils innerhalb der Vertragspartei geltenden Regelungen und der Austausch der entsprechenden Urkunde (Art, 16 WVK-IO). Erst hiermit wird in einem letzten Schritt die völkerrechtliche Willenserklärung auf Abschluss des Abkommens abgegeben und das Abkommen kann in Kraft treten und seine völkerrechtliche Wirkung vollumfänglich entfalten (Art. 24 WVK-IO).

---

641 Die vorläufige Anwendung völkerrechtlicher Verträge ist sowohl aus verfassungs- als auch aus unionsrechtlichen Gründen generell nicht unumstritten, vgl. *Kempen/Schiffbauer*, ZaöRV 2017, 95 ff.

642 Siehe zu den Mehrheitsverhältnissen im Rat der EU z. B. *Stoll/Holterhus/Gött*, Investitionsschutz und Verfassung, S. 73 ff.; *Schiffbauer*, EuZW 2016, 252.

643 Allerdings spricht einiges für eine entsprechende Anwendung des Art. 218 Abs. 5 AEUV und die Einbindung des EP auch im Rahmen des Beschlusses zur vorläufigen Anwendung, vgl. *Schröder*, EuR 2018, 119, 133 m. w. N.

644 Eine Beteiligung des EP im Rahmen des Beschlusses über die vorläufige Anwendung ist im AEUV zwar nicht vorgesehen, jedoch ebenfalls üblich, vgl. *Bäumler*, EuR 2016, 607, 625.

Innerhalb der EU ist der Rat das nach Art. 218 AEUV zuständige Organ für die Unterzeichnung völkerrechtlicher Verträge,[645] die vorherige Verhandlung übernimmt jedoch die Kommission, um eine einheitliche völkerrechtliche Vertretung der Union zu gewährleisten.[646] Der Grundsatz der loyalen Zusammenarbeit nach Art. 4 Abs. 3 EUV verpflichtet die Kommission, bei der Verhandlung auf die Interessen der Mitgliedstaaten gebührend Rücksicht zu nehmen.[647] Aus völkerrechtlicher Sicht ergeben sich beim Abschluss solcher völkerrechtlicher Freihandelsverträge mit einer internationalen Organisation wie der EU kaum Unterschiede zum Vorgehen beim Abschluss eines solchen Vertrages mit einem einzelnen Staat. Dies liegt unter anderem daran, dass etwaige Komplikationen innerhalb der internationalen Organisation aus völkerrechtlicher Sicht regelmäßig zumindest keinen Nichtigkeitsgrund darstellen.[648]

2. Komplikationen hinsichtlich des Verfahrens des Abschlusses

Das oben[649] bereits kurz angesprochene Vorgehen im Rahmen gemischter Abkommen, für das nicht nur die EU selbst, sondern auch die Mitgliedstaaten umfassend beteiligt werden müssen, hat den Abschluss weitreichender Freihandelsabkommen merklich verkompliziert und kann deren Inkrafttreten erheblich verzögern. Für gemischte Abkommen wird dadurch faktisch ein – ansonsten nicht vorgesehenes – Einstimmigkeitserfordernis innerhalb der EU geschaffen.[650] Von der ausgedehnten Kompetenz der EU im Rahmen der CCP ist zumindest beim Abschluss weitreichender Freihandelsabkommen daher wenig zu spüren.

Wie bei anderen weitreichenden Freihandelsabkommen wurde auch bei CETA über die Einordnung als gemischtes oder als „EU-only“-Abkommen gestritten.[651] In diesen Fällen ist unklar, ob neben den zuständigen EU-Gremien auch die Zustimmung der nationalen Parlamente der einzelnen EU-Mitgliedsstaaten zu dem in Rede stehenden Vertragswerk notwendig ist. Nach Ansicht der EU-Kommission handelte es sich etwa beim CETA-Abkommen um einen ausschließlich in den Kompetenzbereich der EU fallenden Vertrag, sodass eine Ratifikation der

---

645 Siehe zu den Mehrheitserfordernissen im Rat der EU beim Abschluss von CETA *Stoll/Holterhus/Gött*, Investitionsschutz und Verfassung, S. 73 ff.; *Schiffbauer*, EuZW 2016, 252.

646 *Bäumler*, EuR 2016, 607, 614.

647 *Bäumler*, EuR 2016, 607, 614.

648 *Bäumler*, EuR 2016, 607, 614 m. w. N.

649 Unter Gliederungspunkt D.II.

650 *Schröder*, EuR 2018, 119, 126 m. w. N.

651 Siehe zur ganzen Problematik z. B. *Nettesheim*, Umfassende Freihandelsabkommen und Grundgesetz, S. 31 ff.; *Mayr*, EuR 2015, 575; der Streit beruht unter anderem auf unterschiedlichen Ansichten zur Vertragsschlusskompetenz der EU im Bereich des Investitionsschutzes, vgl. hierzu überblicksartig *Hoffmann*, ZEuS 2016, 459, 469 ff.

Mitgliedstaaten zunächst für entbehrlich gehalten wurde.[652] Teile der mitgliedstaatlichen Politik innerhalb der EU widersprachen dieser Ansicht mit der Begründung, Teile des Abkommens fielen sehr wohl in den Zuständigkeitsbereich der Mitgliedsstaaten, weshalb es sich um ein sogenanntes gemischtes Abkommen handele und die Zustimmung der nationalen Parlamente eingeholt werden müsse. Sodann schlug die Kommission im Falle von CETA vor dem Hintergrund der stellenweise gravierenden Diskussionen über die Reichweite der Unionskompetenz ihrerseits vor, ein gemischtes Abkommen abzuschließen.[653] Diesem Vorschlag ist man gefolgt. Die Streitfrage nach der etwaigen Erforderlichkeit einer eigenen Ratifikation durch die Mitgliedstaaten hat sich somit zumindest im Falle von CETA nicht mehr gestellt, da die Kommission einer Konfrontation mit den Mitgliedstaaten aus dem Weg gegangen ist.

Der EuGH hat in der Folge im Singapur-Gutachten[654] zur Aufklärung in dieser Sache beigetragen und festgestellt, dass nur jene Teile eines Abkommens unter die gemeinsame Handelspolitik der EU fallen, die einen spezifischen Bezug zum Handelsverkehr zwischen der Union und dem Drittstaat aufweisen. Daher dürfe die EU in diesem Bereich auch nur dann harmonisieren, wenn klar sei, dass dieser spezifische Bezug bestehe. Gleichzeitig geht aus dem Gutachten jedoch hervor, dass der EuGH das Merkmal des spezifischen Bezuges weit auslegt.[655] Der EuGH stellte nämlich fest, dass auch nicht unmittelbar mit dem Handel verknüpfte Bereiche wie Arbeits- und Umweltschutz durch ihre Kontextualisierung zur ausschließlichen Unionskompetenz für die gemeinsame Handelspolitik nach Art. 207 Abs. 1 AEUV fallen können. Diese weite Auslegung wird der gestärkten Rolle der EU im Bereich des internationalen Handels nach dem Vertrag von Lissabon gerecht. Ferner stärkte der EuGH die EU-Position in Freihandelssachverhalten auch durch die Möglichkeit einer impliziten ausschließlichen Außenzuständigkeit[656] der EU nach Art. 3 Abs. 2 AEUV und die Erwägung, dass es in Bezug auf Vertragsbestimmungen von äußerst begrenzter Tragweite irrelevant sein soll, ob sie in den mitgliedstaatlichen oder unionalen Zuständigkeitsbereich fallen. Insgesamt postulierte der EuGH im Singapur-Gutachten also ein sehr weites Verständnis der gemeinsamen Handelspolitik nach Art. 207 Abs. 1 AEUV. Die EU-Kompetenz im Bereich der CCP ist daher seit dem Vertrag von Lissabon weit und dynamisch auszulegen.

---

652 *Kafsack*, in FAZ 10. Juni 2016, https://www.faz.net/aktuell/wirtschaft/ttip-und-freihandel/bundestag-darf-bei-freihandelsabkommen-ceta-nicht-mitreden-14279991.html.

653 Gegen den Abschluss als EU-only-Abkommen z. B. auch *Hoffmeister*, AVR 2015, 35, 54 ff.; *Nettesheim*, Umfassende Freihandelsabkommen und Grundgesetz, S. 31 ff.; dieser Meinung scheint sich das BVerfG inzwischen zumindest vorläufig angeschlossen zu haben, BVerfGE 143, 65 (93 f.).

654 EuGH, Gutachten 2/15 (Singapur), Rn. 37.

655 EuGH, Gutachten 2/15 (Singapur), Rn. 37 ff.

656 EuGH, Gutachten 2/15 (Singapur), Rn. 175 ff.; kritisch hierzu z. B. *Stoll/Holterhus/Gött*, Investitionsschutz und Verfassung, S. 70 ff.

Inwieweit vergleichbare weitreichende Freihandelsabkommen in Zukunft allein durch die EU oder aber als gemischte Abkommen abgeschlossen werden, bleibt zunächst abzuwarten. Die letzten Jahre haben jedoch gezeigt, dass eine wahrnehmbare Kompetenzstärkung der EU im Bereich der gemeinsamen Handelspolitik stattgefunden hat und diese daher vergleichbare Abkommen in Zukunft – wenn auch mit Ausnahme einiger weniger mitgliedstaatlich geprägter Bereiche – durchaus im Alleingang abschließen könnte.[657] Politisch ist jedoch eher eine gegenläufige Entwicklung zu beobachten, da die EU in den letzten Jahren bei der Verhandlung weitreichender Handelsabkommen trotz ihrer umfassenden Kompetenz vermehrt unter mitgliedstaatlichen Druck geraten ist.

3. Umfassende Beteiligung des Europäischen Parlaments bei Verhandlung und Abschluss

Oftmals wird den Entscheidungsprozessen bis zum Inkrafttreten eines Freihandelsabkommens der EU fehlende demokratische Rückbindung vorgeworfen. Der Modus der Verhandlung und des Abschlusses von Handelsverträgen der EU ergibt sich hierbei grundsätzlich aus Art. 207 Abs. 3 und Abs. 5 AEUV. Das einzuhaltende Verfahren richtet sich generell nach Art. 218 AEUV, wobei Art. 207 AEUV für Handelsabkommen noch einige Sonderregelungen enthält.[658] Zunächst ist das EP von der Kommission nach Art. 207 Abs. 3 UAbs. 3 Satz 2 AEUV über Verhandlungen von Freihandelsabkommen zu informieren, wodurch in Verbindung mit weiteren Kooperationspflichten, wie der jederzeitigen Möglichkeit zur Äußerung, ein einheitlicher Informationsaustausch zwischen den EU-Institutionen gewährleistet wird.[659] Im Hinblick auf das Ergebnis der Verhandlungen der Kommission hat das EP sodann zwar kein ausdrücklich geregeltes Mitspracherecht. Es kann allerdings unverbindliche Entschließungen formulieren und Anfragen an die Kommission und den Rat zu den Verhandlungen richten.[660] Danach kann es seine Stellungnahme zum Verhandlungsmandat abgeben und den Rat ersuchen, den Beginn der Vertragsverhandlungen durch die Kommission so lange nicht zu genehmigen, bis die Stellungnahme des EP vorliegt. Von seinen umfangreichen Einflussnahmemöglichkeiten macht das EP in der Praxis auch intensiv Gebrauch. So hat es beispielsweise im Rahmen der Verhandlungen über das CETA-Abkommen eine

---

657 Wie bei JEFTA (*Japan-EU Free Trade Agreement*), einem Freihandels- und Investitionsschutzabkommen zwischen der Europäischen Union und Japan, bereits geschehen. Die EU und Japan haben das Abkommen am 17. Juli 2018 unterzeichnet. Am 8. Dezember 2018 wurde das Abkommen durch das japanische Parlament und am 12. Dezember 2018 durch das Europäische Parlament ratifiziert. Das Handelsabkommen ist daher ohne Ratifikation durch die Mitgliedstaaten der EU am 1. Februar 2019 in Kraft getreten.

658 *Schiffbauer*, EuZW 2016, 252, 253 m. w. N.

659 *Schröder*, EuR 2018, 119, 122 m. w. N.

660 *Schröder*, EuR 2018, 119, 123 m. w. N.

außerordentlich aktive Rolle eingenommen.[661] Aus Art. 218 Abs. 6 UAbs. 2 lit. b) A EUV ergibt sich stets das Recht des EP zur Anhörung vor einem Beschluss des Rates über den Abschluss einer internationalen Übereinkunft. Der Abschluss unionaler Freihandelsabkommen bedarf sogar der Zustimmung des EP nach Art. 218 Abs. 6 UAbs. 2 lit. a) sublit. iii) und v) AEUV. Durch die auch in diesem Bereich außerordentlich betriebsame Einflussnahme des EP hat sich dieses bloße Zustimmungsrecht in der Praxis inzwischen zu einem faktischen Mitgestaltungsrecht in Bezug auf Freihandelsverträge verdichtet.[662] Zusätzlich wird durch die stetige Partizipation des EP inklusive seiner inhaltlichen Einflussnahme die Wahrscheinlichkeit einer Verweigerung der Zustimmung zum Abschluss eines solchen Vertrages nach Art. 218 Abs. 6 AEUV deutlich verringert, obwohl selbst eine solche in den letzten Jahren durchaus vorgekommen ist.[663]

Zudem verfügt die Kommission für Verhandlungen über Freihandelsverträge stets über ein Mandat des Rates und damit letztlich eines der Mitgliedstaaten. Zusätzlich hat auch die Kommission selbst auf den öffentlichen Gegenwind bei der Verhandlungen von Abkommen wie CETA reagiert und passt ihre handelspolitischen Prozesse durch zahlreiche Initiativen und Anpassungen stetig an,[664] sodass die zurückliegenden mitgliedstaatlichen Komplikationen bislang nicht etwa zum Stillstand, sondern vielmehr zu einer dynamischen Weiterentwicklung des EU-Handelsrechts geführt haben. Letztlich sollten die Debatten um den Abschluss weitreichender Freihandelsabkommen in den letzten Jahren aber sowohl die Mitgliedstaaten als auch die Kommission dazu veranlassen, die politische Öffentlichkeit besser zu informieren und von den Vorteilen der jeweiligen Position zu überzeugen, damit diese sich eine ausgewogene Meinung bilden kann. Dennoch ist es insbesondere durch die Aufwertung und Stärkung des EP bei der Verhandlung und dem Abschluss weitreichender Freihandelsabkommen durch den Vertrag von Lissabon und die nachfolgende Praxis zu einer ganz erheblichen Entschärfung des zuvor noch bestehenden Legitimationsproblems in der Handelspolitik der EU gekommen. Durch die Möglichkeit zur inhaltlichen Einflussnahme und die zahlreichen sonstigen Mitwirkungsrechte stellt das EP mittlerweile denjenigen legitimierenden Akteur dar, der die demokratische Kontrolle weitreichender Freihandelsabkommen am zweckmäßigsten und effektivsten gewährleisten kann.

4. Gemischte Ausschüsse

Regelmäßig bietet auch die Einrichtung sogenannter gemischter Ausschüsse (vgl. z. B. Art. 26.1 CETA) durch weitreichende Freihandelsabkommen und deren Weiterentwicklung durch die eingesetzten Gremien Diskussionsstoff. Die Mitgliedstaaten

---

661 *Bäumler*, EuR 2016, 607, 619.
662 *Schröder*, EuR 2018, 119, 125.
663 *Schröder*, EuR 2018, 119, 125 m. w. N.; *Bäumler*, EuR 2016, 607, 620.
664 *Herrmann/Müller-Ibold*, EuZW 2018, 749, 750.

der EU haben diesbezüglich üblicherweise nur die Gelegenheit, mittelbar über den Rat Einfluss auf die Beschlussfassung innerhalb der Ausschüsse zu nehmen. Hieraus können sich aus mitgliedstaatlicher Sicht Legitimationsprobleme ergeben, zumal die Beschlüsse der Ausschüsse zumindest völkerrechtlich uneingeschränkt verbindlich sein können.

III. CETA

Zu dem oben beschriebenen neuen Typus weitreichender Freihandelsabkommen gehören auch die Freihandelsabkommen der EU mit Kanada und den USA. In den letzten Jahren ist dem Abschluss dieser Freihandelsabkommen besondere Aufmerksamkeit von Seiten der Öffentlichkeit entgegengebracht worden. Das geplante Freihandelsabkommen mit den USA (*Transatlantic Trade and Investment Partnership* (TTIP)) soll für die vorliegende Bearbeitung weitgehend außer Betracht bleiben, da sich die USA aus den Verhandlungen zurückgezogen haben und diese daher bis auf weiteres auf Eis liegen. Es ist noch nicht absehbar, ob die Verhandlungen über TTIP in absehbarer Zeit wieder aufgenommen werden.[665]

Das nun zu untersuchende *Comprehensive Economic and Trade Agreement* (CETA oder CETA-Abkommen) ist ein umfassendes europäisch-kanadisches Wirtschafts- und Handelsabkommen, das erhebliche Handels- und Zollerleichterungen enthält und dessen Abschluss im Verlauf der letzten Jahre aus verschiedenen Gründen zu einer beispiellosen Politisierung und zu umfangreichen Diskussionen in der Öffentlichkeit, den Medien und der Politik geführt hat. Das CETA-Abkommen soll durch gemeinsame Regelungen und die Öffnung der Märkte dazu beitragen, den Wohlstand der transatlantischen Handelspartner zu sichern und auszubauen. CETA soll hierbei insbesondere der fortschreitenden Globalisierung gerecht werden und deren Verwirklichung im Verhältnis zwischen der EU und Kanada faire und einheitliche Regeln zugrunde legen. Der Marktzugang für europäische Industriegüter, Agrarprodukte und Dienstleistungen sowie die Zusammenarbeit im öffentlichen Auftragswesen soll deutlich verbessert werden. Gleichzeitig sollen die hohen sozialen und ökologischen Standards der Vertragspartner gesichert und erhalten werden.[666] Durch CETA werden Regelungen zu sämtlichen Bereichen des internationalen Handels zwischen den Parteien getroffen. Am 30. Oktober 2016 wurde das Abkommen nach erheblichen politischen Turbulenzen unterzeichnet.

---

665 Bundeministerium für Wirtschaft und Energie, https://www.bmwi.de/Redaktion/DE/Artikel/Aussenwirtschaft/freihandelsabkommen-aktuelle-verhandlungen.html.

666 Bundeministerium für Wirtschaft und Energie, https://www.bmwi.de/Redaktion/DE/Dossier/ceta.html; siehe zu weiteren Vorteilen, die sich die Vertragspartner erhoffen, Wissenschaftlicher Beirat beim Bundeministerium für Wirtschaft und Energie, Pressemitteilung, https://www.bmwi.de/Redaktion/DE/Downloads/Wissenschaftlicher-Beirat/pressemitteilung-wissenschaftlicher-beirat-empfiehlt-annahme-von-ceta.pdf?__blob=publicationFile&v=2.

Bevor es endgültig in Kraft tritt, muss es zuvor von allen Vertragspartnern ratifiziert werden.[667]

Nachfolgend wird zunächst ein Überblick über den bisherigen Verlauf (unter Gliederungspunkt D.III.1.), den Inhalt des Abkommens und seine wichtigsten Vertragsbestimmungen (unter D.III.2. bis D.III.4.). Sodann werden kurz das Gutachten 1/17 des EuGH zum CETA-Abkommen (unter D.III.5.) und das generelle Problem der demokratischen Legitimation des Abkommens (unter D.III.6.) dargestellt. Abschließend wird sodann eingehend die bisherige Auseinandersetzung des BVerfG mit dem CETA-Abkommen (unter D.III.7.) analysiert und in diesem Zuge die Frage beantwortet, in welchem Maße die bisherigen CETA-Entscheidungen des BVerfG zur Etablierung der Verfassungsidentität als belastbares verfassungsrechtliches Konzept beigetragen haben.

Der Inhalt des CETA-Abkommens soll nachfolgend nur insoweit besprochen werden, wie er für das Verständnis des Abkommens in seiner Gesamtheit oder seine Prüfung durch das BVerfG erforderlich ist.

1. Verhandlung, Abschluss und Ratifikation von CETA

Nachdem in der Zeit nach der Jahrtausendwende die Idee für ein Freihandelsabkommen zwischen der EU und Kanada aufkam,[668] wurde das CETA-Abkommen von den Vertretern der Vertragsparteien seit dem 10. Juni 2009 unter Ausschluss der Öffentlichkeit verhandelt.[669] Zuvor hatte die Kommission dem Rat gemäß Art. 207 Abs. 3 AEUV am 7. April 2009 die Empfehlung zur Aufnahme von Verhandlungen mit Kanada vorgelegt[670], und dieser hatte der Kommission ein Verhandlungsmandat erteilt. Um eine einheitliche völkerrechtliche Vertretung zu gewährleisten, wurden die Verhandlungen auf Seiten der EU sodann von der Kommission geführt.[671] Der Inhalt des Abkommens war trotz einiger nicht autorisierter Veröffentlichungen in weiten Teilen lange geheim. Am 18. Oktober 2013 wurde von den Verhandlungspartnern der Europäischen Kommission und der kanadischen Regierung bekannt gegeben, dass zumindest in den wesentlichen Punkten eine Einigung erzielt wurde. Die Verhandlungen wurden sodann am 1. August 2014 zunächst offiziell abgeschlossen. Anlässlich des Verhandlungsabschlusses reagierte die EU-Kommission am 26. September 2014 auf verschiedene nicht autorisierte Veröffentlichungen und veröffentlichte ihrerseits eine erste konsolidierte Textfassung. Es kam sodann zu umfassenden Einwänden seitens verschiedener zivilgesellschaftlicher

---

667 Mit Stand August 2020 haben bislang erst fünfzehn Mitgliedstaaten der EU das Abkommen ratifiziert, vgl. Europäischer Rat, https://www.consilium.europa.eu/de/documents-publications/treaties-agreements/agreement/?id=2016017.

668 *Nettesheim*, Umfassende Freihandelsabkommen und Grundgesetz, S. 29.

669 Europäische Kommission, Pressemitteilung IP/09/896, http://europa.eu/rapid/press-release_IP-09-896_de.htm.

670 Europäische Kommission, Empfehlung 9036/09 EXT 2.

671 *Bäumler*, EuR 2016, 607, 614.

Gruppen. Diverse NGOs wandten sich gegen das veröffentlichte Abkommen. Am 29. Februar 2016 veröffentlichte die EU-Kommission infolge der zwischenzeitlich wiederaufgenommenen Verhandlungen eine finale Version des CETA-Vertragstextes, nachdem die Kommission und Kanada in einigen Punkten – beispielsweise in Bezug auf das oben[672] bereits beschriebene neue Streitbeilegungssystem – auf die öffentlichen Einwände reagiert und Anpassungen vorgenommen hatten. Die neuerlichen Verhandlungen hatten unter anderem ergeben, auf lange Sicht einen eigenen ständigen multilateralen öffentlich-rechtlichen Schiedsgerichtshof (MIC)[673] anstelle der zuvor im Rahmen des ISDS-Systems vorgesehenen nicht-ständigen Schiedsgremien zu errichten. Nachdem auch Belgien dem Abkommen kurz zuvor mit Verzögerung zugestimmt hatte, fassten die Vertreter der EU-Mitgliedstaaten am 28. Oktober 2016 im schriftlichen Verfahren die nötigen Beschlüsse zur Unterzeichnung[674] und vorläufigen Anwendung[675] des Abkommens. Sodann fand am 30. Oktober 2016 der EU-Kanada-Gipfel statt, bei dem das Abkommen unterzeichnet wurde. Am 14. Januar 2017 veröffentlichte die Europäische Kommission die endgültige Fassung des Abkommens im Amtsblatt.[676]

Nach der Unterzeichnung wurde CETA dem EU-Parlament vorgelegt, welches am 15. Februar 2017 zustimmte. Kanada ratifizierte den Vertragstext am 17. Mai 2017.

Das Abkommen wird seit dem 21. September 2017 vorläufig angewendet (Art. 30.7 CETA). Es kommen allerdings lediglich die Bereiche von CETA zur vorläufigen Anwendung, die unstreitig im ausschließlichen Zuständigkeitsbereich der EU liegen. Unter die vorläufige Anwendung fallen daher weite Teile des Abkommens. Von ihr ausgenommen sind insbesondere der Investitionsschutzteil sowie einzelne Kapitel und Abschnitte in den Bereichen Finanzdienstleistungen, Steuern und Geistiges Eigentum. Durch die vorläufige Anwendung wird bereits vor Abschluss des komplexen Ratifikationsprozesses innerhalb der Mitgliedstaaten sichergestellt, dass europäische Unternehmen beim Handel mit Kanada schnellstmöglich von den für sie vorteilhaften CETA-Regelungen profitieren können.[677] Die von der vorläufigen Anwendung ausgenommenen Regelungen werden erst

---

672 Unter Gliederungspunkt D.III.4.

673 Siehe hierzu i. E. *Bungenberg/Reinisch*, Von bilateralen Schieds- und Investitionsgerichten zum multilateralen Investitionsgerichtshof, S. 53 ff.

674 Beschluss 10972/1/16 des Rates vom 26. Oktober 2016 über die Unterzeichnung – im Namen der Europäischen Union – des umfassenden Wirtschafts- und Handelsabkommens (CETA) zwischen Kanada einerseits und der Europäischen Union und ihren Mitgliedstaaten andererseits (10972/1/16 REV 1).

675 Beschluss 10974/16 des Rates vom 5. Oktober 2016 über die vorläufige Anwendung des umfassenden Wirtschafts- und Handelsabkommens zwischen Kanada einerseits und der Europäischen Union und ihren Mitgliedstaaten andererseits (10974/16).

676 ABl EU 2017 L 11/1.

677 Bundeministerium für Wirtschaft und Energie, https://www.bmwi.de/Redaktion/DE/Dossier/ceta.html.

nach der Ratifikation durch alle Mitgliedstaaten der EU rechtliche Wirkung entfalten. Nun müssen alle nationalen Parlamente der Mitgliedstaaten der EU das Abkommen auf nationaler Ebene gemäß ihren jeweiligen verfassungsrechtlichen Anforderungen ratifizieren, bevor es endgültig in Kraft treten kann. Wie schon die Verhandlung gestaltet sich nun auch die Ratifikation in den Mitgliedstaaten teilweise problematisch und verzögert sich daher.[678] Es würde nicht überraschen, wenn sich der Abschluss des Ratifikationsprozesses noch über Jahre hinzöge, da die inhaltlichen Diskussionen über das Abkommen nach wie vor nicht abgeschlossen erscheinen. Mit Stand August 2020 haben bislang erst fünfzehn Mitgliedstaaten der EU das Abkommen ratifiziert.[679] Es ist zudem fraglich und umstritten, ob die gesamte vorläufige Anwendung des Abkommens enden würde, sobald die Ratifikation in einem Mitgliedstaat endgültig scheitert.[680]

2. Reichweite

In materieller Hinsicht reicht das CETA-Abkommen weit über die in klassischen Freihandelsabkommen übliche Beseitigung von Beschränkungen außenwirtschaftsrechtlicher Marktzugangshindernisse hinaus. So umfasst das Abkommen der EU mit Kanada insbesondere weitreichende Vorgaben für den Zeitraum nach erfolgtem Marktzutritt, die Einsetzung eigener Vertragsgremien (mit begrenzter Hoheitsgewalt) und die Einrichtung einer eigenen Investitionsgerichtsbarkeit für investitionsschutzrechtliche Streitigkeiten. Trotz der vielschichtigen Regelungsgegenstände waren zumeist die investitionsschutzrechtlichen Aspekte für einen großen Teil der Kritik an CETA verantwortlich. Mit Blick auf seine klassisch international-wirtschaftsrechtliche Dimension werfen die Regelungsbereiche des CETA-Abkommens ansonsten keine spezifischen verfassungsrechtlichen Probleme auf.[681]

---

678 Siehe zu den Verzögerungen in Italien, Handelsblatt 13. Juli 2018, https://www.handelsblatt.com/politik/international/europaeisch-kanadisches-freihandelsabkommen-italiens-vize-regierungschef-will-ceta-abkommen-ablehnen/22799494.html?ticket=ST-2480306-iMAtYvmitqYesmB6gnGn-ap1; in Österreich, Handelsblatt 11. Juli 2018, https://www.handelsblatt.com/politik/international/freihandelsabkommen-oesterreich-unterzeichnet-ceta-abkommen-vorerst-nicht/22791678.html; in Deutschland, Spiegel 14. Juni 2018, http://www.spiegel.de/wirtschaft/soziales/bundestag-stimmt-gegen-beschleunigte-ratifizierung-von-ceta-abkommen-a-1213057.html.

679 Europäischer Rat, https://www.consilium.europa.eu/de/documents-publications/treaties-agreements/agreement/?id=2016017.

680 Zustimmend *Nettesheim*, Umfassende Freihandelsabkommen und Grundgesetz, S. 30 m. w. N.; a. A. ist die EU Kommission, welche sich auf ein Gutachten des Juristischen Dienstes des Europäischen Parlaments von November 2016 (Gutachten SJ-0728/16) stützt; danach bedarf es einer Entscheidung nach Art. 218 Abs. 5 AEUV; siehe hierzu auch *Nowrot/Tietje*, EuR 2017, 137, 153; *Bäumler*, EuR 2016, 607, 622 f.

681 *Nettesheim*, Umfassende Freihandelsabkommen und Grundgesetz, S. 19.

Als teilweise diskussionswürdig empfunden werden jedoch diejenigen Regelungsbereiche des Abkommens, die sich auf die Ordnung der Verhältnisse „hinter der Grenze“[682] beziehen,[683] obwohl auch solche Regelungen in internationalen Abkommen bereits seit mehreren Jahrzehnten nicht unüblich sind.[684] Insofern ist die Frage durchaus legitim, warum gerade der Abschluss und die vorläufige Anwendung des CETA-Abkommens so staatsgefährdend sein sollten, dass die Verfassungsidentität verletzt würde.

3. Vertragsgremien

CETA setzt – wie bei umfassenden Freihandelsabkommen neuen Typs üblich – eigene Vertragsgremien in Form von Ausschüssen ein, denen für die Vertragsanwendung gewisse Entscheidungsbefugnisse zukommen. Dieses spezifische Ausschusssystem ist jüngst auf besonderes politisches und wissenschaftliches Interesse gestoßen.[685] Zentrale Norm für die Einsetzung des zentralen CETA-Vertragsgremiums ist Art. 26.1 CETA:

> 1. Die Vertragsparteien setzen den Gemischten CETA-Ausschuss ein, der sich aus Vertretern der Europäischen Union und Vertretern Kanadas zusammensetzt. Der Vorsitz im Gemischten CETA-Ausschuss wird gemeinsam vom kanadischen Minister for International Trade und von dem für Handel zuständigen Mitglied der Europäischen Kommission oder ihren jeweiligen Vertretern geführt.

Der Wortlaut des Art. 26.1 CETA sieht also keine unmittelbare Einbindung der Mitgliedstaaten der EU im Rahmen des Gemischten Ausschusses vor. Diese Tatsache ist schon im Rahmen der Verhandlung des Abkommens aufgrund von daraus resultierenden Bedenken hinsichtlich der demokratischen Legitimation der Beschlüsse des Ausschusses, welche sich zumindest nach endgültigem Inkrafttreten des Abkommens hypothetisch auch auf die wenigen einschlägigen mitgliedstaatlichen Kompetenzen erstrecken könnten, bemängelt worden.[686] Lediglich jene Teilnehmer der EU, die von dieser in einem internen Entscheidungsprozess bestimmt werden, sollen tatsächlich an den Sitzungen des Ausschusses teilnehmen.[687] Über Art. 26.1 CETA hinaus ist ferner in Art. 26.2.1 CETA auch die Einsetzung weiterer Sonderausschüsse vorgesehen, in denen teilweise auch Vertreter der Mitgliedstaaten mitwirken können. Nach Art. 26.1.5 CETA ist der Gemeinsame

---

682 *Herrmann/Guilliard*, in: Krenzler/Herrmann/Niestedt, EU-Außenwirtschafts- und Zollrecht, Ziff. 130, Rn. 55; *Nettesheim*, in: Streinz, EUV/AEUV, Art. 207 AEUV, Rn. 34.
683 CETA regelt beispielsweise auch gewisse Bereiche der mitgliedstaatlichen Umwelt- und Sozialpolitik.
684 *Nettesheim*, Umfassende Freihandelsabkommen und Grundgesetz, S. 19.
685 Vgl. z. B. *Weiß*, EuZW 2016, 286.
686 *Nettesheim*, Umfassende Freihandelsabkommen und Grundgesetz, S. 22 ff. m. w. N.
687 *Nettesheim*, Umfassende Freihandelsabkommen und Grundgesetz, S. 22.

Ausschuss beispielsweise auch befugt, weitere Sonderausschüsse einzusetzen. Der EuGH bejaht in diesem Zusammenhang bereits seit langem eine implizite Kompetenz der EU, die ihr verliehenen Hoheitsrechte durch Einsetzung internationaler Vertragsgremien weiter zu übertragen und diese mit „angemessenen Entscheidungsbefugnissen auszustatten".[688] Auch Art. 218 Abs. 9 AEUV sieht durch Abkommen errichtete und zur Beschlussfassung befugte Gremien zumindest vor.[689] Die umfassende Kritik am Ausschusssystem des CETA-Abkommens vermag daher nicht zu überzeugen, zumal wenn man bedenkt, dass die meisten bereits wirksamen bilateralen Freihandels- und Assoziierungsabkommen der EU und ihrer Mitgliedstaaten vergleichbare Ausschüsse eingesetzt und diesen das Recht eingeräumt haben, verbindliche Beschlüsse zu fassen, ohne dass es zu nennenswerten unions- oder verfassungsrechtlichen Diskussionen gekommen ist.[690] Zudem ist zu beachten, dass die Beschlüsse der CETA-Ausschüsse nicht einmal unmittelbar anwendbar sind und daher nicht direkt in die Rechtsordnungen der EU oder der Mitgliedstaaten durchgreifen.[691] Für die ausreichende demokratische Legitimation entsprechender Regelungen in umfassenden Freihandelsabkommen spricht zudem, dass die Unionsverträge ihrerseits überhaupt keine ausdrücklichen Vorgaben im Hinblick darauf enthalten, wie die Legitimation solcher Vertragsgremien im Einzelnen auszusehen hat. Letztlich haben zudem auch im CETA-Abkommen die Ausschüsse, deren Rechtssetzungsbefugnis ohnehin nur begrenzt ist, lediglich die Aufgabe, ein Abkommen durchzuführen, dem das demokratisch legitimierte EP bereits zuvor gemäß Art. 218 Abs. 6 AEUV zugestimmt hat. Die Legitimationsbedenken im Hinblick auf die Wirkung der Beschlüsse der durch CETA eingesetzten Vertragsgremien können vor diesem Hintergrund zwar teilweise nachvollziehbar sein. Auffällig ist jedoch, dass die Einsetzung vergleichbarer Ausschüsse in vergangenen Abkommen keine nennenswerten verfassungsrechtlichen Diskussionen hervorgerufen hat.

4. Streitbeilegungssystem

In vielen Fällen liegt ein weiterer Grund für die Diskussionen über die Rechtmäßigkeit von Freihandelsabkommen insbesondere in den Regelungen zum Investitionsschutz und vor allem zur Investor-Staat-Streitbeilegung. Kaum ein anderer Themenbereich der internationalen Politik vermag in der Öffentlichkeit sowie in Politik und Medien so große Sorgen um den Fortbestand der politischen,

---

688 *Weiß*, EuZW 2016, 286, 288 m. w. N.

689 *Weiß*, EuZW 2016, 286, 288.

690 *Weiß*, EuZW 2016, 286, 286; *Schröder*, EuR 2018, 119, 135.

691 *Weiß*, EuZW 2016, 286, 288; *Schröder*, EuR 2018, 119, 136; vielmehr ist die unmittelbare Geltung des Abkommens und der darauf gestützten Beschlüsse des Ausschusses explizit ausgeschlossen, vgl. Art. 30.6 CETA; vgl. auch *Grzeszick*, NVwZ 2016, 1753, 1755.

wirtschaftlichen und sozialen Errungenschaften der involvierten Gesellschaften zu schüren.[692] Vielerorts wird beklagt, der involvierte Staat würde sich durch die oftmals in weitreichenden Freihandelsabkommen vorgesehene ad-hoc Schiedsgerichtsbarkeit einer Einrichtung unterwerfen, auf deren Tätigkeit er keinen Einfluss habe, wodurch letztlich seine Souveränität erhebliche Einbußen erleide.[693] Ältere Abkommen enthielten regelmäßig nur zwischenstaatliche Streitbeilegungsmechanismen, ermöglichten Privatpersonen aber keine eigenen Klagen unmittelbar gegen Staaten. Schon seit dem Ende der 1960er Jahre ist es nun verbreitet, in Investitionsschutzabkommen zusätzliche Vorschriften aufzunehmen, die es den ausländischen Investoren selbst ermöglichen sollen, bei möglichen Verletzungen der Vorschriften des Abkommens gegen den Gastgeberstaat zu klagen (sog. *Investor – State Dispute Settlement*, ISDS).[694] In diesen ISDS-Verfahren können unter anderem ausländische Investoren Empfangsstaaten von ausländischen Investitionen regelmäßig vor ad hoc konstituierten Schiedsgerichten auf Schadensersatz verklagen. Der EuGH erklärte hierzu im März 2018[695], eine Investor-Staat-Schiedsbestimmung in einem Investitionsschutzabkommen, welches zwischen zwei Mitgliedstaaten der EU abgeschlossen wurde,[696] beeinträchtige die Autonomie des Unionsrechts[697] und stellte zudem die Vereinbarkeit von Schiedsklauseln in Investitionsschutzabkommen mit dem EU-Recht grundsätzlich infrage.[698] Hierzu ist jedoch anzumerken, dass diese Wertung des EuGH nicht ohne weiteres auf CETA oder vergleichbare Abkommen mit Drittstaaten erstreckt werden kann, da der vom EuGH behandelte Fall lediglich das spezielle Regime der Investitionsschutzabkommen zwischen zwei Mitgliedstaaten der EU zum Inhalt hatte.

Auch die Entwürfe des CETA-Abkommens sahen eine eigene Schiedsgerichtsbarkeit zur Streitbeilegung vor. Die Schiedsgerichte sollten zuvorderst dazu berufen sein, festzustellen, ob ein Investor im Hoheitsbereich eines der Vertragspartner ungerecht oder unbillig behandelt worden ist, und sollten von jedem Vertragspartner angerufen werden können. Sodann sollte vor dem Schiedsgericht eine Entscheidung darüber ergehen können, ob die andere Partei eine vertragliche Verpflichtung verletzt habe. Im Rahmen des ISDS-Systems sollte darüber hinaus auch

692 *Schill*, KSzW 2016, 115, 115.

693 *Schiffbauer*, KSzW 2016, 145, 148; *Groh*, ZEuS 2016, 433 ff.

694 *Griebel/Hölken*, KSzW 2016, 79, 80; siehe hierzu ausführlich *Gramlich/Conen*, SchiedsVZ 2015, 225 ff.; für eine Verfassungskonformität des ISDS-Verfahrens in CETA z. B. *Schill*, ZaöRV 2018, 33; *Tietje*, ZEuS 2016, 421, 429 ff.; *Classen*, ZEuS 2016, 449 ff.; a. A. *Groh*, ZEuS 2016, 433 ff.

695 EuGH, Rs. C-284/16 (Achmea).

696 Siehe zu den sogenannten intra-EU-BITs z. B. *Kainer*, EuZW 2018, 659.

697 Siehe hierzu auch *Stoll/Holterhus/Gött*, Investitionsschutz und Verfassung, S. 143 ff.; kritisch zur Vereinbarkeit der vorgesehenen ISDS-Verfahren mit dem Grundsatz der Autonomie der Unionsrechtsordnung z.B. *Kerkemeyer*, EuZW 2016, 10.

698 Vgl. hierzu *Müller/Simon*, NJOZ 2018, 961; *Brauneck*, EuR 2018, 429; *Brauneck*, DÖV 2018, 22.

ein Investor selbst den ihm aus einer Vertragsverletzung einer Vertragspartei verursachten Schaden verlangen können (Art. 10.17 CETA-E). Als Reaktion auf die öffentliche Kritik bezüglich des vorgesehenen Investitionsschutzes und aufgrund der Tatsache, dass gerade die ISDS-Klauseln bei der europäischen Öffentlichkeit mehrheitlich auf Ablehnung stießen, forderte das Europäische Parlament im Rahmen der CETA-Verhandlungen, das traditionelle Schiedsgerichtssystem durch ein neues Gerichtssystem zu ersetzen. Die Kommission und Kanada handelten daraufhin die entsprechenden Bestimmungen neu aus, um auf lange Sicht eine neue multilaterale Investitionsgerichtsbarkeit einzurichten.[699] Hiernach sollte zunächst ein Gericht und eine Rechtsbehelfsinstanz eingerichtet werden, später dann der ständige multilaterale öffentlich-rechtliche Schiedsgerichtshof (MIC).[700] Die nun vorgesehene ständige und öffentlich-legitimierte Investitionsgerichtsbarkeit mit 15 staatlich ernannten Richtern weicht vom reinen ISDS-Schiedsverfahrensmodell erheblich ab und sieht unter anderem eine Berufungsinstanz vor. Beide Instanzen des Investitionsgerichts sollen in transparenten Verfahren und öffentlichen Verhandlungen entscheiden. Auch sollen alle wesentlichen Verfahrensdokumente der Öffentlichkeit zur Verfügung gestellt werden.[701] Ziel dieser Neuerungen ist es unter anderem, eine Wahl des günstigsten Gerichtsstandes und den Missbrauch des zuvor vorgesehenen Systems zu vermeiden. Mit der nun vorgesehenen Einrichtung eines multilateralen Gerichtshofs wird den zahlreich geäußerten Bedenken hinsichtlich der Transparenz der Entscheidungen sowie der erforderlichen Ethik, Unparteilichkeit, Professionalität und Vergütung der Richter Rechnung getragen.[702] Die Verfassungskonformität eines Schiedsgerichtsverfahrens, wie es CETA nun vorsieht, ist dennoch umstritten.[703] Letztlich sprechen jedoch gewichtige Gründe[704] dafür, anzunehmen, dass das in CETA vorgesehene Streitbeilegungssystem keinen Verfassungsverstoß darstellt. *Classen* stellt hierzu treffend fest: „Würde dieses [das

---

699 Siehe hierzu z. B. *Bungenberg*, KSzW 2016, 122; *Krajewski/Hoffmann*, KSzW 2016, 131, 132 f.

700 Siehe hierzu i. E. *Bungenberg/Reinisch*, Von bilateralen Schieds- und Investitionsgerichten zum multilateralen Investitionsgerichtshof, S. 53 ff.

701 Bundeministerium für Wirtschaft und Energie, https://www.bmwi.de/Redaktion/DE/Dossier/ceta.html.

702 Gleichzeitig ist jedoch zu vermuten, dass im Rahmen der Verhandlung eines Abkommens für die Unterwerfung unter einen eigenständigen Gerichtshof im Gegensatz zur Einsetzung von üblichen ad-hoc Schiedsgerichten ein politischer Preis zu zahlen ist, vgl. *Bungenberg*, KSzW 2016, 122, 129; *Krajewski*, in: Verfassungsblog 30. April 2019, https://verfassungsblog.de/ist-ceta-der-golden-standard-eugh-haelt-ceta-gericht-fuer-unionsrechtskonform/.

703 Für eine Verfassungskonformität des vorgesehenen Systems in CETA z. B. *Tietje*, ZEuS 2016, 421, 429 ff.; *Classen*, ZEuS 2016, 449 ff.; *Schill*, ZaöRV 2018, 33; a. A. *Groh*, ZEuS 2016, 433 ff.

704 Siehe hierzu *Ohler*, JZ 2015, 341, 344 ff.; *Tietje*, ZEuS 2016, 421, 429 ff.; *Schill*, ZaöRV 2018, 33.

Instrument investitionsschutzrechtlicher Schiedsgerichtsbarkeit] demokratische und rechtsstaatliche Grundregeln missachten, hätte Deutschland jahrzehntelang die Verfassung gebrochen."[705] Gegenüber den bisherigen ISDS-Klauseln hat also durch die Anpassungen im Rahmen der CETA-Verhandlungen eine beträchtliche Weiterentwicklung stattgefunden. Interessenkonflikte dürften aufgrund des nun vorgesehenen Systems künftig seltener werden. Dennoch muss in jedem Fall auch in Zukunft sichergestellt sein, dass bei wie auch immer durchzuführenden Investitionsschutzverfahren die Anforderungen an einen rechtsstaatlichen und demokratischen Rechtsschutz erfüllt sind.[706]

5. Das Gutachten 1/17 des EuGH (CETA)

Zwischenzeitlich ist neben der Verfassungsmäßigkeit auch die Unionsrechtskonformität des in CETA vorgesehenen Streitschlichtungssystems in Frage gestellt worden. Der EuGH[707] hatte daher Gelegenheit zur Prüfung, ob die Inhalte der weitreichenden Freihandelsabkommen neuen Typs, namentlich die neu verhandelten ISDS-Bestimmungen, mit dem Unionsrecht vereinbar sind.[708] Vor dem Hintergrund der Vorbehalte der Region Wallonien betreffend CETA hatte die föderale Regierung des Königreichs Belgien erklärt, als Kompromiss im Rahmen der durch die Diskussion um CETA hervorgerufenen politischen Krise ein Gutachten gemäß Art. 218 Abs. 11 AEUV über die Vereinbarkeit von Kapitel 8 CETA und der darin vorgesehenen ISDS-Regelungen mit dem Unionsrecht einzuholen. Belgien ersuchte den Gerichtshof um Erstellung des Gutachtens über die Vereinbarkeit des Streitbeilegungsmechanismus mit dem Unionsrecht, weil vor allem Politiker Walloniens Zweifel hinsichtlich der Auswirkungen auf die ausschließliche Zuständigkeit des EuGH für die verbindliche Auslegung des Unionsrechts, den allgemeinen Gleichbehandlungsgrundsatz und das Gebot der Effektivität des Unionsrechts sowie das Recht auf Zugang zu einem unabhängigen und unparteiischen Gericht hatten.

Der Generalanwalt Yves Bot hatte den im CETA-Abkommen vorgesehenen Mechanismus zur Beilegung von Streitigkeiten zwischen Investoren und Staaten für mit dem Unionsrecht vereinbar erklärt. Die Zweifel seien in vollem Umfang unbegründet, so der Generalanwalt in seinen Schlussanträgen. Das Abkommen beeinträchtige nicht die Autonomie des Unionsrechts und lasse den Grundsatz der ausschließlichen Zuständigkeit des EuGH für die verbindliche Auslegung

705 *Classen*, ZEuS 2016, 449, 450.

706 *Schill*, KSzW 2016, 115, 121.

707 EuGH, Gutachten 1/17 (CETA).

708 Eher bejahend *Kübek*, Verfassungsblog 4. Juli 2018, https://verfassungsblog.de/cetas-investment-court-system-and-the-autonomy-of-eu-law-insights-from-the-hearing-in-opinion-1-17/; gegen die Vereinbarkeit der ISDS-Verfahren z. B. in CETA mit dem Grundsatz der Autonomie der Unionsrechtsordnung spricht sich demgegenüber *Kerkemeyer*, EuZW 2016, 10, aus.

des Unionsrechts unberührt.[709] Die Errichtung eines Streitbeilegungsmechanismus sei für den gegenseitigen Schutz der Investoren vielmehr erforderlich und stehe auch im Einklang mit der fehlenden unmittelbaren Wirkung des Abkommens. Die Garantien, mit denen die Einrichtung des Streitbeilegungsmechanismus versehen sei, seien hinreichend. Die Zuständigkeit des noch einzurichtenden Investitionsgerichts sei ferner eng begrenzt. Das Gericht sei beispielsweise nicht befugt, eine Maßnahme, die es für mit dem Abkommen unvereinbar halte, aufzuheben oder eigenständig die Anpassung dieser Maßnahme anzuordnen. Außerdem berühre der Streitbeilegungsmechanismus auch nicht die Aufgabe der nationalen Gerichte, eine effektive Anwendung des Unionsrechts zu gewährleisten. Die mitgliedstaatlichen Gerichte verlören mithin nicht ihren Status als „ordentliche" Gerichte der Unionsrechtsordnung, einschließlich ihrer Rolle bei eventuellen Ersuchen um Vorabentscheidung. Der Generalanwalt machte ferner deutlich, dass das Streitbeilegungssystem in vollem Umfang den Zielen des Handelns der Union auf internationaler Ebene entspreche, da die darin enthaltenen Vorschriften über den Investitionsschutz mit der ausdrücklichen Bekräftigung des Rechts der Vertragsparteien einhergingen, die notwendigen Regelungen zu erlassen, um legitime Ziele des Allgemeinwohls zu erreichen.[710]

Der EuGH bestätigte in seinem mit Spannung erwarteten[711] Gutachten 1/17 vom 30. April 2019[712] die Ausführungen des Generalanwalts. Auch nach diesem Gutachten ist der in CETA vorgesehene Mechanismus zur Streitbeilegung zwischen Investoren und Staaten in vollem Umfang mit dem Unionsrecht vereinbar. Weder das in CETA mittelfristig vorgesehene Gerichtssystem noch der bereits angedeutete multilaterale Schiedsgerichtshof verletzten hiernach das Unionsrecht. Der EuGH betonte, die von CETA vorgesehenen Gerichte stünden außerhalb der Unionsrechtsordnung und seien nicht dafür zuständig, Vorschriften des Unionsrechts über die in CETA vorgesehenen Bestimmungen auszulegen oder anzuwenden, sodass die ausschließliche Zuständigkeit des EuGH für die Entscheidung über die Verteilung der Zuständigkeiten zwischen der Union und ihren Mitgliedstaaten gewahrt sei. Zusätzlich sei auch die Autonomie der Unionsrechtsordnung nicht beeinträchtigt, da das Abkommen Vorschriften enthalte, nach denen das CETA-Gericht und die Rechtsbehelfsinstanz nicht die Befugnis hätten, Entscheidungen

---

709 EuGH, Schlussanträge des Generalanwalts Yves Bot vom 29. Januar 2019, Gutachten 1/17 (CETA).

710 EuGH, Schlussanträge des Generalanwalts Yves Bot vom 29. Januar 2019, Gutachten 1/17 (CETA).

711 Vgl. *Müller/Simon*, NJOZ 2018, 961; *Brauneck*, EuR 2018, 429; *Brauneck*, DÖV 2018, 22.

712 EuGH, Gutachten 1/17 (CETA); vgl. hierzu LTO 30. April 2019, https://www.lto.de/recht/nachrichten/n/eugh-gutachten-1-17-ceta-abkommen-schiedsgerichte-unionsrecht-autonomie/; *Krajewski*, in: Verfassungsblog 30. April 2019, https://verfassungsblog.de/ist-ceta-der-golden-standard-eugh-haelt-ceta-gericht-fuer-unionsrechtskonform/.

in Frage zu stellen, die von einer Vertragspartei demokratisch getroffen worden seien.[713] Auch eine Verletzung des Grundsatzes der Gleichbehandlung lehnten die Richter ab, da CETA zwar nur ausländischen Investoren eine Klage ermögliche, die Situationen inländischer und ausländischer Investoren innerhalb der EU jedoch nicht vergleichbar seien, sodass der Grundsatz der Gleichbehandlung schon nicht zur Anwendung komme.[714] Letztlich sei auch der Zugang zu einem unabhängigen Gericht aufgrund der in CETA vorgesehenen Regelungen gesichert, da die Kommission und der Rat diesbezüglich zugunsten kleiner und mittlerer Unternehmen Verpflichtungen eingegangen seien und der Zugang zum unabhängigen Gericht daher nicht nur finanzstarken Investoren ermöglicht werde, sofern der von den Vertragsparteien diesbezüglich geplante Unterstützungsmechanismus umgesetzt werde.[715] Schließlich seien in CETA auch ausreichende Garantien für die Unabhängigkeit der Richter vorgesehen.[716]

Dieses EuGH-Gutachten kann durchaus als Erfolg für die weitere Umsetzung des CETA-Abkommens gesehen werden, da der EuGH zumindest keinerlei Bedenken im Hinblick auf die Unionsrechtskonformität des vorgesehenen Gerichtssystems äußerte und der Ratifikationsprozess in einigen Mitgliedstaaten hierdurch wieder angetrieben werden könnte. Denn einige Mitgliedstaaten wollten das Gutachten vor ihrer Ratifikation abwarten.[717] Es dürfte jedoch keine unmittelbaren Auswirkungen auf die CETA-Verfahren vor dem BVerfG haben.

6. Die demokratische Legitimation von CETA

Nachfolgend sollen die im Rahmen der Verhandlung von CETA aufgekommenen Diskussionen über die demokratische Legitimation des Abkommens skizziert und kritisch beleuchtet werden.

Im Hinblick auf die Erfordernisse eines demokratisch organisierten Rechtsstaates kann der Abschluss weitreichender Freihandelsabkommen, insbesondere wegen der Einsetzung eigener Vertragsgremien[718] und der oftmals vorgesehenen Schiedsgerichtsbarkeit[719], verfassungsrechtliche Probleme bereiten. Auch im Rahmen von CETA wurden diese Herausforderungen umfassend diskutiert. Die verfassungsrechtliche Diskussion über CETA hat jedoch auch erkennen lassen, dass der Argumentation der CETA-Gegner oft ganz andere als tatsächliche verfassungsrechtliche Bedenken zugrunde lagen und die verfassungsrechtliche Argumentation

713 EuGH, Gutachten 1/17 (CETA), Rn. 121 ff.
714 EuGH, Gutachten 1/17 (CETA), Rn. 180.
715 EuGH, Gutachten 1/17 (CETA), Rn. 221.
716 EuGH, Gutachten 1/17 (CETA), Rn. 239.
717 *Krajewski*, in: Verfassungsblog 30. April 2019, https://verfassungsblog.de/ist-ceta-der-golden-standard-eugh-haelt-ceta-gericht-fuer-unionsrechtskonform/.
718 Siehe hierzu Gliederungspunkt D.III.3.
719 Siehe hierzu Gliederungspunkt D.III.4.

oftmals nur als Vehikel anderer Motive diente.[720] Insofern ist die Kritik an weitreichenden Freihandelsabkommen im politischen Diskurs in sachlicher Hinsicht fortlaufend auf ihre inhaltliche Konsistenz zu prüfen.

Es kann durchaus hinterfragt werden, ob die demokratische Legitimation solch weitreichender Verträge wie CETA nicht durch den bloßen Verweis auf die ausschließliche Kompetenz der EU im Rahmen der CCP gewährleistet werden kann. Gleichzeitig spricht jedoch vieles für eine pragmatische Vorgehensweise bei der Beteiligung der nationalen Parlamente im Rahmen der Verhandlung, des Abschlusses und der Ratifikation solcher Abkommen, da das Europäische Parlament die demokratische Kontrolle gemischter Freihandelsabkommen wohl am effektivsten gewährleisten kann.[721] Zusätzlich ist auch fraglich, ob die demokratische Legitimation eines Freihandelsabkommens sich allein dadurch verstärkt, dass die Mitgliedstaaten es potentiell ratifizieren müssen. Die Legitimationswirkung eines nationalen Parlaments beschränkt sich formal ohnehin nur auf diejenigen (wenigen) Teile des Vertragstextes, die in die Zuständigkeit des Mitgliedstaates fallen.[722] Alle anderen Kompetenzen sowie die Verantwortlichkeit für die Zustimmung zu einem Vertragswerk, das eine Regelung im fraglichen Themengebiet enthält, verbleiben ohnehin bei der EU. Um eine verstärkte demokratische Legitimation zu

720 Hierzu *Schill*, ZaöRV 2018, 33, 37, treffend: „Die verfassungsrechtliche Debatte um den Investitionsschutz spiegelt eine in Deutschland, wie auch andernorts, durch eine Mischung aus Globalisierungskritik, Kapitalismuskritik, und Antiamerikanismus hoch explosiv gewordene politische Auseinandersetzung über die Möglichkeiten und Formen der Einhegung und Steuerung von Globalisierung und über das darin zum Ausdruck kommende Verhältnis von Markt und Staat, von globalem Kapital und multinationalen Unternehmen einerseits, sozialen Belangen, dem Schutz von Umwelt und Menschenrechten und demokratischer Selbstbestimmung andererseits wider. Die Kritik an der derzeitigen Form der Globalisierung und ihrer rechtlichen Einkleidung, die wirtschaftliche Interessen gegenüber Gemeinwohlinteressen und Belange von Industriestaaten gegenüber denen von Entwicklungsländern überbetont sieht, hat inzwischen im internationalen Investitionsschutz und der Investor-Staat-Streitbeilegung eine symbolische Zielscheibe mit politischer Breitenwirkung gefunden."; ähnlich auch *Mayer* in Bezug auf die regionalpolitischen Schwierigkeiten der Verhandlung von CETA in Belgien, Verfassungsblog 23. Oktober 2016, https://verfassungsblog.de/wallonien-ceta-und-die-tyrannei-der-minderheit/: „Eine Minderheit beherrscht die Mehrheit. Mit der Folge einer Blamage des gesamten europäischen Projekts nach innen und nach außen. Wen das nicht zumindest beunruhigt, der hat den Wert der europäischen Integration für das friedliche Zusammenleben in Europa nicht verstanden."; auch kann durchaus verwundern, dass der eigentliche Schutzzweck des Investitionsschutzrechts, private Unternehmen vor unverhältnismäßiger hoheitlicher Intervention zu schützen, von Kritikern vielmals umgekehrt wird in den Schutz vermeintlich schwacher Gaststaaten vor großen Unternehmen, vgl. *Stöbener de Mora*, EuZW 2017, 873, 874.

721 *Schröder*, EuR 2018, 119, 129 ff.

722 *Schröder*, EuR 2018, 119, 129.

gewährleisten, müsste daher dem Grunde nach von vornherein offengelegt werden, welche Teile des Vertragstextes in die unionale und welche in die mitgliedstaatliche Kompetenz fallen. Diese Aufteilung in Zuständigkeitsbereiche erscheint jedoch vor dem Hintergrund des systematischen Zusammenhangs der Regelungsgegenstände zueinander als impraktikabel[723] und würde wohl weitere Verzögerungen nach sich ziehen, wobei hierdurch der Rechtssicherheit womöglich eher Genüge getan werden könnte.[724] Um eine ex-ante Kompetenzabgrenzung und die absehbaren umfänglichen Diskussionen hierüber zu umgehen, war es daher einige Jahre lang Praxis, dass das EP und die nationalen Parlamente in der Regel jeweils den gesamten Vertragstext eines Abkommens ratifizieren.[725]

Aus verfassungsrechtlicher Sicht wird darüber hinaus oft gefragt, inwieweit sich internationale investitionsrechtliche Bestimmungen mit den Staatsstrukturprinzipien wie dem Demokratieprinzip vereinen lassen.[726] Hintergrund ist, dass unter anderem die eingesetzten Schiedsgerichte oftmals nicht unmittelbar demokratisch legitimiert sein könnten, nur eingeschränkter gewaltenteiliger Kontrolle unterlägen[727] und sich daraus die Gefahr einer Schwächung des Gesetzgebers (sog. *„chilling effect“*) ergeben könnte.[728] Aus dieser Schwäche können sich – so zumindest die Befürchtung der Gegner weitreichender Freihandelsabkommen mit umfassenden Regelungen zum Investitionsschutz – sodann erhebliche Einschränkungen im Hinblick auf staatliche Handlungsspielräume ergeben, was gerade in den vergangenen Jahren oftmals die Sorge hervorgerufen hat, Investitionsschutzabkommen würden die Gemeinwohlinteressen der involvierten Staaten nicht ausreichend berücksichtigen. Gleichzeitig werden Defizite im Hinblick auf die Verfahrensöffentlichkeit sowie der Rechtsweggarantie und damit mögliche Verletzungen des Rechtsstaatsprinzips beklagt.[729]

Die Kritik an der vermeintlich unzureichenden demokratischen Legitimation der neuartigen Freihandelsabkommen lässt jedoch außer Betracht, dass das Europäische Parlament als starkes demokratisches Organ stets unmittelbar in den Abschluss solcher Verträge eingebunden wird.[730] Es ist davon auszugehen, dass

---

723 A. A. wohl *Nettesheim*, Umfassende Freihandelsabkommen und Grundgesetz, S. 42 f.

724 *Schröder*, EuR 2018, 119, 131.

725 Zumindest wird hierdurch jedoch eine spätere Legitimationslücke im Falle von Kompetenzverschiebungen vermieden, vgl. *Schröder*, EuR 2018, 119, 131 m. w. N.

726 *Schill*, ZaöRV 2018, 33, 42, betont, in der hitzigen Debatte über eine mögliche Verletzung des Demokratieprinzips durch die Investitionsschutzvorschriften in EU-Freihandelsabkommen werde stets die Frage vernachlässigt, ob der Bundestag durch die neuen Abkommen überhaupt weitergehend beschränkt werde, da der Gesetzgeber ohnehin bereits vielfältigen anderen rechtlichen Bindungen zum Schutz ausländischer Investitionen unterliege.

727 *Griebel/Hölken*, KSzW 2016, 79, 83.

728 *Schiffbauer*, KSzW 2016, 145, 150 f.

729 *Schiffbauer*, KSzW 2016, 145, 150.

730 Vgl. Gliederungspunkt D.II.3.

zumindest im Falle einer konsequent intensiven Einbindung des demokratisch legitimierten Europäischen Parlaments die notwendige demokratische Rückbindung beim Abschluss umfassender Freihandelsabkommen durchaus gewährleistet ist. Vor dem Hintergrund der Gefahr der Behinderung des Abschlusses wichtiger Freihandelsabkommen durch nationale Parlamente oder Regierungen – beispielsweise durch die Ausübung von Vetorechten – erscheint das EP inzwischen als derjenige demokratisch legitimierte Akteur, der am ehesten eine zweckmäßige und effektive demokratische Kontrolle umfassender Freihandelsabkommen gewährleistet.

Darüber hinaus messen einige der Betrachter, die die demokratische Legitimation weitreichender Freihandelsabkommen wie CETA bestreiten, dem immensen wirtschaftlichen Wert eines möglichst ausgeprägten (transpazifischen) Handels und Investitionsschutzes[731] nicht ausreichend Gewicht bei. Der EuGH hat im Singapur-Gutachten[732] zudem festgestellt, dass ohnehin nur jene Teile eines Abkommens unter die gemeinsame Handelspolitik der EU fallen, die einen spezifischen Bezug zum Handelsverkehr zwischen der Union und dem Drittstaat aufweisen. Daher darf die EU in diesem Bereich auch nur dann harmonisieren, wenn klar ist, dass dieser Bezug besteht. Gleichzeitig geht aus dem Gutachten jedoch hervor, dass der EuGH das Merkmal des spezifischen Bezuges weit auslegt und daher beispielsweise auch Regelungen über den sozialen Schutz von Arbeitnehmern und den Umweltschutz hierunter fallen können. Dieses Verständnis des EuGH trägt der weiten und umfassenden Kompetenz der EU im Bereich der Außenhandelspolitik Rechnung. Insofern ist davon auszugehen, dass zumindest die weit überwiegende Zahl der Regelungen in CETA sich unmittelbar auf den grenzüberschreitenden Wirtschaftsverkehr bezieht und die EU in diesem Bereich daher ihrer völkerrechtlichen Gestaltungsfreiheit am zweckmäßigsten ohne zu weitreichende Beteiligung der Mitgliedstaaten nachkommen kann. Die Bedenken im Hinblick auf die angeblich unzureichende demokratische Legitimation gewisser Teile des Abkommens messen dessen immensem wirtschaftlichen Wert, der seit dem Vertrag von Lissabon umfassenden legitimierenden Wirkung der Tätigkeit des gestärkten Europäischen Parlaments sowie der gewachsenen demokratischen Legitimation der vorgesehenen Rechtsprechungs- bzw. Streitbeilegungsorgane und Ausschüsse zu wenig Gewicht bei.

7. Die Überprüfung des CETA-Abkommens durch das BVerfG

In Folge der weitreichenden Diskussionen über das CETA-Abkommen hatte auch das BVerfG Gelegenheit, sich mit den Bestimmungen des Abkommens auseinanderzusetzen.[733] Über 125.000 Beschwerdeführer sowie unter anderem die

---

731 Siehe hierzu Europäische Kommission, http://ec.europa.eu/trade/policy/in-focus/ceta/index_en.htm#outcome.

732 EuGH, Gutachten 2/15 (Singapur), Rn. 37.

733 BVerfGE 143, 65; BVerfGE 144, 1.

Bundestagsfraktion DIE LINKE gingen durch „die größte Bürgerklage in der Geschichte des Bundesverfassungsgerichts“[734] gegen die vorläufige Anwendung, die Unterzeichnung sowie den generellen Abschluss des Freihandelsabkommens vor. Im Hauptsacheverfahren sind aktuell vier Verfassungsbeschwerden von Bürgern und ein Organstreitverfahren anhängig.[735] Mehrere Anträge auf Erlass einer einstweiligen Anordnung gemäß § 32 BVerfGG waren zudem gegen die Zustimmung des deutschen Vertreters im Rat der EU zu den Beschlüssen zur Unterzeichnung, Annahme und vorläufigen Anwendung des Abkommens gerichtet.[736]

Nachfolgend werden die bisherigen Aussagen des BVerfG in diesem Zusammenhang zusammengefasst und auf ihre Implikationen für das Konzept der Verfassungsidentität hin überprüft.

a. Eilanträge

Das Bundesverfassungsgericht befasste sich bislang zweimal mit Rechtsbehelfen gegen das CETA-Abkommen. In den diesbezüglichen CETA-Entscheidungen[737] spielte auch die Verfassungsidentität eine zentrale Rolle. Allerdings ging es in den Entscheidungen nicht – wie man prima facie annehmen könnte – um die relativ neue völkerrechtliche Dimension der Verfassungsidentitätskontrolle, mit der die Übernahme oder Anwendbarkeit völkerrechtlicher Verpflichtungen begrenzt werden könnte. Da es sich bei CETA vielmehr um ein gemischtes Abkommen der EU handelt, bei dem sowohl die Union als auch ihre Mitgliedstaaten selbst Vertragsparteien wurden und den Vertrag daher ratifizieren mussten,[738] war Inhalt der Entscheidungen tatsächlich vor allem die unionsbezogene Verfassungsidentität.[739] Die Kernfrage der Verfahren war, inwieweit die Ausgestaltung des im CETA-Abkommen vorgesehenen Ausschusssystems mit dem über Art. 79 Abs. 3 GG geschützten deutschen Demokratieprinzip vereinbar ist. Die Antragsteller in den Verfassungsbeschwerdeverfahren machten im Wesentlichen geltend, dass ein Beschluss des Rates der Europäischen Union über die Genehmigung der Unterzeichnung von CETA, dessen vorläufige Anwendung und den Abschluss des Abkommens sie in ihren Rechten aus Art. 38 Abs. 1 GG in Verbindung mit Art. 79 Abs. 3 und Art. 20 Abs. 1 und Abs. 2 GG verletze.[740] Denn die EU sei nicht zuständig für die Aushandlung und den Abschluss eines Abkommens mit entsprechendem Vertragsinhalt.[741] Die Voraussetzungen der ultra vires-Kontrolle sowie der Identitätskontrolle

---

734 Deutschlandfunk, 31. August 2016, https://www.deutschlandfunk.de/groesste-buergerklage-der-deutschen-geschichte.1818.de.html?dram:article_id=364577.
735 BVerfGE 143, 65.
736 BVerfGE 143, 65; BVerfGE 144, 1.
737 BVerfGE 143, 65; BVerfGE 144, 1.
738 Dies war lange Zeit Inhalt lebhafter Diskussionen, vgl. *Mayr*, EuR 2015, 575.
739 *Polzin*, Verfassungsidentität, S. 67 f.
740 BVerfGE 143, 65 (82).
741 BVerfGE 143, 65 (82).

lägen daher vor.[742] Im Organstreitverfahren trug die Antragstellerin unter anderem vor, Rechte des Parlaments seien durch die Nichtablehnung von CETA durch die Bundesregierung als Antragsgegnerin verletzt worden. Für eine Reihe der in CETA ausgehandelten Materien bestehe keine Kompetenz der EU.[743] Durch den Abschluss von CETA würden die unions- und verfassungsrechtliche Kompetenzordnung missachtet und für die demokratische Selbstbestimmung zentrale Politikbereiche der Disposition des Bundestages entzogen. Die Fraktion DIE LINKE machte hier in Prozessstandschaft Rechte des Deutschen Bundestages geltend und berief sich dabei namentlich auf das Gestaltungsrecht aus Art. 23 Abs. 1 Satz 2 GG in Verbindung mit Art. 59 Abs. 2 GG.[744] Prozessual aktivierte das BVerfG auch in diesen Verfahren in Bezug auf CETA die Identitätskontrolle.[745] Das BVerfG wandte sie konkret vor allem auf das in CETA vorgesehene Ausschusssystem an.[746] Unter dieses Ausschusssystem fallen insbesondere der in Art. 26.1 CETA vorgesehene und für die meisten Investitions- und Handelsfragen zuständige Gemischte Ausschuss sowie die weiteren Sonderausschüsse, die aufgrund des Abkommens potentiell eingesetzt werden können.

aa. CETA I

Zunächst oblag es dem BVerfG, am Maßstab des § 32 BVerfGG zu klären, ob es den deutschen Vertretern im Rat der EU bis zur Entscheidung in der Hauptsache untersagt sei, der Unterzeichnung, dem Abschluss und der vorläufigen Anwendung des CETA-Abkommens zuzustimmen. Mit Urteil vom 13. Oktober 2016 lehnte der zweite Senat mehrere Anträge auf Erlass einer einstweiligen Anordnung (§ 32 BVerfGG) ab, die sich gegen eine Zustimmung des deutschen Vertreters im Rat der Europäischen Union zur Unterzeichnung, zum Abschluss und zur vorläufigen Anwendung des Freihandelsabkommens zwischen der Europäischen Union und Kanada richteten.[747] Das BVerfG hielt die Anträge für unbegründet. Die Anträge in Bezug auf die Unterzeichnung und den Abschluss von CETA ließen die Verfassungsrichter zutreffend am Fehlen einer unmittelbaren Rechtswirkung scheitern,[748] wohingegen sie in Bezug auf die vorläufige Anwendung eine Folgenabwägung für erforderlich hielten. Ergehe eine einstweilige Anordnung und würde sich die Mitwirkung der Bundesregierung an der Beschlussfassung des Rates über die vorläufige Anwendung von CETA später als verfassungsrechtlich zulässig erweisen, so wären hiermit schwere politische Nachteile verbunden, führte der

742 BVerfGE 143, 65 (82).
743 BVerfGE 143, 65 (82).
744 BVerfGE 143, 65 (82).
745 *Nowrot/Tietje*, EuR 2017, 137, 141.
746 BVerfGE 143, 65 (93).
747 BVerfGE 143, 65.
748 Kritisch hierzu *Nettesheim*, NJW 2016, 3567, 3568 f.

Zweite Senat zur Begründung aus.[749] Dagegen ließen sich die bei Nichtergehen der einstweiligen Anordnung zu erwartenden Nachteile für die Dauer der vorläufigen Anwendung praktisch dadurch ausschließen, dass die Bundesregierung sicherstelle, dass diejenigen Kapitel von CETA nicht vorläufig anwendbar würden, die nicht zweifelsfrei auf Einzelermächtigungen der EU gestützt werden können.[750]

(1) Prüfungsmaßstab

Das BVerfG identifizierte zunächst § 32 Abs. 1 BVerfGG als den einschlägigen Prüfungsmaßstab und betonte, der ohnehin bereits strenge Maßstab im Rahmen der hier anzustellenden doppelten Folgenabwägung sei noch weiter verschärft, wenn eine Maßnahme mit völkerrechtlichen oder außenpolitischen Auswirkungen in Rede stehe.[751] Ebenfalls zutreffend führten die Verfassungsrichter sodann aus, die womöglich für die Verfassungswidrigkeit der angegriffenen Maßnahme vorgetragenen Gründe seien im Rahmen des vorläufigen Verfahrens zunächst außer Acht zu lassen. Die CETA betreffenden Gesetzesentwürfe seien zum Entscheidungszeitpunkt noch nicht hinreichend konkretisiert und die Mitwirkung im Rahmen der in CETA vorgesehenen Gremien noch nicht absehbar gewesen. Es war daher – wie in Verfahren nach § 32 Abs. 1 BVerfGG üblich – eine reine Folgenabwägung auf Grund einer Doppelhypothese anzustellen. Auf die Erfolgsaussichten der Hauptsache aufgrund ihrer etwaigen Zulässigkeit und Begründetheit kam es im Rahmen der anzustellenden Folgenabwägung demgegenüber nicht an.[752] Die Nachteile, die eintreten würden, wenn eine einstweilige Anordnung nicht erginge, das Hauptsacheverfahren aber Erfolg hätte, mussten abgewogen werden mit den Nachteilen, die entstünden, wenn die begehrte einstweilige Anordnung erlassen würde, das Hauptsacheverfahren aber später erfolglos bliebe.[753] De facto lief diese Herangehensweise im CETA-Verfahren auf die Frage und Bewertung der möglichen politischen Folgen einer Untersagung der Zustimmung durch die Bundesregierung zur Vertragsunterzeichnung hinaus.

Hinsichtlich der vorläufigen Anwendung von CETA überwogen nach Ansicht der Verfassungsrichter die Nachteile, die einträten, wenn eine einstweilige Anordnung erginge, die Verfahren in der Hauptsache aber scheitern würden. In diesem Fall drohe der Allgemeinheit das endgültige Scheitern des Abkommens und damit mit hoher Wahrscheinlichkeit schwere Nachteile, die zumindest aus politischen Gründen irreversibel sein könnten.[754] In diesem Zuge betonte das BVerfG darüber hinaus auch die „grundsätzlich weite“[755] Gestaltungsfreiheit der Bundesregierung

749 BVerfGE 143, 65 (89 ff.).
750 BVerfGE 143, 65 (98 f.).
751 BVerfGE 143, 65 (87).
752 *Großhof*, in: Maunz/Schmidt-Bleibtreu/Klein/Bethge, Bundesverfassungsgerichtsgesetz, § 32, Rn. 91.; a. A. *Hillgruber/Goos*, Verfassungsprozessrecht, Rn. 860 ff.
753 BVerfGE 143, 65 (87); *Walter*, in: BeckOK BVerfGG, § 32, Rn. 48.
754 BVerfGE 143, 65 (89 f.).
755 BVerfGE 143, 65 (91).

im Rahmen der Europa-, Außen- und Außenwirtschaftspolitik und damit auch bei der Ausgestaltung transnationaler Handels- und Investitionsbeziehungen. Interessant ist zudem, dass das BVerfG auch hier schon selbst erkannte, dass ein von Deutschland verschuldetes Scheitern von CETA „weit reichende Auswirkungen auf die Verhandlung und den Abschluss künftiger Außenhandelsabkommen haben“[756] könnte. Unklar ist, ob das BVerfG hier bereits antizipierte, dass eine zu strenge Herangehensweise nationaler Akteure bei der Verhandlung vergleichbarer Abkommen die EU in Zukunft schlicht dazu veranlassen könnte, die Mitgliedstaaten weniger oder überhaupt nicht mehr einzubinden. Jedenfalls kam das BVerfG zu dem Ergebnis, die politischen Nachteile könnten sich aufgrund der zu erwartenden „Einbuße an Verlässlichkeit sowohl der Bundesrepublik Deutschland – als Veranlasser einer derartigen Entwicklung – als auch der Europäischen Union insgesamt dauerhaft negativ auf den Handlungs- und Entscheidungsspielraum aller europäischen Akteure bei der Gestaltung der globalen Handelsbeziehungen auswirken“[757].

(2) Aussagen zur Identitätskontrolle

Nach dieser zutreffenden Analyse des BVerfG, mit der es der außenhandelspolitischen Handlungsfähigkeit Deutschlands und der EU eindeutig zur Durchsetzung verholfen hat, folgten allerdings diejenigen Passagen der Entscheidung, die für die hier vorgenommene Betrachtung aufgrund ihrer Relevanz für die Identitätskontrolle von besonderer Bedeutung sind. Angezeigt waren diese Ausführungen jedoch nicht, da es das BVerfG mit der durchgeführten Folgenabwägung im Rahmen des vorläufigen Rechtsschutzes aus methodischer Sicht durchaus hätte bewenden lassen können.[758] Über die im vorläufigen Rechtsschutzverfahren dem Grunde nach bloß anzustellende reine Folgenabwägung nach § 32 Abs. 1 BVerfGG hinaus behaupteten die Verfassungsrichter in einem zweiten Schritt nämlich, eine Berührung der durch Art. 79 Abs. 3 GG geschützten Verfassungsidentität aufgrund der Regelungen in CETA sei zumindest „nicht ausgeschlossen“.[759] Eine Identitätsverletzung sei aus Sicht der Verfassungsrichter insbesondere möglich, da es der Europäischen Union unter anderem an einer Vertragsschlusskompetenz für Portfolioinvestitionen, den Investitionsschutz, den internationalen Seeverkehr, die gegenseitige Anerkennung von Berufsqualifikationen und den Arbeitsschutz fehlen „dürfte“.[760] Auf die Tatsache, dass sich Vertragsschlusskompetenzen der Union allerdings nicht nur aus ihren ausschließlichen Kompetenzen im Sinne des Art. 3 Abs. 1 AEUV, sondern auch aus einer geteilten Zuständigkeit nach Art. 4 AEUV ergeben können, ging das Gericht nicht ein.[761] Auch wurde nicht diskutiert, ob es

756 BVerfGE 143, 65 (91 f.).
757 BVerfGE 143, 65 (91 f.).
758 So auch *Nowrot/Tietje*, EuR 2017, 137, 145 f.
759 BVerfGE 143, 65 (93).
760 BVerfGE 143, 65 (93 f.).
761 So auch *Nowrot/Tietje*, EuR 2017, 137, 147.

sich bei den vom BVerfG aufgezählten angeblich der EU-Kompetenz entzogenen Rechtsbereichen womöglich um „Nebenaspekte" im Sinne der Rechtsprechung des EuGH handeln könnte, die CETA ihren primären Handelscharakter nach Art. 207 Abs. 1 AEUV eben nicht entziehen würden, oder ob nicht womöglich eine implizite Kompetenz der EU nach Art. 3 Abs. 2 AEUV einschlägig sein könnte, für die eine lückenlose Harmonisierung schlicht nicht erforderlich wäre.[762]

Einen potentiellen Verfassungsidentitätsverstoß sahen die Karlsruher Richter auch darin, dass nicht ausgeschlossen werden könne, dass wichtige Entscheidungen innerhalb des Gemischten CETA-Ausschusses keiner ausdrücklichen Zustimmung der Vertragsparteien (damit gemeint ist wohl die Bundesrepublik Deutschland) bedürfen.[763] Das BVerfG begründete die mögliche Verletzung der Verfassungsidentität also unter anderem damit, dass der Gemischte CETA-Ausschuss sowie die weiteren Ausschüsse befugt sein könnten, Entscheidungen zu treffen, auf die die Bundesrepublik Deutschland keine gesicherte Einflussmöglichkeit habe. Es erscheine demnach denkbar, dass deutsche Stellen von Einflussmöglichkeiten insoweit gänzlich ausgeschlossen werden könnten, sodass eine personelle und sachliche Legitimation der Ausschusstätigkeit ebenso unmöglich wäre wie die Wahrnehmung von Verantwortung gegenüber den Bürgern.[764] Eine ausreichende demokratische Legitimation lasse sich im Einzelfall nur durch die Erforderlichkeit einer Zustimmung Deutschlands zu den jeweiligen Beschlüssen gewährleisten.[765] Das BVerfG kam hier aus diesen Gründen schlicht und ohne tragfähige Begründung zu dem Schluss, ein ultra vires- bzw. Identitätsverstoß sei zumindest möglich.[766] Insbesondere vor dem Hintergrund, dass das BVerfG in der Entscheidung selbst betont hat, die identifizierten Schwierigkeiten seien durch gewisse Maßnahmen zumindest im Rahmen der vorläufigen Anwendung zu umgehen, verwundert diese These. Aus welchen Gründen das BVerfG einen möglichen Verfassungsverstoß für einen Zeitraum ins Spiel brachte, der hier überhaupt nicht streitgegenständlich war – nämlich das endgültige Inkrafttreten des Abkommens –, bleibt offen.

Zwar überraschen diese Ausführungen des BVerfG in sachlicher Hinsicht nicht. Anzumerken ist indes, dass sie für eine im Rahmen von § 32 BVerfGG erforderliche Folgenabwägung im vorläufigen Rechtsschutzverfahren überhaupt nicht entscheidungsrelevant und daher zumindest entbehrlich und legitimatorisch zweifelhaft waren.[767]

---

762 *Nowrot/Tietje*, EuR 2017, 137, 148 f.
763 BVerfGE 143, 65 (96).
764 BVerfGE 143, 65 (96 f.).
765 BVerfGE 143, 65 (98).
766 BVerfGE 143, 65 (100 f.).
767 Ähnlich auch *Nowrot/Tietje*, EuR 2017, 137, 143 f. m. w. N.

(3) An die Bundesregierung adressierte Auflagen

Da das BVerfG das Risiko der geschilderten Nachteile für die Schutzgüter des Art. 38 Abs. 1 GG und Art. 20 Abs. 1 und Abs. 2 GG jedoch ohnehin durch das Ergreifen verschiedener Vorkehrungen für praktisch auszuschließen hielt, verpflichteten die Richter des Zweiten Senates die Bundesregierung sicherzustellen,

- dass ein Ratsbeschluss über die vorläufige Anwendung nur die Bereiche von CETA umfassen werde, die unstreitig in der Zuständigkeit der Europäischen Union lagen,
- dass bis zu einer Entscheidung des Bundesverfassungsgerichts in der Hauptsache eine hinreichende demokratische Rückbindung der im Gemischten CETA-Ausschuss gefassten Beschlüsse gewährleistet sei und
- dass die Auslegung des Art. 30.7 Abs. 3 lit. c) CETA eine einseitige Beendigung der vorläufigen Anwendung durch Deutschland ermögliche.

Diese vom BVerfG an die Bundesregierung adressierten Auflagen für eine Zustimmung zum CETA-Abkommen überzeugen aus verfassungsrechtlichen aber auch rein tatsächlichen Gründen nicht.

In Bezug auf die erste Auflage ist zu konstatieren, dass diese Vorkehrung sicherlich nahe lag.[768] Gleichzeitig drängt sich jedoch die Frage auf, ob die Formulierung einer so selbstverständlichen Vorkehrung, über die im Übrigen auch zu keinem Zeitpunkt Streit bestand, überhaupt notwendig war. So stand beispielsweise eine vorläufige Anwendung des vom BVerfG umfassend kritisierten Gerichtssystems von CETA ohnehin nie zur Debatte.[769] Politisch war zu keinem Zeitpunkt streitig, sondern bereits während der Verhandlungen völlig klar, dass sich die vorläufige Anwendung des Abkommens nach Art. 218 Abs. 5 AEUV nur auf die Sachbereiche von CETA erstrecken würde, die von einer EU-Kompetenz umfasst waren. Der ersten vom BVerfG genannten Vorkehrung hätte es daher zumindest nicht bedurft.

Mit der zweiten Auflage forderte das BVerfG für die Zeit der vorläufigen Anwendung des Abkommens eine Rückbindung der Entscheidungen des Gemischten CETA-Ausschusses an die Mitgliedstaaten. Dieser zweiten Auflage lag die Annahme des BVerfG zugrunde, die den Beschlüssen im Gemischten CETA-Ausschuss vorgeschaltete Festlegung eines gemeinsamen Standpunktes der EU würde in Zukunft einstimmig auf der Grundlage einer interinstitutionellen Vereinbarung[770] anstatt mit qualifizierter Mehrheit beschlossen. Auf den hieraus möglicherweise erwachsenden Vertragsverstoß gegen das primärrechtlich in Art. 218 Abs. 8, Abs. 9 AEUV verankerte Prinzip der qualifizierten Mehrheit gingen die Verfassungsrichter allerdings ebenso wenig ein wie auf die Tatsache, dass ein Vorgehen des Rates mit qualifizierter Mehrheit gegen die Stimme Deutschlands ohnehin

768 *Holterhus*, EuZW 2016, 896, 898.
769 *Nowrot/Tietje*, EuR 2017, 137, 149.
770 BVerfGE 143, 65 (100).

eine „in der Praxis doch wohl nur theoretische Möglichkeit"[771] darstellt. Gleichzeitig erkannte das BVerfG aber an, dass Beschlüsse im CETA-Ausschuss selbst wegen der erforderlichen Einvernehmlichkeit schon nicht gegen die Stimme der Europäischen Union gefasst werden können.[772] Sodann ließ das BVerfG jedoch die Frage unbehandelt, ob nicht eine ausreichende demokratische Rückbindung der Beschlüsse des Ausschusses bereits dadurch gewährleistet sein könnte, dass dieser neben seiner ohnehin nur begrenzten Rechtssetzungsbefugnis lediglich die Aufgabe habe, ein Abkommen durchzuführen, dem das demokratisch legitimierte EP ja bereits zuvor gemäß Art. 218 Abs. 6 AEUV zugestimmt hatte. Bei der Durchführung eines Abkommens, das – zumindest in der Form seiner vorläufigen Anwendung – gänzlich in die ausschließliche Kompetenz der EU fällt, kann und muss die Vermittlung demokratischer Legitimation auch nur über die Europäische Union erfolgen. Die für die Ausübung der Hoheitsrechte bei der vorläufigen Anwendung eines Vertrages erforderliche Übertragung jener Hoheitsrechte von den Mitgliedstaaten auf die EU hat, sofern der Vertrag nur innerhalb der ausschließlichen EU-Kompetenz angewandt wird, bereits zuvor stattgefunden.[773]

Letztlich wurde zudem darauf hingewiesen,[774] dass die zweite Auflage bei Erfüllung der ersten quasi gegenstandslos sei, da der CETA-Ausschuss dann ohnehin nur im Rahmen der ausschließlichen europäischen Kompetenzen tätig werden würde. Das BVerfG unternahm hier keinen Erklärungsversuch dahingehend, wie genau ein Beschluss des CETA-Ausschusses die Verfassungsidentität verletzen könne, wenn doch von der vorläufigen Anwendbarkeit ohnehin nur Rechtsbereiche umfasst sind, für die die EU ausschließlich zuständig ist.

Auch finden sich im Urteil keinerlei Ausführungen dazu, dass die überwiegende Anzahl der denkbaren Beschlüsse der CETA-Gremien ohnehin entweder der Zustimmung aller Vertragsparteien bedürfen oder die völkerrechtliche Verbindlichkeit der Beschlüsse zumindest unter dem faktischen Vorbehalt der internen Anforderungen und internen Verfahren der Vertragsparteien (Art. 26.1 Abs. 2 Satz 1 CETA) steht. Es ist damit bereits fraglich, ob überhaupt in nennenswertem Umfang deutsche Hoheitsrechte auf die CETA-Ausschüsse übertragen werden.[775] Auch geht das BVerfG nicht darauf ein, dass exekutive Rechtssetzungsgewalt durch Vertragsgremien ohne unmittelbare Einflussmöglichkeit der Nationalstaaten in anderen Völkerrechtsregimen bereits seit Jahrzehnten anerkannt, üblich und notwendig ist. Das vom BVerfG in dieser Entscheidung zum Ausdruck gebrachte Verständnis exekutiver Handlungsstrukturen müsste letztlich im Ergebnis dazu führen, dass

771 *Nowrot/Tietje*, EuR 2017, 137, 152.
772 BVerfGE 143, 65 (97).
773 *Grzeszick*, NVwZ 2016, 1753, 1761.
774 Vgl. *Holterhus*, EuZW 2016, 896, 899; *Hoffmann*, ZEuS 2016, 459, 471; *Krajewski*, Verfassungsblog 13. Oktober 2016, https://verfassungsblog.de/spielstand-nach-dem-ceta-beschluss-22-und-karlsruhe-behaelt-das-letzte-wort/.
775 *Grzeszick*, NVwZ 2016, 1753, 1756.

sich die BRD aus zahlreichen internationalen Organisationen und Verpflichtungen zurückzieht.[776] Demzufolge erscheinen also auch die Ausführungen des BVerfG zum von der zweiten Auflage erfassten Ausschusssystem von CETA, auf das sich konkret auch die Verfassungsidentitätskontrolle bezog, wenig überzeugend.

Die dritte vom BVerfG ausgesprochene Auflage stellt quasi eine Auffangregelung dar, durch die der deutschen Politik in letzter Konsequenz eine einseitige Beendigungsmöglichkeit für den Fall eingeräumt werden soll, dass ein ultra vires-Akt oder eine Verfassungsidentitätsverletzung nicht anders abzuwenden seien. Auf die schwierige Frage, ob die BRD völkerrechtlich überhaupt tatsächlich eine Vertragspartei nach dem Verständnis des Art. 30.7 Abs. 3 lit. c) des CETA-Abkommens darstellt,[777] kommt es jedoch im Ergebnis nicht an, da die dritte Auflage zumindest einen Widerspruch zu den ersten beiden darstellt. Die beiden ersten Auflagen zielen gerade darauf ab, dass die vorläufige Anwendbarkeit – wie ohnehin zu jeder Zeit unstreitig – nur Bereiche umfassen darf, die in der ausschließlichen EU-Kompetenz liegen. Es ist fraglich, weshalb es der BRD für diese Bereiche erlaubt sein sollte, sich von der vorläufigen Anwendung zu lösen. Denn die einseitige Beendigungserklärung Deutschlands würde einen völkerrechtlichen Rechtsakt darstellen, der in eine ausschließliche EU-Kompetenz eingreift,[778] und damit einen deutlichen Verstoß gegen Unionsrecht[779] hervorruft. Schließlich hat die BRD durch die Übertragung der Außenhandelskompetenz auf die EU durch den Vertrag von Lissabon zumindest in den Bereichen, die der vorläufigen Anwendung von CETA unterliegen, ihre Handlungskompetenz ja bereits verloren. Dass die Verfassungsrichter der Bundesregierung mit der dritten Auflage also zu einer Vorkehrung rieten, deren Umsetzung einen klaren Bruch von Unionsrecht darstellen würde, dürfte beim Leser des Urteils doch Verwunderung hervorrufen. Das BVerfG schien zudem zu implizieren, dass eine einseitige Beendigungserklärung Deutschlands gleichzeitig

---

776 So deuten *Nowrot/Tietje*, EuR 2017, 137, 151, zutreffend an, dass das Notstandskomitee der WHO beispielsweise ausschließlich aufgrund einer Befragung demokratisch überhaupt nicht legitimierter Experten den globalen Gesundheitsnotstand ausrufen kann; diese Praxis ist bereits seit den Siebzigerjahren anerkannt und wurde zuletzt auch in den Fällen von Zika, Ebola und der Schweinegrippe umgesetzt, vgl. WHO, https://www.who.int/features/qa/emergency-committees/en/.

777 Diese Beurteilung hängt letztlich auch davon ab, ob man CETA als bilaterales oder plurilaterales Abkommen einstuft. Die Einordnung von CETA als gemischtes Abkommen an sich suggeriert eine plurilaterale Vertragsstruktur, obwohl die Präambel des CETA-Abkommens die Europäische Union und ihre Mitgliedstaaten nur gemeinsam als Vertragspartei auf der einen und Kanada auf der anderen Seite definiert und auch die sonstigen Vorgaben des Abkommens eher ein bilaterales Verständnis zu favorisieren scheinen. Die Frage ist noch nicht abschließend geklärt.

778 So im Ergebnis auch *Nowrot/Tietje*, EuR 2017, 137, 153.

779 *Hoffmann*, ZEuS 2016, 459, 472.

auch die vorläufige Anwendbarkeit innerhalb der restlichen EU beenden könne.[780] Dies dürfte unionsrechtlich wie völkerrechtlich schwer zu rechtfertigen sein, denn die einseitige Beendigung der vorläufigen Anwendung stellt als *actus contrarius* der Unterwerfung unter die vorläufige Anwendung als Akt der Selbstverpflichtung eine Erklärung dar, die jeweils nur von der betroffenen Partei selbst ausgesprochen werden kann und keine Wirkung für die anderen Vertragsparteien haben dürfte.[781] Es ist bedenklich, wenn das BVerfG hier im Rahmen seiner dritten an die Bundesregierung gerichteten Auflage Erwartungen formuliert, die schlicht nicht umsetzbar sind.[782]

(4) Auswertung

Somit ist nach der ersten CETA-Entscheidung zu konstatieren, dass alle drei vom BVerfG an die Bundesregierung adressierten Auflagen zumindest kritikwürdig sind[783] und das generelle Vorgehen der Verfassungsrichter im Rahmen der Ausführungen zum CETA-Abkommen rechtsdogmatisch wenig überzeugt. Im Ergebnis überrascht zudem, dass das BVerfG in dieser ersten CETA-Entscheidung pauschal gleich sechs Kapitel des CETA-Abkommens als im Zuständigkeitsbereich der Bundesrepublik Deutschland „verblieben"[784] identifiziert.[785] Nachdem der EuGH im Singapur-Gutachten[786] ein deutlich weiteres Verständnis der EU-Kompetenzen in vergleichbaren Abkommen zugrunde legte,[787] dürfte diese Einschätzung des BVerfG ohne einen offenen Konflikt mit den europäischen Richtern im Hauptsacheverfahren kaum zu halten sein. Auch lässt das Verfassungsgericht unberücksichtigt, dass moderne Völkerrechtsregime schon seit Jahrzehnten institutionelle Strukturen aufweisen.[788] Das in CETA vorgesehene und von der Identitätskontrolle des BVerfG konkret erfasste Ausschusssystem stellt demnach keineswegs ein neues Phänomen dar.

---

780 *Holterhus*, EuZW 2016, 896, 899; *Krajewski*, Verfassungsblog 13. Oktober 2016, https://verfassungsblog.de/spielstand-nach-dem-ceta-beschluss-22-und-karlsruhe-behaelt-das-letzte-wort/.

781 Ähnlich auch *Nettesheim*, NJW 2016, 3567, 3569.

782 *Nettesheim*, NJW 2016, 3567, 3569.

783 So auch *Hoffmann*, ZEuS 2016, 459, 467 ff.

784 BVerfGE 143, 65 (88 f./100).

785 *Holterhus*, EuZW 2016, 896, 899; *Krajewski*, Verfassungsblog 13. Oktober 2016, https://verfassungsblog.de/spielstand-nach-dem-ceta-beschluss-22-und-karlsruhe-behaelt-das-letzte-wort/.

786 EuGH, Gutachten 2/15 (Singapur).

787 Ein engeres Verständnis der EU-Kompetenzen nach Art. 207 AEUV legt jedoch z. B. *Nettesheim*, Umfassende Freihandelsabkommen und Grundgesetz, S. 47 ff. an den Tag.

788 *Nowrot/Tietje*, EuR 2017, 137, 150.

Mit Blick auf die Aussagen des BVerfG zur Verfassungsidentität ist zudem bemerkenswert, dass die Hauptsache trotz der stets betonten hohen verfassungsrechtlichen Anforderungen an die Geltendmachung eines Identitätsverstoßes nicht schon als von vornherein unzulässig oder offensichtlich unbegründet verworfen wurde.[789] Die Verfassungsrichter haben jedoch bis auf weiteres davon abgesehen, den Anwendungsbereich der bislang überwiegend unionsgerichteten Identitätskontrolle im Wege einer „extra EU-Anwendung" auch auf völkervertragsrechtliche Bestimmungen außerhalb des unmittelbaren Kontextes des Prozesses der europäischen Integration auszuweiten, obwohl die bisherige Rechtsprechung diese Erweiterung durchaus in Aussicht gestellt hatte.[790] Darüber hinaus trug das BVerfG wenig zur Klarstellung bei, soweit es um die Reichweite der Verfassungsidentität ging. Diesbezüglich enthielt es sich „jeder vertiefenden Untersuchung"[791]. Es erscheint unmethodisch, dass das BVerfG in der ersten CETA-Entscheidung zwar eine Verletzung der Verfassungsidentität andeutete, diese Andeutung aber keiner konkreten rechtlichen Prüfung unterzog. Wegen des eingeschränkten Prüfungsumfangs des einstweiligen Rechtsschutzes nach § 32 BVerfG konnte das BVerfG die Möglichkeit einer Identitätsverletzung schlicht behaupten und sogar in die erforderliche Abwägung einstellen, ohne seine Bedenken irgendeiner begründenden Rechtfertigung zu unterziehen. Der gravierende Vorwurf einer Identitätsverletzung steht damit schlicht im Raum.[792] Folglich gelang es dem zweiten Senat bei dieser Gelegenheit auch nicht, die selbst geschaffenen Instrumente der ultra vires- und Identitätskontrolle gründlich voneinander abzugrenzen und ein konsequentes und transparentes Regelungsregime für die Verfassungsidentitätskontrolle zu schaffen. Das BVerfG traf vielmehr eine augenscheinlich auch politisch motivierte Abwägungsentscheidung mit Auflagen, die zumindest im Rahmen der Hauptsache noch einmal auf ihre inhaltliche Konsistenz überprüft werden sollten. Hierdurch hat es der Kritik und den Bedenken der Antragsteller Tribut gezollt und gleichzeitig aufgrund des weiten Gestaltungsspielraums der Bundesregierung in außenpolitischen Angelegenheiten und ihrer schützenswerten außenpolitischen Verlässlichkeit in den internationalen Handelsbeziehungen eine weitere Verzögerung vermieden. Letztlich wollte das Gericht in dieser Entscheidung einen ultra vires-Akt oder die Beeinträchtigung der grundgesetzlich geschützten Verfassungsidentität zumindest nicht gänzlich ausschließen und begegnete den Bedenken der Antragsteller insbesondere durch die oben genannte zweite Auflage. Gleichzeitig leistete das BVerfG aber keinen erheblichen Beitrag zur nötigen Ausdifferenzierung und Schärfung der Verfassungsidentitätskontrolle als belastbares verfassungsrechtliches Konzept. Es

789 *Holterhus*, EuZW 2016, 896, 897; auch *Ruffert*, JuS 2016, 1141, 1142, kritisiert zudem, dass das BVerfG auf die eigentlich „intensivierte Prüfung zum Schutz der Verfassungsidentität" nicht eingeht.

790 *Nowrot/Tietje*, EuR 2017, 137, 141,

791 *Nettesheim*, NJW 2016, 3567, 3567.

792 So auch *Hoffmann*, ZEuS 2016, 459, 465 f.

ließ zudem die Gelegenheit verstreichen, zu klären, ob das von den Verfassungsrichtern bei der Erschaffung des Konzepts der Verfassungsidentität zum Ausdruck gebrachte und rein auf den innerstaatlichen Bereich bezogene Demokratieverständnis im Kontext inter- und supranationaler Zusammenarbeit nicht sachlich gerechtfertigte Relativierungen erlaube[793] und es dieser in Fällen wie dem hier vorliegenden womöglich nicht auch bedarf.

bb. CETA II

Mit Beschluss vom 7. Dezember 2016[794] stellten die Karlsruher Richter in der Folge fest, dass die Bundesregierung die im Oktober 2016 ausgesprochenen Auflagen tatsächlich eingehalten habe. Die Antragsteller hatten sich in diesem zweiten Verfahren mit ihren Anträgen auf Erlass einer einstweiligen Anordnung nunmehr gegen die vorläufige Anwendung von CETA gewandt und wollten festgestellt wissen, dass die Vorgaben des Gerichts durch die Auslegungs- und Zusatzerklärungen zu CETA nicht vollständig erfüllt worden seien. Ihr Ziel war, dass die nach ihrer Auffassung nicht beachteten Maßgaben aus dem vorangegangenen Urteil des Bundesverfassungsgerichts eingehalten würden. Mit diesem Beschluss hat der Zweite Senat des Bundesverfassungsgerichts jedoch festgestellt, dass die Bundesregierung die von den Verfassungsrichtern vorgegebenen Maßgaben vor der Zustimmung zu den Beschlüssen über die Unterzeichnung und die vorläufige Anwendung von CETA ausreichend umgesetzt habe. Das BVerfG stellte folglich fest, die Bundesregierung habe keiner vorläufigen Anwendung der kompetenziell umstrittenen Sachbereiche zugestimmt, sich die einseitige Beendigung der vorläufigen Anwendung vorbehalten und sichergestellt, dass der im Gemischten CETA-Ausschuss einzunehmende Standpunkt immer einvernehmlich festgelegt werde.[795]

Zugleich bestätigte das Bundesverfassungsgericht aber stellenweise abermals die gegen das CETA-Abkommen gerichteten Bedenken. So stellte der Zweite Senat fest, dass aus dem Wortlaut der abgegebenen politischen Erklärungen zwar nicht eindeutig hervorgehe, dass bei der vorläufigen Anwendung die Belange der Mitgliedstaaten ausreichend berücksichtigt wurden. Allerdings legten die Richter in Karlsruhe die Erklärungen dahingehend aus, dass aus ihnen hinreichend klar hervorgehe, dass die Bundesregierung sowie die EU-Kommission beabsichtigten, die Auflagen tatsächlich umzusetzen.

Im Hinblick auf einen möglichen Identitätsverstoß wiederholten die Karlsruher Richter, ein solcher erscheine zwar wegen des möglicherweise das Demokratieprinzip verletzenden Ausschusssystems „nicht völlig ausgeschlossen“, die Risiken hätten sich jedoch durch die erste CETA-Entscheidung und die darin postulierten Auflagen zumindest für die Dauer der vorläufigen Anwendung ausschließen

793 *Ruffert*, JuS 2016, 1141, 1143.
794 BVerfGE 144, 1.
795 BVerfGE 144, 1 (22 ff.).

lassen.[796] Insbesondere sei auch eine Berührung der Verfassungsidentität durch die Kompetenzausstattung und Verfahren des Ausschusssystems einstweilen nicht zu befürchten.[797] Trotz der fehlenden Festlegung der Erforderlichkeit einer Zustimmung Deutschlands im Ausschuss sei die entsprechende Erklärung des Rates und der Mitgliedstaaten so auszulegen, dass alle mitgliedstaatlichen Belange ausreichend Berücksichtigung fänden. Sodann betonten die Verfassungsrichter, der Gemischte Ausschuss dürfe im Rahmen der vorläufigen Anwendung ohnehin nicht über Angelegenheiten entscheiden, die in die Zuständigkeit der Mitgliedstaaten fielen.[798]

Der zweite Beschluss in Sachen CETA enthielt also keine nennenswerten Aussagen in Bezug auf das weitere Vorgehen des BVerfG im Rahmen einer Verfassungsidentitätskontrolle in Freihandelssachverhalten. Er war auch ansonsten erwartbar und vor dem Hintergrund der Ausführungen in der wenige Wochen vorher getroffenen ersten CETA-Entscheidung wenig überraschend. Das BVerfG nutzte folglich auch diese Gelegenheit nicht, um den in den vorangegangenen Kapiteln beschriebenen unklaren Anwendungsbereich und Maßstab der Identitätskontrolle zu konkretisieren.

b. Vorgeschlagene Vorlagefragen an den EuGH

Inzwischen haben die Beschwerdeführer im Hauptsacheverfahren durch Einreichung eines Schriftsatzes das BVerfG aufgefordert, dem EuGH eine Reihe von Fragen im Hinblick auf die Vereinbarkeit einiger CETA-Vorschriften mit dem Unionsrecht auch über das Gutachtenverfahren 1/17[799] hinaus vorzulegen.[800] Angeregt werden insgesamt 17 übergeordnete Vorlagefragen mit diversen Detailfragen. Hintergrund der Vorlagefragen ist eine von den Beschwerdeführern begehrte Klärung, unter anderem im Hinblick auf die dem CETA-Abkommen zugrundeliegende Kompetenzverteilung, die EU-Rechtmäßigkeit der Einsetzung der vorgesehenen Vertragsgremien und des ständigen multilateralen Schiedsgerichtshofs sowie die Möglichkeit der (einseitigen) Beendigung der vorläufigen Anwendung. Bislang ist nicht absehbar, wie das BVerfG mit den vorgeschlagenen Vorlagefragen umgehen wird.

---

796 BVerfGE 144, 1 (3 f.).

797 BVerfGE 144, 1 (16).

798 Dass das BVerfG durch diese Feststellung eigenständig seine ersten beiden im ersten CETA-Beschluss aufgestellten Auflagen gegenstandslos machte, sei hier nur am Rande erwähnt.

799 EuGH, Gutachten 1/17 (CETA).

800 Der Schriftsatz ist abrufbar unter https://www.mehr-demokratie.de/fileadmin/pdf/2018-04-16_VB_CETA_Vorlagefragen.pdf.

c. *Entscheidung in der Hauptsache*

Eine Entscheidung durch das BVerfG in der Hauptsache lag bis zum Erscheinen der vorliegenden Untersuchung nicht vor. Vor dem Hintergrund der Forderung oben genannter Vorlagefragen der Antragsteller würde eine vorherige Hinzuziehung des EuGH jedoch nicht überraschen. Diese wäre nicht nur in Bezug auf die zugrundeliegenden materiellen Rechtsfragen, sondern insbesondere auch deshalb zu begrüßen, da eine Vorlage an den EuGH auch prozessual regelmäßig erforderlich scheint, sobald eine Verfassungsidentitätsverletzung im Raum steht und zumindest auch die Auslegung des Unionsrechts streitentscheidend ist.[801] Die Hauptsacheentscheidung dürfte für den weiteren Umgang des BVerfG mit der Verfassungsidentitätskontrolle im Allgemeinen und die Überprüfungsmöglichkeiten weitreichender Freihandelsabkommen durch das BVerfG im Besonderen von wegweisender Bedeutung sein.

aa. *Zuständigkeitsfragen*

Im Hauptsacheverfahren werden sich, ähnlich wie im Singapur-Gutachten des EuGH, mit Blick auf die für CETA erforderliche Legitimation zunächst Fragen nach der Zuordnung der Vertragsschlusskompetenz zwischen der EU und den Mitgliedstaaten stellen. Das BVerfG hat angedeutet, dass die EU aus seiner Sicht keine Vertragsschlusskompetenz für die materiellen Regelungen in CETA zu Portfolioinvestitionen, zum Investitionsschutz, zum internationalen Seeverkehr in Bezug auf Feeder-Dienstleistungen und maritime Dienstleistungen, zur gegenseitigen Anerkennung von Berufsqualifikationen und zum Arbeitsschutz besitze.[802] Hierbei stellt das BVerfG allerdings auch allein darauf ab, ob eine ausschließliche EU-Zuständigkeit im Rahmen der gemeinsamen Handelspolitik der EU nach Art. 207 AEUV besteht. Die Möglichkeit von Unionskompetenzen auf Grundlage ausschließlicher impliziter Außenzuständigkeiten auf der Basis von Art. 3 Abs. 2 AEUV wurde dagegen bislang ebenso wenig erörtert, wie etwaige geteilte Außenzuständigkeiten nach Art. 216 Abs. 1 AEUV. Ein weites Verständnis der EU-Zuständigkeit im Bereich der gemeinsamen Handelspolitik würde demgegenüber der Ansicht des EuGH im Singapur-Gutachten gerecht werden. Danach dürften alle vom BVerfG genannten materiell-rechtlichen Bereiche mit Ausnahme der Portfolioinvestitionen entweder von Art. 207 Abs. 1 AEUV oder Art. 3 Abs. 2 Var. 2 AEUV erfasst sein. Auch der Bereich der Portfolioinvestitionen unterliegt nach Ansicht des EuGH der geteilten und nicht etwa der alleinigen mitgliedstaatlichen Zuständigkeit.[803] Im Hinblick auf die Abgabe von Souveränitätsrechten auf das in CETA vorgesehene Ausschusssystem hat das BVerfG zudem Zweifel daran geäußert, ob eine solche Übertragung vom Integrationsprogramm erfasst und noch gedeckt sein kann.[804] Auch diesbezüglich ist die Ansicht des BVerfG jedoch

---

801 Vgl. hierzu oben Gliederungspunkt C.VI.
802 BVerfGE 143, 65 (93 f.).
803 EuGH, Gutachten 2/15 (Singapur), Rn. 227.
804 BVerfGE 143, 65 (95).

inkongruent mit der deutlichen Positionierung des EuGH im Singapur-Gutachten, wonach eine EU-Zuständigkeit schon dann besteht, sobald die betreffenden institutionellen Regelungen zu Organen und Streitbeilegungsmechanismen lediglich materiellrechtliche Bestimmungen flankieren, die in die ausschließliche Zuständigkeit der EU fallen.[805] Dies ist in Bezug auf CETA der Fall.

bb. Identitätskontrolle

Ebenso mit Spannung zu erwarten ist, wie das BVerfG mit der im vorläufigen Rechtsschutzverfahren noch nicht aufgegriffenen Argumentation der Beschwerdeführer umgehen wird, das Rechtsstaats- und das Demokratieprinzip des Grundgesetzes seien verletzt, weil die Unterwerfung unter die Gerichtsbarkeit des ständigen multilateralen öffentlich-rechtlichen Schiedsgerichtshofs (MIC)[806] durch CETA unter anderem mit den Prinzipien der Rechtssicherheit und Normenklarheit, dem staatlichen Justizmonopol und dem Recht auf den gesetzlichen Richter[807] unvereinbar und die vorgesehene Hoheitsrechtsübertragung daher unzulässig sei.[808] Hieraus soll sich nach der Argumentation der Beschwerdeführer ein Verstoß gegen die verfassungsrechtlich geschützte Verfassungsidentität des Grundgesetzes ergeben. Die von den Beschwerdeführern in diesem Zusammenhang vorgebrachten Einwände erweisen sich bei genauer Betrachtung jedoch als nicht vollumfänglich tragfähig.[809] Dem Argument des Verstoßes gegen den verfassungsrechtlichen Bestimmtheitsgrundsatz nach Art. 103 Abs. 2 GG kann entgegengehalten werden, dass die vom Schiedsgericht anzuwendenden Grundsätze und Regeln zumindest hinreichend konkretisierbar sind.[810] Auch ein Verstoß gegen das Recht auf effektiven Rechtsschutz ist unwahrscheinlich, da die Einrichtung eines ständigen Gerichts die Rechtsschutzmöglichkeiten eines potentiellen Klägers vielmehr erweitert und ihm den internen Rechtsweg der jeweils anderen Vertragspartei mit anschließendem diplomatischem Schutz ersparen kann, wobei der staatliche Rechtsweg daneben ohnehin stets offen bleibt.[811] Auch das Justizmonopol des Staates erscheint durch CETA keinesfalls gefährdet, da das vorgesehene Investitionsgericht das interne Recht einer Vertragspartei nur anhand der herrschenden Auslegung des internen Rechts durch die Gerichte und Behörden eben jener Vertragspartei überhaupt als Tatsache heranzieht und die sodann vorgenommene Deutung für die nationalen Akteure auch nicht bindend ist.[812] Ein Entzug des gesetzlichen Richters durch

---

805 EuGH, Gutachten 2/15 (Singapur), Rn. 37 ff.

806 Siehe hierzu i. E. *Bungenberg/Reinisch*, Von bilateralen Schieds- und Investitionsgerichten zum multilateralen Investitionsgerichtshof, S. 53 ff.

807 Siehe hierzu z. B. *Stoll/Holterhus/Gött*, Investitionsschutz und Verfassung, S. 151 ff.

808 BVerfGE 143, 65 (82).

809 So auch *Proelß*, ZEuS 2016, 401, 407 ff.

810 *Proelß*, ZEuS 2016, 401, 407.

811 *Proelß*, ZEuS 2016, 401, 408; *Ohler*, JZ 2015, 341, 344.

812 *Proelß*, ZEuS 2016, 401, 409.

Einsetzung des Investitionsgerichts ist zweifelhaft, da die Anforderungen von Art. 101 Abs. 1 Satz 2 GG nicht auf internationale Gerichte übertragbar sind und kein verfassungsrechtliches Gebot ersichtlich ist, wonach im Falle von Verfahren vor internationalen Gerichten, an denen die BRD beteiligt ist, stets ein deutscher Richter oder eine deutsche Richterin zu beteiligen ist.[813]

Nicht zuletzt liegt auch eine Verletzung des Demokratieprinzips fern, da die schiedsgerichtlichen Entscheidungen über keine Durchgriffswirkung verfügen, woran auch bereits die Eigenschaft als zwischenstaatliche Einrichtung im Sinne des Grundgesetzes scheitert. Zudem sind zukünftige Urteile für die Vertragsparteien nur völkerrechtlich verbindlich. Ihre Vollstreckung richtet sich nach nationalem Recht, sodass kein merklicher Unterschied zur Wirkung der Entscheidungen anderer anerkannter internationaler Gerichte wie dem EGMR besteht.[814]

Insofern bleibt abzuwarten, wie die Verfassungsrichter mit den geltend gemachten Verstößen gegen das Rechtsstaats- und Demokratieprinzip durch die Einsetzung des Investitionsgerichts umgehen werden. Nach hier vertretener Ansicht erscheint ein Verstoß gegen die Verfassungsidentität aber auch in diesem Zusammenhang als eher fernliegend.[815] Das Hauptsacheverfahren wird zeigen, wie sich das BVerfG in Freihandelssachverhalten gegenüber dem EuGH positionieren wird. Die beiden vorläufigen Entscheidungen haben zwar keine Vorwirkung für die Entscheidung in der Hauptsache. Eine erfolgreiche Aktivierung der Verfassungsidentitätskontrolle, insbesondere gegen das bereits im Zentrum der vorläufigen Entscheidungen stehende Ausschusssystem wäre wegen der darin enthaltenen Aussagen dennoch überraschend. Dies gilt insbesondere vor dem Hintergrund, dass bislang noch kein völkerrechtlicher Vertrag vor dem BVerfG gescheitert ist. Erst nach der Entscheidung des BVerfG in der Hauptsache ist mit der deutschen Ratifikation des CETA-Abkommens zu rechnen.

d. Zusammenfassung

Das Bundesverfassungsgericht hatte sich in den beiden vorläufigen CETA-Entscheidungen erstmals mit einem neuartigen und weitreichenden Freihandelsabkommen zu befassen, sodass es an sich möglich sein sollte, hieraus entscheidende Anhaltspunkte für mögliche zukünftige Entscheidungen zu ziehen. Allerdings sind die Entscheidungen dogmatisch so wenig überzeugend und zudem in sich teilweise inkonsistent, dass Schlussfolgerungen für den Fortgang der Judikatur des BVerfG in Bezug auf die Identitätskontrolle kaum belastbar erscheinen. Maßstab der Überprüfung war die vom BVerfG selbst entwickelte „Popularbeschwerdebefugnis“[816] aus Art. 38 GG, die inzwischen vielleicht „als ständig zu bezeichnen [...]“[817],

---

813 *Proelß*, ZEuS 2016, 401, 411.
814 *Proelß*, ZEuS 2016, 401, 411 f.
815 Siehe hierzu vor allem Gliederungspunkt D.III.7.a.aa.
816 *Nettesheim*, NJW 2016, 3567, 3567.
817 *Nowrot/Tietje*, EuR 2017, 137, 141.

deswegen aber nicht weniger angreifbar,[818] ist. Es überrascht vor dem Hintergrund der in den beiden Entscheidungen enthaltenen Ausführungen der Verfassungsrichter nicht, dass der letztendlich zwei Wochen nach der ersten CETA-Entscheidung des BVerfG gefasste Beschluss des Rates über die Unterzeichnung von CETA insgesamt 38 Erklärungen verschiedener EU-Organe und Mitgliedstaaten, zu denen unter anderem Erklärungen der Kommission, des Rates und der Mitgliedstaaten zum CETA-Ausschuss sowie Erklärungen Deutschlands, Österreichs und Polens zur unilateralen Beendigungsmöglichkeit der vorläufigen Anwendung enthält und von einem gemeinsamen Auslegungsinstrument begleitet wird. Es war ja genau diese politische Zersplitterung, die das BVerfG selbst durch die Formulierung der drei an die Bundesregierung gerichteten Vorkehrungen hervorgerufen hat.

Eine der Kernfragen der bisherigen CETA-Entscheidungen bestand darin, ob durch das Abkommen eine demokratisch nicht hinreichend legitimierte Verlagerung von Hoheitsmacht auf eine überstaatliche Organisation stattfindet, indem die vorgesehenen Ausschüsse auch ohne direkte Zustimmung Deutschlands verbindlich handeln können. Unabhängig von der Frage, inwieweit die vom BVerfG aufgezeigten Vorstellungen hoheitlicher Herrschaftsgewalt und die damit einhergehenden Anforderungen an demokratische Legitimation überhaupt auf einen modernen völkerrechtlichen Vertrag im hochkomplexen Mehrebenensystem zwischen Verfassungs-, Europa- und Völkerrecht zu übertragen sind, sprechen viele Gründe dafür, das CETA-Abkommen für mit den grundgesetzlichen Demokratieanforderungen (als Teil der Verfassungsidentität) vereinbar zu halten. Insbesondere ist nicht ersichtlich, weshalb es durch CETA plötzlich zu einer Verletzung des Demokratieprinzips kommen soll, obwohl Deutschland selbst seit 1959 über 150 Investitionsschutzabkommen mit anderen Staaten abgeschlossen hat und der gesetzgeberische Handlungsspielraum durch CETA im Vergleich zu ohnehin bereits geltendem Recht keinen substanziellen Verlust erleidet.[819] Hinzu kommen in Grenzfällen die vom BVerfG selbst vorgeschlagene Möglichkeit des Abschlusses interinstitutioneller Vereinbarungen sowie die mögliche Äußerung von Vorbehalten oder Auslegungserklärungen. Es wäre daher jedenfalls überraschend, wenn sich auch nur einzelne Bestimmungen des CETA-Abkommens im Hauptsacheverfahren als verfassungsidentitätsverletzend darstellen sollten. Es handelt sich bei der Frage, ob ein Abkommen wie CETA abgeschlossen werden soll, vielmehr um eine maßgeblich politische Bewertung weitreichender wirtschaftlicher Kooperationen. Es darf daher durchaus hinterfragt werden, ob es der Demokratie förderlich ist, wenn vor dem BVerfG zunehmend hochkomplexe außen- und handelspolitische Fragen diskutiert werden, für die den involvierten politischen Akteuren eigentlich ein außerordentlicher politischer Gestaltungsspielraum zusteht. Es bleibt vor diesem Hintergrund zu hoffen, dass die erforderlichen und begrüßenswerten Debatten

---

818 *Ruffert*, JuS 2016, 1141, 1144.
819 *Schill*, ZaöRV 2018, 33, 42, 89.

über das Für und Wider des Abschlusses weitreichender Freihandelsabkommen nach Beendigung des Hauptsacheverfahrens wieder ausschließlich in den für sie verantwortlichen und demokratisch legitimierten Parlamenten geführt werden.

In jedem Fall handelt es sich auch nach den bisher ergangenen Entscheidungen des BVerfG zum CETA-Abkommen bei der Verfassungsidentitätskontrolle noch um kein ausreichend ausdifferenziertes und belastbares verfassungsrechtliches Konzept.

IV. Zwischenfazit

CETA ist ein umfassendes und weitreichendes Freihandels- und Investitionsschutzabkommen der EU. Es stellt einen Meilenstein der fortschreitenden transatlantischen Integration dar und gewährleistet Wachstum und harmonisierte Entwicklung. Nach Informationen der EU ist zu erwarten, dass der gegenseitige Handel der EU und Kanadas um 20 Prozent ansteigen wird, wenn das Abkommen vollständig in Kraft tritt.[820] Gleichzeitig hat sich im Rahmen des Abschlusses des CETA-Abkommens gezeigt, dass eine ausgesprochen umfassende Beteiligung nationaler Institutionen eine erfolgreiche Handelspolitik verzögern oder sogar vereiteln kann. Die im Abkommen vorgesehenen Regelungen insbesondere zum Investitionsschutz gehen zudem kaum über das hinaus, was bereits aus zahlreichen anderen und seit Jahrzehnten anerkannten Freihandelsabkommen bekannt und als absolut üblich einzustufen ist. Insofern ist bislang nicht ersichtlich, warum nun gerade die CETA-Vorschriften erstmalig die Verfassungsidentität des Grundgesetzes verletzen sollten.

Das Bundesverfassungsgericht hatte sich in den beiden vorläufigen CETA-Entscheidungen zum ersten Mal mit einem weitreichenden Freihandelsabkommen neuen Typs zu beschäftigen. Die Ausführungen der Verfassungsrichter überzeugen aus dogmatischer Sicht nicht vollständig. Dies gilt auch für die wenig umfangreichen Erläuterungen zur Identitätskontrolle, die keine nennenswerte inhaltliche Aufklärung bewirkt haben. Die Verfassungsrichter haben jedoch zutreffend zum Ausdruck gebracht, dass ein von deutscher Seite verursachtes Scheitern eines Freihandelsabkommens für Deutschland sowie die EU erhebliche Einbußen an außenpolitischer Verlässlichkeit mit sich brächte.[821] Was bislang jedoch noch aussteht, ist die konsequente Schlussfolgerung, dass die anhaltende Außerachtlassung unionaler und internationaler Belange zugunsten des Schutzes einer noch nicht ausreichend ausdifferenzierten und dogmatisch angreifbaren nationalen Verfassungsidentität irgendwann dazu führen könnte, dass die EU vergleichbare Abkommen eher ohne die Beteiligung der nationalen Parlamente abschließt, sodass es schlimmstenfalls zu

820 Europäisches Parlament, Pressemitteilung 20170209IPR61728, http://www.europarl.europa.eu/news/de/press-room/20170209IPR61728/ceta-parlament-billigt-handelsabkommen-zwischen-eu-und-kanada.

821 BVerfGE 143, 65 (92 f.).

einer Kanalisierung der Handelsströme kommen könnte, an der Deutschland unter Umständen nicht mehr in gleichem Maße teilnähme. In jedem Fall wäre es eine Überraschung, wenn sich auch nur einzelne Bestimmungen des CETA-Abkommens im Hauptsacheverfahren als verfassungsidentitätsverletzend darstellen sollten.

Bestimmender Teil der Debatte sollte sein, dass der EU die ausschließliche Kompetenz für die Gemeinsame Handelspolitik bereits mit dem Vertrag von Lissabon übertragen wurde und seither auch Einigkeit darüber besteht, dass die außenpolitische Handlungsfähigkeit der EU in diesem Bereich durch weitreichende Kompetenzen zu stärken ist. Dem folgend ist weiter davon auszugehen, dass die EU im Bereich des auswärtigen Handelns ihrer völkerrechtlichen Gestaltungsfreiheit am zweckmäßigsten ohne eine zu weitreichende Beteiligung der Mitgliedstaaten nachkommen kann. Durch die Möglichkeit zur inhaltlichen Einflussnahme und die sonstigen Mitwirkungsrechte des Europäischen Parlaments stellt dieses zudem inzwischen denjenigen legitimierenden Akteur dar, der die demokratische Kontrolle weitreichender Freihandelsabkommen am effektivsten gewährleisten kann. Der zweckmäßigste Weg, um allen unionalen, nationalen und teils sogar regionalen Belangen gerecht zu werden, dürfte daher eine transparente, pragmatische und frühzeitige Einbindung des EP unter Berücksichtigung des praktischen Bedürfnisses der Vertraulichkeit in gewissen Verhandlungsphasen und – soweit erforderlich – auch eine inhaltlich begrenzte Einbindung der nationalen Parlamente bei der Verhandlung gemischter weitreichender Freihandelsabkommen sein.[822] Im Gegenzug sollten die involvierten nationalen Parlamente der EU einen weiten Ermessensspielraum bei der Verhandlung einräumen, damit der Abschluss solcher Abkommen nicht unverhältnismäßig verkompliziert oder gänzlich vereitelt wird. Sollte dies nicht gelingen, dürfte die EU zeitnah vermehrt den effizienten Weg über den Abschluss von „EU-only"-Abkommen suchen,[823] wodurch sich Abschluss und Ratifikation aus unionaler Sicht erheblich vereinfachen würden. Etwaigen mitgliedstaatlichen Bedenken würde dann aber noch weniger Rechnung getragen. Vielmehr obläge die Beurteilung der vom jeweiligen Abkommen umfassten Kompetenzbereiche dann allein der EU. Es bleibt somit zu hoffen, dass sowohl mitgliedstaatliche[824] als auch

---

822 Zutreffend stellt *Mayer*, ZEuS 2016, 391, 393 ff., fest, dass im Rahmen der Verhandlung von CETA eine sehr breite, kontinuierliche Einbindung des Bundestages stattgefunden hat.

823 Diese Möglichkeit wird auch im Singapur-Gutachten des EuGH betont, vgl. EuGH, Gutachten 2/15 (Singapur); das Gutachten könnte die „Referenzentscheidung" darstellen, die es der EU in Zukunft ermöglicht, inhaltlich geringfügig reduzierte Freihandelsabkommen auch allein abzuschließen, vgl. *Herrmann/Müller-Ibold*, EuZW 2018, 749, 751.

824 *Mayer*, Verfassungsblog 23. Oktober 2016, https://verfassungsblog.de/wallonien-ceta-und-die-tyrannei-der-minderheit/, beklagt eine „Überföderalisierung" in Fällen wie CETA und fürchtet eine daraus folgende „Handlungsblockade" der EU.

unionale[825] Alleingänge im noch nicht abgeschlossenen Prozess der weiteren Zielbestimmung der EU-Handelspolitik in den nächsten Jahren weitgehend ausbleiben. Hilfreich wäre in diesem Zusammenhang wohl eher ein politischer als ein gerichtlicher Austausch der involvierten Akteure. Damit die EU in der fortschreitenden Globalisierung außen- und handelspolitisch handlungsfähig bleiben kann, sind hier pragmatische Lösungen zu suchen. Denn ein Stillstand der handelspolitischen Bemühungen der EU ist weder zu erwarten noch wünschenswert. Die Verhandlung und der Abschluss weitreichender Handelsabkommen mit Australien, Neuseeland und Mexiko stehen ebenso bevor wie die Errichtung eines multilateralen Investitionsgerichtshofs.[826]

Die in diesem Abschnitt teils nur angedeuteten Fragen bezüglich des genauen Ablaufs und Abschlusses der Verhandlungen bis zum Inkrafttreten eines Freihandelsabkommens werden sich in Zukunft also eher noch vermehrt stellen. Ob mit oder ohne umfangreiche Beteiligung der Mitgliedstaaten ist jedenfalls zu erwarten, dass die Handelspolitik der EU sich in den nächsten Jahren dynamisch weiterentwickeln wird. Es bleibt daher abzuwarten, welche Rolle die Mitgliedstaaten hierbei einnehmen werden. Die Übertragung weitreichender Kompetenzen auf die EU war jedenfalls bereits ein zentrales Anliegen des Vertrages von Lissabon, um deren außen- und handelspolitische Position zu stärken. Zu Recht ist die EU daher seitdem in höchstem Maße aktiv auch beim Abschluss weitreichender Freihandelsabkommen.

Für die Verfassungsidentitätskontrolle ist im Rahmen ihrer Anwendung auf Sachverhalte mit außen- und handelspolitischer Dimension bisher zu konstatieren, dass ihrer Anwendung oftmals die weite und verfassungsgerichtlich nur eingeschränkt kontrollierbare Gestaltungsfreiheit der politischen Akteure in europa,- außen- und außenwirtschaftspolitischen Fragen entgegenstehen dürfte. Nach Auswertung der bisher ergangenen Entscheidungen des BVerfG zum CETA-Abkommen, die in Bezug auf die Verfassungsidentität bedauerlicherweise zu keiner abschließenden Klärung geführt haben, bleibt es ferner bei der Einschätzung, dass es sich bei der Verfassungsidentitätskontrolle ohnehin noch um kein ausreichend ausdifferenziertes und belastbares verfassungsrechtliches Konzept handelt. Jedenfalls sollte in vergleichbaren Fällen auch im Rahmen der Anwendung einer etwaigen Identitätskontrolle durch das BVerfG in Zukunft verstärkt der Tatsache Rechnung getragen werden, dass die Außenhandelspolitik in der ausschließlichen Kompetenz der EU liegt.

---

825 *Zornow*, Verfassungsblog 15. September 2017, https://verfassungsblog.de/kupierte-freihandelsabkommen-verfassungsrechtliche-herausforderungen-einer-neuen-unionsstrategie/, kritisiert die Aufteilung neuerer Freihandelsabkommen in einen umfangreichen EU-only und einen – wenn überhaupt – knappen Vertrag unter mitgliedstaatlicher Beteiligung.

826 *Herrmann/Müller-Ibold*, EuZW 2018, 749, 750.

E. Vierter Teil – Schlussfolgerungen

Nun werden die erlangten Erkenntnisse zu einigen Schlussfolgerungen verknüpft.

Steht – wie im Rahmen des Abschlusses des CETA-Abkommens – die Verfassungsmäßigkeit gewisser Bestimmungen eines weitreichenden Freihandelsabkommens in Frage, ist zunächst zu klären, welches Verfassungsrecht überhaupt anwendbar ist. In diesem Zusammenhang sollte unstreitig sein, dass deutsches Verfassungsrecht überhaupt nur in den Fällen Anwendung finden kann, in denen ein deutsches Übereinkommen überprüft wird. Sofern ein europäisches Übereinkommen überprüft werden soll, ist hingegen auch nur europäisches Verfassungsrecht einschlägig. Somit ist die Beantwortung der Frage, welches Verfassungsrecht zur Überprüfung des Abkommens heranzuziehen ist, überhaupt nur in den Fällen erforderlich, in denen ein gemischtes Abkommen überprüft werden soll. Dennoch stellen gemischte Freihandelsabkommen wegen der Einbindung mindestens eines Drittstaates stets auch einen Gegenstand mit auswärtigem Bezug dar, sodass nicht zwingend die gleichen verfassungsrechtlichen Maßstäbe gelten müssen wie für interne Sachverhalte.[827] Sollten deutsche verfassungsrechtliche Maßstäbe also überhaupt einmal eine Rolle spielen, stellt sich sodann die Kernfrage nach dem richtigen verfassungsrechtlichen Prüfungsgegenstand.

Hierzu ist im Verlauf dieser Bearbeitung bereits festgestellt worden, dass sich dem Wortlaut des Grundgesetzes kaum eine Aussage über die Reichweite der möglichen europäischen und internationalen Integration entnehmen lässt und daher über die ultra-vires Kontrolle hinaus auch keine ausdrücklichen verfassungsrechtlichen Schranken zur Begrenzung des Abschlusses weitreichender Freihandelsabkommen ersichtlich sind. Der deutsche verfassungsändernde Gesetzgeber hat den Wortlaut des Grundgesetzes in Bezug auf die Europäische Union sowie andere internationale Einflüsse über Jahrzehnte unverändert gelassen und keinen Versuch unternommen, festzulegen, welche Veränderungen in der politischen Landschaft aufgrund auswärtiger Einflüsse noch vom Grundgesetz toleriert werden können. Auch die vom Bundesverfassungsgericht zur Kompensation dieses Schweigens des Grundgesetzes zu den Grenzen europäischer und internationaler Integration entwickelten Kontrollmechanismen, von denen die Identitätskontrolle den neuesten Anwendungsfall darstellt, scheinen sich nur eingeschränkt zur Begrenzung des auswärtigen Handelns Deutschlands zu eignen. Insbesondere die Überprüfung weitreichender Freihandelsabkommen am Maßstab des Konzepts der Verfassungsidentität in seiner bisher vom BVerfG entwickelten Form erscheint problematisch. Da jedoch auch in Zukunft zu erwarten ist, dass die Verfassungsidentitätskontrolle trotz ihrer bereits umfassend dargestellten Schwächen vermehrt vom BVerfG zur Überprüfung außenhandelspolitischer Sachverhalte herangezogen werden wird,

827 *Stoll/Holterhus/Gött*, Investitionsschutz und Verfassung, S. 97.

wird nun der Frage nachgegangen, wie das Konzept der Verfassungsidentität modifiziert werden könnte, um es unter Einhaltung verfassungs- und unionsrechtlicher Vorgaben zu einem belastbareren verfassungsrechtlichen Konzept fortzuentwickeln.

Nachfolgend werden hierzu aus den bisherigen Erkenntnissen die gebotenen Schlussfolgerungen gezogen. Hierzu wird zunächst die veränderte Rolle des Bundesverfassungsgerichts im Bereich Auswärtiger Gewalt dargestellt (hierzu Gliederungspunkt E.I.), bevor der Blick in die Zukunft gerichtet und die Frage aufgeworfen wird, ob und wenn ja, wie die Verfassungsidentitätskontrolle durch das BVerfG in zukünftigen Außenhandelssachverhalten durchgeführt werden sollte (unter E.II.).

I. Die veränderte Rolle des Bundesverfassungsgerichts

Nun wird die veränderte Rolle des Bundesverfassungsgerichts zunächst anhand seiner schleichenden Politisierung (unter E.I.1.) sowie der Notwendigkeit der Herstellung eines tatsächlichen Verfassungsgerichtsverbundes (unter E.I.2.) dargestellt.

1. Die schleichende Politisierung des Bundesverfassungsgerichts

Das Bundesverfassungsgericht genießt in der deutschen Bevölkerung großes Vertrauen. Kein anderes Staatsorgan findet laut Umfragen seit Jahren konstant ein so hohes Maß an Zustimmung.[828] Es sprechen jedoch gute Gründe dafür, diesen beträchtlichen Vertrauensvorschuss aufgrund aktueller Entwicklungen als gefährdet anzusehen. Hauptgrund hierfür dürfte sein, dass das BVerfG sich von seinen ursprünglichen Aufgaben und Kompetenzen als maßgeblicher Interpret deutscher verfassungsrechtlicher Bestimmungen zunehmend löst und sich über seine eigentliche rechtsprechende Tätigkeit hinaus zu einem einflussreichen politischen Akteur entwickelt.

Die ursprüngliche Funktion des BVerfG bestand in der Interpretation des deutschen Verfassungsrechts. Nach § 1 Abs. 1 BVerfGG ist das BVerfG ein „allen übrigen Verfassungsorganen gegenüber selbstständiger und unabhängiger Gerichtshof des Bundes". Die reine Gerichtsfunktion des BVerfG wird nicht erst durch § 1 Abs. 1 BVerfGG vermittelt, sondern ergibt sich bereits unmittelbar aus Art. 92 GG.[829] Hieraus folgt, dass auch das BVerfG von seiner Funktion her letztlich ein gewöhnliches Gericht darstellt, das jedenfalls Teil der Judikative ist. Das Grundgesetz selbst

---

828 Vgl. *Mannefeld*, Verfassungsrechtliche Vorgaben für die Europäische Integration, S. 104 m. w. N.

829 *Bethge*, in: Maunz/Schmidt-Bleibtreu/Klein/Bethge, Bundesverfassungsgerichtsgesetz, § 1, Rn. 2.

enthält zwar keine Aussage zur Stellung des Verfassungsgerichts im Verhältnis zu den anderen beiden Gewalten. Dennoch dürfte auf der Hand liegen, dass das gelegentliche Auftreten des Verfassungsgerichts als politischer Akteur[830] die ihm von Verfassungs wegen zugeordnete Rolle im Verfassungsgefüge strapazieren könnte. Die traditionelle Rolle des BVerfG hat sich im Verlauf des europäischen Integrations- und des internationalen Globalisierungsprozesses erheblich gewandelt. War die eigentliche Aufgabe des BVerfG der bloße Schutz der deutschen Verfassung, kann man gerade in supranational geprägten Verfahren nun vermehrt den Eindruck gewinnen, übergeordnetes Ziel der Verfassungsrichter sei nun womöglich auch der Schutz und die Erhaltung der eigenen Kompetenz sogar in Bereichen, für die – wie am Beispiel von CETA gesehen – bereits seit dem Vertrag von Lissabon die Union und damit auch deren Rechtsprechungsorgane alleinzuständig sind. Dies geht teilweise einher mit einer bemerkenswert klaren Kommunikation des Selbstverständnisses des BVerfG, das dem EuGH beispielsweise zuletzt im PSPP-Urteil[831] unter anderem methodische Unvertretbarkeit[832] und objektive Willkür[833] vorgeworfen hatte. Die Verwendung solch auffallend selbstbewusster Begriffe dürfte außerhalb Deutschlands zumindest aufhorchen lassen. Entgegen seiner eigentlichen Funktion befindet sich die deutsche Verfassungsgerichtsbarkeit in einem schleichenden Prozess der fortschreitenden Politisierung und schwingt sich unter anderem durch die Überdehnung des Art. 38 Abs. 1 Satz 1 GG stellenweise zum „Repräsentationsersatz"[834] auf. Gerade im Zusammenhang mit europa- und weltpolitischen Fragen erringen sich die Verfassungsrichter schleichend eine rechtsschöpfende Funktion, die im Hinblick auf die – im Gegensatz zu so manchem vom BVerfG selbst entwickelten verfassungsrechtlichen Maßstab – zweifelsohne vom Grundgesetz vorgesehene Gewaltenteilung nicht unproblematisch ist. Darüber hinaus ist die mitgliedstaatliche Verfassungsgerichtsbarkeit innerhalb der EU generell streng an den mittelfristig vorstellbaren politischen Entwicklungen der jeweiligen Länder ausgerichtet und stellt daher mit seiner Rechtsprechung oftmals einen „Spiegel machtpolitischer Opportunität"[835] dar.

Gerade die Anwendung der Identitätskontrolle durch das BVerfG bringt eine ungewöhnlich politische Aufladung verfassungsgerichtlicher Entscheidungen mit sich. Diese scheint die eigentlich vom BVerfG zu leistende Umgrenzung eines solchen Konzepts allein anhand rechtlicher Kriterien teils fast verdrängt zu haben.[836] Statt juristischer Folgen bewirken die besprochenen verfassungsgerichtlichen

830 *Tomuschat*, German Law Journal 2009, 1259.
831 BVerfG, Urteil vom 5. Mai 2020, 2 BvR 859/15.
832 BVerfG, Urteil vom 5. Mai 2020, 2 BvR 859/15, Rn. 123 ff.
833 BVerfG, Urteil vom 5. Mai 2020, 2 BvR 859/15, Rn. 112 ff.
834 *Lepsius*, JöR 2015, 63, 86.
835 *Rademacher*, EuR 2018, 140, 153.
836 Siehe allgemein zur Gefahr einer ausufernden Einbeziehung politischer Erwägungen *Walter*, ZaöRV 2012, 177, 190.

Entscheidungen oftmals eher politische Wirkungen. Verfassungsrechtsprechung wird zunehmend zu „Verfassungsrechtssetzung“[837]. Durch das Konzept der Verfassungsidentität hat sich das BVerfG nun selbst die Möglichkeit geschaffen, in den rein politisch zu verantwortenden Integrationsprozess „beliebig einzugreifen“[838]. De facto ist die gesamte europäische Exekutive und Legislative durch den neuen Kontrollmechanismus des BVerfG einer rein nationalen richterlichen Kontrolle unterworfen – dies kann insbesondere im Hinblick auf die Einschränkung der Grundrechtskontrolle in den vergangenen Jahrzehnten durchaus verwundern und muss im Hinblick auf die europäische Integration als großer Rückschritt betrachtet werden. Die deutsche Verfassungsgerichtsbarkeit löst sich zunehmend von der eigentlichen Rechtsprechung, welche klassischerweise streitentscheidend, einzelfallorientiert und vergangenheitsgewandt vorgeht, und widmet sich stattdessen vermehrt der Rechtspolitik.[839] Als mahnendes Beispiel für die bemerkenswerten Vorgänge, die der europäischen Grundrechtsdogmatik in diesem Zusammenhang bevorstehen könnten, kann die Entscheidung zum europäischen Haftbefehl dienen.[840] Durch diese hat das BVerfG in der Tat die Vergemeinschaftung des Auslieferungsrechts innerhalb der EU einseitig zurückgenommen und fordert nun losgelöst von Unionsrecht und einschlägiger Rechtsprechung des EuGH die jederzeitige Durchsetzung des deutschen verfassungsrechtlichen Mindeststandards in Art. 1 Abs. 1 GG.[841] Der vom Verfassungsgericht hervorgerufene offene Konflikt mit der europäischen Grundrechtsordnung tritt hier besonders zu Tage.[842] Das BVerfG unternimmt durch die Erschaffung der Identitätskontrolle zudem einen weiteren Versuch, durch allgemeine Verfassungstheorie eine Kompetenzverteilung zwischen der EU und ihren Mitgliedstaaten zu definieren, die eigentlich aus guten Gründen nicht (abschließend) geregelt ist. Es gibt auf die Frage der Kompetenzverteilung im jeweiligen Rechtsgebiet keine feststehende verfassungs- oder staatstheoretische Antwort, sondern die Regelung der Kompetenzordnung ist weitestgehend eine politische Angelegenheit, die der Rechtsprechung des BVerfG schlicht nicht unterliegt.[843]

Die Tendenz des Verschwimmens von Verfassungsrecht und Verfassungspolitik[844] erscheint zum einen kompetenziell bedenklich und ist ergänzend auch aus politischen Gründen nicht erforderlich, da entgegen den Zeiten des Abschlusses des Vertrages von Lissabon im Jahr 2009 europaskeptische Strömungen im

837 *Lepsius*, JöR 2015, 63, 69.
838 *Nettesheim*, in: Grabitz/Hilf/Nettesheim, Art. 288 AEUV, Rn. 64.
839 *Lepsius*, JöR 2015, 63, 69.
840 BVerfGE 140, 317.
841 *Sauer*, NJW 2016, 1134, 1137.
842 *Nicolaysen*, EuR-Bei 1/2010, 9, 12, stellt hierzu fest: „Jeder Teilnehmer der Debatte findet sein Recht letztlich auf dem Terrain seiner eigenen Zuständigkeiten.“
843 *Schönberger*, JöR 2015, 41, 60.
844 *Sauer*, NJW 2016, 1134, 1138.

deutschen und europäischen politischen System durchaus zur Genüge vorhanden sind[845] und es daher aktuell verzichtbar ist, dass das BVerfG deren Aufgaben übernimmt.[846] Insofern ist zu bemängeln, dass es dem BVerfG aktuell in erster Linie um die Abwehr von angeblichen Übergriffen in den mitgliedstaatlichen Gestaltungsspielraum geht. Es bleibt zu hoffen, dass sich die Karlsruher Richter in Zukunft wieder vermehrt auf die Natur des BVerfG als Verfassungsorgan einer Bundesrepublik besinnen werden, welche die EU als bevölkerungsreichster Mitgliedstaat maßgeblich mitgestaltet und deren Rechtsraum mit dem unionsrechtlichen ohnehin bereits so eng verwoben ist, dass es einer ständigen Gegenüberstellung der beiden Rechtsregime an sich nicht mehr bedarf.[847] Eine zumindest denkbare Alternative hierzu wäre, dass sich der Verfassungsgesetzgeber dieser Frage annähme, was jedoch derzeit mangels hierauf hindeutender Anhaltspunkte eher unwahrscheinlich erscheint.

Zur Entschärfung dieses sich zunehmend stellenden Problems der schleichenden Politisierung des BVerfG wäre eine verfassungsdogmatisch saubere Ausgestaltung des Maßstabes und der Reichweite der Verfassungsidentitätskontrolle ein wichtiger Schritt. Dennoch scheint dem BVerfG jede Zukunfts- und Gestaltungsperspektive für die EU zu fehlen,[848] sodass fraglich ist, ob es überhaupt realistisch ist, zu erwarten, dass die Verfassungsrichter in Zukunft wieder dazu übergehen werden, entsprechend dem grundgesetzlichen Auftrag an der europäischen Integration mitzuwirken, anstatt diese stellenweise zu behindern.

2. Herstellung eines tatsächlichen Verfassungsgerichtsverbundes

Aus diesen Gründen erscheint die Herstellung eines tatsächlichen Verfassungsgerichtsverbundes[849] durch umfassende gerichtliche Kooperationen unerlässlich. Das Kooperationsverhältnis zwischen BVerfG und EuGH wird derzeit jedoch insbesondere nach der Entscheidung des BVerfG im PSPP-Verfahren[850] und der darin enthaltenen Rhetorik als „nachhaltig erschüttert“[851] eingestuft.

---

845 *Lepsius*, JöR 2015, 63, 86, betont, das BVerfG habe im ESM-Verfahren im „seinerzeit noch AfD-freien politischen Prozess“ jedermann eine Stimme gegeben, „indem es eine staatsorganisationsrechtliche Popularverfassungsbeschwerde als Repräsentationsersatz“ erschuf.

846 *Schönberger*, Der Staat 2009, 535, 557 ff.; *Haltern*, NVwZ 2020, 817, 820.

847 Besonders kritische Stimmen befürchten deswegen sogar die Entwicklung des Bundesverfassungsgericht zu einem „nationalistischen“ Gericht, vgl. *Schönberger*, JöR 2015, 41, 61.

848 *Schönberger*, Der Staat 2009, 535, 557.

849 Begriff nach *Voßkuhle*, NvWZ 2010, 1 ff.

850 BVerfG, Urteil vom 5. Mai 2020, 2 BvR 859/15.

851 *Blanke/Pilz*, EuR 2020, 270, 294.

Es ist davon auszugehen, dass Konflikte wie beispielsweise im Fall der Haftbefehlsentscheidung[852] des BVerfG durch verschiedene Formen des Dialogs zwischen Gerichten der verschiedenen Ebenen vermieden werden können.[853] Das BVerfG selbst hat in seiner Rechtsprechung mit unionsrechtlichem Bezug den Begriff des Kooperationsverhältnisses[854] geprägt, um sein Verhältnis zum EuGH zu beschreiben. Es hat diese ursprünglich für das bestehende Letztentscheidungsrecht in Fragen des generellen Grundrechtsstandards entwickelte Formel in der Honeywell-Entscheidung auch auf die Anwendung der ultra vires-Kontrolle übertragen[855]. De facto war das Verhältnis der beiden Gerichte in den letzten Jahren aber eher durch Konflikte als durch echte Kooperation gekennzeichnet. Die Leitentscheidung zur Verfassungsidentität, das Lissabon-Urteil des BVerfG, enthält keine Aussage zur Anwendung des Kooperationsverhältnisses auf die Identitätskontrolle, da hier eher die Begrenzung der Integration im Vordergrund stand. Auch in der Folge wurde das Kooperationsverhältnis nicht auf eine Anwendung der Identitätskontrolle erstreckt[856], da es in den bisherigen Fällen der Identitätskontrolle meistens eher um die Auslegung des Grundgesetzes als die Auslegung des EU-Rechts ging. Es erscheint zur Abschwächung bestehender Jurisdiktionskonflikte über Vorrang und Letztentscheidungskompetenz daher unerlässlich, generell, aber auch in Bezug auf die Anwendung der Identitätskontrolle, von deutscher Seite aus den Dialog mit dem EuGH zu suchen. Hierfür bestehen verschiedene formelle und informelle Möglichkeiten.

Das formellste, vielleicht aber auch wirkungsvollste Mittel der Kommunikation ist das Vorabentscheidungsverfahren nach Art. 267 AEUV. Hiernach kann bzw. muss ein nationales Gericht dem EuGH eine Vorlagefrage stellen, sofern Zweifel bei der Auslegung der europäischen Verträge oder hinsichtlich der Gültigkeit von Unionshandeln bestehen und die Beseitigung dieser Zweifel für das bei dem nationalen Gericht anhängige Verfahren streitentscheidend ist. Zu den zur Vorlage verpflichteten Gerichten gehören auch die nationalen Verfassungsgerichte und damit auch das BVerfG. Das Vorabentscheidungsverfahren soll für die vollständige und einheitliche Anwendung des Unionsrechts durch die Behörden und Gerichte der Mitgliedstaaten Sorge tragen und verhindern, „dass sich in einem Mitgliedstaat eine nationale Rechtsprechung herausbildet, die mit den Normen des [Unions-]rechts nicht in Einklang steht“[857]. Für diese vom EuGH identifizierte Gefahr für die

---

852 BVerfGE 140, 317.

853 *Sauer*, Jurisdiktionskonflikte in Mehrebenensystemen, S. 371 ff.; *Mannefeld*, Verfassungsrechtliche Vorgaben für die Europäische Integration, S. 272; so auch *Walter/Vordermayer*, JöR 2015, 129, 165 f., die resümieren, einen mitgliedstaatlichen „Gralshüter der Verfassungsidentität“ könne es in einer Integrationsgemeinschaft wie der EU nicht mehr geben.

854 So bereits BVerfGE 89, 155 (175).

855 BVerfGE 126, 286 (303).

856 *Mannefeld*, Verfassungsrechtliche Vorgaben für die Europäische Integration, S. 274.

857 EuGH, Rs. 107/76 (Hoffmann-La Roche AG), Slg. 1977, 957, Rn. 5.

Wahrung der Rechtseinheit und der Einhaltung des Unionsrechts liefert die Verfassungsidentitätskontrolle ein konkretes Beispiel, da deren bisherige Ausübung durch das BVerfG diesbezüglich gewisse Risiken mit sich bringt. Dem Vorlageverfahren kommt in diesem Zusammenhang eine besondere Integrationsfunktion zu, weil hierdurch ein tatsächlicher Austausch zwischen den Gerichten in Bezug auf den konkret zu entscheidenden Fall ermöglicht wird, sofern zumindest auch die Auslegung europäischer Normen streitentscheidend ist. Insbesondere die Einbindung der Verfassungsgerichte kann dem Entstehen von Vorrang- und Jurisdiktionskonflikten vorbeugen und bereits bestehende Konflikte könnten hierdurch abgeschwächt werden. Aus nationaler Sicht ermöglicht es das Vorabentscheidungsverfahren dem BVerfG, dem EuGH nationale Verfassungstraditionen nahe zu bringen.[858] Insofern ist eine kontinuierliche Verwendung des Verfahrens durch die vorlageberechtigten nationalen Gerichte, besonders die Verfassungsgerichte, wünschenswert und unerlässlich für die Herstellung eines kooperativen Verfassungsgerichtsverbundes. Lange Zeit hat sich das BVerfG in Bezug auf eine mögliche Vorlage an den EuGH allerdings zurückgehalten, sodass es erst im Januar 2014 im Zusammenhang mit der Frage der Rechtmäßigkeit des OMT-Beschlusses des Rates der EZB zu einer Vorlage an den EuGH kam.[859] Inzwischen hat das BVerfG jedoch zunehmend seine diesbezügliche Zurückhaltung abgelegt. Von einer wirklich funktionierenden Zusammenarbeit zwischen EuGH und BVerfG kann bislang jedoch noch nicht gesprochen werden.[860] Auch kann hinterfragt werden, ob die vom BVerfG zuletzt im PSPP-Urteil[861] verwendete Rhetorik, welche dem EuGH trotz der offensichtlich kontroversen Diskussionen über komplexe geldpolitische Steuerungsmechanismen unter anderem methodische Unvertretbarkeit[862] und objektive Willkür[863] vorwarf, nicht zu einem unnötigen Strapazieren des Kooperationsverhältnisses führen könnte. Im Hinblick auf das Konzept der Verfassungsidentität ist allerdings zu konstatieren, dass sich dieses nicht bei einer einzelnen Institution monopolisieren lässt. Es ist vielmehr Sache der Mitgliedstaaten, dem EuGH zu vermitteln, dass und in welchem Umfang eine Rücksichtnahme auf verfassungsrechtliche Besonderheiten des Mitgliedstaates notwendig ist. Dagegen obliegt es dem EuGH sodann, die mitgliedstaatlichen Argumente aufzunehmen und zu entscheiden, inwieweit im Rahmen der fortschreitenden europäischen Integration auf die verfassungsrechtlichen Besonderheiten Rücksicht genommen werden kann.[864] Zur Herstellung eines echten Kooperationsverhältnisses zwischen BVerfG und EuGH,

858 *Mannefeld*, Verfassungsrechtliche Vorgaben für die Europäische Integration, S. 283 m. w. N.
859 Siehe hierzu ausführlich unter Gliederungspunkt C.I.2.e.
860 A. A. *Huber*, in: Streinz, EUV/AEUV, Art. 19 EUV, Rn. 97 ff.
861 BVerfG, Urteil vom 5. Mai 2020, 2 BvR 859/15.
862 BVerfG, Urteil vom 5. Mai 2020, 2 BvR 859/15, Rn. 123 ff.
863 BVerfG, Urteil vom 5. Mai 2020, 2 BvR 859/15, Rn. 112 ff.
864 *Walter/Vordermayer*, JöR 2015, 129, 165 f.

das bestenfalls zur Schaffung eines tatsächlichen Verfassungsgerichtsverbundes führen könnte, ist die Vorlagebereitschaft nationaler Verfassungsgerichte jedoch eine Grundvoraussetzung. Daher ist es besonders zu begrüßen, dass inzwischen auch das BVerfG das Vorlageverfahren zu nutzen begonnen hat, auch wenn der Beweggrund der ersten Vorlage des BVerfG an den EuGH schlicht der Tatsache geschuldet gewesen sein dürfte, dass das BVerfG sich nach den im Honeywell-Verfahren aufgestellten Voraussetzungen im Rahmen der verfassungsgerichtlichen ultra vires-Kontrolle im OMT-Verfahren zu einer Vorlage verpflichtet sah.[865] Insofern ist zu hoffen, dass das BVerfG das Vorabentscheidungsverfahren in Zukunft zunehmend eher als Gelegenheit zum Austausch denn als Druckmittel verstehen und daher vermehrt den direkten Dialog mit dem EuGH suchen wird. Denn ein unter anderem durch die kompromisslose Anwendung der Verfassungsidentitätskontrolle hervorgerufener Jurisdiktionskonflikt zwischen dem EuGH und dem BVerfG würde letztlich die Autorität beider Gerichte gefährden und die europäische Rechtsgemeinschaft destabilisieren. Bereits die Drohung des BVerfG, Urteile des EuGH oder auch ansonsten geltendes Unionsrecht nicht zu befolgen,[866] stellt die Grundlage jener Rechtsgemeinschaft in Frage. Neben dem Vorlageverfahren nach Art. 267 AEUV sollte das BVerfG aber auch den informellen Austausch mit dem EuGH suchen, beispielsweise durch die Anberaumung von Treffen, Konferenzen und sonstigen Diskussionsforen.[867]

Sollte es gelingen, ein tatsächlich vertrauensvolles und partnerschaftliches Kooperationsverhältnis zwischen dem EuGH und dem BVerfG zu etablieren, so könnten Jurisdiktionskonflikte, die die Erschaffung der Identitätskontrolle überhaupt erst ermöglicht haben, frühzeitig aufgelöst oder gar von vornherein vermieden werden. Gerade im Hinblick auf die Weiterentwicklung eines potentiell so bedeutsamen Konzeptes wie der Verfassungsidentität sollten das BVerfG und der EuGH generell zusammenwirken, um im besten Fall einen einheitlichen Umgang mit dem Konzept zu erreichen. Mit diesem Ziel unterstützt diese Bearbeitung eine europarechtsfreundliche Fortentwicklung des vom BVerfG entwickelten Systems des Kooperationsverhältnisses zwischen BVerfG und EuGH.

II. Perspektiven für die Verfassungsidentitätskontrolle

Auf den bisherigen Forschungsergebnisse aufbauend werden in diesem perspektivischen Abschnitt erste Anhaltpunkte gesucht und Vorschläge dafür entwickelt, wie sich die Verfassungsidentität und die mit ihr einhergehende

865 Zudem brachte das BVerfG bereits in seiner Vorlage deutlich zum Ausdruck, dass es davon ausging, dass ein beachtlicher ultra-vires-Akt vorlag und setzte den EuGH im Vorlagebeschluss merklich unter Druck, vgl. *Schwerdtfeger*, EuR 2015, 290, 300.

866 Siehe z. B. BVerfGE 142, 123 (196 f.).

867 Siehe hierzu *Mannefeld*, Verfassungsrechtliche Vorgaben für die Europäische Integration, S. 288 ff.

Verfassungsidentitätskontrolle des BVerfG womöglich zu verfassungsrechtlich handhabbaren und insbesondere auch völker- und europarechtskonformen Instrumenten weiterentwickeln ließen. Bleibt diese Weiterentwicklung nämlich aus, ist zu befürchten, dass das abstrakte Konzept der Verfassungsidentität in Zukunft ein noch stärker vom Grundgesetz losgelöstes Eigenleben entwickeln wird, obwohl es – wie oben bereits ausgeführt – wegen seiner drohenden Unvereinbarkeit mit dem Prinzip des Anwendungsvorrangs sowie dem Grundsatz der loyalen Zusammenarbeit wesentliche Gefahren für den Zusammenhalt und die Einheitlichkeit der europäischen Rechtsgemeinschaft birgt.

Nachfolgend werden zunächst das bestehende Bedürfnis nach einem geöffneten Demokratieverständnis (Gliederungspunkt E.II.1.) sowie die Notwendigkeit der Herstellung praktischer Konkordanz bei der Ausübung der Identitätskontrolle (E.II.2.) besprochen, bevor zukünftige Entwicklungsmöglichkeiten der Identitätskontrolle dargestellt werden (E.II.3.) und ein Zwischenfazit diesen Abschnitt abschließt (E.II.4.).

1. Das Bedürfnis nach einem geöffneten Demokratie- und Souveränitätsverständnis

Das in den Entscheidungen des BVerfG in unionalen und internationalen Zusammenhängen zum Ausdruck kommende oftmals durch „spezifisch deutsches“[868] Rechtsdenken geprägte Demokratie- und Souveränitätsverständnis erscheint stellenweise überholt und bedarf womöglich der Modifikation, um auch zukünftigen Herausforderungen gerecht werden zu können. Denn die heutige Realität eines Mehrebenensystems zwischen Verfassungs-, Unions- und Völkerrecht ist kaum kompatibel mit dem Verständnis des europäischen und internationalen Integrationsprozesses allein in den Kategorien Staatenbund und Bundesstaat. Oftmals ist das „historisierende Weltbild ideal-souveräner Staatlichkeit“[869] des BVerfG jedoch von einem Demokratie- und Souveränitätsverständnis geprägt, das originär nationalstaatlich ausgerichtet ist. Ob dieses Verständnis tatsächlich zutreffend ist, wird nur selten von einem gesamteuropäischen oder womöglich gar internationalen Standpunkt aus überprüft. Hierdurch wird die Argumentation der Verfassungsrichter oftmals eindimensional im Hinblick auf staatstheoretische Lösungen, die in einer globalisierten Welt häufig nicht eins zu eins auf supranationale Politikbereiche übertragen werden können. Zudem blendet das BVerfG die rasante

868 Ähnlich auch *Schönberger*, Der Staat 2009, 535, 555 f.; *Nicolaysen*, EuR-Bei 1/2010, 9, 20 ff.; *Classen*, EuR 2016, 529, 530.

869 Ähnlich auch *Classen*, EuR 2016, 529, 542: „Es [das BVerfG] präsentiert seine aus deutscher Rechtstradition heraus entwickelten Sachargumente nicht einfach als solche, sondern verbindet sie mit Drohungen in Richtung Europa, die dann kombiniert werden mit zweifelhaften Aussagen zum Unionsrecht, um so letztlich Lösungen auf nationaler Ebene zu ermöglichen“; *Nettesheim*, EuR-Bei 1/2010, 101, 122.

Demokratieentwicklung auf EU-Ebene unter anderem durch die kontinuierliche Stärkung des Europäischen Parlaments weitgehend konsequent aus.[870]

Das staatstheoretische Verständnis des BVerfG ist hierbei denkbar einfach: Die Welt besteht nach Ansicht der Verfassungsrichter aus souveränen Staaten, deren rein völkerrechtliche Bindungen zueinander von ihrer Souveränität unabhängig zu beurteilen sind. Die souveränen Staaten bündeln ihre demokratische Legitimation einzig im nationalen Parlament. Ein Staatenverbund wie die EU dagegen besitzt – im Falle der EU unter anderem aufgrund der nicht gleichermaßen ausgeprägten Wahlrechtsgleichheit[871] – keine vergleichbare demokratische Legitimation. Das weitgehende Fehlen dieser Legitimation gilt allerdings nur bis zu dem Zeitpunkt, an dem aus dem Staatenverbund selbst ein Bundesstaat wird. Für die Bereiche zwischen dieser annähernd fehlenden und der völligen demokratischen Legitimation verfügt das BVerfG jedoch kaum über Erklärungsansätze, da ihm die Entwicklung eigener Kategorien für die verschiedenen Arten der Staatenzusammeschlüsse fremd ist.[872] Hierdurch wird der EU ein Ausbrechen aus der eigenen demokratischen Unzulänglichkeit versperrt.[873] Für das BVerfG scheint zwischen einer losen Zusammenarbeit souveräner Staaten und der Entwicklung eines eigenen souveränen Staates über rein völkerrechtliche Verträge hinaus kaum etwas zu existieren. Dem BVerfG fehlt zudem bislang eine Antwort auf die Frage, wie der Demokratiestandard der EU, bezüglich dessen die Verfassungsrichter selbst einräumen, dass er nicht derjenige des Grundgesetzes sein kann,[874] ausgestaltet sein soll. Immer wieder scheint das BVerfG für die unionalen Demokratieanforderungen dennoch seinen vermeintlich universellen staatlichen Demokratiestandard heranzuziehen.[875] Diesem hier nur überblicksartig dargestellten Demokratie- und Souveränitätsverständnis des BVerfG in Bezug auf die EU liegt offensichtlich ein tiefer Skeptizismus gegenüber deren Bemühungen um eine direkte demokratische Legitimation, beispielsweise durch Stärkung des EP, zugrunde, welcher durchaus bemerkenswert ist.[876]

Aus diesem staatstheoretischen Grundverständnis[877] von Demokratie und Souveränität zieht das BVerfG auch seine verfassungsdogmatischen Konsequenzen, wie die Erschaffung der Identitätskontrolle zeigt. Hierbei verkennt es jedoch weitgehend, dass die zentrale Norm für die Ausgestaltung der

---

870 *Mannefeld*, Verfassungsrechtliche Vorgaben für die Europäische Integration, S. 148; *Schmahl*, DÖV 2014, 501, 505.

871 BVerfGE 123, 267 (278 ff.).

872 Vgl. *Schönberger*, Der Staat 2009, 535, 543.

873 *Thym*, Der Staat 2009, 559, 575 ff., spricht zutreffend von einer „demokratischen Sackgasse".

874 BVerfGE 123, 267 (366).

875 *Schönberger*, Der Staat 2009, 535, 548 f.

876 *Thym*, Der Staat 2009, 559, 575.

877 Bei dem im Übrigen bereits fraglich sein könnte, ob es die BRD als Bundesstaat selbst überhaupt erfüllt, vgl. *Schönberger*, Der Staat 2009, 535, 544 ff.

Europäischen Union vielmehr Art. 23 Abs. 1 Satz 1 GG als eine Zusammenschau der Art. 23 Abs. 1 Satz 3 GG, Art. 79 Abs. 3 GG und Art. 20 Abs. 1, Abs. 2 GG ist.[878] Ein universales Verständnis des BVerfG von Demokratie und Souveränität würde es ermöglichen, die EU und ihre Mitgliedstaaten nicht nur unabhängig voneinander zu beurteilen, sondern anzuerkennen, dass im heutigen Mehrebenensystem verschiedene Formen von Demokratie und Souveränität ineinandergreifen und sich die Institutionen in ihrer Legitimation nur gemeinsam bestmöglich entfalten und ergänzen können. Tatsächlich lassen sich die beiden legitimatorischen Ebenen der Mitgliedstaaten und der EU nur noch in ihrer Wechselbezüglichkeit und nicht mehr separat begreifen.[879] Denn der Verbund zwischen der EU, ihren Mitgliedstaaten und den gemeinsamen oder separaten völkerrechtlichen Verpflichtungen zu Drittstaaten entwickelt sich zu einer neuen und eigenständigen Form föderaler Herrschaft, bei der eine vom BVerfG offenbar befürchtete etwaige Staatswerdung Europas und der Übergang vom Staatenbund zum Bundesstaat gerade keine entscheidende Rolle spielt. Es fehlt dem BVerfG daher bisher an einem Demokratieverständnis, das Demokratie nicht nur als statisches Entscheidungsverfahren versteht, sondern auch als „regulative Idee“[880], die Maßstäbe für die Verteilung von Zuständigkeiten in einem föderalen Verbund bereithält. Ein passendes Beispiel für das Fehlen dieses Verständnisses ist die Kritik des BVerfG an der mangelnden Einflussnahmemöglichkeit Deutschlands im Rahmen der im CETA-Abkommen vorgesehenen Ausschüsse. Entgegen der Ansicht des BVerfG kann die Antwort auf dieses identifizierte Einflussproblem ja gerade nicht in einer Stärkung der mitgliedstaatlichen Position, sondern nur in einer solchen des EP liegen.[881] Statt dem Bedarf nach einer Anpassung der eigenen Maßstäbe Rechnung zu tragen, befasst sich der Zweite Senat immer wieder mit dem abstrakten staatstheoretischen Unterschied zwischen Staat und föderativem Staatenverbund statt sich zielgerichtet und wirklichkeitsnah mit den Erfordernissen und Herausforderungen eines modernen föderativen und besonders integrativen Staatenzusammenschlusses wie der EU zu befassen. Das BVerfG sollte zudem zur richtigen Einordnung europapolitischer oder internationaler Maßnahmen eingestehen, dass eine Verfassungsinterpretation nicht nur durch bundesverfassungsgerichtliche Entscheidungen, sondern auch durch das Handeln zahlreicher anderer – vielleicht sogar supranationaler – Organe stattfinden kann.[882] Denn Verfassungsinterpretation ist letztlich ein „pluralistischer Vorgang“[883], der insbesondere auch sich wandelnde gesellschaftliche, politische und letztlich auch wirtschaftliche Gegebenheiten zu beachten hat und für den nicht allein einige Karlsruher Richter verantwortlich sein können.

---

878 *Polzin*, Verfassungsidentität, S. 175.
879 *Nettesheim*, EuR-Bei 1/2010, 101, 101.
880 *Nettesheim*, EuR-Bei 1/2010, 101, 116.
881 Siehe hierzu bereits unter Gliederungspunkt D.III.6.
882 *Lepsius*, JöR 2015, 63, 88.
883 *Lepsius*, JöR 2015, 63

Im Hinblick auf die Ausübung der Identitätskontrolle durch das BVerfG bleibt daher festzuhalten, dass diese aus einem stellenweise veraltet wirkenden Demokratie- und Souveränitätsverständnis des BVerfG heraus entwickelt wurde. Die durch die Einführung und den fortschreitenden Einsatz der Identitätskontrolle zum Ausdruck gebrachte Sichtweise des BVerfG, die deutsche Rechtsordnung würde durch die fortschreitende europäische und internationale Integration zunehmend verdrängt, ist nicht in allen Fällen nachvollziehbar. Bei dieser Betrachtung werden die Verfassungsrichter nämlich nicht der Tatsache gerecht, dass die Unionsrechtsordnung nicht etwa auf die Erschaffung eines europäischen Bundesstaates zielt, sondern im Hinblick auf Art. 3 Abs. 1 EUV, den Grundsatz der begrenzten Einzelermächtigung gemäß Art. 5 Abs. 2 EUV und das Subsidiaritätsprinzip im Sinne des Art. 5 Abs. 3 EUV zuvorderst die „Gewährleistung eines friedlichen und gleichberechtigten Nebeneinanders von mitgliedstaatlichen Rechtsordnungen“[884] und die Vielfalt verschiedener Verfassungsordnungen anstrebt. Diese Bestrebung kommt auch in der vom BVerfG zur Rechtfertigung der Verfassungsidentitätskontrolle selbst herangezogenen Art. 4 Abs. 2 Satz 1 EUV zum Ausdruck.[885] Das BVerfG unterliegt somit einem Irrtum, der konsequent zu Ende gedacht seinerseits eine Rechtsverletzung darstellt. Denn die Forderung eines uneingeschränkten Vorrangs der (deutschen) Verfassungsidentität ignoriert die vom Unionsrecht angestrebte Normenhierarchie sowie die Verfassungsidentität der anderen Mitgliedstaaten und beeinträchtigt daher im Ergebnis die „friedliche und gleichberechtigte Koexistenz“ zwischen den europäischen Mitgliedstaaten.[886]

Der Anspruch des BVerfG, die Verfassungsidentität könne jederzeit den Vorrang des Unionsrechts durchbrechen, stellt eine Reaktion auf die fortschreitende europäische Integration und den mit dieser einhergehenden Souveränitätsverlust dar.[887] Zudem beruht er auf einem stellenweise veralteten, überwiegend staatszentrierten Demokratie- und Souveränitätsverständnis[888], welches der Modifikation bedarf, um zukunftssicher zu sein. Erforderlich dürfte in Zukunft vielmehr ein solches Verständnis sein, das die noch ausstehende Antwort auf die Frage nach den Anforderungen, die das Grundgesetz an die demokratische Legitimation eines überstaatlichen Hoheitsträgers wie der EU stellt, nicht etwa in eine bestimmte Richtung verfassungsgerichtlich zementiert. Die traditionelle Staatslehre gelangt schließlich bei einem Konstrukt *sui generis* wie der EU vermehrt an ihre Grenzen, sodass die erforderliche Diskussion nach ihrer zukünftigen institutionellen Ausrichtung vielmehr den politischen Organen auf nationaler und europäischer Ebene überlassen werden sollte. Dieses erweiterte Verständnis von Demokratie und Souveränität könnte dazu beitragen, die Verfassungsidentität nicht etwa als in sich

884 *Hwang*, Der Staat 2017, 107, 124 f.
885 BVerfGE 140, 317 (337 f.).
886 *Hwang*, Der Staat 2017, 107, 125 f. m. w. N.
887 So auch *Eßlinger/Herzmann*, JA 2016, 852, 855.
888 *Hwang*, Der Staat 2017, 107, 115 m. w. N.

abgeschlossenes und von internationalen Einflüssen unabhängiges, sondern vielmehr als ein von externen Einflüssen abhängiges, wandelbares und dynamisches verfassungsrechtliches Konzept zu verstehen, für das die Verwirklichung einer tiefen europäischen und internationalen Integration prägendes Merkmal ist. Eine entsprechende Anpassung seines Demokratie- und Souveränitätsverständnisses fällt dem BVerfG bislang aber ersichtlich schwer.

2. Die Notwendigkeit der Herstellung praktischer Konkordanz

Nachfolgend wird die aus den bereits erlangten Erkenntnissen gefolgerte Notwendigkeit eines die Verfassungsidentität begrenzenden Korrektivs in Form der Herstellung praktischer Konkordanz dargestellt.

Nach hier vertretener Ansicht kann die Völker- und Europarechtskonformität der Identitätskontrolle des BVerfG nur durch ein im Einzelnen noch zu entwickelndes einschränkendes Korrektiv gewährleistet werden.

Es wurde bereits ausreichend darauf hingewiesen, dass mit dem Konzept der Verfassungsidentität das Risiko ausufernder Entscheidungen des Bundesverfassungsgerichts einhergeht. Daher erscheint bei der Durchführung einer Identitätskontrolle durch das BVerfG zumindest die Herstellung verfassungsimmanenter Schranken im Wege der Herstellung praktischer Konkordanz in Form einer eigenen Abwägung in Bezug auf den Begriff und die Reichweite der Verfassungsidentität erforderlich.[889] Im Falle einer Kollision der Verfassungsidentität, gerade mit der Europa- oder Völkerrechtsfreundlichkeit des Grundgesetzes, ist diese Kollision im Wege der Herstellung praktischer Konkordanz aufzulösen. Die einschlägigen Verfassungsgüter sind sodann gegeneinander abzuwägen. Das Abwägungsergebnis ist dabei völlig offen. Zu berücksichtigen ist insbesondere die jeweilige Ausprägung der Verfassungsidentität und das Gewicht der mit dieser kollidierenden Verfassungsgüter. Für die Gewichtung der jeweiligen Verfassungsgüter ist ihr konkreter Inhalt im Einzelfall maßgeblich. Diese Interessenabwägung ist notwendig, um eine ausufernde Auslegung des eigentlich restriktiv zu behandelnden Art. 79 Abs. 3 GG zu vermeiden. Das Erfordernis einer eigens für die Anwendung der Identitätskontrolle zu erschaffenden Abwägungssystematik zur Bestimmung des jeweiligen Maßstabs der Verfassungsidentität im Einzelfall und damit zur Konkretisierung des im Einzelfall gebotenen Schutzniveaus kann der Gefahr einer ausufernden Auslegung des Art. 79 Abs. 3 GG im Rahmen der Verfassungsidentität entgegenwirken, dem Erfordernis der besonders restriktiven Auslegung des Art. 79 Abs. 3 GG zur Durchsetzung verhelfen und der Notwendigkeit, dem Gesetzgeber bei der Übertragung von Hoheitsrechten einen besonders großen

---

889 Zu einem ähnlichen Ergebnis kommt *Polzin*, Verfassungsidentität, S. 136 ff., die jedoch keine Abwägung, sondern mit ähnlicher Begründung lediglich die restriktive und zurückhaltende Auslegung von Art. 79 Abs. 3 GG fordert, was letztendlich ähnliche Folgen haben dürfte.

Gestaltungsspielraum einzuräumen, gerecht werden. Bei der durchzuführenden Abwägung sind die grundgesetzlichen Wertungen zu berücksichtigen. Umso mehr ist die Erforderlichkeit eines abwägenden Korrektivs offenkundig, wenn so bedeutende Belange wie der Freihandel zwischen verschiedenen Wirtschaftszonen und damit die außen- und handelspolitische Handlungsfähigkeit der Union und ihrer Mitgliedstaaten auf dem Spiel stehen. Solche Belange sind politisch schlicht zu wertvoll und komplex, um sie ohne ausreichende Prüfungssystematik an dem Konzept der Verfassungsidentität zu messen und gegebenenfalls scheitern zu lassen.

Im OMT-Beschluss betonte das BVerfG, die von Art. 79 Abs. 3 GG geschützten Prinzipien gelten „absolut" und seien „einer Abwägung nicht zugänglich". Daher obliege die Identitätskontrolle im Rahmen des Art. 79 Abs. 3 GG aufgrund ihrer unterschiedlichen Stoßrichtung im Vergleich zur Überprüfung anhand des Art. 4 Abs. 2 Satz 1 EUV durch den EuGH allein den Karlsruher Richtern. Die fehlende Auseinandersetzung des BVerfG mit möglicherweise relevanten der Identitätskontrolle entweder per se oder aber im jeweiligen Einzelfall entgegenstehenden Verfassungsrechtsgütern resultiert womöglich aus der für die Durchführung der Identitätskontrolle oftmals notwendigen Inbezugnahme des Art. 1 Abs. 1 GG, der ja seinerseits einer Abwägung aufgrund der Absolutheit der Menschenwürde nicht zugänglich ist[890]. Die bisherige Rechtsprechung des BVerfG zur Verfassungsidentität suggeriert zudem, dass die Mitwirkung Deutschlands an einer fortschreitenden europäischen und internationalen Integration selbst nicht zum Kernbestand der Verfassung gehört. Vielmehr wird Art. 79 Abs. 3 GG vom BVerfG überwiegend zur Begrenzung der Völker- und Europarechtsfreundlichkeit herangezogen.[891] Diese Argumentation des BVerfG überzeugt jedoch nicht. Denn es ist nicht ersichtlich, warum den von Art. 79 Abs. 3 GG geschützten Verfassungsgrundsätzen allgemein Vorrang vor anderen Verfassungsprinzipien einzuräumen wäre. Dies gilt insbesondere für die vom Grundgesetz nicht explizit absolut geschützten Grundrechtsbelange außerhalb von Art. 1 GG. Der historisch begründete Regelungszweck des Art. 79 Abs. 3 GG umfasst nämlich lediglich die Verhinderung eines Missbrauchs der deutschen Verfassungsordnung zur Legalisierung eines totalitären Regimes.[892] Es lässt sich Art. 79 Abs. 3 GG demgegenüber nicht entnehmen, dass den von Art. 79 Abs. 3 GG geschützten Belangen stets der Vorrang vor anderen grundgesetzlichen Belangen einzuräumen wäre. Dies muss folglich insbesondere für die noch genauer zu beleuchtenden Verfassungsgrundsätze der Völker- und Europarechtsfreundlichkeit des Grundgesetzes gelten.[893] Schließlich haben diese grundgesetzlichen Belange eine herausragende und stetig wachsende Relevanz, die auch das

---

890 *Hillgruber*, in: BeckOK GG, Art. 1, Rn. 10.

891 Beispielhaft zu nennen sind hier die Ausführungen in BVerfGE 123, 267 (344) und BVerfGE 132, 195 (239).

892 *Schnapauff*, in: Hömig/Wolff, GG, Art. 79, Rn. 4; *Sannwald*, in: Schmidt-Bleibtreu/Hofmann/Henneke, GG, Art. 79, Rn. 3.

893 So auch *Polzin*, Verfassungsidentität, S. 148.

BVerfG selbst anerkennt.[894] Der vom BVerfG suggerierte Gegensatz zwischen der Europa- und Völkerrechtsfreundlichkeit auf der einen und den von Art. 79 Abs. 3 GG geschützten Verfassungsgütern auf der anderen Seite lässt sich anhand des Grundgesetzes folglich nicht begründen. Vielmehr ist durchaus denkbar, dass beispielsweise die aus Art. 20 GG folgenden grundgesetzlichen Wertentscheidungen gerade deshalb nicht in einer mit Art. 1 GG vergleichbaren Absolutheit geschützt sein könnten, weil die neueren Prinzipien der Europa- und Völkerrechtsfreundlichkeit bei Erschaffung des Art. 20 GG noch nicht anerkannt waren.

Nachfolgend soll daher überprüft werden, ob die Annahme des BVerfG, im Rahmen der Identitätskontrolle sei unter keinen Umständen eine Abwägung anzustellen, begründet ist.

a. *Erforderlichkeit eines abwägenden Korrektivs*

Wie bereits erwähnt sind die vom nationalen Identitätsvorbehalt erfassten Verfassungsgrundsätze nach Ansicht des BVerfG „einer Abwägung nicht zugänglich“[895]. Eine Abwägung zur Bestimmung des jeweiligen Maßstabs der Verfassungsidentität im Einzelfall und damit zur Konkretisierung des jeweils gebotenen Schutzniveaus ist nach der hier vertretenen Ansicht demgegenüber nicht nur wünschenswert, sondern geboten und daher in jedem Fall durchzuführen.[896] Das hier angestrebte Abwägungserfordernis würde jedoch nicht die unmittelbaren Belange zum Beispiel der Art. 1 und 20 GG, sondern das abstrakte Konzept der Verfassungsidentität an sich betreffen, für das im Rahmen der Abwägung im Einzelfall bestimmt werden soll, ob es sich gegenüber den jeweils betroffenen europäischen und internationalen Belangen, welche ihrerseits vom Grundgesetz geschützt werden, durchsetzt. Es

894 Siehe hierzu insbesondere die abweichende Meinung der Richterin Lübbe-Wolff zur Haftbefehlsentscheidung, BVerfGE 113, 273 (336).

895 BVerfGE 123, 267 (348); BVerfGE 134, 366 (386); a. A. *Mannefeld*, Verfassungsrechtliche Vorgaben für die Europäische Integration, S. 130.

896 Zustimmend wohl *Hwang*, Der Staat 2017, 107, 126, der für eine „Relativität“ bzw. „Einschränkbarkeit“ der nationalen Verfassungsidentität plädiert; ähnlich im Ergebnis auch *Mannefeld*, Verfassungsrechtliche Vorgaben für die Europäische Integration, S. 130; *Huber*, Recht der Europäischen Integration, § 4, Rn. 18 f.; *Nicolaysen*, EuR-Bei 1/2010, 9, 18 ff., der jedoch eine Abwägung im Rahmen einer demokratischen Entscheidung des dazu berufenen Parlaments fordert; *Haratsch*, EuR 2016, 131, 141 f.; auch *Herdegen*, in: Maunz/Dürig, Art. 79 GG, Rn. 112, scheint eine solche Abwägung zumindest nicht per se auszuschließen, wenn er Folgendes feststellt: „Die gewissermaßen (eindimensional) allein aus einem bestimmten Prinzip und dessen speziellen Ausprägungen im Grundgesetz gewonnen Mindeststandards bedürfen in einem zweiten Schritt der Abgleichung mit anderen von Art. 79 Abs. 3 GG geschützten Leitprinzipien. Das Zusammenspiel von sich verstärkenden oder auch miteinander kollidierenden Gewährleistungsgehalten der in Art. 79 Abs. 3 GG genannten Grundsätze mag so zu einer Hebung oder Senkung des zwingend gebotenen Gewährleistungsniveaus führen.“.

soll daher nicht darum gehen, die Menschenwürde oder die Grundprinzipien des Grundgesetzes gegen europäische Rechte abzuwägen, sondern es soll innerhalb des Grundgesetzes ein schonender Ausgleich zwischen den explizit genannten Grundrechtsgütern und solchen, die inzwischen ebenfalls als Verfassungsprinzipien einzustufen sind, ohne jedoch explizit als solche bezeichnet zu werden, geschaffen werden. Sollte diese Durchsetzung zu verneinen sein, wäre schon der Anwendungsbereich der Verfassungsidentität nicht eröffnet. Es soll daher an dieser Stelle betont werden, dass das hier vorgeschlagene Abwägungserfordernis keinesfalls zu einer unmittelbaren Abwägbarkeit beispielsweise der Menschenwürde oder des Demokratieprinzips führen soll. Zumindest die Menschenwürde identifiziert sowohl das GG als auch das BVerfG völlig zu Recht als unantastbar. Als einer Abwägung durchaus zugänglich soll nach hier vertretenem Verständnis jedoch der verfassungsgerichtliche Eingriff der Zuordnung des jeweiligen Verfassungsgutes zum Konzept der Verfassungsidentität im Einzelfall gelten. Die Abwägung soll also eine Antwort auf die Frage erleichtern, ob ein vom BVerfG im Einzelfall als schützenswert erfasster Grundrechtsbelang der Verfassungsidentität unterfällt oder nicht. Wegen der bereits an verschiedenen Stellen dieser Arbeit dargelegten Probleme bei der Begriffs- und Reichweitenbestimmung der Verfassungsidentität sowie der Tatsache, dass Art. 79 Abs. 3 GG im Hinblick auf das Demokratieprinzip ohnehin problematisch ist,[897] sollte diese nämlich nicht apodiktisch und statisch, sondern vielmehr unter eingehender Betrachtung anderer grundgesetzlicher Normen und Prinzipien im Einzelfall definiert werden. Hierdurch würde sichergestellt, dass die Integrationsgrenze der Verfassungsidentität bereits im Lichte der europäischen Integration ausgelegt würde, was möglicherweise ein europa- und völkerrechtsfreundlicheres Ergebnis nach sich ziehen könnte.[898]

Aufgrund der fraglichen Tauglichkeit des Begriffs der Verfassungsidentität als bestimmter Rechtsbegriff müssen daher nach hier vertretener Ansicht schon bei der Bestimmung der Reichweite der Verfassungsidentität im Einzelfall bzw. der Beurteilung, ob ein gewisses verfassungsrechtliches Gut überhaupt zur Identität des Grundgesetzes gehört und demnach vom Schutz des Art. 79 Abs. 3 GG umfasst ist, die Anforderungen anderer grundgesetzlicher Werte und Prinzipien Berücksichtigung finden. Der vage und abstrakte Begriff der Verfassungsidentität muss also schon in einem ersten Schritt durch belastbarere grundgesetzliche Güter ausgefüllt, abgegrenzt und in der Folge womöglich auch begrenzt werden. Dies ist insbesondere durch eine Abwägung im Einzelfall zu erreichen, die hier ausnahmsweise schon früh zur Maßstabsgewinnung im Zusammenhang mit dem Begriff der Verfassungsidentität herangezogen werden könnte. Selbst wenn man nämlich davon ausginge, dass zur nationalen Identität der Mitgliedstaaten nach Art. 4 Abs. 2 Satz 1 EUV auch deren jeweilige Verfassungsidentität gehörte, wären davon wohl nur verfassungsrechtliche Strukturentscheidungen erfasst. Zu diesen

897 Vgl. hierzu nur *Polzin*, Verfassungsidentität, S. 137 ff. m. w. N.
898 *Mannefeld*, Verfassungsrechtliche Vorgaben für die Europäische Integration, S. 130.

gehören im Falle Deutschlands jedoch nicht nur seine Staatlichkeit, der Schutz der Menschenwürde oder das deutsche Demokratieprinzip, sondern insbesondere auch das Prinzip der Europarechtsfreundlichkeit bzw. das Bekenntnis zu einem Vereinten Europa in der Präambel des Grundgesetzes[899] sowie die Völkerrechtsfreundlichkeit der Verfassung. Erforderlich ist mithin eine „abwägende Modifikation der Verfassungsidentität für Deutschland als Teil eines Vereinten Europas“[900].

Zudem ist weitgehend anerkannt, dass der vom BVerfG selbst zitierte Art. 4 Abs. 2 EUV seinerseits keinen absoluten Schutz nationaler Identitäten bewirken kann, sondern stets eine Abwägung zwischen der Funktionsfähigkeit der Union einerseits und den geschützten Aspekten der nationalen Identität andererseits erfordert.[901] Diese Abwägung kann durchaus zu dem Ergebnis kommen, dass die nationale Identität im Einzelfall hinter ein anderes unionsrechtliches Rechtsgut zurückzutreten hat.[902] Dieser Abwägungsbedarf im Rahmen der von Art. 4 Abs. 2 Satz 1 EUV geschützten nationalen Identität, die das BVerfG ja selbst mit dem Begriff der deutschen Verfassungsidentität verknüpft, ist nach hier vertretener Ansicht auf deren Maßstabsgewinnung zu übertragen. Schließlich betont insbesondere das BVerfG selbst stets die Parallelität beider Begriffe. Mithin ist die einen schonenden Ausgleich der einschlägigen Verfassungsgüter fordernde Systematik des vom BVerfG weitgehend fehlerhaft herangezogenen[903] Art. 4 Abs. 2 Satz 1 EUV auf jene der Verfassungsidentität zu übertragen. Fraglich ist jedoch, wie und anhand welcher Kriterien die hier für erforderlich gehaltene und eigens für die Identitätskontrolle zu entwickelnde Abwägung erfolgen sollte.

Zunächst wäre es möglich, wie von *Haratsch*[904] vorgeschlagen, danach zu unterscheiden, ob der absolut geschützte Kernbereich oder nur der relativ geschützte Randbereich der Identität betroffen ist. Der absolut geschützte Randbereich soll danach über Art. 2 EUV und die darin niedergelegten prinzipiellen Grundwerte der Europäischen Union (etwa Freiheit, Demokratie, Gleichheit, Rechtsstaatlichkeit, Menschenrechtsbindung etc.) bestimmt werden. Eine Abwägung bzw. ein verhältnismäßiger Ausgleich käme nur dann in Betracht, wenn die darüber hinausgehenden besonderen mitgliedstaatlichen Ausprägungen der Identität betroffen wären.[905] Zwar ist diesem Ansatz zugute zu halten, dass er eng an das Unionsrecht anknüpft

---

899 *Nicolaysen*, EuR-Bei 1/2010, 9, 18.

900 *Nicolaysen*, EuR-Bei 1/2010, 9, 18, der gleichzeitig betont, auch das BVerfG selbst würde beispielsweise das Demokratieprinzip verschiedentlich modifizieren, gleichzeitig aber behaupten, dieses sei „nicht abwägungsfähig“ und „unantastbar“.

901 *Ingold*, AöR 2015, 1, 25 m. w. N.; ähnlich auch *Haratsch*, EuR 2016, 131, 141.

902 *Haratsch*, EuR 2016, 131, 141.

903 Vgl. in diese Richtung auch *Calliess*, in: Maunz/Dürig, GG, Art. 24 Abs. 1, Rn. 211 m. w. N.

904 *Haratsch*, EuR 2016, 131, 141 f.

905 *Haratsch*, EuR 2016, 131, 142; die dort geforderte Abwägung verfolgt einen ähnlichen Zweck wie die hier für erforderlich gehaltene Notwendigkeit der Heranziehung der jeweiligen unionalen Parallelvorschrift, vgl. Gliederungspunkt E.II.3.c.

und richtigerweise versucht, die nationale Identität zunächst anhand des geschriebenen europäischen Rechts zu definieren. An seine Grenzen dürfte er jedoch im Rahmen deutscher verfassungsgerichtlicher Praxis stoßen. Schließlich dürfte es für die Verfassungsrichter kein Hindernis sein, das in Rede stehende einzelne Rechtsproblem im Zweifel so zu begründen, dass sich aufgrund einer Gefahr für eine spezielle mitgliedstaatliche Ausprägung der Identität die Möglichkeit einer Abwägung im Einzelfall nicht eröffnet.

Eine andere und hier favorisierte Möglichkeit der Abwägung könnte sich in Ansätzen etwa wie folgt darstellen: Die Frage nach der Möglichkeit einer Abwägung zur Bestimmung der jeweils betroffenen Verfassungsidentität könnte sich zunächst danach richten, welcher Rechtsakt oder welche Maßnahme diese zu bedrohen scheint. Das erste Kriterium zur Beantwortung der Frage, ob sich überhaupt ein Abwägungsspielraum ergibt, würde also unmittelbar auf die angegriffene Maßnahme abzielen. Hiermit würde zunächst der Tatsache Rechnung getragen, dass nach der Rechtsprechung des BVerfG theoretisch jeder Rechtsakt in der Lage ist, die Verfassungsidentität zu verletzen, und für die gebotene Abwägung hätte man so bereits im ersten Schritt ein unmittelbares Bezugsobjekt. In der Haftbefehlsentscheidung wären dies beispielsweise entweder der Rahmenbeschluss über den europäischen Haftbefehl an sich oder die zugrundeliegende Entscheidung des OLG gewesen. Bei Streitigkeiten, die eine mögliche Verletzung der Verfassungsidentität zum Inhalt haben, wird es sich oftmals aber nicht um einen innerdeutschen, sondern in vielen Fällen um einen EU- oder internationalen Rechtsakt handeln, der die Verfassungsidentität zu bedrohen scheint. Sollte dies der Fall sein, so verlässt die nachfolgende Abwägung bereits den rein nationalstaatlichen Rahmen und anerkannte Prinzipien wie die Völker- und Europarechtsfreundlichkeit des Grundgesetzes treten in Erscheinung. Nähme man nun eine Maßnahme wie den Abschluss, die vorläufige Anwendung oder die jeweilige Zustimmung eines nationalen Vertreters zum CETA-Abkommen oder eines anderen internationalen Handelsabkommens in den Blick, so würden die vorgenannten Prinzipien womöglich durch die Tatsache verstärkt, dass die CCP der EU, der die Verhandlung und der Abschluss eines solchen Abkommens unterfällt, auch allgemeiner Ausdruck der Völkerrechtsfreundlichkeit des Europarechts[906] ist. Es handelt sich also, sofern es beispielsweise um die Zustimmung zu einem solchen Abkommen ginge, nicht um eine gewöhnliche EU-Maßnahme, sondern um eine mit exorbitanten internationalen wirtschaftlichen, politischen und rechtlichen Implikationen. Es kämen daher nicht nur die (deutsche) Völker- und Europarechtsfreundlichkeit, sondern

906 Siehe hierzu *Traudt*, Saar Blueprints 2017, https://intr2dok.vifa-recht.de/receive/mir_mods_00002816; womöglich lässt sich dieses Konzept aus Art. 3 Abs. 5 EUV ableiten, wonach die EU einen Beitrag zur strikten Einhaltung und Weiterentwicklung des Völkerrechts leistet. Allerdings könnte dieses Konzept, soweit man es anerkennt, sodann auch als Teil des Europarechts wiederum von der Europarechtsfreundlichkeit des Grundgesetzes umfasst sein.

je nach Sachverhalt auch die Völkerrechtsfreundlichkeit des Europarechts[907] als potentielle Abwägungsgüter in Betracht. In der dann anzustellenden Abwägung im Wege der Herstellung praktischer Konkordanz wäre im Einzelfall zu betrachten, ob die womöglich vom abstrakten Konzept der Verfassungsidentität umfassten Belange sich gegen die mit der angegriffenen Maßnahme verbundenen Rechtsgüter durchsetzen. Hierbei wäre ein besonderes Augenmerk auf die Europa- und Völkerrechtsfreundlichkeit des Grundgesetzes zu legen, sofern es sich – wie im ersten Schritt bereits bestimmt – um eine Maßnahme europäischen oder internationalen Ausmaßes handelt. So wäre sichergestellt, dass die Identitätskontrolle tatsächlich europa- und völkerrechtsfreundlich ausgeübt würde. Im Ergebnis dürfte die Verfassungsidentität eines Mitgliedstaates bei Zugrundelegung der hier für erforderlich gehaltenen Abwägung in der Regel bereits deshalb nicht durch eine europäische Maßnahme verletzt sein, weil es sich gerade um die Identität eines Mitgliedstaates handelt.[908] Im Grundgesetz zum Beispiel kommt die Einbindung Deutschlands in ein Vereintes Europa wie angesprochen schon in der Präambel eindeutig zum Ausdruck. Es ist daher nicht ersichtlich, weshalb die Gewährleistung des Art. 79 Abs. 3 GG diejenigen der Präambel und des Art. 23 GG im Rahmen einer hier angestrebten Abwägung stets überwiegen sollte, zumal die Ewigkeitsklausel im Gegensatz zu Art. 23 GG eher die innere Entwicklung der Bundesrepublik zum Inhalt hat.[909] Es ist daher auch davon auszugehen, dass die Prinzipien des Art. 20 GG und damit auch das Demokratieprinzip bei der Anwendung der Identitätskontrolle durch jene Prinzipien überlagert werden, die zwar nicht ausdrücklich in Art. 20 GG selbst, aber beispielsweise in Art. 23 GG genannt sind. Das Bekenntnis des Grundgesetzes in der Präambel und Art. 23 GG zur offenen Staatlichkeit ist als identitätsstiftendes Kriterium und damit als integraler Bestandteil der Verfassungsidentität anzusehen. Zudem spricht vieles dafür, dass bei der Anwendung der Identitätskontrolle insbesondere in dem Fall, dass europäische und internationale Belange betroffen sind, folglich nur ein reduzierter Schutzstandard des Art. 20 GG und der darin verbürgten Garantien – vor allem des Demokratieprinzips – Anwendung finden kann.

Daher ist zumindest eine Verfassungsidentität des Grundgesetzes, die von der Mitgliedstaatlichkeit Deutschlands in der EU zu trennen ist, nicht denkbar. Art. 79 Abs. 3 GG ist daher auch kein sonderlich tauglicher Maßstab für die Verhinderung der Umgestaltung und Weiterentwicklung der Europäischen Union.[910]

---

907 Siehe hierzu *Traudt*, Saar Blueprints 2017, https://intr2dok.vifa-recht.de/receive/mir_mods_00002816.

908 *Bogdandy*, in: Härtel, Handbuch Föderalismus – Föderalismus in Europa und der Welt, Band 4, § 81, Rn. 38, betont hierzu: „Aber auch die mitgliedstaatlichen Verfassungen sind ohne Berücksichtigung der Unionsverfassung kaum noch angemessen zu begreifen, da sie nicht mehr sämtliche Hoheitsgewalt in ihrem Anwendungsbereich verfassen.“; *Schönberger*, JöR 2015, 41, 59.

909 So auch *Schönberger*, JöR 2015, 41, 59.

910 So auch *Schönberger*, JöR 2015, 41, 59.

Die Sichtweise des BVerfG auf die deutsche Verfassungsidentität lässt weitgehend außer Betracht, dass die EU eigene Formen demokratischer Legitimation und Kontrolle entwickeln kann, die den besonderen Strukturen einer besonders fortgeschrittenen supranationalen Organisation vielleicht mehr entsprechen als denen eines althergebrachten souveränen Nationalstaats.[911] Erforderlich ist daher eine Abwägung im Sinne einer Herstellung praktischer Konkordanz, die bereits zu einem frühen Zeitpunkt, nämlich bei der Bestimmung der Reichweite der Verfassungsidentität im Einzelfall, zu ihrer Maßstabsgewinnung durchzuführen ist.[912] Gegeneinander abgewogen werden sollten, sofern eine Maßnahme europäischen oder internationalen Ausmaßes betroffen ist, der jeweils betroffene Teil der womöglich einschlägigen Verfassungsidentität und die jeweils betroffenen europäischen und/oder internationalen Belange unter besonderer Berücksichtigung der Europa- und Völkerrechtsfreundlichkeit des Grundgesetzes. Hierbei wäre jedoch zu beachten, dass beispielsweise das Demokratieprinzip nicht in gleicher Weise wie bei rein nationalen Sachverhalten Anwendung finden kann, da Art. 20 GG bei der Anwendung der Identitätskontrolle von Art. 23 GG überlagert wird und daher oftmals nur ein reduzierter Schutzstandard der in Art. 20 GG verbürgten Garantien Anwendung finden dürfte. Anderenfalls könnte potentiell jeder Sekundärrechtsakt am Maßstab des Art. 20 GG überprüft und potentiell verworfen werden. Ein Verstoß gegen Art. 79 Abs. 3 GG ergibt sich aus der Reduzierung des Schutzstandards nicht, da die Ewigkeitsklausel nicht etwa die Art. 1 und 20 GG in jeder denkbaren Facette schützt, sondern seinem Wortlaut nach lediglich die darin niedergelegten „Grundsätze".[913]

Vielmehr ist davon auszugehen, dass auch die Ewigkeitsklausel des Art. 79 Abs. 3 GG durchaus eine Fortbildung grundlegender Verfassungsentscheidungen erlaubt, solange die Grundgestalt der vom GG geschaffenen freiheitlichen, demokratischen und bundesstaatlichen Verfassungsordnung erhalten bleibt.[914] Die Prinzipien des für die Identitätskontrolle besonders maßgebenden Art. 20 GG werden in Fällen wie dem CETA-Verfahren, in denen erhebliche völkerrechtliche Verpflichtungen und die Funktionsfähigkeit der auswärtigen wirtschaftlichen Handlungsfähigkeit Deutschlands und der EU auf dem Spiel stehen, also von den Prinzipien der Völker- und/oder Europarechtsfreundlichkeit überlagert. Deswegen dürfte die Identitätskontrolle in vergleichbaren Fällen lediglich auf einen reduzierten Schutzstandard der jeweils betroffenen Prinzipien zurückgreifen. Ergibt die sodann durchzuführende Abwägung, dass sich die europäischen und internationalen Belange im Einzelfall ohnehin durchsetzen, so wäre schon der

911 So im Ergebnis auch *Nicolaysen*, EuR-Bei 1/2010, 9, 18.

912 Unter Gliederungspunkt E.II.2.b. werden erste Überlegungen angestellt, welchen grundrechtlichen Gütern im Rahmen der nach hier vertretener Ansicht erforderlichen Abwägung erhöhte Relevanz zukommen müsste.

913 *Dreier*, in: Dreier, GG, Art. 79, Rn. 26; *Dietlein*, in: BeckOK GG, Art. 79, Rn. 22.

914 *Dietlein*, in: BeckOK GG, Art. 79, Rn. 17.1.

Anwendungsbereich der Verfassungsidentitätskontrolle nicht eröffnet und folglich bestünde bereits kein Raum für ihre eigentliche Durchführung.

b. Die beiden wichtigsten Abwägungsgüter

Nachfolgend werden die beiden wohl wichtigsten Abwägungsgüter im Rahmen des hier angestrebten Abwägungserfordernisses dargestellt.

Das Grundgesetz hat die Bundesrepublik Deutschland von Beginn an als offenen Verfassungsstaat konzipiert. Geprägt von den Erfahrungen zweier Weltkriege und der im Zuge der NS-Diktatur begangenen Verbrechen war für die Mütter und Väter der deutschen Verfassung eine Zukunft Deutschlands nur in einem Staatswesen denkbar, das sich in die internationale Staatengemeinschaft und ihr Wertesystem besonders stark integriert und sich dabei in besonderem Maße der fortschreitenden europäischen Einigung verschreibt. Aus dieser Ausgestaltung des Grundgesetzes als besonders europa- und völkerrechtsfreundliche Verfassung lässt sich durchaus die Notwendigkeit der Herstellung praktischer Konkordanz[915] im Rahmen der Maßstabsbestimmung der Identitätskontrolle in europäischen und internationalen Zusammenhängen herleiten.

Für den Fall, dass der im Rahmen einer Identitätskontrolle angegriffene Rechtsakt im Zusammenhang mit der CCP der EU steht, sollte ins Gewicht fallen, dass die angegriffene Maßnahme in einer ausschließlichen EU-Kompetenz liegt und Deutschland seine Kompetenz in diesem Bereich bereits vollständig an die Union abgegeben hat. Auf europäischer Ebene müssen die Spielräume, die der EU von Seiten der Mitgliedstaaten unter anderem durch den Vertrag von Lissabon eingeräumt wurden, auch tatsächlich nutzbar sein, um das Prinzip der europäischen Einigung nicht völlig zu konterkarieren. Diesem Prinzip steht jedoch entgegen, dass ein mitgliedstaatliches (Verfassungs-)Gericht nun im Stande sein soll, eine Maßnahme in diesem Bereich trotz der fehlenden mitgliedstaatlichen Kompetenz sodann durch ein unionsrechtlich ohnehin höchst problematisches Konstrukt wie die Identitätskontrolle zu verhindern, indem es ein Verfassungsprinzip, beispielsweise das Demokratieprinzip, in seiner gesamten Weite zur Anwendung bringt, obwohl dem Mitgliedstaat bereits zur Handlung in diesem Bereich die Kompetenz fehlt. Das BVerfG verfolgt aktuell mit seiner Rechtsprechung zur Identitätskontrolle – ohne dies ausdrücklich zu betonen – einen umgekehrten Solange-Ansatz und geht davon aus, dass von deutscher Seite nur dann nicht in europäische Rechtsakte (auch solche, die aufgrund einer exklusiven EU-Kompetenz ergangen sind) eingegriffen wird, solange nach seiner Ansicht die Verfassungsidentität gewahrt ist. Der vollständige Schutzstandard der deutschen Verfassungsprinzipien, beispielsweise des Demokratieprinzips als Teil der Verfassungsidentität, sollte jedoch schon nicht mehr zur Anwendung kommen können, wenn eine Maßnahme im

915 *Mannefeld*, Verfassungsrechtliche Vorgaben für die Europäische Integration, S. 133; *Huber*, Recht der Europäischen Integration, § 4, Rn. 18 f.

Rahmen der CCP der EU oder einer anderen exklusiven EU-Kompetenz angeblich die deutsche Verfassungsidentität verletzt. In diesen Fällen, in denen anstelle etwa des deutschen Demokratieprinzips der Europa- und der Völkerrechtsfreundlichkeit des Grundgesetzes besondere Bedeutung zukommen muss, sollte stets nur ein reduzierter Schutzstandard des jeweils in Art. 20 GG kodifizierten Verfassungsprinzips zur Anwendung gelangen, da anderenfalls ein unlösbarer Konflikt zwischen dem Vorrang des Unionsrechts und dem vom BVerfG eingeforderten Vorrang der Verfassungsidentität zu befürchten ist. Die über Art. 79 Abs. 3 GG geschützten Verfassungsgüter sind ohnehin mit dem Völkerrecht und der Völker- sowie der Europarechtsfreundlichkeit des Grundgesetzes so eng verzahnt, dass sie nicht ohne die besondere Berücksichtigung dieser Prinzipien bestimmt werden können. Im Rahmen der zur Maßstabsgewinnung der Identitätskontrolle durchzuführenden Abwägung wäre daher regelmäßig davon auszugehen, dass sich das verfassungsrechtliche Prinzip der offenen Staatlichkeit und die sonstigen Schutzgüter des Art. 79 Abs. 3 GG als jeweilige Bestandteile der Verfassungsidentität gleichwertig gegenüber stehen. Schließlich würde ein Rangverhältnis zwischen den verschiedenen Gütern mit hoher Wahrscheinlichkeit zu einem Abwägungsvorsprung der ausdrücklich von Art. 79 Abs. 3 GG umfassten Güter und zu einer Vernachlässigung des in Art. 23 GG positivierten Verfassungsrechts führen[916], die so vom Grundgesetz nicht vorgesehen ist.

Die folgenden Abschnitte widmen sich diesem Gedanken folgend einer genaueren Betrachtung der beiden möglichen Abwägungsgüter, denen bei der Überprüfung einer Maßnahme durch die Identitätskontrolle im europäischen oder internationalen Zusammenhang besondere Bedeutung zukommen könnte. Die beiden nachfolgend besprochenen Verfassungsgebote könnten dafür herangezogen werden, eine Kollision grundgesetzlicher Güter durch die Herstellung praktischer Konkordanz aufzulösen. Sie könnten in diesem Sinne zum Beispiel gegen den vom BVerfG identifizierten Teil des Demokratieprinzips als Teil der Verfassungsidentität abgewogen werden. Für die Abwägung dürften insbesondere die Grundsätze der Europa- und Völkerrechtsfreundlichkeit von herausragender Bedeutung sein. Nachfolgend wird daher der Frage nachgegangen, wie die beiden Grundsätze verfassungssystematisch einzuordnen sind und inwieweit sie für die durchzuführende Abwägung zur Maßstabsgewinnung nutzbar gemacht werden könnten. Es soll jedoch auch betont werden, dass im Hinblick auf die genaue Durchführung einer solchen Abwägung noch erheblicher weiterer Forschungsbedarf besteht und die nachfolgenden Ausführungen daher nur erste Anhaltspunkte bieten sollen.

916 *Mannefeld*, Verfassungsrechtliche Vorgaben für die Europäische Integration, S. 133.

aa. Der Verfassungsgrundsatz der Europarechtsfreundlichkeit

Der Grundsatz der Europarechtsfreundlichkeit[917] ist der wohl wesentlichste Abwägungsbelang im Rahmen der hier angestrebten Abwägung, sofern – wie im Rahmen der unionsgerichteten Verfassungsidentitätskontrolle üblich –[918] eine Maßnahme unionalen Hintergrunds und Ausmaßes verfassungsgerichtlich überprüft wird. Im Lissabon-Urteil[919] hat das BVerfG der Völkerrechtsfreundlichkeit die Europarechtsfreundlichkeit des Grundgesetzes zur Seite gestellt. Die grundgesetzliche Offenheit für den europäischen Einigungsprozess erfährt also durch die sie konkretisierende Verfassungspflicht zur Mitwirkung an der Weiterentwicklung der Europäischen Union einen eigenständigen Charakter, der sich unter anderem in dem Grundsatz der Europarechtsfreundlichkeit niederschlägt.[920] Bereits in der Präambel des Grundgesetzes kommt die verfassungsrechtliche Grundentscheidung zugunsten einer Beteiligung Deutschlands an einer Einigung Europas unabhängig von deren genauer politischer Ausgestaltung zum Ausdruck, wodurch der Grundstein für die Europarechtsoffenheit- und Europarechtsfreundlichkeit des Grundgesetzes gelegt wird. Art. 23 Abs. 1 Satz 1 GG nimmt insoweit eine Konkretisierung vor und erklärt die Beteiligung Deutschlands zum Staatsziel.[921] Zudem enthält Art. 23 Abs. 1 Satz 1 GG den Auftrag zur Mitwirkung an einem Vereinten Europa, indem er bestimmt, dass

> „die Bundesrepublik Deutschland bei der Entwicklung der Europäischen Union mit[wirkt], die demokratischen, rechtsstaatlichen, sozialen und föderativen Grundsätzen und dem Grundsatz der Subsidiarität verpflichtet ist und einen diesem Grundgesetz im wesentlichen vergleichbaren Grundrechtsschutz gewährleistet."

Der Grundsatz der Europarechtsfreundlichkeit des Grundgesetzes bildet aus unionsrechtlicher Perspektive das Gegenstück des Art. 4 Abs. 3 EUV und des darin normierten Grundsatzes der loyalen Zusammenarbeit, welcher die Mitgliedstaaten zur Kooperation und zur Rücksichtnahme verpflichtet.[922] Insgesamt wirkt der Grundsatz der Europarechtsfreundlichkeit des Grundgesetzes allein wegen seiner jüngeren Geschichte jedoch noch weniger konturiert als die Völkerrechtsfreundlichkeit. Formal dient er unter anderem dazu, den Kontrollbefugnissen des BVerfG in Bezug auf das Unionsrecht inklusive der Identitätskontrolle Grenzen zu setzen.[923] Das BVerfG folgert aus dem Grundsatz der Europarechtsfreundlichkeit zudem das

---

917 Vgl. weiterführend *Knop*, Völker- und Europarechtsfreundlichkeit als Verfassungsgrundsätze, S. 260 ff.

918 *Schönberger*, JöR 2015, 41, 43.

919 BVerfGE 123, 267 (346).

920 *Knop*, Völker- und Europarechtsfreundlichkeit als Verfassungsgrundsätze, S. 260.

921 Die Europarechtsfreundlichkeit wird darüber hinaus auch als Verfassungsprinzip eingeordnet, vgl. *Kaiser/Schübel-Pfister*, in: Linien der Rechtsprechung des BVerfG, 545, 548 ff.

922 *Knop*, Völker- und Europarechtsfreundlichkeit als Verfassungsgrundsätze, S. 293 f.

923 *Schweitzer/Dederer*, Staatsrecht III, Rn. 253 m. w. N.

Verwerfungsmonopol hinsichtlich des Unionsrechts gegenüber anderen nationalen Stellen und Gerichten.[924]

Vor dem Hintergrund der Rechtsprechung des BVerfG ist jedoch bislang fraglich, wie ernst es die Verfassungsrichter mit der Europarechtsfreundlichkeit tatsächlich nehmen, obwohl aus Art. 23 Abs. 1 GG eine noch weitere Öffnung des Grundgesetzes in Bezug auf die europäische Integration hervorgeht als in Bezug auf die allgemeine internationale Zusammenarbeit. Dennoch ist nicht zu bestreiten, dass es sich auch bei der Europarechtsfreundlichkeit des Grundgesetzes um ein Verfassungsgebot von herausragender Bedeutung handelt. Sie kann zudem nicht nur auf die EU in ihrer heutigen Gestalt angewandt werden, sondern bezieht sich grundsätzlich auf das gesamte von Art. 23 Abs. 1 GG implizierte Verständnis der EU und umfasst folglich auch sämtliche zukünftige Entwicklungsstufen der Union.[925] Der Grundsatz der Europarechtsfreundlichkeit bindet alle Verfassungsorgane und folglich auch seinen eigenen Urheber, das BVerfG.[926] Denn die Mitwirkung Deutschlands an der Europäischen Union ist nach Ansicht des BVerfG nicht nur Staatsziel sondern auch „Verfassungsauftrag"[927]. Auch das BVerfG selbst erkennt damit an, dass es sich bei der insbesondere in Art. 23 GG verbürgten Europarechtsfreundlichkeit womöglich um mehr als eine klassische Staatszielbestimmung handeln könnte, indem es auf diesen Verfassungsauftrag hinweist.[928]

Deutlich wurde dies schon in der Lissabon-Entscheidung, in der die Verfassungsrichter feststellten, Art. 23 Abs. 1 GG bedeute „für die deutschen Verfassungsorgane, dass es nicht in ihrem Belieben steht, sich an der europäischen Integration zu beteiligen oder nicht".[929] Nach Ansicht des Bundesverfassungsgerichts prägt der hieraus folgende Grundsatz der Europarechtsfreundlichkeit des Grundgesetzes, den es erstmals eingehend im Lissabon-Urteil[930] entwickelte, auch den in ebendieser Entscheidung ebenfalls neu geschaffenen Mechanismus der Identitätskontrolle.[931]

Es ist unklar, ob es einen Zufall darstellt, dass die vom BVerfG (als Verfassungsorgan) durchzuführende Verfassungsidentitätskontrolle vom Zweiten Senat zeitgleich mit dem Gebot der Europarechtsfreundlichkeit erschaffen wurde. Jedenfalls aber gingen die Verfassungsrichter bislang nicht weiter darauf ein, dass eben diese Durchführung der neu geschaffenen Identitätskontrolle in recht klarem Widerspruch zur Europarechtsfreundlichkeit des Grundgesetzes steht, da das BVerfG

924 *Schweitzer/Dederer*, Staatsrecht III, Rn. 254 m. w. N.
925 *Knop*, Völker- und Europarechtsfreundlichkeit als Verfassungsgrundsätze, S. 261.
926 *Mannefeld*, Verfassungsrechtliche Vorgaben für die Europäische Integration, S. 28; *Knop*, Völker- und Europarechtsfreundlichkeit als Verfassungsgrundsätze, S. 323 ff.
927 BVerfGE 123, 267 (346).
928 BVerfGE 123, 267 (346).
929 Deutlich ist hier BVerfGE 123, 267 (346 f.).
930 BVerfGE 123, 267 (354).
931 BVerfGE 123, 267 (355).

sich selbst durch diesen Kontrollmechanismus die Gelegenheit geschaffen hat, sich bei der Verwirklichung der europäischen Integration nicht nur passiv zurückzuhalten, sondern dieser sogar aktiv einen Riegel vorzuschieben. Sich selbst ermöglichen es die Verfassungsrichter in Widerspruch zu den eigenen Ausführungen im Lissabon-Urteil also durchaus, nach eigenem Belieben zu entscheiden, ob sie sich an der europäischen Integration beteiligen oder nicht. Die Europarechtsfreundlichkeit war auch nach der Lissabon-Entscheidung des BVerfG mehrmals eines der bestimmenden Prinzipien verfassungsgerichtlicher Entscheidungen[932], sodass sie mittlerweile Teil der stetigen Rechtsprechung und zusätzlich prägend[933] für die Identitätskontrolle des BVerfG ist.

Folglich ist der Verfassungsauftrag der Verwirklichung der europäischen Integration inzwischen seinerseits ein identitätsprägendes Merkmal der grundgesetzlichen Ordnung,[934] was dafür sorgt, dass sich bei einer etwaigen Abwägung eines Identitätsbelangs – beispielsweise des Budgetrechts des Bundestages – gegen die Europarechtsfreundlichkeit zumindest zwei gleichermaßen identitätsprägende Verfassungsgüter gegenüberstehen müssten. Denn das BVerfG selbst betonte in seiner Geschichte mehrfach die Notwendigkeit der europarechtsfreundlichen Ausübung seiner eigens geschaffenen Identitätskontrolle. Im OMT-Vorlagebeschluss aus dem Jahr 2014 sprachen die Karlsruher Richter dem EuGH daher die Auslegungshoheit zu, beanspruchten für sich aber die Feststellung, ob eine „Maßnahme (in der vom Gerichtshof festgestellten Auslegung)“[935] in den Kernbereich der Verfassungsidentität eingreife oder nicht. Diese Einschätzung der Verfassungsrichter überrascht durchaus, da sie ein Auseinanderfallen der Auslegungs- und der Entscheidungshoheit nach sich zöge, die mit den aktuell zur Verfügung stehenden Verfahren zur Klärung europa- und verfassungsrechtlicher Fragen nicht in Einklang zu stehen scheint.

Auch darüber hinaus entspricht der bisherige Umgang des BVerfG mit dem Grundsatz der Europarechtsfreundlichkeit nicht vollständig dessen grundgesetzlicher Bedeutung. Man kann bei Betrachtung der verfassungsgerichtlichen Rechtsprechung vielmehr durchaus den Eindruck gewinnen, das BVerfG zöge die Rhetorik der Europarechtsfreundlichkeit vornehmlich zur Rechtfertigung tatsächlich europaunfreundlicher Schritte und Maßnahmen heran.[936] Im Hinblick auf die Identitätskontrolle soll sie unter Zugrundelegung des Rechtsgedankens des Art. 100 Abs. 1 und Abs. 2 GG beispielsweise dazu führen, dass das BVerfG die Kontrolle des Integrationsprozesses bei sich monopolisiert und nur das BVerfG selbst eine Verletzung der Verfassungsidentität feststellen können soll.[937] Es ist

932 Siehe beispielsweise BVerfGE 146, 216 (255).
933 BVerfGE 123, 267 (355).
934 *Pernice*, AöR 2011, 185, 200 ff.
935 BVerfGE 134, 366 (385).
936 A. A. wohl *Ziller*, ZÖR 2010, 157, 160.
937 BVerfGE 140, 317 (337).

jedoch nicht überzeugend, wie gerade die europarechtsfreundliche Auslegung einer für den Vorrang des Unionsrechts maßgeblichen Frage allein dem BVerfG obliegen und das Auslegungsmonopol über solch grundlegende Fragen nicht etwa dem EuGH zustehen sollte[938], zumal das BVerfG selbst sein Kontrollmonopol in der Haftbefehlsentscheidung relativierte[939]. Jedenfalls sollte das BVerfG in Zukunft anerkennen, dass es vor allem Aufgabe des EuGH ist, das Unionsrecht auszulegen, um zu ergründen, ob sich darin womöglich ein Konflikt mit der deutschen Verfassungsidentität ergibt. Auch das Fehlen vermeintlich „erhöhter Zulässigkeitsanforderungen“[940] für die Verfassungsidentitätskontrolle entspricht nur auf den ersten Blick einer einschränkenden Handhabung dieser aufgrund der Europarechtsfreundlichkeit. Letztlich ist auch das bisherige Ausbleiben der Übertragung der Honeywell-Kriterien auf die Identitätskontrolle alles andere als europarechtsfreundlich. Erst die tatsächliche Festlegung strenger Voraussetzungen für die Aktivierung der Identitätskontrolle und der Hinweis auf das Erfordernis der Befassung des EuGH würden ein wahrhaftiges Bekenntnis zum europafreundlichen Geist des Grundgesetzes darstellen.[941] Die Rechtsprechung des BVerfG zur Identitätskontrolle ist daher bislang viel weniger europarechtsfreundlich, als es ihre Rhetorik vermuten lässt.

Tatsächlich sollte jedoch auch der Grundsatz der Europarechtsfreundlichkeit ähnlich wie derjenige der Völkerrechtsfreundlichkeit, einer der wesentlichen Belange im Rahmen der Abwägung zur Maßstabsbestimmung der Verfassungsidentität sein. Aufgrund der bisherigen verfassungsgerichtlichen Rechtsprechung sowie der überragenden Bedeutung, die der Europarechtsfreundlichkeit schon nach dem Wortlaut des Grundgesetzes zukommt, sollte daher auch diesem Verfassungsgebot im Rahmen einer Abwägung zur Maßstabsgewinnung innerhalb der Verfassungsidentitätskontrolle eine übergeordnete Bedeutung zukommen, sofern – wie bislang üblich – eine Maßnahme von europäischem Ausmaß angegriffen wird.

bb. Der Verfassungsgrundsatz der Völkerrechtsfreundlichkeit

Die Völkerrechtsfreundlichkeit des Grundgesetzes[942], die unter anderem in einer Gesamtschau der Präambel, Art. 1 Abs. 2 GG, Art. 23–26 GG und Art. 59 Abs. 2 GG zum Ausdruck kommt, ist Teil der Grundstruktur der deutschen Verfassung. Sie kann im Rahmen der Verfassungsidentitätskontrolle insbesondere dann eine Rolle spielen, wenn – wie bei CETA –[943] internationale und völkerrechtliche Belange

938 *Satzger*, NStZ 2016, 514, 517.
939 *Burchardt*, ZaöRV 2016, 527, 540 f.
940 Siehe hierzu oben unter Gliederungspunkt C.III.
941 Siehe hierzu unten Gliederungspunkt E.II.3.b.
942 Vgl. weiterführend *Knop*, Völker- und Europarechtsfreundlichkeit als Verfassungsgrundsätze, S. 200 ff.
943 BVerfGE 143, 65 (92 f.).

Prüfungsgegenstand sind. Bei CETA hatte das BVerfG selbst zum Beispiel die außenpolitische Verlässlichkeit Deutschlands und der EU sowie mögliche negative Auswirkungen auf den Handlungs- und Entscheidungsspielraum europäischer Akteure bei der Gestaltung der globalen Handelsbeziehungen zum Gegenstand der Betrachtung gemacht.[944] Hierbei handelt es sich um einen völkerrechtlichen Belang, der durchaus von der Völkerrechtsfreundlichkeit des Grundgesetzes umfasst sein kann.

Insbesondere über die Erlaubnis der Hoheitsrechtsübertragung an internationale Organisationen in Art. 24 Abs. 1 GG und den generellen Rechtsanwendungsbefehl für die allgemeinen Regeln des Völkerrechts in Art. 25 GG erfolgt eine besondere Öffnung der deutschen Rechtsordnung gegenüber dem Völkerrecht in sehr weitgehender Weise. Auch das BVerfG hat die Bedeutung der Völkerrechtsfreundlichkeit des Grundgesetzes schon früh betont[945] und sie in den letzten Jahrzehnten als ungeschriebenen Verfassungsgrundsatz konstituiert, welcher nun grundsätzlich trotz einiger Schwankungen in der deutschen verfassungsgerichtlichen Rechtsprechung[946] fest verankert[947] ist. Das BVerfG stellte diesbezüglich bereits treffend fest:

> „Die Völkerrechtsfreundlichkeit des Grundgesetzes ist damit Ausdruck eines Souveränitätsverständnisses, das einer Einbindung in inter- und supranationale Zusammenhänge sowie deren Weiterentwicklung nicht nur nicht entgegensteht, sondern diese voraussetzt und erwartet."[948]

Nach der Judikatur des BVerfG hat der Grundsatz der Völkerrechtsfreundlichkeit des Grundgesetzes drei Bedeutungsebenen. Er verpflichtet die deutschen Staatsorgane zur Achtung der Völkerrechtsnormen und zur Vermeidung von Völkerrechtsverstößen[949], er fordert von der Gesetzgebung die Schaffung eines Rahmens zur Korrektur etwaiger Völkerrechtsverstöße[950] und kann für die Staatsorgane eine Verpflichtung schaffen, das Völkerrecht im eigenen Verantwortungsbereich zur Geltung zu bringen, wenn andere Staaten es verletzen.[951] Aus dem Prinzip der Völkerrechtsfreundlichkeit hat das BVerfG unter anderem mit dem Gebot der völkerrechtskonformen Auslegung[952] und der erhöhten Kontrolldichte des BVerfG gegenüber den Fachgerichten[953] bei der Anwendung von Völkerrecht neben seiner

---

944 BVerfGE 143, 65 (92 f.).
945 BVerfGE 6, 309 (362 f.).
946 BVerfGE 18, 112 (120 f.); BVerfGE 111, 307 (317);
947 *Payandeh*, JöR 2009, 465, 466.
948 BVerfGE 128, 326 (369).
949 *Knop*, Völker- und Europarechtsfreundlichkeit als Verfassungsgrundsätze, S. 243 ff.
950 *Knop*, Völker- und Europarechtsfreundlichkeit als Verfassungsgrundsätze, S. 240 ff.
951 BVerfGE 141, 1 (29); *Knop*, Völker- und Europarechtsfreundlichkeit als Verfassungsgrundsätze, S. 256; *Herdegen*, in: Maunz/Dürig, GG, Art. 25, Rn. 7.
952 BVerfGE 74, 358 (370).
953 BVerfGE 111, 307 (328).

Heranziehung als juristisches Argument auch weitreichende materiell-rechtliche wie prozedurale[954] Rechtsfolgen abgeleitet.[955]

Im Einzelnen fraglich ist jedoch die dogmatische Einordnung des Prinzips der Völkerrechtsfreundlichkeit des Grundgesetzes[956] sowie der richtige Umgang mit diesem verfassungsrechtlichen Gebot.[957] Nach wohl herrschender Meinung handelt es sich bei der Völkerrechtsfreundlichkeit letztlich um eine bloße Staatszielbestimmung[958], auch wenn diese aus verfassungssystematischer Sicht in Einzelfällen vielleicht höherwertiger einzuschätzen sein könnte als beispielsweise der in Art. 20a GG normierte Umweltschutz.[959] Teilweise wird auch vertreten, dass nicht nur das einfache Recht, sondern auch alle anderen im Grundgesetz enthaltenen Verfassungsgrundsätze generell völkerrechtsfreundlich ausgelegt werden sollten.[960] Letztlich sprechen die überzeugendsten Argumente jedoch für die Einordnung der Völkerrechtsfreundlichkeit als ungeschriebenes selbstständiges Verfassungsprinzip[961], das alle Staatsorgane umfassend bindet.[962] Die jüngere deutsche verfassungsgerichtliche Rechtsprechung im Zusammenhang mit dem Konzept der Völkerrechtsfreundlichkeit bietet ferner bereits einige Anhaltspunkte für die Rechtfertigung der Forderung nach einer Abwägung im Rahmen der Maßstabsbestimmung der Identitätskontrolle. In der sogenannten Treaty-Override-Entscheidung setzten sich die Verfassungsrichter in erster Linie mit den verfassungsrechtlichen Grenzen der Völkerrechtsfreundlichkeit des Grundgesetzes auseinander.[963] In diesem Beschluss bestätigten die Verfassungsrichter zunächst, dass der ungeschriebene Grundsatz der Völkerrechtsfreundlichkeit existiert und auch Verfassungsrang habe.[964] Gleichzeitig konstatierte das BVerfG jedoch, dass der Grundsatz nicht die normative Kraft habe, völkerrechtswidrige Handlungen

954 Diese treffende Differenzierung zwischen dem rechtlichen Gehalt des Grundsatzes und der daraus erwachsenden Pflichten der deutschen Staatsorgane nimmt *Knop*, Völker- und Europarechtsfreundlichkeit als Verfassungsgrundsätze, S. 201 ff., vor.

955 Vgl. weiterführend *Knop*, Völker- und Europarechtsfreundlichkeit als Verfassungsgrundsätze, S. 201 ff.; *Schweitzer/Dederer*, Staatsrecht III, Rn. 242 ff.

956 Vgl. weiterführend *Payandeh*, JöR 2009, 465.

957 *Herdegen*, in: Maunz/Dürig, GG, Art. 25, Rn. 7, beklagt beispielsweise einen „inflationären Umgang“ mit dem Begriff der Völkerrechtsfreundlichkeit.

958 *Streinz*, in: Sachs, GG, Art. 23, Rn. 8 ff.; *Classen*, in: Mangold/Klein/Starck, GG, Art. 23 Abs. 1, Rn. 6 ff.; *Wolff*, in: Hömig/Wolff, GG, Art. 23, Rn. 2; *Herdegen*, Europarecht, § 10, Rn. 21; *Schwerdtfeger*, EuR 2015, 290, 291; *Ludwigs/Sikora*, EWS 2016, 121, 122 m. w. N.; *Dietz*, AöR 2017, 78, 102.

959 Siehe z. B. *Eßlinger/Herzmann*, JA 2016, 852, 853.

960 *Randelzhofer*, in: Maunz/Dürig, GG, Art. 24, Rn. 20.

961 *Payandeh*, JöR 2009, 465, 468 ff.

962 *Hwang*, AVR 2017, 349, 353.

963 BVerfGE 141, 1; kritisch hierzu vor allem die Richterin König in ihrem Sondervotum, vgl. BVerfGE 141, 1 (44 ff.); ebenfalls kritisch *Payandeh*, NJW 2016, 1279.

964 BVerfGE 141, 1 (26).

der Legislative zu unterbinden.[965] Das BVerfG entschied hier, dass der deutsche Gesetzgeber aus verfassungsrechtlicher Sicht ein Gesetz auch dann ändern dürfe, wenn die Änderung ihrerseits gegen eine Verpflichtung aus einem völkerrechtlichen Vertrag verstoße und damit ein Auseinanderfallen von innerstaatlichem Recht und völkerrechtlicher Verpflichtung hervorgerufen werde, was folglich zur Völkerrechtswidrigkeit des Gesetzes führe.[966] Diesem sogenannten Treaty Override, also der bewussten Überschreitung völkervertraglicher Pflichten aufgrund einer lex-posterior-Regel durch den Gesetzgeber, stehen nach Ansicht des BVerfG weder das Rechtsstaatsprinzip noch die Völkerrechtsfreundlichkeit des Grundgesetzes entgegen.[967] Die lange Zeit überaus strittige Frage, ob völkerrechtliche Verträge auch die rechtssetzende Staatsgewalt binden, wurde somit durch das BVerfG negativ beantwortet. Begründet hat das Gericht diese Einschränkung der Völkerrechtsfreundlichkeit mit dem Grundsatz der parlamentarischen Diskontinuität, welcher seinerseits auf dem Demokratieprinzip basiert.

Nach Ansicht der Verfassungsrichter können weder das Prinzip der Völkerrechtsfreundlichkeit noch das Rechtsstaatsprinzip die darauf beruhende lex-posterior-Regel verdrängen. Parallel zu seiner Rechtsprechung zur europäischen Integration baute das BVerfG also auch in dieser Entscheidung das Demokratieprinzip zum Antagonisten der internationalen Offenheit auf und wendete den lex-posterior-Grundsatz letztlich unabhängig vom zugrundeliegenden internationalen Kontext unmodifiziert an. Auf den ersten Blick ist die Entscheidung daher durchaus geprägt von einer nationalen Sichtweise und erscheint daher eher völkerrechtsunfreundlich. Gleichzeitig erkannten die Verfassungsrichter aber zumindest den Verfassungsrang des Grundsatzes der Völkerrechtsfreundlichkeit an,[968] sprachen ihm eine besondere Bedeutung[969] zu und betonten, dass er unter anderem als Auslegungshilfe für die Grundrechte und die rechtsstaatlichen Grundsätze der Verfassung sowie das einfache Recht[970] dienen kann und auch die Pflicht enthalte, das Völkerrecht generell zu respektieren[971].

Trotz der grundsätzlich eher völkerrechtskritischen Perspektive des BVerfG in dieser Entscheidung kam damit recht deutlich zum Ausdruck, dass auch die Verfassungsrichter dem Grundsatz der Völkerrechtsfreundlichkeit eine übergeordnete Stellung im Gefüge des Grundgesetzes zuordnen, auch wenn sie ihn gleichwohl aufgrund nationaler Belange für einschränkbar hielten. Zudem betonte vor allem Verfassungsrichterin König in ihrem kritischen Sondervotum zu dieser Entscheidung, dass zum Beispiel das Rechtsstaatsprinzip „unter Beachtung des Grundsatzes

965 BVerfGE 141, 1 (28 ff.).
966 BVerfGE 141, 1 (16).
967 BVerfGE 141, 1 (26 ff.).
968 BVerfGE 141, 1 (26 f.).
969 BVerfGE 141, 1 (27).
970 BVerfGE 141, 1 (29).
971 BVerfGE 141, 1 (29).

der Völkerrechtsfreundlichkeit konkretisiert werden“[972] müsse. Neben der grundsätzlichen Bedeutung dieses Sondervotums, welche schlicht aus der Tatsache folgt, dass solche in der Judikatur des BVerfG eher eine Seltenheit sind, ist dem Sondervotum von Verfassungsrichterin König hier besondere Aufmerksamkeit zu schenken, weil sich diesem durchaus Anhaltspunkte entnehmen lassen, in welcher Weise die Völkerrechtsfreundlichkeit im Rahmen einer Abwägung zur Bestimmung des Anwendungsbereichs der Verfassungsidentität zur Anwendung kommen könnte. Richterin König betonte in ihrem Sondervotum nämlich, sie halte die Rechtsauffassung des BVerfG zum Verhältnis zwischen Demokratieprinzip auf der einen und Rechtstaatsprinzip sowie dem Grundsatz der Völkerrechtsfreundlichkeit auf der anderen Seite „in einer globalisierten Welt, in der die Staaten durch eine Vielzahl völkerrechtlicher Verträge in einem weiten Spektrum von Regelungsbereichen miteinander verflochten sind – für nicht (mehr) überzeugend“[973]. Es müsse vielmehr in diesem Fall „zwischen dem Demokratieprinzip einerseits und dem Rechtsstaatsprinzip in Verbindung mit dem Grundsatz der Völkerrechtsfreundlichkeit andererseits ein angemessener Ausgleich hergestellt werden“[974]. In der Folge kam König bei der ihrer Ansicht nach erforderlichen Abwägung zwischen Rechtsstaats- und Demokratieprinzip zu dem Ergebnis, ersteres habe Vorrang vor letzterem, da das Rechtsstaatsprinzip kraft des Grundsatzes der Völkerrechtsfreundlichkeit heraufzustufen und das Demokratieprinzip umgekehrt auf derselben Grundlage einzuschränken sei.[975] Nur so komme dem Grundsatz der Völkerrechtsfreundlichkeit im Verhältnis zum Demokratieprinzip hinreichende Bedeutung zu.[976] Richterin König erklärte in ihrer Abwägung also den Grundsatz der Völkerrechtsfreundlichkeit mittelbar über seine Verbindung mit dem Rechtsstaatsprinzip zum selbstständigen Abwägungsbelang gegenüber dem Demokratieprinzip.[977] Sie verlangte zudem, das Rechtsstaatsprinzip müsse durch den Grundsatz der Völkerrechtsfreundlichkeit konkretisiert werden, und forderte einen schonenden Ausgleich der einschlägigen Verfassungsgüter.[978]

Diese Systematik könnte durchaus auf diejenige der Verfassungsidentität zu übertragen sein. Jedenfalls folgt aus ihr aber, dass die Völkerrechtsfreundlichkeit durchaus dazu im Stande ist, im Rahmen einer Abwägung dafür zu sorgen, dass das Demokratieprinzip im Einzelfall zurückzutreten hat.

Neben der Treaty-Override-Entscheidung bestehen auch noch einige andere verfassungsgerichtliche Entscheidungen[979], denen sich zumindest die generelle

---

972 BVerfGE 141, 1 (45 f.).
973 BVerfGE 141, 1 (44 f.).
974 BVerfGE 141, 1 (44 f.).
975 BVerfGE 141, 1 (48 ff.).
976 BVerfGE 141, 1 (50).
977 BVerfGE 141, 1 (50).
978 BVerfGE 141, 1 (47).
979 Siehe beispielhaft BVerfGE 112, 1 (28 f.); BVerfGE 128, 326 (404 ff.).

Geeignetheit der Völkerrechtsfreundlichkeit als Abwägungsbelang zur Herstellung eines gerechten Ausgleichs im Einzelfall entnehmen lässt.[980] Je nach Einzelfall könnte darüber hinaus auch der Völkerrechtsfreundlichkeit der selbstständigen Unionsrechtsordnung[981] im Rahmen einer etwaigen Abwägung Bedeutung zukommen, wenngleich dieses Konzept auch noch nicht in gleichem Maße wie die Völkerrechtsfreundlichkeit des Grundgesetzes als Verfassungsprinzip innerhalb der Unionsrechtsordnung anerkannt ist.

Aus der Treaty-Override-Entscheidung des BVerfG folgt mithin, dass dem Grundsatz der Völkerrechtsfreundlichkeit des Grundgesetzes selbst Verfassungsrang zukommt. Dem zu dieser Entscheidung ergangenen Sondervotum von Verfassungsrichterin König lassen sich zudem erste Anhaltspunkte für die etwaige Durchführung einer Abwägung unter Zugrundelegung des Grundsatzes der Völkerrechtsfreundlichkeit entnehmen. Grundsätzlich folgt aus dem Grundgesetz zudem die besondere Bedeutung dieses integrationsoffenen Grundsatzes, den die deutschen Verfassungsorgane und mithin auch das BVerfG als Gestaltungsauftrag verstehen, weswegen sie sich um die Durchsetzung und Wirkungskraft des Völkerrechts bemühen müssen. Aufgrund dieser besonderen Bedeutung der Völkerrechtsfreundlichkeit des Grundgesetzes ist diesem Verfassungsgebot im Rahmen einer etwaigen Abwägung zur Maßstabsgewinnung innerhalb der Verfassungsidentitätskontrolle daher eine besondere Bedeutung zuzuschreiben, sofern der Identitätskontrolle eine Maßnahme von internationalem Ausmaß (wie CETA) zugrunde liegt.

c. *Zusammenfassung*

Im Gesamtbild stellen die Europa- und die Völkerrechtsfreundlichkeit des Grundgesetzes anerkannte ungeschriebene Verfassungsgrundsätze von immenser und zudem mit der fortschreitenden internationalen Verflechtung Deutschlands weiter wachsender Bedeutung dar. Beide Grundsätze haben das Ziel, dem überstaatlichen Recht seine von Verfassungs wegen gebotene größtmögliche innerstaatliche Wirksamkeit zukommen zu lassen.[982] Die beiden Grundsätze stellen hierbei jedoch keinesfalls „Wunderwaffen“ dar, die dem Völker- und/oder Europarecht unter allen Umständen die Durchsetzung garantieren. Sie können und sollen aber durchaus in gebotenem Maße und ihrer verfassungsrechtlichen Bedeutung entsprechend die tauglichen Werkzeuge für eine weitgehende Beachtung europäischer und

980 Folgerichtig plädieren *Knop*, Völker- und Europarechtsfreundlichkeit als Verfassungsgrundsätze, S. 258, sowie *Payandeh*, JöR 2009, 465, 497, für eine Herstellung praktischer Konkordanz im Falle eines Konflikts zwischen der Völkerrechtsfreundlichkeit des Grundgesetzes und einem anderen grundgesetzlichen Belang, ohne hierbei jedoch konkret auf die Verfassungsidentität Bezug zu nehmen.

981 Siehe hierzu *Traudt*, Saar Blueprints 2017, https://intr2dok.vifa-recht.de/receive/mir_mods_00002816.

982 *Knop*, Völker- und Europarechtsfreundlichkeit als Verfassungsgrundsätze, S. 261.

internationaler Belange sein.[983] Wenn bei der Prüfung der Verfassungsidentität durch das BVerfG daher eine Berührung der Europa- oder Völkerrechtsfreundlichkeit des Grundgesetzes zu befürchten ist, sollte stets ein besonderes Abwägungserfordernis im Rahmen der Verfassungsidentitätskontrolle greifen. Welcher grundgesetzliche Belang sich sodann im Einzelfall durchsetzt, ist eine Frage des Einzelfalls und bedarf stets einer genauen Begründung. Hierbei ist jedoch von einer prinzipiellen Gleichrangigkeit der Grundsätze der Völker- und Europarechtsfreundlichkeit mit den anderen Verfassungsgrundsätzen, die das BVerfG als Teil der Verfassungsidentität identifiziert hat, auszugehen. Wie dieses Abwägungserfordernis im Einzelnen auszugestalten ist, bedarf jedoch weiterer Diskussion. In vergleichbaren Fällen der Überprüfung weitreichender Freihandelsabkommen der EU mit Drittstaaten dürfte der Europarechtsfreundlichkeit zudem üblicherweise gegenüber der Völkerrechtsfreundlichkeit die noch größere Bedeutung zukommen. Im Falle umfassender Freihandelsabkommen, welche die EU als gemischte Abkommen abschließt, könnten die beiden Prinzipien jedoch zusammenwirken und sich gegenseitig verstärken, weil solche Verträge sich in der „Grenzzone"[984] zwischen Art. 23 GG und Art. 24 GG, Art. 59 GG bewegen.

Die Völkerrechtsfreundlichkeit des Grundgesetzes sowie womöglich auch diejenige des Unionsrechts dürften daher zumindest oftmals für eine Verstärkerwirkung nutzbar gemacht werden, sodass die hier für erforderlich gehaltene Abwägung in zukünftig vor dem BVerfG verhandelten Fällen möglicherweise vermehrt zugunsten der Europa- und/oder Völkerrechtsfreundlichkeit ausgehen und dem BVerfG die Überprüfung des jeweiligen Abkommens daher versperrt sein dürfte. Vor diesem Hintergrund ist davon auszugehen, dass sich die Verfassungsgüter der Europa- und Völkerrechtsfreundlichkeit bei der Durchführung einer hier für erforderlich gehaltenen Abwägung im Rahmen der Maßstabsbestimmung der Identitätskontrolle im Regelfall gegenüber anderen Verfassungsbestimmungen durchsetzen dürften. Im Falle des CETA-Abkommens müsste beispielsweise vor Prüfung einer etwaigen Verletzung der Verfassungsidentität durch das Ausschusssystem von CETA geprüft werden, ob sich die teilweise nicht wie im Nationalstaat ausgeprägte Repräsentation Deutschlands in den CETA-Ausschüssen als angenommener Teil des Demokratieprinzips und damit der Verfassungsidentität gegenüber der ebenfalls als deren Teil einzuordnenden Europa- und Völkerrechtsfreundlichkeit des Grundgesetzes und deren konkreter Ausprägung in Form der außen- und handelspolitischen Handlungsfähigkeit und Verlässlichkeit Deutschlands und der EU durchsetzen würde. Das Ergebnis der Abwägung würde darüber entscheiden, ob es dem BVerfG im jeweiligen Einzelfall überhaupt möglich ist, auf den Maßstab des Demokratieprinzips als Teil der Verfassungsidentität zurückzugreifen oder ob nicht aufgrund der konkreten Beschaffenheit der angegriffenen

983 Vgl. in Bezug auf die Völkerrechtsfreundlichkeit *Knop*, Völker- und Europarechtsfreundlichkeit als Verfassungsgrundsätze, S. 200.

984 *Nettesheim*, Umfassende Freihandelsabkommen und Grundgesetz, S. 91.

Maßnahme schon von vorneherein der Europa- und Völkerrechtsfreundlichkeit als weiterer Teil der Verfassungsidentität Vorrang im Rahmen der Maßstabsbestimmung eingeräumt werden muss. Für diesen Fall wäre dem BVerfG ein Rückgriff auf das spezifisch deutsche Demokratieprinzip als Maßstab der Identitätskontrolle verwehrt, da dieses im Einzelfall zu stark von der Europa- und Völkerrechtsfreundlichkeit überlagert würde. Denn der notwendige Schutz integrationsfreundlicher Verfassungsprinzipien bringt für das BVerfG die Pflicht mit sich, den europäischen und internationalen Integrationsprozess zu fördern, Vorrangkonflikte zu lösen und Jurisdiktionskonflikte zu vermeiden. Dieser Pflicht wird das BVerfG mit seiner bisherigen Durchführung der Verfassungsidentitätskontrolle nicht immer gerecht.

3. Ein Konzept in der Entwicklung

Dem Bundesverfassungsgericht ist es bislang weder in der Vergangenheit noch im Zuge der CETA-Entscheidungen gelungen, die Verfassungsidentitätskontrolle als belastbares verfassungsdogmatisches Konzept zu konstituieren. Aus diesem Grund dürfte es dem BVerfG beispielsweise auch zur zukünftigen Überprüfung mit CETA vergleichbarer weitreichender Freihandelsabkommen und ihrer Verfassungsmäßigkeit (bzw. der entsprechenden deutschen Zustimmungsakte) oftmals an einem förmlichen verfassungsrechtlichen Verfahren fehlen, dessen Einschlägigkeit eine Prüfung überhaupt erst ermöglichen würde. Insbesondere ist im Rahmen einer etwaigen Verfassungsbeschwerde bislang kaum ersichtlich, wie zukünftigen Beschwerdeführern die substanziierte Darlegung einer Beschwerdebefugnis gelingen soll, sofern diese – im Gegensatz zu den vorläufigen CETA-Entscheidungen – tatsächlich einmal umfassend geprüft würde. Die verfassungsrechtlichen Möglichkeiten der Überprüfung möglicherweise bestehender Konflikte zwischen Investitionsschutzrecht und Verfassungsrecht im Rahmen eines deutschen verfassungsgerichtlichen Verfahrens erscheinen daher zumindest begrenzt. Die Verfassungsidentitätskontrolle scheint sich in diesem Zusammenhang oftmals nicht als tauglicher Mechanismus zu eignen.

Aus den in den vorstehenden Kapiteln umfassend dargestellten bisherigen Schwächen und Defiziten der Identitätskontrolle lässt sich jedoch die Hoffnung ableiten, dass das BVerfG in den kommenden Jahren dazu beitragen wird, die Verfassungsidentitätskontrolle restriktiv und über die bloße Behauptung ihrer europarechtsfreundlichen Ausübung hinaus zu einem tatsächlich europarechtskonformen Instrument weiterzuentwickeln und eine Schärfung ihres Anwendungsbereichs und ihrer Grenzen vorzunehmen.[985] Für mögliche Anknüpfungspunkte dieser Weiterentwicklung werden nachfolgend erste Anhaltspunkte gegeben.

---

985 Kritischere Stimmen plädieren jedoch aufgrund der aufgezeigten dogmatischen Defizite der Identitätskontrolle dafür, „auf eine Weiterentwicklung dieses verfassungsrechtlichen Argumentationstopos zu verzichten", vgl. *Ingold*, AöR 2015, 1, 27.

a. *Verschmelzung mit der ultra vires-Kontrolle*

Zunächst ist aufgrund des nach wie vor nicht eindeutig geklärten Verhältnisses[986] zwischen der ultra vires- und der Identitätskontrolle nicht ersichtlich, weshalb diese ohnehin zweifellos eng miteinander verwandten Instrumente überhaupt nebeneinander bestehen sollten. Das Motiv einer hier angestrebten möglichen Verschmelzung der beiden Konzepte liegt insbesondere darin, dass das BVerfG für die ultra vires-Kontrolle in den zahlreichen dazu ergangenen Entscheidungen bereits ein recht ausdifferenziertes Prüfprogramm entwickelt und deren Konturen deutlich geschärft hat. Insgesamt handelt es sich bei der ultra vires-Kontrolle im Gegensatz zur Identitätskontrolle also bereits um ein recht anerkanntes verfassungsrechtliches Verfahren.[987] Insbesondere von einer Anwendung des im Rahmen der ultra vires-Kontrolle entwickelten Maßstabs einer „ersichtlichen Kompetenzüberschreitung", den das BVerfG insbesondere in seinem Honeywell-Beschluss vom 6. Juli 2010[988] erschaffen hat, könnte die noch deutlich weniger ausdifferenzierte Identitätskontrolle profitieren. Danach ist die „Ersichtlichkeit" eines Verstoßes gegen das Prinzip der begrenzten Einzelermächtigung nur anzunehmen, wenn ein hinreichend qualifizierter Kompetenzverstoß vorliegt. Dies wiederum soll voraussetzen, dass das kompetenzwidrige Handeln der Unionsgewalt „offensichtlich" ist und der angegriffene Akt „zu einer strukturell bedeutsamen Verschiebung zulasten der Mitgliedstaaten" führt.[989] Eine Missachtung der Integrationsverantwortung kommt bei ultra vires-Akten also zumindest nur bei Vorliegen dieser aus dem Honeywell-Beschluss stammenden qualifizierten Voraussetzungen in Betracht. Erfreulicherweise kann also nicht bereits jede falsche Rechtsanwendung durch Organe der EU unter Berufung auf Art. 38 GG vor dem BVerfG angegriffen werden, sondern nur die besonders schweren und offensichtlichen. Es ist kein Grund ersichtlich, warum dieser restriktive Maßstab nicht auf die Identitätskontrolle übertragen werden sollte, um deren Anwendung handhabbarer und europarechtskonformer[990] zu gestalten. Auf die Identitätskontrolle übertragen wäre unter Anwendung der Honeywell-Kriterien also ein ersichtlicher, sprich offensichtlicher und hinreichend qualifizierter Identitätsverstoß notwendig. Dieser ersichtliche Identitätsverstoß, eine klare und eindeutige Verletzung der deutschen Verfassungsidentität, wäre unter Anwendung der Honeywell-Rechtsprechung

986 Siehe hierzu Gliederungspunkt C.V.

987 So z. B. auch schon *Schneider*, AöR 2014, 196.

988 BVerfGE 126, 286 (303 ff.).

989 BVerfGE 126, 286 (307).

990 *Mayer/Walter*, JURA 2011, 532, 539, stellen jedoch fest, dass das mit der Identitätskontrolle sehr eng verwandte Instrument der ultra vires-Kontrolle mit dem Grundsatz der Europarechtsfreundlichkeit ohnehin kaum vereinbar sei: „Die Ultra-vires-Kontrolle ist ein mit fundamentalen Grundsätzen der Gegenseitigkeit und letztlich der Fairness zwischen den Mitgliedstaaten unvereinbarer Letztentscheidungsanspruch."

zudem zunächst einer Beurteilung durch den Gerichtshof zugänglich zu machen, falls auch die Auslegung von Unionsrecht streitentscheidend ist, wobei für das BVerfG die Möglichkeit bestünde, bestehende Bedenken in kompetenzieller Hinsicht zu artikulieren.[991] Die hier bevorzugte Übertragung der Honeywell-Kriterien in Form der Vorlagepflicht an den EuGH und der Notwendigkeit der Ersichtlichkeit des Identitätsverstoßes auf die Identitätskontrolle könnte dieser auf Anhieb zu einer an die ultra vires-Kontrolle angelehnten verstärkten Legitimation verhelfen. Das BVerfG könnte so sein materielles und prozedurales Verständnis der Identitätskontrolle, konkret das insoweit maßgebliche Verhältnis von Art. 23 Abs. 1 GG zu Art. 19 Abs. 1 Satz 2 EUV und das in diesen Normen begründete Spannungsverhältnis, um eine europafreundliche Perspektive ergänzen.[992] Gleichzeitig ist zu beachten, dass auch die beiden Kriterien der Vorlagepflicht an den EuGH und der Notwendigkeit der Ersichtlichkeit des Identitätsverstoßes ihrerseits in einem Spannungsverhältnis stehen. So wurde vom BVerfG beispielsweise im PSPP-Urteil nicht ausreichend erklärt, weshalb der EuGH möglicherweise zu einer anderen (unionsrechtskonformen) Auslegung der entsprechenden EZB-Maßnahme kommen könnte, aber dennoch ein offensichtlicher Verstoß vorliegen soll. Es wäre ja durchaus vertretbar, in diesem Fall gerade nicht von einem offensichtlichen, sondern einem sogar höchstrichterlich umstrittenen und daher nicht offensichtlichen Verstoß auszugehen.[993] Vor allem eine Vorlagepflicht an den EuGH würde das Verfassungsgebot der Europarechtsfreundlichkeit und aus unionsrechtlicher Sicht Art. 4 Abs. 2 EUV und das Rücksichtnahmegebot aber auf einfache wie wirksame Weise realisieren. Eine Verschmelzung der beiden Kontrollvorbehalte würde es zudem ermöglichen, auch für die Prüfung einer etwaigen Identitätsverletzung auf ein bereits etabliertes Konzept zurückzugreifen. Die verfassungsrechtliche Identitätskontrolle sollte daher, um ihre Legitimität im unionsrechtlichen Verbund zu gewährleisten, ähnlichen Einschränkungen unterworfen sein wie die ultra vires-Kontrolle. Letztlich wäre eine Verschmelzung der beiden Prüfungskonzepte und eine Aufteilung der ultra vires-Kontrolle in einen kompetenziellen und einen identitären Teil auch übersichtlicher für den Verfassungsanwender. Die hier vorgesehene Art der Verschmelzung scheint vom BVerfG bislang jedoch nicht als der favorisierte Weg eingeordnet zu werden, da die Verfassungsrichter im OMT-Verfahren angedeutet haben, die ultra vires-Kontrolle würde einen Spezialfall der Identitätskontrolle darstellen.[994] Hier betonte das BVerfG zudem, beide Kontrollmechanismen fänden ihre Grundlage zwar letztlich in Art. 79 Abs. 3 GG.[995] Die

991 BVerfGE 126, 286 (322).

992 Vgl. *Calliess*, in: Böttger/Jopp, Handbuch zur deutschen Europapolitik, 148, 162, in Bezug auf die ultra vires-Kontrolle.

993 So auch *Thiele*, Verfassungsblog 5. Mai 2020, https://verfassungsblog.de/vb-vom-blatt-das-bverfg-und-die-buechse-der-ultra-vires-pandora/.

994 BVerfGE 142, 123 (203).

995 BVerfGE 142, 123 (203).

Verfassungsrichter hoben hervor, sie bezögen sich konkret auf unterschiedliche Maßstäbe, da die Frage nach der Verfassungsidentität direkt die in Art. 79 Abs. 3 GG genannten Grundsätze betreffe und die Frage nach einem etwaigen ultra vires-Akt demgegenüber unmittelbar vom europäischen Recht abhänge.[996] Insofern erscheint ein Rückgriff auf die etablierten Strukturen der ultra vires-Kontrolle im Rahmen der Anwendung der bislang weniger etablierten Identitätskontrolle zwar wünschenswert, aufgrund der verfassungsgerichtlichen Praxis jedoch als eher unwahrscheinlich.

b. Vorlage an den EuGH

Die Schutzgüter der Verfassungsidentität sind regelmäßig deckungsgleich mit denen aus dem Recht der Europäischen Union.[997] Zu beachten ist zudem, dass auch das Recht der EU bereits das Schutzgut nationaler Identität in Art. 4 Abs. 2 Satz 1 EUV vorsieht. Daher sollte es Ziel des BVerfG sein, an einem „Wechselspiel des Identitätsschutzes auf nationaler und supranationaler Ebene im rechtlichen Sinne" mitzuwirken.[998] Zwar liegt eine Vorlage an den EuGH im Falle der Prüfung eines Identitätsverstoßes auf den ersten Blick nicht immer nahe, da das BVerfG in diesem Fall ja zuvorderst ein deutsches Verfassungsgut prüft. Dennoch kann es gerade im Fall, dass eine Maßnahme gleichermaßen vom Anwendungsbereich deutscher wie europäischer Rechtsnormen erfasst wird naheliegen, europäische Rechtsakte und Maßnahmen zunächst am Maßstab europäischen Rechts zu überprüfen. Wie oben bereits dargestellt,[999] sollte die Prüfung eines etwaigen Verfassungsidentitätsverstoßes dem BVerfG daher regelmäßig nur unter enger Einbindung des EuGH ermöglicht werden. Zunächst ist also für die europarechtskonforme Weiterentwicklung der Verfassungsidentitätskontrolle eine erste Einschränkung dahingehend erforderlich, dass im Falle ihrer Durchführung vorab regelmäßig ein Vorabentscheidungsverfahren nach Art. 267 AEUV angestrengt werden und die (Kollisions-)Frage dem EuGH vorgelegt werden muss, soweit auch die Auslegung europäischen Rechts streitentscheidend ist. Eine Vorabkontrolle und das Einräumen einer Fehlerkorrektur durch den EuGH sollten also bereits regelmäßig erforderlich sein, wenn ein Identitätsverstoß auch nur im Raume steht. Eine Umgehung dieser Vorlagepflicht durch das BVerfG dürfte mit dem Prinzip der Europarechtsfreundlichkeit des Grundgesetzes kaum vereinbar sein. Zudem wäre es dem ohnehin erforderlichen Dialog[1000] mit dem EuGH in jedem Fall förderlich, wenn das BVerfG die Definition der deutschen Verfassungsidentität und damit die anspruchsvolle Auslegung der Reichweite des Art. 79 Abs. 3 GG nicht nur seiner eigenen

---

996 BVerfGE 142, 123 (203).
997 Siehe hierzu Gliederungspunkt E.II.3.c.
998 *Blanke/Pilz*, EuR 2020, 270, 292.
999 Unter Gliederungspunkt C.VI.
1000 Siehe hierzu Gliederungspunkt E.I.2.

überwiegend national-verfassungsrechtlich orientierten Prüfung[1001] unterziehen würde. Denn die Autonomie des Grundgesetzes kann nicht durch eine Isolierung von der Unionsrechtsordnung und dem EuGH gewährleistet werden, sondern nur durch einen echten Dialog mit dem Unionsrecht und die tatsächliche Umsetzung des angestrebten Kooperationsverhältnisses mit dem EuGH. Wegen der mit der Verfassungsidentitätskontrolle verbundenen Gefahren für die Rechtseinheit innerhalb der EU sollte eine Ausnahme vom grundsätzlichen Erfordernis der Vorlage an den EuGH im Falle ihrer Anwendung in keinem Fall zugelassen werden. Dies muss auch für Fälle gelten, in denen die richtige Interpretation des Unionsrechts offenkundig erscheint und das BVerfG womöglich der Ansicht ist, dass keine Zweifel an der richtigen Auslegung bleiben. Wegen seiner Reservekompetenz[1002] darf eine Identitätskontrolle des BVerfG bei der Durchführung weiterer Integrationsschritte stets nur ultima ratio sein. Diese Ausgestaltung der Identitätskontrolle als Reservekompetenz wird unter anderem durch das Erfordernis einer Vorlagepflicht im Prüfungsfall eines Verfassungsidentitätsverstoßes abgesichert. Eine regelmäßig durchzuführende Vorlage an den EuGH würde zeigen, dass das BVerfG die vorrangige Zuständigkeit des EuGH für die Auslegung und Gültigkeitsprüfung des Unionsrechts einschließlich eines Rechts auf Fehlertoleranz anerkennt.

c. *Vorrang unionaler Parallelvorschriften*

Des Weiteren sollte die Reservekompetenz des BVerfG im Bereich der Identitätskontrolle auch dadurch weiter akzentuiert werden, dass eine Aktivierung des Konzeptes der Verfassungsidentität stets nur dann in Frage kommt, wenn keine Parallelvorschrift gleichen oder ähnlichen Inhalts im Unionsrecht existiert. Ein Rückgriff auf die unionale Parallelvorschrift sollte stets Vorrang haben.

Beispielsweise das vom BVerfG in identitätsrelevanten Sachverhalten oftmals herangezogene Demokratieprinzip ist schließlich nicht nur Teil der deutschen Verfassungsidentität. Seine Einhaltung ist vielmehr in Art. 2 EUV ausdrücklich auch im Unionsrecht vorgesehen und zudem elementarer Bestandteil der Verfassungsidentitäten aller Mitgliedstaaten der EU. Diese Tatsache unterscheidet unter anderem das demokratische Prinzip von anderen Elementen der deutschen Verfassungsidentität wie etwa der Bundesstaatlichkeit, die innerhalb der EU nicht flächendeckend verfassungsrechtlich vorgesehen ist. Es erscheint jedoch bedenklich, wenn sich das BVerfG bei der Anwendung der Identitätskontrolle ausschließlich auf das „deutsche" demokratische Prinzip beruft, obwohl im Einzelfall deutsche Besonderheiten überhaupt keine Rolle spielen und es sich hierbei tatsächlich um einen allen Mitgliedstaaten und der Union gemeinsamen Begriff handelt. Beispielsweise ist die im Rahmen des OMT-Verfahrens vom BVerfG als Teil des Demokratieprinzips herangezogene Budgethoheit des Parlaments europäisches Gemeingut

1001 Siehe hierzu Gliederungspunkt E.II.1.
1002 BVerfGE 123, 267 (401).

und daher mangels Vorliegen einer schützenswerten verfassungseigenen Strukturentscheidung nicht etwa Teil deutscher Verfassungsidentität, sondern ihrerseits bereits im Unionsrecht sowie den Verfassungen aller Mitgliedstaaten angelegt. Auch zur Garantie der Würde des Menschen bekennt sich das Unionsrecht in gleichem Maße wie das deutsche Verfassungsrecht.[1003] Es handelt sich also in vielen Fällen nicht etwa um eine allein die Verfassungsidentität Deutschlands möglicherweise berührende Frage, sondern um eine solche, die die Identität aller Mitgliedstaaten betreffen kann. Die Bewertung einer solchen Frage erscheint dann jedoch beim EuGH besser aufgehoben als beim BVerfG, das stets nur über die innerdeutschen Wirkungen der jeweiligen Maßnahme befinden kann. Zumindest sollte in einem solchen Fall aber stets hinterfragt werden, ob nicht im Lichte der Verfassungsentwicklungen anderer Mitgliedstaaten der EU auch im Anwendungsbereich von Art. 79 Abs. 3 GG zulässige systemimmanente Modifikationen der jeweils geprüften Grundsätze, wie beispielsweise des Demokratieprinzips, möglich sind, wofür sodann substanziierte Rechtsvergleichung des BVerfG erforderlich wäre.[1004] In jedem Fall wäre jedoch zu prüfen, ob das als schützenswert identifizierte verfassungsrechtliche Gut nicht womöglich schon von der Unionsrechtsordnung selbst geschützt wird, sodass es einer Heranziehung der deutschen Verfassungsidentität schlicht nicht bedarf. Ist die Auslegung der womöglich vom BVerfG angewandten vorrangigen Parallelvorschrift des Unionsrechts sodann im Einzelfall eindeutig (im Sinne der acte clair-Doktrin des EuGH[1005]), so sollte es dem BVerfG obliegen, diese in diesem Sinne anzuwenden. Ist ihre Auslegung demgegenüber zweifelhaft oder könnte die jeweils vom BVerfG präferierte Auslegung beispielsweise einer zuvor vom EuGH geäußerten Lesart zuwider laufen, so müsste abermals eine konkrete Vorlage an den EuGH erfolgen.

d. Erforderlichkeit einer Abwägung

Abschließend ist zudem zur weiteren Restriktion im Rahmen der Identitätskontrolle, wie im vorangegangenen Abschnitt[1006] dargestellt, eine Wechselwirkung zwischen dem jeweils betroffenen und vom BVerfG als identitätsrelevant eingestuften Belang und der Europa- und/oder Völkerrechtsfreundlichkeit des Grundgesetzes herzustellen, sofern eine Maßnahme europäischen und/oder internationalen Ausmaßes angegriffen wird.

1003 Vgl. Art. 1 GRCh; Art. 2 EUV und die Rechtsprechung des EuGH, z. B. EuGH, Rs. C-159/90 (Grogan), Slg. 1991, I-4685, EuGH, Rs. C-377/98 (Niederlande/EP), Slg. 2001, I-7079 und EuGH, Rs. C-36/02 (Omega), Slg. 2004, I-9609.

1004 *Classen*, EuR 2016, 529, 537.

1005 Siehe hierzu Gliederungspunkt C.IV.

1006 Unter Gliederungspunkt E.II.2.

e. *Zusammenfassung*

Aufgrund der zuvor herausgearbeiteten Defizite in der bisherigen Anwendung der Verfassungsidentitätskontrolle seitens des BVerfG bedarf diese einer einschränkenden Weiterentwicklung, um tatsächlich europarechtskonform zu sein. Gleichzeitig wäre es durch die angestrebte Weiterentwicklung möglich, den Anwendungsbereich der Verfassungsidentität zu schärfen und ihre Grenzen klarer zu bestimmen. Nach dem soeben Dargestellten dürfte das BVerfG die Identitätskontrolle daher nur noch unter den folgenden einschränkenden Voraussetzungen zur Anwendung bringen:

- Die einschränkenden Honeywell-Kriterien in Form der Vorlagepflicht an den EuGH und der Notwendigkeit der Offensichtlichkeit des Identitätsverstoßes sind soweit möglich auf die Identitätskontrolle zu übertragen.
- Die Identitätskontrolle ist möglicherweise auch darüber hinaus mit der ultra vires-Kontrolle zu verschmelzen.
- Eine unionsrechtliche Parallelvorschrift ist vorrangig anzuwenden.
- Es ist stets eine Wechselwirkung in Form der praktischen Konkordanz zwischen dem jeweils betroffenen und vom BVerfG als identitätsrelevant eingestuften Belang und der Europa- bzw. Völkerrechtsfreundlichkeit des Grundgesetzes herzustellen.

4. Zwischenfazit

Im Hinblick auf die Ausübung der Identitätskontrolle durch das BVerfG bleibt abschließend zu konstatieren, dass diese aus einem stellenweise veraltet wirkenden Demokratie- und Souveränitätsverständnis des BVerfG heraus entwickelt wurde. In Zukunft dürfte indes ein solches Verständnis erforderlich werden, das die noch ausstehende Antwort auf die Frage nach den Anforderungen, die das Grundgesetz an die demokratische Legitimation eines überstaatlichen Hoheitsträgers wie der EU stellt, den politischen Organen auf nationaler und europäischer Ebene überlässt. Auch darüber hinaus täte das BVerfG im Sinne der eigenen Zukunftssicherheit gut daran, anzuerkennen, dass im heutigen Mehrebenensystem verschiedene Verständnisse von Demokratie und Souveränität ineinandergreifen und sich die beiden legitimatorischen Ebenen der Mitgliedstaaten und der EU nur noch in ihrer Wechselbezüglichkeit und nicht mehr isoliert begreifen lassen. Ein in diesem Sinne geöffnetes Verständnis von Demokratie und Souveränität könnte dazu beitragen, die Verfassungsidentität nicht etwa als in sich abgeschlossenes und von internationalen Einflüssen unabhängiges, sondern vielmehr als ein von externen Einflüssen abhängiges, wandelbares und dynamisches verfassungsrechtliches Konzept zu verstehen, für das die Verwirklichung einer tiefen europäischen und internationalen Integration prägendes Merkmal ist.

In diesem Sinne ist zudem bei der Anwendung der Identitätskontrolle eine Abwägung zwischen den kollidierenden Verfassungsgütern im Wege einer

Herstellung praktischer Konkordanz durchzuführen, die bereits zu einem frühen Zeitpunkt, nämlich bei der einzelfallbezogenen Bestimmung der Reichweite der Verfassungsidentität, zu ihrer Maßstabsgewinnung erforderlich wird. Gegeneinander abgewogen werden sollten, sofern eine Maßnahme europäischen oder internationalen Ausmaßes betroffen ist, der jeweils betroffene Teil der womöglich einschlägigen Verfassungsidentität und die jeweils betroffenen europäischen und/oder internationalen Belange unter besonderer Berücksichtigung der Europa- und Völkerrechtsfreundlichkeit des Grundgesetzes sowie womöglich auch der Völkerrechtsfreundlichkeit des Europarechts. Hierbei wäre jedoch zu beachten, dass beispielsweise das Demokratieprinzip nicht in gleicher Weise wie bei rein nationalen Sachverhalten Anwendung finden kann, da Art. 20 GG bei der Anwendung der Identitätskontrolle von der Völker- und Europarechtsfreundlichkeit überlagert wird und daher oftmals nur ein reduzierter Schutzstandard der in Art. 20 GG verbürgten Garantien Anwendung finden dürfte. Auch über das reine Abwägungserfordernis hinaus ist die Identitätskontrolle nach hier vertretener Ansicht zudem nur unter den weiteren einschränkenden Voraussetzungen zur Anwendung zu bringen, dass es regelmäßig einer Vorlage an den EuGH bedarf, eine etwaige unionsrechtliche Parallelvorschrift vorrangig anzuwenden ist, die einschränkenden Honeywell-Kriterien auf die Identitätskontrolle zu übertragen sind und die Identitätskontrolle auch im Übrigen mit der ultra vires-Kontrolle zu verschmelzen ist. Sollten diese Voraussetzungen zukünftig Beachtung durch die verfassungsgerichtliche Rechtsprechung finden, wäre nicht nur gewährleistet, dass die Identitätskontrolle tatsächlich – wie vom BVerfG ohnehin gefordert – europarechtsfreundlich und -konform ausgeübt und dadurch die Gefahr, dass die Rechtsgemeinschaft der EU Schaden nimmt, minimiert würde. Es wäre vielmehr auch sichergestellt, dass sie nicht unter Ausnutzung ihrer unklaren Reichweite und Grenzen als rein nationale Integrationsbremse nutzbar gemacht wird. Vor allem aber würde das Prüfprogramm der in ihrer Reichweite bislang völlig unbestimmten Verfassungsidentitätskontrolle durch die Einhaltung dieser einschränkenden Kriterien deutlich geschärft, was mittelfristig neben der Rechtssicherheit vor allem ihrer Konstituierung als verfassungsdogmatisch herleit- und handhabbares Konzept dienen dürfte.

Selbst bei Umsetzung dieser einschränkenden Voraussetzungen bliebe indes offen, was rein praktisch nach einer Feststellung eines Identitätsverstoßes durch das BVerfG aufgrund einer europäischen Maßnahme geschehen sollte. Denn die Feststellung eines Identitätsverstoßes und die daraus folgende Nichtanwendung des jeweiligen Rechtsakts würde zwangsläufig ein Vertragsverletzungsverfahren gegen die BRD nach sich ziehen, an dessen Einleitung und Durchführung auch das BVerfG kaum ein Interesse haben dürfte. Insofern bleibt zunächst abzuwarten, wie mit einem solch offenen Konflikt zwischen BVerfG und EU juristisch wie auch politisch umzugehen wäre.

F. Abschließende Thesen

Die zentralen Ergebnisse der vorliegenden Arbeit können wie folgt zusammengefasst werden:

Verfassungshistorische Hintergründe

1. Im Grundgesetz überwiegen diejenigen Regelungen, die die Ermöglichung europäischer und internationaler Integration zum Inhalt haben gegenüber den wenigen expliziten Schranken für den Bereich des Unions- und Völkerrechts. Das Grundgesetz enthält ein klares Bekenntnis zur europäischen und internationalen Integration. Ihm lässt sich kein expliziter Identitätsvorbehalt entnehmen.
2. Das BVerfG trat dem vom EuGH eingeforderten uneingeschränkten Anwendungsvorrang des Unionsrechts in seiner Rechtsprechungsgeschichte wiederholt deutlich entgegen. Dies fordert die Rechtseinheit in der EU heraus. Denn das Institut des Anwendungsvorrangs sichert die einheitliche Auslegung und Anwendung des gemeinsamen europäischen Rechts in allen Mitgliedstaaten.

Herleitung und Rechtfertigung der Identitätskontrolle durch das BVerfG

3. Die verfassungsgerichtliche Rechtsprechung zur Identitätskontrolle vor den vorläufigen CETA-Entscheidungen lässt sich bislang noch nicht zu einem stimmigen Gesamtbild zusammensetzen. Ihr lässt sich kein belastbarer Maßstab des neu geschaffenen Instruments entnehmen. Eine rechtsdogmatisch einwandfreie und strukturell zweifelsfreie Durchführung des neuen Kontrollmechanismus fällt bislang schwer. Das BVerfG hat die Identitätskontrolle bislang nicht vollständig auf ein verfassungsrechtlich tragfähiges Fundament gestellt und ihr noch keinen eindeutigen und begrenzbaren Maßstab und Anwendungsbereich verliehen.
4. Das BVerfG hat die Erstarkung der Schranken aus Art. 79 Abs. 3 GG zu echten Grenzen des Vorrangs des Unionsrechts bislang nicht hinreichend begründet. Wie Art. 79 Abs. 3 GG rechtstechnisch zum Maßstab für das Unionsrecht werden soll, bleibt unklar. Es bestehen erhebliche Unsicherheiten in Bezug auf die Reichweite der Identitätskontrolle im Rahmen des Art. 79 Abs. 3 GG, dem sich ein klar bestimmbarer Maßstab für das neue Konzept nicht entnehmen lässt.
5. Die bisherige Nutzung der Identitätskontrolle durch das BVerfG als Schranke gegen eine dynamische Erneuerung des Grundgesetzes widerspricht dessen Grundgedanken. Die zum Ausdruck kommende „bis hier hin und nicht weiter"-Logik lässt die (europäische) Entwicklungsoffenheit des Grundgesetzes außer Betracht und überdehnt unter anderem die Ewigkeitsklausel in Fällen, für deren Anwendung sie nicht gedacht ist. Hierdurch läuft das BVerfG letztlich Gefahr,

aufgrund einer angestrebten kurzfristigen Kompetenzstärkung bei der unaufhaltsamen Internationalisierung und Europäisierung des Rechts „den Anschluss zu verlieren".

6. Die Herleitung der Identitätskontrolle durch das BVerfG vermag weder verfassungsrechtlich noch unionsrechtlich dogmatisch vollends zu überzeugen und ist daher nicht geeignet, den neu geschaffenen Kontrollmechanismus als belastbares normatives Konzept zu konstituieren.

Kritische Anmerkungen zur bisherigen Nutzung der Identitätskontrolle

7. Das Bekenntnis des Grundgesetzes zur offenen Staatlichkeit muss als identitätsstiftendes Kriterium und damit als integraler Bestandteil der Verfassungsidentität angesehen werden.
8. Wegen des Ausnahmecharakters der Identitätskontrolle sollte eine Vorlage an den EuGH regelmäßig erfolgen, sobald ein Identitätsverstoß realistisch in Betracht gezogen wird. Dies gilt insbesondere, wenn eine Maßnahme gleichermaßen vom Anwendungsbereich deutscher wie europäischer Rechtsnormen erfasst wird.
9. Die verfassungssystematisch womöglich stärksten Argumente gegen die Identitätskontrolle liegen in der durch diese bedingten Überdehnung des Art. 38 Abs. 1 GG und der zumindest zu befürchtenden Überdehnung des Art. 1 Abs. 1 GG durch das BVerfG.
10. Die Verfassungsidentität des Grundgesetzes ist nur als eine solche überhaupt denkbar, die die Mitgliedstaatlichkeit der BRD in der EU sowie eine tiefgreifende und fortschreitende europäische und internationale Integration zum Inhalt hat.
11. Die Identitätskontrolle birgt wegen ihrer drohenden Unvereinbarkeit mit dem Prinzip des Anwendungsvorrangs sowie dem Grundsatz der loyalen Zusammenarbeit wesentliche Gefahren für den Zusammenhalt und die Einheitlichkeit der europäischen Rechtsgemeinschaft.
12. Es ist nicht ersichtlich, warum den von Art. 79 Abs. 3 GG geschützten Verfassungsgrundsätzen hierbei allgemein Vorrang vor anderen Verfassungsgütern einzuräumen wäre. Der vom BVerfG suggerierte Gegensatz zwischen der Europa- und Völkerrechtsfreundlichkeit auf der einen und den von Art. 79 Abs. 3 GG geschützten Verfassungsgütern auf der anderen Seite lässt sich anhand des Grundgesetzes nicht begründen.

Die Gemeinsame Handelspolitik der EU und weitreichende Freihandelsabkommen

13. Der EuGH befürwortet ein sehr weites Verständnis der gemeinsamen Handelspolitik. Die EU-Kompetenz in diesem Bereich ist seit dem Vertrag von Lissabon weit und dynamisch auszulegen. Die EU dürfte mit CETA vergleichbare Abkommen in Zukunft durchaus alleine abschließen.
14. Es ist insbesondere durch die Aufwertung und Stärkung des EP bei der Verhandlung und dem Abschluss weitreichender Freihandelsabkommen zu einer ganz erheblichen Entschärfung des zuvor noch bestehenden Legitimationsproblems

in der Handelspolitik der EU gekommen. Das EP stellt mittlerweile denjenigen legitimierenden Akteur dar, der die demokratische Kontrolle weitreichender Freihandelsabkommen am zweckmäßigsten und effektivsten gewährleisten kann.

15. In Anbetracht des Umstandes, dass die in CETA enthaltenen Bestimmungen kaum über das im Rahmen internationaler Handelspolitik Übliche hinausgehen, ist durchaus fraglich, warum nun gerade der Abschluss und die vorläufige Anwendung dieses Abkommens so identitätsgefährdend sein sollten, dass die Verfassungsidentität verletzt würde.
16. Für die Verfassungsidentitätskontrolle ist im Rahmen ihrer bisherigen Anwendung auf Sachverhalte mit außen- und handelspolitischer Dimension zu konstatieren, dass ihrer Anwendung oftmals die weite und verfassungsgerichtlich nur eingeschränkt kontrollierbare Gestaltungsfreiheit der politischen Akteure in europa,- außen- und außenwirtschaftspolitischen Fragen entgegenstehen dürfte.
17. Bestimmender Teil der Debatte über europäische Freihandelsabkommen sollte sein, dass der EU die ausschließliche Kompetenz für die gemeinsame Handelspolitik bereits mit dem Vertrag von Lissabon übertragen wurde und seither auch Einigkeit darüber besteht, dass die außenpolitische Handlungsfähigkeit der EU in diesem Bereich durch weitreichende Kompetenzen gestärkt werden soll. Dem folgend ist auch davon auszugehen, dass die EU im Bereich des auswärtigen Handelns ihrer völkerrechtlichen Gestaltungsfreiheit am zweckmäßigsten ohne eine zu weitgehende Beteiligung der Mitgliedstaaten nachkommen kann.

CETA-Verfahren vor dem BVerfG

18. Das Bundesverfassungsgericht hatte sich in den beiden vorläufigen CETA-Entscheidungen erstmals mit einem neuartigen und weitreichenden Freihandelsabkommen zu beschäftigen, sodass es an sich möglich sein sollte, hieraus entscheidende Anhaltspunkte für zukünftige Entscheidungen zu gewinnen. Allerdings sind die Entscheidungen dogmatisch so wenig überzeugend und stellenweise derart inkonsistent, dass Schlussfolgerungen für den Fortgang der Judikatur des BVerfG in Bezug auf die Identitätskontrolle kaum möglich erscheinen. Die wenig umfangreichen Erläuterungen zur Identitätskontrolle haben keine nennenswerte inhaltliche Aufklärung bewirkt.
19. Das BVerfG kam ohne ausreichende Begründung zu dem Schluss, ein ultra vires- bzw. Identitätsverstoß sei zumindest möglich. Es erscheint unmethodisch, dass das BVerfG zwar eine Verletzung der Verfassungsidentität andeutete, diese Andeutung aber keiner rechtlichen Prüfung unterzog.
20. Das BVerfG fällte hier eine deutlich politisch motivierte Abwägungsentscheidung mit Auflagen, die zumindest im Rahmen der Hauptsache noch einmal auf ihre inhaltliche Konsistenz überprüft werden sollten.

21. Die Hauptsacheentscheidung dürfte für den weiteren Umgang des BVerfG mit der Verfassungsidentitätskontrolle im Allgemeinen und die Überprüfungsmöglichkeiten weitreichender Freihandelsabkommen durch das BVerfG im Besonderen von wegweisender Bedeutung sein.

Ausblick und Entwicklungsmöglichkeiten

22. Das BVerfG hat sich von seinen ursprünglichen Aufgaben und Kompetenzen als maßgeblicher Interpret deutscher verfassungsrechtlicher Bestimmungen zunehmend gelöst und über seine eigentliche rechtsprechende Tätigkeit hinaus zu einem einflussreichen politischen Akteur entwickelt. Auch die Anwendung der Identitätskontrolle durch das BVerfG bringt eine ungewöhnlich politische Aufladung verfassungsgerichtlicher Entscheidungen mit sich. Sie gibt dem BVerfG zukünftig die Gelegenheit, in den politisch zu verantwortenden Integrationsprozess beliebig einzugreifen.
23. Zur Entschärfung dieses Problems der schleichenden Politisierung wäre eine verfassungsdogmatisch saubere Ausgestaltung des Maßstabes und der Reichweite der Verfassungsidentitätskontrolle entweder durch das BVerfG selbst oder sogar den (Verfassungs-)Gesetzgeber ein wichtiger Schritt.
24. Die Herstellung eines tatsächlichen Verfassungsgerichtsverbundes und die Zusammenarbeit des BVerfG mit dem EuGH im Rahmen eines wahrhaftigen Kooperationsverhältnisses scheinen unerlässlich.
25. Es ist zu hoffen, dass das BVerfG das Vorabentscheidungsverfahren in Zukunft zunehmend eher als Gelegenheit zum Austausch denn als Druckmittel verstehen und daher vermehrt den direkten Dialog mit dem EuGH suchen wird. Denn ein unter anderem durch die kompromisslose Anwendung der Verfassungsidentitätskontrolle hervorgerufener Jurisdiktionskonflikt zwischen dem EuGH und dem BVerfG würde die Autorität beider Gerichte gefährden und die europäische Rechtsgemeinschaft destabilisieren.
26. Ein universelleres Verständnis des BVerfG von Demokratie und Souveränität würde es ermöglichen, die EU und ihre Mitgliedstaaten nicht nur unabhängig voneinander zu beurteilen, sondern anzuerkennen, dass im heutigen Mehrebenensystem verschiedene Formen von Demokratie und Souveränität ineinandergreifen und sich die Institutionen in ihrer Legitimation nur gemeinsam bestmöglich entfalten und ergänzen können. Es könnte auch dazu beitragen, die Verfassungsidentität nicht etwa als in sich abgeschlossenes und von internationalen Einflüssen unabhängiges, sondern vielmehr als ein von externen Einflüssen abhängiges, wandelbares und dynamisches verfassungsrechtliches Konzept zu verstehen, für das die Verwirklichung einer tiefen europäischen und internationalen Integration prägendes Merkmal ist.
27. Die Völker- und Europarechtskonformität der Identitätskontrolle des BVerfG kann nur durch ein im Einzelnen noch zu entwickelndes, einschränkendes Korrektiv gewährleistet werden.
28. Die dem Lissabon-Urteil nachfolgende Rechtsprechung statuierte das Konzept der Verfassungsidentität als absolut. Eine Abwägungsmöglichkeit soll nicht

bestehen. Zumindest die Herstellung verfassungsimmanenter Schranken im Wege der Herstellung praktischer Konkordanz in Form einer eigenen Abwägung in Bezug auf den Begriff und die Reichweite der Verfassungsidentität scheint jedoch erforderlich. Gegeneinander abgewogen werden sollten, sofern eine Maßnahme europäischen oder internationalen Ausmaßes betroffen ist, der jeweils betroffene Teil der womöglich einschlägigen Verfassungsidentität und die jeweils betroffenen europäischen und/oder internationalen Belange unter besonderer Berücksichtigung der Europa- und Völkerrechtsfreundlichkeit des Grundgesetzes. Hierbei darf es nicht darum gehen, Grundprinzipien wie die Menschenwürde oder das Demokratieprinzip unmittelbar einer direkten Abwägung zuzuführen, sondern lediglich im Einzelfall zu überprüfen, ob der angegriffenen Maßnahme im Rahmen der anzustellenden Wechselwirkung tatsächlich der Schutz der Verfassungsidentität zukommen soll.

29. Durch eine Abwägung wäre sichergestellt, dass die Integrationsgrenze der Verfassungsidentität bereits im Lichte der europäischen Integration ausgelegt würde, was möglicherweise ein europa- und völkerrechtsfreundlicheres Abwägungsergebnis nach sich ziehen dürfte.
30. Bei der Anwendung der Identitätskontrolle kann in dem Fall, dass europäische und internationale Belange betroffen sind, regelmäßig nur ein reduzierter Schutzstandard des Art. 20 GG und der darin verbürgten Garantien – insbesondere des Demokratieprinzips – Anwendung finden. Die Prinzipien des Art. 20 GG werden in Fällen wie dem CETA-Verfahren von den Prinzipien der Völker- und/oder Europarechtsfreundlichkeit überlagert.
31. Auch über das reine Abwägungserfordernis hinaus ist die Identitätskontrolle nur unter den weiteren einschränkenden Voraussetzungen zur Anwendung zu bringen, dass die einschränkenden Honeywell-Kriterien auf die Identitätskontrolle zu übertragen sind und die Identitätskontrolle auch im Übrigen mit der ultra vires-Kontrolle zu verschmelzen ist, es stets einer Vorlage an den EuGH bedarf und eine etwaige unionsrechtliche Parallelvorschrift vorrangig anzuwenden ist,.
32. Sollten diese Voraussetzungen in Zukunft Beachtung durch die verfassungsgerichtliche Rechtsprechung finden, wäre gewährleistet, dass die Identitätskontrolle tatsächlich – wie vom BVerfG ohnehin gefordert – europarechtsfreundlich und -konform ausgeübt würde. Zudem würde das Prüfprogramm der in ihrer Reichweite bislang völlig unbestimmten Verfassungsidentitätskontrolle durch die Einhaltung dieser einschränkenden Kriterien erheblich geschärft, was mittelfristig ihrer Konstituierung als verfassungsdogmatisch herleit- und handhabbares Konzept dienen dürfte.

[illegible]

Literaturverzeichnis

Arndt, Hans-Wolfgang/Fischer, Kristian/Fetzer, Thomas, Europarecht, 11. Auflage, Heidelberg u. a., 2015

Bäumler, Jelena, Vom Vertragstext zum Inkrafttreten: Das Vertragsschlussverfahren im Mehrebenensystem am Beispiel CETA, in: EuR 2016, 607–630

Bender, Philip, BVerfG, Beschl. v. 15.12.2015 – 2 BvR 2735/14 – Entscheidungsanmerkung, in: ZJS 2016, 260–265

Bergmann, Jan/Karpenstein, Ulrich, Identitäts- und Ultra-vires-Kontrolle durch das Bundesverfassungsgericht – Zur Notwendigkeit einer gesetzlichen Vorlageverpflichtung, in: ZEuS 2009, 529–542

Blanke, Hermann-Josef/Pilz, Stefan, Europa 2019 bis 2024 – Wohin trägt uns der Stier? – Sieben Thesen zu den Herausforderungen der Europäischen Union, in: EuR 2020, 270–301

Bogdandy, Armin von, Prinzipien der Rechtsfortbildung im europäischen Rechtsraum – Überlegungen zum Lissabon-Urteil des BVerfG, in: NJW 2010, 1–4

ders., Prinzipien des föderalen Verhältnisses in der Europäischen Union: ein Anwendungsdiskurs zum supranationalen Föderalismus, in: Härtel, Ines [Hrsg.], Handbuch Föderalismus – Föderalismus in Europa und der Welt, Bd. 4, Heidelberg, 2012, 37–61

Brade, Alexander/Gentzsch, Markus, PSPP mit „PEPP": Der währungspolitische Kontrollmaßstab des BVerfG als „Ultra-vires-Akt"?, Verfassungsblog 7. Mai 2020, https://verfassungsblog.de/pspp-mit-pepp/ (zuletzt abgerufen am 27. Mai 2020)

Brauneck, Jens, Keine ausschließliche Zuständigkeit der EU bei allen Investitionsabkommen mit Drittstaaten?, in: DÖV 2018, 22–29

ders., Multilateraler Gerichtshof und EuGH-Achmea-Urteil: Das Ende aller EU-mitgliedstaatlich vereinbarten Schiedsgerichte?, in: EuR 2018, 429–455

Budras, Corinna, EZB-Anleihekäufe verstoßen teilweise gegen Grundgesetz, FAZ vom 5. Mai 2020, https://www.faz.net/aktuell/wirtschaft/ezb-anleihenkaeufe-verstossen-gegen-grundrechte-16754885.html?service=printPreview (zuletzt abgerufen am 27. Mai 2020)

Bundeministerium für Wirtschaft und Energie, Aktuelle Freihandelsverhandlungen, https://www.bmwi.de/Redaktion/DE/Artikel/Aussenwirtschaft/freihandelsabkommen-aktuelle-verhandlungen.html (zuletzt abgerufen am 12. Oktober 2019)

Bundeministerium für Wirtschaft und Energie, CETA – Das europäisch-kanadische Wirtschafts- und Handelsabkommen, https://www.bmwi.de/Redaktion/DE/Dossier/ceta.html (zuletzt abgerufen am 12. Oktober 2019)

Bundeministerium für Wirtschaft und Energie, Freihandelsabkommen der EU, https://www.bmwi.de/Redaktion/DE/Artikel/Aussenwirtschaft/freihandelsabkommen-der-eu.html (zuletzt abgerufen am 12. Oktober 2019)

Bungenberg, Marc, Investitionsschiedsgerichtsbarkeit und/oder Investitionsgerichtshof, in: KSzW 2016, 122–130

ders./Reinisch, August, Von bilateralen Schieds- und Investitionsgerichten zum multilateralen Investitionsgerichtshof, Baden-Baden, 2018

Burchardt, Dana, Die Ausübung der Identitätskontrolle durch das Bundesverfassungsgericht – Zugleich Besprechung des Beschlusses 2 BvR 2735/14 des BVerfG vom 15.12.2015 ("Solange III"/ "Europäischer Haftbefehl II"), in: ZaöRV 2016, 527–551

Calliess, Christian, Die Rolle des Grundgesetzes und des Bundesverfassungsgerichts, in: Böttger, Katrin/Jopp, Mathias [Hrsg.], Handbuch zur deutschen Europapolitik, Bonn, 2017, 149–170

ders., Konfrontation statt Kooperation zwischen BVerfG und EuGH? Zu den Folgen des Karlsruher PSPP-Urteils, in: NVwZ 2020, 897–904

Calliess, Christian/Ruffert, Michael [Hrsg.], EUV/AEUV, 5. Auflage, München, 2016

Classen, Claus Dieter, Legitime Stärkung des Bundestages oder verfassungsrechtliches Prokrustesbett? Zum Urteil des BVerfG zum Vertrag von Lissabon, in: JZ 2009, 881–889

ders., Funktionsadäquate checks and balances statt richterliche Vollkontrolle unter demokratischem Vorwand – Anmerkung zum Urteil des EuGH v. 16.6.2015, Rs. C-62/14 (Peter Gauweiler u. a.), in: EuR 2015, 477–487

ders., Die Unterwerfung unter völkerrechtliche (Schieds-)Gerichte: kein Verfassungsverstoß!, in: ZEuS 2016, 449–459

ders., Europäische Rechtsgemeinschaft à l'allemande? Anmerkung zum Urteil des BVerfG vom 21.06.2016, 2 BvR 2728/13 u. a., in: EuR 2016, 529–544

ders., Zu wenig, zu fundamentalistisch – zur grundrechtlichen Kontrolle „unionsrechtlich determinierter" nationaler Hoheitsakte, in: EuR 2016, 304–312

Cloots, Elke, National Identity, Constitutional Identity, and Sovereignty in the EU, in: Netherlands Journal of Legal Philosophy 2016, 79–98

Di Fabio, Udo, Der neue Art. 23 des Grundgesetzes, in: Der Staat 1993, 191–217

Dietz, Sara, Die europarechtsfreundliche Verfassungsidentität in der Kontrolltrias des Bundesverfassungsgerichts, in: AöR 2017, 78–132

Dörr, Oliver, Der europäisierte Rechtsschutzauftrag deutscher Gerichte, Tübingen, 2003

Dreier, Horst, Gilt das Grundgesetz ewig?, München, 2009

ders. [Hrsg.], Grundgesetz Kommentar, Bd. I – III, 3. Auflage, Tübingen, 2018

Dürig, Günter, Der Grundrechtssatz von der Menschenwürde, in: AöR 1956, 117–156

Epping, Volker/Hillgruber, Christian [Hrsg.], BeckOK GG, 40. Edition, München, 2019

Eßlinger, Sophie/Herzmann, Karsten, Die verfassungsgerichtliche Identitätskontrolle und ihre Konkretisierung durch die Entscheidung 2 BvR 2735/14 – »Identitätskontrolle I« als Vorbote von »Solange III«?, in: JA 2016, 852–865

Europäische Kommission, Comprehensive Economic and Trade Agreement (CETA), http://ec.europa.eu/trade/policy/in-focus/ceta/index_en.htm#outcome (zuletzt abgerufen am 12. Oktober 2019)

Europäische Kommission, Pressemitteilung IP/09/896, Die EU und Kanada nehmen Verhandlungen über ein Wirtschafts- und Handelsabkommen auf, http://europa.eu/rapid/press-release_IP-09-896_de.htm (zuletzt abgerufen am 12. Oktober 2019)

Europäischer Rat, Comprehensive Economic and Trade Agreement (CETA) between Canada, of the one part, and the European Union and its Member States, of the other part, https://www.consilium.europa.eu/de/documents-publications/treaties-agreements/agreement/?id=2016017 (zuletzt abgerufen am 12. Oktober 2019)

Europäisches Parlament, Pressemitteilung 20170209IPR61728, CETA: Parlament billigt Handelsabkommen zwischen EU und Kanada, http://www.europarl.europa.eu/news/de/press-room/20170209IPR61728/ceta-parlament-billigt-handelsabkommen-zwischen-eu-und-kanada (zuletzt abgerufen am 12. Oktober 2019)

Finke, Jasper, Neuer status quo und offene Fragen – Anmerkung zum Urteil des BVerfG zum Europäischen Haftbefehl, in: HRRS 2016, 327–331

Fisahn, Andreas, Karlsruhe und die Anleihekäufe der EZB, Makroskop vom 8. Mai 2020, https://makroskop.eu/2020/05/karsruhe-und-die-anleihekaeufe-der-ezb/ (zuletzt abgerufen am 27. Mai 2020)

Fisahn, Andreas/Ciftci, Ridvan, CETA und TTIP: demokratische Bedenken zu einigen Aspekten, in: KJ 2015, 251–263

Fischer-Lescano, Andreas/Horst, Johan, Europa- und verfassungsrechtliche Vorgaben für das Comprehensive Economic and Trade Agreement der EU und Kanada (CETA), https://www.mehr-demokratie.de/fileadmin/pdf/CETA-Rechtsgutachten.pdf (zuletzt abgerufen am 12. Oktober 2019)

Gammelin, Kerstin, Schlechte Nachricht für Europa, SZ vom 5. Mai 2020, https://www.sueddeutsche.de/wirtschaft/bundesverfassungsgericht-ezb-anleihekaeufe-1.4897824 (zuletzt abgerufen am 27. Mai 2020)

Gärditz, Klaus Ferdinand, Beyond Symbolism: Towards a Constitutional actio popularis in EU Affairs? A Commentary on the OMT Decision of the Federal Constitutional Court, in: German Law Journal 2014, 183–201

ders., Glaubwürdigkeitsprobleme im Unionsverfassungsrecht, in: EuZW 2020, 505–508

Germelmann, Claas Friedrich, Perspektiven bilateraler und regionaler Freihandelsabkommen im Welthandelsrecht, in: EuZW 2016, 207–212

Goldhammer, Michael, Die Achtung der nationalen Identität durch die Europäische Union – Theorie und Dogmatik des Art. 4 Abs. 2 EUV im Lichte der ersten Entscheidungen, in: JöR 2015, 105–127

Goldmann, Matthias, Summer of Love: Karlsruhe Refers the QE Case to Luxembourg, Verfassungsblog 16. August 2017, https://verfassungsblog.de/summer-of-love-karlsruhe-refers-the-qe-case-to-luxembourg/ (zuletzt abgerufen am 12. Oktober 2019)

Grabitz, Eberhard/Hilf, Meinhard/Nettesheim, Martin [Hrsg.], Das Recht der Europäischen Union: EUV/AEUV, 66. Auflage, München, 2019

Gramlich, Ludwig/Conen, Claudia, Streitbeilegung bei Auslandsinvestitionen – „Guter" Rechtsschutz für (private) Investoren, in: SchiedsVZ 2015, 225–235

Griebel, Jörn, Internationales Investitionsrecht, München, 2008

Griebel, Jörn/Hölken, Christoph, Die Diskussionen um den (europäischen) Schutz ausländischer Investitionen – Eine kurze Einführung, in: KSzW 2016, 79–83

Groeben, Hans von der/Schwarze, Jürgen/Hatje, Armin [Hrsg.], Europäisches Unionsrecht, 7. Auflage, Baden-Baden, 2015

Groh, Kathrin, Endstation Karlsruhe! – Schiedsgerichtsbarkeit in Freihandelsverträgen, in: ZEuS 2016, 433–449

Grzeszick, Bernd, Völkervertragsrecht in der parlamentarischen Demokratie. CETA als Präzedenzfall für die demokratischen Anforderungen an völkerrechtliche Verträge, in: NVwZ 2016, 1753–1761

Häberle, Peter, Verfassungsrechtliche Ewigkeitsklauseln als verfassungsstaatliche Identitätsgarantien, in: Hangartner, Yvo/Trechsel, Stefan [Hrsg.], Völkerrecht im Dienste der Menschen: Festschrift für Hans Haug, Bern/Stuttgart, 1986, 81–108

Haltern, Ulrich, Ultra-vires-Kontrolle im Dienst europäischer Demokratie, in: NVwZ 2020, 817–823

Haratsch, Andreas, Nationale Identität aus europarechtlicher Sicht, in: EuR 2016, 131–146

Hatje, Armin, Warten auf Ultra vires: kritische Würdigung des OMT-Urteils des Bundesverfassungsgerichts, in: IWRZ 2016, 195–200

Herdegen, Matthias, Internationales Wirtschaftsrecht, 11. Auflage, München, 2017

ders., Europarecht, 20. Auflage, München, 2018

Herrmann, Christoph/Müller-Ibold, Till, Die Entwicklung des europäischen Außenwirtschaftsrechts, in: EuZW 2018, 749–756

Heun, Werner, Eine verfassungswidrige Verfassungsgerichtsentscheidung – der Vorlagebeschluss des BVerfG vom 14.1.2014, in: JZ 2014, 331–337

Hillgruber, Christian/Goos, Christoph, Verfassungsprozessrecht, 4. Auflage, Heidelberg, 2015

Hirsch, Günter, Europäischer Gerichtshof und Bundesverfassungsgericht – Kooperation oder Konfrontation?, in: NJW 1996, 2457–2466

Hoffmann, Rhea Tamara, Das CETA-Urteil des Bundesverfassungsgerichts – Nach der Unterzeichnung ist vor der Ratifikation, in: ZEuS 2016, 459–479

Hoffmeister, Frank, Wider die German Angst – Ein Plädoyer für die transatlantische Handels- und Investitionspartnerschaft (TTIP), in: AVR 2015, 35–67

Holterhus, Till Patrik, Eilanträge in Sachen CETA – Europäische Außenhandelspolitik im Mehrebenengeflecht von Verfassungs-, Unions- und Völkerrecht, in: EuZW 2016, 896–899

Hömig, Dieter/Wolff, Amadeus, Grundgesetz für die Bundesrepublik Deutschland, 12. Auflage, Baden-Baden. 2018

Hoof, Karsten, Verfassungsänderungen in der Bundesrepublik Deutschland, in: Fadeev, Vladimir/Schulze, Carola [Hrsg.], Verfassungsentwicklung in Russland und Deutschland, Potsdam, 2014, 37–41

Huber, Peter M., Recht der Europäischen Integration, 2. Auflage, München, 2002

ders., Verfassungsstaat und Finanzkrise, Baden-Baden, 2014

Hufen, Friedhelm, Staatsrecht II, 7. Auflage, München, 2018

Hwang, Shu-Perng, Trägt die (begrenzte) Völkerrechtsfreundlichkeit als Verfassungsprinzip zum Ausgleich zwischen internationaler Zusammenarbeit und nationaler Souveränität bei?, in: AVR 2017, 349–376

ders., Vorrang der Verfassungsidentität als Herausforderung für die Rechtsordnung der Europäischen Union?, in: Der Staat 2017, 107–132

Ingold, Albert, Die verfassungsrechtliche Identität der Bundesrepublik Deutschland. Karriere – Konzept – Kritik, in: AöR 2015, 1–30

Janisch, Wolfgang, Karlsruhe fordert Europagericht heraus, SZ 26. Januar 2016, http://www.sueddeutsche.de/politik/bundesverfassungsgericht-karlsruhe-fordert-europagericht-heraus-1.2835180 (zuletzt abgerufen am 12. Oktober 2019)

Jestaedt, Matthias, Warum in die Ferne schweifen, wenn der Maßstab liegt so nah? Verfassungshandwerkliche Anfragen an das Lissabon-Urteil des BVerfG, in: Der Staat 2009, 497–516

Kafsack, Hendrik, Bundestag soll bei Ceta nicht mitreden, FAZ 10. Juni 2016, https://www.faz.net/aktuell/wirtschaft/ttip-und-freihandel/bundestag-darf-bei-freihandelsabkommen-ceta-nicht-mitreden-14279991.html (zuletzt abgerufen am 12. Oktober 2019)

Kahl, Wolfgang, Optimierungspotenzial im „Kooperationsverhältnis“ zwischen EuGH und BVerfG, in: NVwZ 2020, 824–828

Kainer, Friedemann, Europäische Kommission: Investitionsschutz und Investitionsschutzabkommen innerhalb der EU, in: EuZW 2018, 659–660

ders., Aus der nationalen Brille: Das PSPP-Urteil des BVerfG, in: EuZW 2020, 533–536

Kaiser, Karen/Schübel-Pfister, Isabel, Der ungeschriebene Verfassungsgrundsatz der Europarechtsfreundlichkeit: Trick or Treat?, in: Emmenegger, Sigrid von/Wiedmann, Ariane [Hrsg.], Linien der Rechtsprechung des BVerfG, Bd. 2, Berlin, 2011, 545–572

Karaosmanoglu, Cem, Die Nichtanwendung deutscher unionsrechtswidriger Gesetze, Diss., Eberhard Karls Universität Tübingen, 2017

Kempen, Bernhard/Schiffbauer, Björn, Die vorläufige Anwendung völkerrechtlicher Verträge im internationalen Mehrebenensystem, in: ZaöRV 2017, 95–124

Kerkemeyer, Andreas, Unionsrecht und internationales Investitionsschutzrecht auf Kollisionskurs, in: EuZW 2016, 10

Kirchhof, Paul, Die Rechtsarchitektur der Europäischen Union, in: NJW 2020, 2057–2063

Knop, Daniel, Völker- und Europarechtsfreundlichkeit als Verfassungsgrundsätze, Tübingen, 2013

Kottmann, Matthias/Sangi, Roya, Gut gemeint, nicht gut gemacht, Verfassungsblog 6. Mai 2020, https://verfassungsblog.de/gut-gemeint-nicht-gut-gemacht/ (zuletzt abgerufen am 27. Mai 2020)

Krajewski, Markus, Spielstand nach dem CETA-Beschluss: 2:2, und Karlsruhe behält das letzte Wort, Verfassungsblog 13. Oktober 2016, https://verfassungsblog.de/spielstand-nach-dem-ceta-beschluss-22-und-karlsruhe-behaelt-das-letzte-wort/ (zuletzt abgerufen am 12. Oktober 2019)

ders., Ist CETA der „Golden Standard"? EuGH hält CETA-Gericht für unionsrechtskonform, Verfassungsblog 30. April 2019, https://verfassungsblog.de/ist-ceta-der-golden-standard-eugh-haelt-ceta-gericht-fuer-unionsrechtskonform/ (zuletzt abgerufen am 12. Oktober 2019)

Krajewski, Markus/Hoffmann, Rhea, Das internationale Investitionsschutzregime zwischen Reform und Revolution, in: KSzW 2016, 131–135

Krenzler, Horst Günter/Herrmann, Chrisroph/Niestedt, Marian [Hrsg.], EU-Außenwirtschafts- und Zollrecht, 12. Auflage, München, 2018

Krings, Günter, Die Kompetenzkontrolle der EU – einer muss es ja machen, in: ZRP 2020, 160–161

Kübek, Gesa, CETA's Investment Court System and the Autonomy of EU Law: Insights from the Hearing in Opinion 1/17, Verfassungsblog 4. Juli 2018, https://verfassungsblog.de/cetas-investment-court-system-and-the-autonomy-of-eu-law-insights-from-the-hearing-in-opinion-1-17/ (zuletzt abgerufen am 12. Oktober 2019)

Lang, Andrej, „Keine leichte Kost": Das BVerfG zwingt die EZB zur Rechenschaft, Verfassungsblog 6. Mai 2020, https://verfassungsblog.de/keine-leichte-kost/ (zuletzt abgerufen am 27. Mai 2020)

Lehner, Roman, Die „Integrationsverfassungsbeschwerde" nach Art 38 Abs 1 S 1 GG – prozessuale und materiell-rechtliche Folgefragen zu einer objektiven Verfassungswahrungsbeschwerde, in: Der Staat 2013, 535–562

Lenz, Carl Otto, Neues Kontrollverfahren für Recht der EU, in: ZRP 2010, 22–24

Lepsius, Oliver, Souveränität und Identität als Frage des Institutionen-Settings, JöR 2015, 63–90

Ludwigs, Markus, Die Krisenpolitik der EZB zwischen Verfassungs- und Unionsrecht, in: NJW 2017, 3563–3567

ders., Zwölf Thesen zum PSPP-Urteil des BVerfG vom 5.5.2020, in: EuZW 2020, 530–533

Ludwigs, Markus/Sikora, Patrick, Der Vorrang des Unionsrechts unter Kontrollvorbehalt des BVerfG, in: EWS 2016, 121–131

Mangold, Hermann von/Klein, Friedrich/Starck, Christian, Kommentar zum Grundgesetz: GG, 7. Auflage, München, 2018

Mannefeld, Lisa-Karen, Verfassungsrechtliche Vorgaben für die Europäische Integration, Diss., Universität Osnabrück, 2016

Marsch, Nikolaus/Vilain, Yoan/Wendel, Mattias [Hrsg.], Französisches und Deutsches Verfassungsrecht: Ein Rechtsvergleich, Berlin/Heidelberg, 2015

Maunz, Theodor/Dürig, Günter [Hrsg.], Grundgesetz, 85. Auflage, München 2019

Maunz, Theodor/Schmidt-Bleibtreu, Bruno/Klein, Franz/Bethge, Herbert [Hrsg.], Bundesverfassungsgerichtsgesetz, 55. Auflage, München, 2019

Mayer, Franz C./Walter, Maja, Die Europarechtsfreundlichkeit des BVerfG nach dem Honeywell-Beschluss, in: JURA 2011, 532–542

Mayer, Franz C., Rebels without a cause? Zur OMT-Vorlage des Bundesverfassungsgerichts, in: EuR 2014, 473–513

ders., Auf dem Weg zum Richterfaustrecht?: Zum PSPP-Urteil des BVerfG, Verfassungsblog 7. Mai 2020, https://verfassungsblog.de/auf-dem-weg-zum-richterfaustrecht/ (zuletzt abgerufen am 27. Mai 2020)

ders., Der Ultra vires-Akt – Zum PSPP-Urteil des BVerfG v. 5. 5. 2020 – 2 BvR 859/15 u.a., in: JZ 2020, 725–734

ders., Wallonien, CETA und die Tyrannei der Minderheit, Verfassungsblog 23. Oktober 2016, https://verfassungsblog.de/wallonien-ceta-und-die-tyrannei-der-minderheit/ (zuletzt abgerufen am 12. Oktober 2019)

ders., Die Mitwirkung deutscher Gesetzgebungsorgane an der EU-Handelspolitik: europarechtliche und verfassungsrechtliche Erfordernisse, in: ZEuS 2016, 391–401

Mayr, Stefan, „Mixed" oder „EU-only" – Sind die Investitionsschutzbestimmungen im CETA von der Außenhandelskompetenz der EU „gedeckt"?, in: EuR 2015, 575–600

Meier-Beck, Peter, De iudicando ultra vires, in: EuZW 2020, 519–524

Meyer, Frank, Das BVerfG und der Europäische Haftbefehl – ein Gericht auf Identitätssuche, in: HRRS 2016, 332–340

Michael, Lothar/Morlok, Martin, Grundrechte, 6. Auflage, München, 2017

Michels, Tobias, Die dreidimensionale Reservekompetenz des BVerfG – Von der Solange-Rechtsprechung zum Honeywell-Beschluss, in: JA 2012, 515–520

Müller, Joscha/Simon, Sven, Das Achmea Urteil des EuGH und die Auswirkungen auf Streitbeilegungsmechanismen im Rechtsraum der Europäischen Union, in: NJOZ 2018, 961–965

Müller, Rheinhard, Bundesverfassungsgericht unterstreicht seinen Anspruch im europäischen Recht, FAZ 26. Januar 2016, http://www.faz.net/aktuell/politik/staat-und-recht/entscheidung-bundesverfassungsgericht-unterstreicht-seinen-anspruch-im-europaeischen-recht-14034935.html (zuletzt abgerufen am 12. Oktober 2019)

Murswiek, Dietrich, Art. 38 GG als Grundlage eines Rechts auf Achtung des unabänderlichen Verfassungskerns, in: JZ 2010, 702–708

Nass, Klaus Otto, Der Grundsatz gleicher Wahl – Zur demokratischen Legitimation des Europäischen Parlaments, in: Bechtold, Stefan/Jickeli, Joachim/Rohe, Mathias [Hrsg.], Recht, Ordnung und Wettbewerb: Festschrift zum 70. Geburtstag von Wernhard Möschel, Baden-Baden, 2011, 901–908

Nettesheim, Martin, Ein Individualrecht auf Staatlichkeit? Die Lissabon-Entscheidung des BVerfG, in: NJW 2009, 2867–2869

ders., Die Karlsruher Verkündigung – das BVerfG in staatsrechtlicher Endzeitstimmung, in: Hatje, Armin/Terhechte, Jörg Philipp [Hrsg.], Grundgesetz und Europäische Integration, Die Europäische Union nach dem Lissabon-Urteil des Bundesverfassungsgerichts, EuR-Beiheft 1/2010, Baden-Baden, 2010, 101–122

ders., Kompetenzdenken als Legitimationsdenken, in: JZ 2014, 585–592

ders., Anmerkung zu BVerfG, Beschluss v. 15.12.2015 – 2 BvR 2735/14 (Europäischer Haftbefehl), in: JZ 2016, 424–428

ders., Das CETA-Urteil des BVerfG: eine verpasste Chance? [Besprechung von BVerfG, Urt. v. 13.10.2016 – 2 BvR 1368/16], in: NJW 2016, 3567–3570

ders., Umfassende Freihandelsabkommen und Grundgesetz, Tübingen, 2017

ders., Das PSPP-Urteil des BVerfG – ein Angriff auf die EU?, NJW 2020, 1631–1634

Nicolaysen, Gert, Das Lissabon-Urteil des Bundesverfassungsgerichts im ... Europarechtsprechung des Bundesverfassungsgerichts, in: Hatje, Armin/Terhechte, Jörg Philipp [Hrsg.], Grundgesetz und Europäische Integration, Die Europäische Union nach dem Lissabon-Urteil des Bundesverfassungsgerichts, EuR-Beiheft 1/2010, Baden-Baden, 2010, 9–33

Nowrot, Karsten/Tietje, Christian, CETA an der Leine des Bundesverfassungsgerichts: Zum schmalen Grat zwischen Ultra-vires-Kontrolle und Ultra-vires-Handeln, in: EuR 2017, 137–154

o. V., Bundestag will Ceta-Ratifizierung noch nicht festschreiben, Spiegel 14. Juni 2018, http://www.spiegel.de/wirtschaft/soziales/bundestag-stimmt-gegen-beschleunigte-ratifizierung-von-ceta-abkommen-a-1213057.html (zuletzt abgerufen am 12. Oktober 2019)

o. V., Duden, Identität, https://www.duden.de/rechtschreibung/Identitaet (zuletzt abgerufen am 12. Oktober 2019)

o. V., Italiens Vize-Regierungschef will Ceta-Abkommen ablehnen, Handelsblatt 13. Juli 2018, https://www.handelsblatt.com/politik/international/europaeisch-kanadisches-freihandelsabkommen-italiens-vize-regierungschef-will-ceta-abkommen-ablehnen/22799494.html?ticket=ST-2480306-iMAtYvmitqYesmB6gnGn-ap1 (zuletzt abgerufen am 12. Oktober 2019)

o. V., Verfassungsbeschwerde gegen CETA eingereicht, Deutschlandfunk 31. August 2016, https://www.deutschlandfunk.de/groesste-buergerklage-der-deutschen-geschichte.1818.de.html?dram:article_id=364577 (zuletzt abgerufen am 12. Oktober 2019)

o. V., Österreich unterzeichnet Ceta-Abkommen vorerst nicht, Handelsblatt 11. Juli 2018, https://www.handelsblatt.com/politik/international/freihandels-abkommen-oesterreich-unterzeichnet-ceta-abkommen-vorerst-nicht/22791678.html (zuletzt abgerufen am 12. Oktober 2019)

Ohler, Christoph, Die Vereinbarkeit von Investor-Staat-Schiedsverfahren mit deutschem und europäischem Verfassungsrecht, in: JZ 2015, 337–368

Pache, Eckhard, Europäische und nationale Identität: Integration durch Verfassungsrecht?, in: DVBl. 2002, 1154–1167

Pache, Eckhard, Das Ende der europäischen Integration?, in: EuGRZ 2009, 285–298

Pautsch, Arne, Der Abschluss des Comprehensive Economic and Trade Agreement (CETA) als „gemischtes Abkommen", in: NVwZ 2016, 1294–1295

Payandeh, Mehrdad, Völkerrechtsfreundlichkeit als Verfassungsprinzip – Ein Beitrag des Grundgesetzes zur Einheit von Völkerrecht und nationalem Recht, in: JöR 2009, 465–502

ders., Grenzen der Völkerrechtsfreundlichkeit – Der Treaty Override-Beschluss des Bundesverfassungsgerichts, in: NJW 2016, 1279–1282

Pernice, Ingolf, Der Schutz nationaler Identität in der Europäischen Union, in: AöR 2011, 185–221

ders., Machtspruch aus Karlsruhe: „Nicht verhältnismäßig? – Nicht verbindlich? – Nicht zu fassen...", in: EuZW 2020, 508–519

Polzin, Monika, Irrungen und Wirrungen um den pouvoir constituant. Die Entwicklung des Konzepts der Verfassungsidentität im deutschen Verfassungsrecht seit 1871, in: Der Staat 2014, 61–94

dies., Constitutional Identity, Unconstitutional Amendments and the Idea of Constituent Power – the Development of the Doctrine of Constitutional Identity in German Constitutional Law, in: International Journal of Constitutional Law 2016, 411–438

dies., Verfassungsidentität: Ein normatives Konzept des Grundgesetzes?, Habil., Goethe-Universität Frankfurt a.M., 2018

Proelß, Alexander, Verfassungsgerichtliche Kontrolle gemischter EU-Handelsabkommen: Das Beispiel CETA, in: ZEuS 2016, 401–421

Rademacher, Tilman, Die „Verfassungsidentität" als Grenze der Kompetenzübertragung auf die Europäische Union?, in: EuR 2018, 140–158

Rath, Christian, Zur EZB-Entscheidung des BVerfG: Ein egozentrischer deutscher Kompromiss, LTO 5. Mai 2020, https://www.lto.de/recht/hintergruende/h/bverfg-ezb-eugh-pspp-entscheidung-kommentar-konflikt-polen-ungarn/ (zuletzt abgerufen am 27. Mai 2020)

Rode, Karlheinz, Verfassungsidentität und Ewigkeitsgarantie, Frankfurt am Main u. a., 2012

Rousseau, Dominique, Die Verfassungsidentität – Schutzschirm für die nationale Identität oder Teil des europäischen Sterns?, in: JöR 2015, 91–104

Ruffert, Matthias, Vorlagebeschluss des BVerfG zum OMT-Programm, in: JuS 2014, 373–375

Ruffert, Matthias, Europarecht und Verfassungsrecht: Ultra-vires-Kontrolle über EZB-Anleihekäufe und EuGH-Urteil, in: JuS 2020, 574–577

ders., Völkerrecht, Europarecht und Verfassungsrecht: Zustimmung zur vorläufigen Anwendung von CETA, in: JuS 2016, 1141–1144

Sachs, Michael [Hrsg.], Grundgesetz: Kommentar, 8. Auflage, München, 2018

Satzger, Helmut, Grund- und menschenrechtliche Grenzen für die Vollstreckung eines Europäischen Haftbefehls?, in: NStZ 2016, 514–522

Sauer, Heiko, Jurisdiktionskonflikte in Mehrebenensystemen, Berlin/Heidelberg, 2008

ders., Kompetenz- und Identitätskontrolle nach dem Lissabon-Urteil – Ein neues Verfahren vor dem Bundesverfassungsgericht?, in: ZRP 2009, 195–198

ders., Der novellierte Kontrollzugriff des Bundesverfassungsgerichts auf das Unionsrecht, in: EuR 2017, 186–205

ders., „Solange" geht in Altersteilzeit – Der unbedingte Vorrang der Menschenwürde vor dem Unionsrecht, in: NJW 2016, 1134–1138

ders., Mit den eigenen Waffen geschlagen: Die Reaktion des EuGH auf den unbedingten Vorrang der Menschenwürde vor dem Unionsrecht nach dem BVerfG, Verfassungsblog 7. April 2016, https://verfassungsblog.de/mit-den-eigenen-waffen-geschlagen-die-reaktion-des-eugh-auf-den-unbedingten-vorrang-der-menschenwuerde-vor-dem-unionsrecht-nach-dem-bverfg/ (zuletzt abgerufen am 12. Oktober 2019)

ders., Staatsrecht III, 5. Auflage, München, 2018

Schiffbauer, Björn, Mehrheitserfordernisse für Abstimmungen im Rat über TTIP, CETA & Co., in: EuZW 2016, 252–258

Schill, Stephan, Sind Regelungen zur Investor-Staat- Streitbeilegung in EU-Freihandelsabkommen sinnvoll?, in: KSzW 2016, 115–121 *ders.*, Investitionsschutz in EU-Freihandelsabkommen: Erosion gesetzgeberischer Gestaltungsmacht?, in: ZaöRV 2018, 33–92

Schlaich, Klaus/Korioth, Stefan, Das Bundesverfassungsgericht, 11. Auflage, München, 2018

Schmahl, Stefanie, Singuläre Integrationsverantwortung des Parlaments – oder kumulative Integrationsverantwortung der Parlamente?, in: DÖV 2014, 501–509

Schmidt-Bleibtreu, Bruno/Hofmann, Hans/Henneke, Hans-Günter [Hrsg.], GG Kommentar zum Grundgesetz, 14. Auflage, Köln, 2018

Schneider, Karsten, Der Ultra-vires-Maßstab im Außenverfassungsrecht, in: AöR 2014, 196–256

Schnichels, Dominik/Dietze, Jan/Kellerbauer, Manuel/Klamert, Marcus/Malferrari, Luigi//Scharf, Tibor, Europa – Quo Vadis? Ein kritischer Kommentar zum EZB-Urteil des BVerfG, in: EuZW 2020, 525–530

Schöbener, Burkhard, Das Verhältnis des EU-Rechts zum nationalen Recht der Bundesrepublik Deutschland, in: JA 2011, 885–894

Schönberger, Christoph, Die Europäische Union zwischen „Demokratiedefizit“ und Bundesstaatsverbot. Anmerkungen zum Lissabon-Urteil des Bundesverfassungsgerichts, in: Der Staat 2009, 535–558

ders., Der introvertierte Rechtsstaat als Krönung der Demokratie? Zur Entgrenzung von Art. 38 GG im Europaverfassungsrecht – Replik auf: Dietrich Murswiek, JZ 2010, S. 702, in: JZ 2010, 1160–1164

ders., Identitäterä. Verfassungsidentität zwischen Widerstandsformel und Musealisierung des Grundgesetzes, in: JöR 2015, 41–62

ders., Urteilsanmerkung zu: BVerfG, Beschluss v. 15.12.2015 – 2 BvR 2735/14, Gewährleistung einzelfallbezogenen Grundrechtsschutzes im Wege der Identitätskontrolle, in: JZ 2016, 422–424

Schorkopf, Frank, Die Europäische Union im Lot – Karlsruhes Rechtsspruch zum Vertrag von Lissabon, in: EuZW 2009, 718–724

Schröder, Werner, Freihandelsabkommen und Demokratieprinzip – Eine Untersuchung zur parlamentarischen Legitimation gemischter Verträge, in: EuR 2018, 119–139

Schweitzer, Michael/Dederer, Hans-Georg, Staatsrecht III, 11. Auflage, Heidelberg, 2016

Schwerdtfeger, Angela, Europäisches Unionsrecht in der Rechtsprechung des Bundesverfassungsgerichts – Grundrechts-, ultra-vires- und Identitätskontrolle im gewaltenteiligen Mehrebenensystem, in: EuR 2015, 290–309

Siekmann, Helmut, Gerichtliche Kontrolle der Käufe von Staatsanleihen durch das Eurosystem – Anmerkungen zum PSPP-Urteil des BVerfG vom 5.5.2020, in: EuZW 2020, 491–500

Simon, Sven/Rathke, Hannes, „Schlechterdings nicht mehr nachvollziehbar" – Warum?, in: EuZW 2020, 500–503

Stein, Torsten, Always Steering a Straight Course? The German Federal Constitutional Court and European Integration, in: ERA Forum 2011, 219–228

Steinbach, Armin, Ultra schwierig, Verfassungsblog 6. Mai 2020, https://verfassungsblog.de/ultra-schwierig/ (zuletzt abgerufen am 27. Mai 2020)

Steinbeis, Maximilian, Staunenswertes aus Karlsruhe: zum OMT-Urteil des BVerfG, Verfassungsblog 21. Juni 2016, https://verfassungsblog.de/staunenswertes-aus-karlsruhe-zum-omt-urteil-des-bverfg/ (zuletzt abgerufen am 12. Oktober 2019)

Stöbener de Mora, Patricia Sarah, Investitionsschutz: Gefährdet der Rechtsstandort Europa sich selbst?, in: EuZW 2017, 873–875

Stoll, Peter-Tobias/Holterhus, Till Patrik/Gött, Henner, Investitionsschutz und Verfassung, Tübingen, 2017

Streinz, Rudolf, Europarecht, 10. Auflage, Heidelberg, 2016

ders., EUV/AEUV, 3. Auflage, München, 2018

Terhechte, Jörg Philipp, Souveränität, Dynamik und Integration – making up the rules as we go along? – Anmerkungen zum Lissabon-Urteil des Bundesverfassungsgerichts, in: EuZW 2009, 724–731

Thiele, Alexander, Die Integrationsidentität des Art. 23 Abs. 1 GG als (einzige) Grenze des Vorrangs des Europarechts, in: EuR 2017, 367–380

ders., VB vom Blatt: Das BVerfG und die Büchse der ultra-vires-Pandora: Das Urteil in Sachen Anleihenkaufprogramm der EZB, Verfassungsblog 5. Mai 2020, https://verfassungsblog.de/vb-vom-blatt-das-bverfg-und-die-buechse-der-ultra-vires-pandora/ (zuletzt abgerufen am 27. Mai 2020)

Thym, Daniel, Europäische Integration im Schatten souveräner Staatlichkeit. Anmerkungen zum Lissabon-Urteil des Bundesverfassungsgerichts, in: Der Staat 2009, 559–586

Tietje, Christian, Investitionsschutzgerichtsbarkeit in CETA und anderen Freihandelsabkommen der EU: Völkerrecht als Verfassungsverstoß?, in: ZEuS 2016, 421–433

Tomuschat, Christian, Die Europäische Union unter der Aufsicht des BVerfG, in: EuGRZ 1993, 489–496

ders., The Ruling of the German Constitutional Court on the Treaty of Lisbon, in: German Law Journal 2009, 1259–1261

Traudt Dennis, Gibt es im EU-Recht ein Verfassungsprinzip der Völkerrechtsfreundlichkeit?: Ein Vergleich mit dem Grundgesetz, Saar Blueprints 2017, https://intr2dok.vifa-recht.de/receive/mir_mods_00002816 (zuletzt abgerufen am 12. Oktober 2019)

Ukrow, Jörg, Von Luxemburg lernen heißt Integrationsgrenzen bestimmen – Anmerkungen zur Vorlage-Entscheidung des Bundesverfassungsgerichts vom 14. Januar 2014, in: ZEuS 2014, 119–139

Voßkuhle, Andreas, Der europäische Verfassungsgerichtsverbund, in: NvWZ 2010, 1–8

ders., Menschenrechtsschutz durch die Europäischen Verfassungsgerichte, in: RdA 2015, 336–343

ders., „Integration durch Recht" – Der Beitrag des Bundesverfassungsgerichts, in: JZ 2016, 161–168

Walter, Christian/Grünewald, Benedikt [Hrsg.], BeckOK BVerfGG, 6. Edition, München, 2018

Walter, Christian/Vordermayer, Markus, Verfassungsidentität als Instrument richterlicher Selbstbeschränkung in transnationalen Integrationsprozessen, in: JöR 2015, 129–166

Walter, Maja, Integrationsgrenze Verfassungsidentität – Konzept und Kontrolle aus europäischer, deutscher und französischer Perspektive, in: ZaöRV 2012, 177–200

Wegener, Bernhard, Verschroben verhoben!: Traurige Einblicke in Karlsruher Parallelwelten, Verfassungsblog 5. Mai 2020, https://verfassungsblog.de/verschroben-verhoben/ (zuletzt abgerufen am 27. Mai 2020)

Weiß, Wolfgang, Verfassungsanforderungen und Integrationsverantwortung bei beschließenden Vertragsorganen in Freihandelsabkommen, in: EuZW 2016, 286–291

Wendel, Matthias, Kompetenzrechtliche Grenzgänge: Karlsruhes Ultra-vires-Vorlage an den EuGH, in: ZaöRV 2014, 615–670

Wieland, Joachim, Überschreitet die EZB ihre Befugnisse?, LTO 15. August 2017, https://www.lto.de/recht/hintergruende/h/bverfg-beschluesse-2bvr85915-2bvr98016-uw-eugh-vorlage-ezb-anleihenkauf-verfassungswidrig-banken/ (zuletzt abgerufen am 12. Oktober 2019)

Wischmeyer, Thomas, Nationale Identität und Verfassungsidentität. Schutzgehalte, Instrumente, Perspektiven, in: AöR 2015, 415–460

Wissenschaftlicher Beirat beim Bundeministerium für Wirtschaft und Energie, Pressemitteilung, Wissenschaftlicher Beirat empfiehlt dem Bundestag die Annahme von CETA, https://www.bmwi.de/Redaktion/DE/Downloads/Wissenschaftlicher-Beirat/pressemitteilung-wissenschaftlicher-beirat-empfiehlt-annahme-von-ceta.pdf?__blob=publicationFile&v=2 (zuletzt abgerufen am 12. Oktober 2019)

Ziller, Jacques, Zur Europarechtsfreundlichkeit des deutschen Bundesverfassungsgerichtes. Eine ausländische Bewertung des Urteils des Bundesverfassungsgerichtes zur Ratifikation des Vertrages von Lissabon, in: ZÖR 2010, 157–176

Zornow, Michael, Kupierte Freihandelsabkommen: Verfassungsrechtliche Herausforderungen einer neuen Unionsstrategie, Verfassungsblog 15. September 2017, https://verfassungsblog.de/kupierte-fre)ihandelsabkommen-verfassungsrechtliche-herausforderungen-einer-neuen-unionsstrategie/ (zuletzt abgerufen am 12. Oktober 2019)

www.ingramcontent.com/pod-product-compliance
Ingram Content Group UK Ltd.
Pitfield, Milton Keynes, MK11 3LW, UK
UKHW021850290926
8980IPUK00005B/745